書狀

대혜종고 선사 진영(아육왕사 소장)

書狀 서장

대혜종고 원저 · 고우 감수 · 전재강 역주

운주사

감수(監修)의 말

　이 책의 원저자 대혜 스님은 북송 말기에 태어나서 남송 초기 사이를 살았던 임제종 계열의 스님이다. 그가 살았던 당시에 북송은 요나라, 남송은 금나라의 침략에 끊임없이 시달리고 있었다. 외세의 침략으로 국가의 존립이 위협받고 중국인들이 버릇처럼 말하는 소위 오랑캐와 굴욕적 화친을 맺으면서 자칭 중화인(中華人)으로서 그들의 자존심은 완전히 땅에 내팽개쳐졌다. 또한 전란에 휩쓸려 백성들은 삶의 터전을 잃고 유랑걸식(流浪乞食)하는 생활로 겨우 연명할 수 있을 뿐이었다. 여기에 대혜 스님은 선(禪)의 진작을 통하여 피폐한 시대정신을 다시 일깨우고 침체한 사회의 분위기를 중흥시키고자 했다.
　우리가 사는 이 시대가 지금 어렵다고는 하나 3,40년 전보다는 물질적으로는 더 풍부하고 생활도 더 편리해졌으며 더욱 많은 것들을 소유하게 되었다. 그러나 외양의 물질적 양적 발전에도 불구하고 우리는 여전히 앞 시대의 문제를 해결하지 못하고 더욱 어지러운 지경으로 빠져들고 있다는 생각을 떨칠 수 없다. 정치나 재계의 부정부패, 각종 이익 집단의 높은 목소리, 노사 관계의 부조화, 빈부 격차 등 국가 사회적 과제는 물론이고, 남북 관계, 중국이나 일본, 미국을 비롯한 여러 열강과의 국제 관계는 여전히 우리에게 더욱 커다란 위협을 주고 있기 때문이다. 특히 부가 편중되면서 가진 자는 가진 대로, 소외된 자는 소외된 대로 각종 문제에 직면하고 있는 실정이다. 인간으로서 최소한의 삶도 영위할 수 없어서 자살에까지 이르는 것이 소외된 사람들의 문제라면, 더 많은 물질을 획득하고 누리는 과정에서 부정부패와 향락에 빠져드는 것은 지나치게 많이 가진 자들의 문제라고 할 수 있다.

절대선(絶對善)이 없고 다양한 가치가 뒤섞인 이 시대는 물질적으로 풍요로우면서도 삶의 목표와 가치를 잃고 사람들은 정신적으로 유랑걸식을 거듭하고 있다. 또한 경제적 어려움 때문에 죽음을 택하는 사람들이 늘고, 성격이 다르다는 이유로 이혼하는 사람들이 급증하고 있다. 사람들은 더 많은 물질과 더 높은 명예가 행복을 보장해 준다고 생각하며 다음 세대들에게도 이것을 가르치고 기득권을 전수하고자 애쓴다. 선진 사회에서는 우리들이 막무가내로 추구하는 이러한 바깥의 대상들이 더 이상 행복의 절대 조건이 될 수 없다는 것을 깨우쳐 가고 있다. 그래서 그들은 우리보다 더 동양의 지혜를 찾아 나서고 있다. 우리 사회에도 이제는 자기를 돌아보고 진정한 삶의 가치에 대하여 깊이 고민해 볼 때가 되었다고 본다.

그러나 막상 훌륭한 삶을 살고자 하나 배울 만한 삶의 참 스승을 찾기 어렵다는 것이 더 큰 문제다. 정치 사회적으로 지위가 높은 사람도 학식이 많은 사람도 엄청난 부를 가진 사람도 다만 지위와 학식과 부만을 각기 가졌을 뿐 참다운 스승의 면모는 갖추지 못하고 있기 때문이다. 더구나 수행을 일생의 과업으로 하고 삶의 모범을 보이기 위하여 형성된, 유구한 역사의 아름다운 공동체 사회인 산문(山門)에서조차도 참 스승을 만나기 어렵다는 데에 이르면 문제의 심각성은 더욱 커진다.

바로 이러한 시대에 번역한 이 책은 참으로 스승이 되고 삶의 교과서가 될 만한 귀중한 지침서다. 존재의 실상에 눈뜨게 해 줄 안내자가 되는 책이다. 세간과 출세간을 막론하고 삶의 참되고 영원한 가치를 추구하는 사람이면 누구나 읽어야 할 교과서가 바로 이 책이라고 할 수 있다. 선수행을 해야 하는 이유와 조사선의 근본적 입장과 수행의 구체적 방법에 대하여 일반인들을 상대로 대혜(大慧) 스님은 매우 자상하고 다양한 방법으로 가르치고 있다. 일체가 본래 성불(本來成佛)해 있다는 선의 근본 입장을 철저히 드러내고 있으며, 구체적인 수행 방법에 있어서도 어떤 하나의 도식에 구애되지 않고 개방적 자세를 보이고 있다. 또한 잘못된 수행 방법에 대한 준열한 비판도 내리고 있어 시행착오(施行錯誤)를 줄이고 깨달음의 바른 길로 곧장 나갈 수 있게 가르치는 훌륭한 스승이 될 수 있는 책이다. 인간의 일반적 삶이나 불교 수행에 있어서 무엇이 바르고 그른지를 분명하게 제시하여 정사(正邪)를 구분할 수 있는 안목을 길러주는 책이기도 하다.

『서장(書狀)』의 번역본이 세상에는 이미 많이 나와 있다. 그러나 기존 번역서들이 특히 근본 종지(宗旨)에서 오류를 많이 가진, 관습적으로 내려온 사기(私記: 安震湖 編)의 내용을 그대로 따름으로써 기본적 문장의 해독에서부터 조사선의 근본적 종지를 드러내는 데까지 오류를 반복하여 그 시정이 시급한 실정이었다. 전교수의 번역은 이런 두 가지 근본적 문제를 상당부분 극복했고 여기에 더하여 완전히 현대 문체를 구사하면서도 원작의 고전적 분위기를 살리고 있어서 한국의 전통적 조사선을 공부하거나 삶의 본질에 접근하고자 하는 연구자나 일반인들에게 소중한 지침서가 될 것으로 생각한다. 이에 본래 완전한 자아의 정체성(正體性)을 확인하고 삶의 새로운 활로를 열고자 하는 사람들에게 이 책은 승속(僧俗)을 막론하고 훌륭한 스승이 될 것임을 확신하며 감수(監修)의 말에 갈음하고자 한다.

불기 2548년 8월 5일
태백산 각화사 서암에서 고우(古愚) 합장

역주(譯註)의 말

역자가 『서장(書狀)』을 처음 접한 것은 지금으로부터 만 3년 전의 일이었다. 2001년 3월 2일 첫날 강의를 시작으로 같은 해 8월 17일까지 매주 한 번씩 태백산 각화사 태백선원 선원장이셨던 고우(古愚) 큰스님께로부터, 큰스님께서 주석하고 계시는 서암(西巖)에서 몇몇 스님과 재가불자들의 틈에 끼어 『서장』 강의를 듣는 참으로 귀한 기회를 가졌었다. 이미 그때는 선의 또 다른 지침서인 『선요(禪要)』 강의도 큰스님께로부터 들었고 그 번역을 상당 부분 진행하고 있던 시기였기 때문에 선 공부에 흠뻑 젖어 있을 때였다. 그 이듬해인 2002년 9월에 『선요』 번역서를 출간하고 그 해 11월부터 다시 『서장』 번역에 착수하였다. 『서장』을 처음 접한 때로부터 만 3년, 번역을 시작한 지 2년여만에 이렇게 번역서를 출간하게 되었다.

이 책은 중국 남북송의 교체기에 살았던 대혜 스님이 당시 사회 지도층에 속한 관리들의 선에 대한 질문에 대답한 편지 모음집이다. 자세한 것은 해제에서 다루겠지만 이 책의 핵심 내용은 간화선에 관한 가르침이다. 즉 이 책은 달마로부터 내려오는 조사선의 전통을 가장 정확하게 계승하고 있는 간화선에 대한 중요한 가르침을 담고 있다. 선수행을 해야 하는 이유, 선이 입각한 근본적 입장, 선 수행에 필요한 구체적인 방법, 수행에서 경계해야 할 사항, 그릇된 선에 대한 비판 등 선 수행에 필요한 핵심적 내용을 잘 보여 주고 있다. 더구나 편지의 상대 인물이 세속에서 일상생활을 영위하는 사람들이었기 때문에 그들의 질문에 대답하고 있는 이 책은 전문적 선 수행자는 물론 오늘날 일반인들이 일상생활 속에서 선 수행을 병행할 수 있는 좋은 공부방법을 많이 담고 있다. 그리고 묵조선을 배척하면서 잘못된 선이 무엇인지 알려주고 있으며, 조사선의 구체적 방법이 어떠한가를 매우 명쾌하게 알려주고 있는 책이기도 하다.

『서장』 번역본이 이미 여러 종류 나와 있기는 하지만 저자인 대혜스님의 조사선에 대한 입장을 충실히 드러내지 못한 한계를 보이고 있다. 특히 안진호 스님이 붙인 사기(私記)에는 선의 핵심을 말함에 오류를 범한 부분이 있는데 기존 번역서들은 그러한 입장을 지금까지 묵수(墨守)하고 있어 같은 오류를 반복하는 난맥상을 보이고 있다. 이에 역자는 한 단어, 한 문장에서부터 글의 근본 내용에 이르기까지 기존 번역서가 안고 있는 문제를 극복하고자 힘썼다. 우선 한문의 원문에 충실한 해석을 하되 현대적인 번역을 하고자 노력하였다. 분명한 어휘와 문장의 정확한 번역으로 모호한 부분을 분명하게 표현하고자 했다. 더욱 중요한 것은 이 책의 감수를 맡아주신 고우 큰스님께서 초교에서부터 마지막 교정지를 넘길 때까지 여러 차례 원문과 번역문을 일일이 대조하여 검토해 주셨고, 40여 성상 동안 오로지 참선실수(參禪實修)에만 매진하셔서 얻으신 혜안(慧眼)으로 선의 종지(宗旨)를 명쾌하게 보여주심으로써 원전이 가진 본래 가치를 온전히 드러낼 수 있었다는 점이다. 본문의 해석 자체로 부족한 부분은 자세한 각주로 보완했고 이것을 참고하고도 이해가 미진한 독자들을 위하여 본문의 내용을 요약하고 쉽게 정리한 '요지(要旨)'를 각 장의 끝에 마련하여 일반 독자들의 보다 완전한 이해를 돕고자 노력하였다.

요즈음은 우리 사회에서도 사람들 사이에 수행(修行)에 대한 관심이 점차 높아가고 있다. 그 이유가 현실적 어려움 때문이건, 존재의 실상을 알고자 하는 근본적 이유이건 매우 고무적인 현상이 아닐 수 없다. 어려움에 처한 사람이 더욱 밖으로 치달리기만 하거나 삶의 근원적 의문을 가진 사람들이 잘못된 신비주의에 빠져든다면, 어려움을 극복할 수도 근원적 의문을 해결할 수도 없을 뿐더러 사태를 더욱 악화시키게 될 뿐이다. 우리 사회에는 다양한 수행 방법들이 소개되어 있다. 최근에 주목을 받고 있는 비파사나 수행법을 비롯하여 요가, 초월명상, 단학 등이 그것이다. 특히 부처님 당시의 수행법이라는 이유에서 비파사나 명상법을 주장하면서 한국 전통의 선을 비판하려는 경향이 나타나기도 했다. 모든 사상이나 종교가 그러하듯이 수행 방법도 어느 하나만이 절대적으로 우수하고 나머지는 열등한 것이 아니다. 각기 그 나름의 장점을 가지고 있기 때문이다. 문제는 사회적 유행을 따르다가 어떤 수행법의 본질을 알고 실천해보려는 노력도 제대로 하지 않고 배척하거나 잊어버리는 일이다.

한국의 전통선은 세계 정신사적으로 중요한 위치를 점하고 있다. 한국을 비롯한 중국, 일본에 수많은 조사들이 배출된 것도 바로 이 책이 보여 주는 조사선의 가르침에 따른 결과였다. 초조 달마에서 육조 혜능을 거쳐 원오극근, 대혜종고에 이르는 조사선의 전통은 근대까지 동양 세 나라에는 이어져 왔다. 그러나 불행하게도 중국 사회에서는 공산화와 문화혁명을 거치면서 그들의 전통 이념들은 부정되고 단절되었다. 그래서 과거에 선의 종주국이었다고 할 수 있는 중국에서는 현재 선의 전통이 끊어지고 조사선(祖師禪)이라는 위대한 과거 유산을 완전히 잃어버린 나라가 되었다. 그리고 일찍이 이러한 선을 수용하여 선을 나름대로 꽃 피웠던 일본은 학문적으로 선의 사변적 체계와 논리를 수립해 왔음에도 불구하고 전통선을 이론적·체계적·논리적으로 풀이하는 방식을 따름으로써 소위 의리선(義理禪), 사다리 참선[1]을 하는 방향으로 흘러가 버렸다. 결국 실천적·초월적・직관적 전통 조사선이 계승되고 있는 곳은 세계에서 유일하게 우리 한국밖에 없다.

　전통선의 면모를 고스란히 담고 있는 이 책은 선을 이해하는 데 필독서라고 할 수 있다. 선은 문자를 벗어나 있다는 말만 믿고 그 근본 취지에도 귀를 기울이지 않다가 수행의 길을 잘못 들어 일생을 허비하는 예가 허다한 실정이다. 선에 대한 이론적 이해를 기대하거나, 이를 바탕으로 선의 참다운 수행에 임하고자 하는 사람들에게 이 책은 바른 길을 제시한다. 그리고 한국 한문학의 중요한 부분을 차지하고 있는 삼국시대나 고려, 조선시대의 불교 문학 특히 선시와 같은 한문학 작품을 이해하기 위해서 이 책은 밑거름이 될 수 있다. 한문학을 전공하는 사람들이 누구나 그랬겠지만 역자도 처음 한문학을 공부할 때 선인들의 문집을 읽으면서 어려운 한자와 해석되지 않는 어려운 문장을 만날 때마다 절망감을 가졌었다. 그러나 유교의 기본 경전

---

1) 본래 '의리선'이라고 하면 불교경전이 설하는 교리에 의거하여 행하는 선으로 문자선(文字禪), 사구선(死句禪)이라고도 한다. 의리선이라는 말은 여말선초(麗末鮮初)에 쓰기 시작하여 근세에 접어들면서 임제삼구(臨濟三句)의 하나, 잘못된 선, 의리당연(義理當然)의 선 등 상당히 다양한 의미로 사용되었다. 그러나 일반적으로 오늘날은 논리적으로 따지는 그릇된 선이라는 의미로 이 말을 사용한다. '사다리 참선'이라는 말은 의리선을 하는 사람들이 화두를 하나씩 일일이 따지고 분석하여 이해해 나가는 것이 마치 사다리를 한 층씩 올라가는 것과 같다고 하여 사용한 명칭이다.

과 중요 문집을 어느 정도 읽고 나서는 자연스럽게 문집을 이해할 수 있었던 경험이 있다. 문집을 집필한 저자가 읽었던 기본서, 예를 들면 사서오경(四書五經)이나 중요 문집 같은 책들을 어느 정도 섭렵하고 나서야 그렇게 어렵게 느껴졌던 일반 문집도 무난하게 이해할 수 있었던 것이다. 불교 문학을 연구함에도 이러한 학문의 여정이 필요하다는 것을 이번에 『서장』을 번역하면서 새삼 느꼈다. 『선요』를 번역하고 선시나 조사어록에 대하여 글눈을 조금 떴었는데 이번에 『서장』을 번역하면서 부족하기는 하지만 선시나 조사어록에 대한 이해의 깊이를 조금은 더했다는 생각이 들었기 때문이다. 그래서 이 책은 불교의 다른 경전이나 조사 어록과 함께 한국 불교 한문학(漢文學)을 연구하는 데 필수적 기본 자료라는 판단을 하게 되었다. 불교 한문학을 연구하기 위해서는 문학 일반이나 한문학 전반에 대한 이해가 필요한 것은 물론이다. 그래서 문학에 대한 이해와 연구능력은 관련 분야에 대한 제대로 된 이해가 전제될 때 배가된다고 할 수 있다. 요컨대 선 수행의 방법을 정확히 이해하고 수행에 실제로 임하려는 사람이나, 선의 이해를 바탕으로 선시와 같은 불교 한문학을 연구하고자 하는 사람들에게 이 책은 중요한 교과서가 된다고 할 수 있다.

끝으로 이 책이 나오기까지 수승(殊勝)한 강의를 해주셨으며 번역을 시작하고 마칠 때까지 선에 문외한인 역자에게 심오하고 놀라운 선의 세계를 분명하게 들어 보여 주심으로써 글눈을 뜨게 해 주신 고우(古愚) 큰스님의 하해(河海)와 같으신 가르침에 깊은 감사의 인사를 드린다. 그리고 어려운 여건에도 불구하고 널리 세상에 진리를 전파하기 위하여 출판을 맡아 훌륭하게 책을 만들어 주신 도서출판 운주사 관계자 여러분들께 심심한 감사의 뜻을 표한다.

2004년 8월 7일
전재강 씀

일러두기

1. 이 역주서(譯註書)는 강원에서 사용하는 『현토주해 서장(懸吐註解 書狀)』을 저본(底本)으로 하고 책의 오류는 대한불교조계종(大韓佛教曹溪宗) 교육원(敎育院) 교재편찬위원회(敎材編纂委員會)에서 현토(懸吐)/교감(校勘)한 『대혜보각선사서(大慧普覺禪師書)』의 내용에 의거하여 바로 잡았다. 일부 한문 자료의 주석도 이 책 미주(尾註)의 도움을 받았다.
2. 원의(原義)에 충실하면서도 알기 쉬운 현대어로 번역하되, 불가피한 경우 선(禪)의 전문적 용어를 그대로 사용했다. 대부분 한문 문장이 너무 길어 현대인들이 이해하기에 어려움이 있다고 보아, 번역문은 주로 단문을 사용했고, 간혹 장문의 경우에는 쉼표를 사용하여 이해를 도왔다.
3. 대혜선사(大慧禪師)의 기본 취지인 본래 성불(本來成佛)의 입장에 근거하여 일관되게 해석하고 주석을 달았다.
4. 역주자(譯註者)는 선(禪)에 대한 선학적(禪學的) 접근을 시도하고 있기 때문에 다양한 선의 표현에 대해서도 자세하게 풀이하고자 했다. 그러나 지나친 설파(說破)를 피하기 위하여 풀이하기 곤란한 경우에는 부득이 이를 포괄적으로 설명하여 참구(參究)할 수 있는 여지를 남겼다.
5. 각 장 끝에 '요지(要旨)'라는 항목을 설정하고 해당 장의 전체 내용을 요약 정리하여 일반 독자들이 주제에 쉽게 접근할 수 있도록 했다.
6. 대화 인용은 온따옴표(" "), 강조나 여타 인용은 반따옴표(' ')를 사용했으며 단행본을 인용할 경우에는 꺾은 괄호(『 』)를 사용했다.
7. 한자어는 한글에 한자(漢字)를 병기(倂記)하여 현대 일반인들의 이해를 돕고자 했다.

차 례

감수(監修)의 말 · 5
역주(譯註)의 말 · 9
해제(解題) · 21

대혜선사행장(大慧禪師行狀) · 33

대혜보각선사서 · 41
1. 증시랑 천유가 질문하는 편지 ················· 41
2. 증시랑에게 답함 (1) ························· 46
3. 증시랑에게 답함 (2) ························· 56
4. 증시랑에게 답함 (3) ························· 65
5. 증시랑에게 답함 (4) ························· 72
6. 증시랑에게 답함 (5) ························· 76
7. 증시랑에게 답함 (6) ························· 81
8. 이참정 한노가 질문하는 편지 ················· 85
9. 이참정에게 답함 ····························· 88
10. 또 이참정이 질문하는 편지 ·················· 97
11. 또 이참정에게 답함 ························· 99
12. 강급사 소명에게 답함 ······················ 102

13. 부추밀 계신에게 답함 (1) ········· 107
14. 부추밀 계신에게 답함 (2) ········· 116
15. 부추밀 계신에게 답함 (3) ········· 120
16. 이참정 한노에게 답하는 별도의 편지 ········· 125
17. 진소경 계임에게 답함 (1) ········· 128
18. 진소경 계임에게 답함 (2) ········· 141
19. 조대제 도부에게 답함 ········· 145
20. 허사리 수원에게 답함 (1) ········· 151
21. 허사리 수원에게 답함 (2) ········· 155
22. 유보학 언수에게 답함 ········· 159
23. 유통판 언충에게 답함 (1) ········· 174
24. 유통판 언충에게 답함 (2) ········· 182
25. 진국태 부인에게 답함 ········· 185
26. 장승상 덕원에게 답함 ········· 187
27. 장제형 양숙에게 답함 ········· 190
28. 왕내한 언장에게 답함 (1) ········· 206
29. 왕내한 언장에게 답함 (2) ········· 214
30. 왕내한 언장에게 답함 (3) ········· 219
31. 하운사에게 답함 ········· 223

32. 여사인 거인에게 답함 (1) ·· 226
33. 여랑중 융례에게 답함 ·· 229
34. 여사인 거인에게 답함 (2) ·· 247
35. 여사인 거인에게 답함 (3) ·· 251
36. 왕장원 성석에게 답함 (1) ·· 256
37. 왕장원 성석에게 답함 (2) ·· 262
38. 종직각에게 답함 ·· 272
39. 이참정 태발에게 답함 ·· 281
40. 증종승 천은에게 답함 ·· 284
41. 왕교수 대수에게 답함 ·· 288
42. 유시랑 계고에게 답함 (1) ·· 294
43. 유시랑 계고에게 답함 (2) ·· 297
44. 이랑중 사표에게 답함 ·· 301
45. 이보문 무가에게 답함 ·· 306
46. 향시랑 백공에게 답함 ·· 310
47. 진교수 부경에게 답함 ·· 317
48. 임판원 소첨에게 답함 ·· 319
49. 황지현 자여에게 답함 ·· 322
50. 엄교수 자경에게 답함 ·· 326

51. 장시랑 자소에게 답함 ················· 334
52. 서현모 치산에게 답함 ················· 340
53. 양교수 언후에게 답함 ················· 344
54. 누추밀 중훈에게 답함 (1) ············ 347
55. 누추밀 중훈에게 답함 (2) ············ 352
56. 조태위 공현에게 답함 ················· 357
57. 영시랑 무실에게 답함 (1) ············ 363
58. 영시랑 무실에게 답함 (2) ············ 372
59. 황문사 절부에게 답함 ················· 376
60. 손지현에게 답함 ······················· 378
61. 장사인 장원에게 답함 ················· 392
62. 탕승상 진지에게 답함 ················· 400
63. 번제형 무실에게 답함 ················· 407
64. 성천 규 화상에게 답함 ················ 410
65. 고산 체 장로에게 답함 ················ 412

화두 찾아보기 · 423
찾아보기 · 425

해제(解題)

책의 저자인 대혜 종고에 대한 소개를 먼저 하고 책이 가진 몇 가지 특징을 설명하고자 한다. 대혜는 1089년(北宋 哲宗 4年)에 태어나서 1163년(南宋 孝宗 元年)까지 살았던 임제종 제16대 법손이다. 그의 일생은 중요한 사안에 따라 대략 4기로 나누어 살필 수 있다. 출생 성장기, 출가 수행기, 수행 대오기, 귀양 교화기가 그것이다.

먼저 출생 성장기이다. 그는 요(遼)의 침범이 빈번하던 북송 말기 선주(宣州) 영국현(寧國縣: 現在 安徽省 宣國縣)의 해씨(奚氏) 집안에서 태어났다. 『서장(書狀)』에 실린 '행장(行狀)'을 보면 태몽과 그의 출생에 따른 신비를 소개하고 있다. 모친의 꿈에 신인(神人)이 한 스님을 데리고 왔는데 뺨이 검고 코가 높았다고 한다. 내실까지 들어오기에 그 사는 곳을 물으니 북악(北岳)이라고 했다고 한다. 그리고 곧 아이를 가졌는데 태어날 때에는 흰빛이 집을 꿰뚫어 읍민들이 모두 놀라고 기이하게 여겼다고 한다. 13세에 향교에 들어가 친구들과 장난을 치다가 벼루를 던진 것이 향교 선생님의 모자에 잘못 맞는 바람에 돈을 배상해 주고 돌아오면서 말하기를 "세속의 책을 읽는 것이 어찌 출세간의 법을 궁구하는 것과 같겠는가?"라고 하였다고 한다. 어린 시절의 대혜는 기본적으로 상당히 총명했으며 여느 아이와 마찬

가지로 학교를 다니며 세속의 일반적 공부를 하였다고 할 수 있다. 그러나 태몽에 스님이 나타났다든지 서당에서 선생의 모자를 때리고 이를 변상한 뒤에 출세간의 공부를 동경한 것 등은 그가 장차 출가 수행자가 될 면모를 일찍부터 가지고 있었음을 암시하는 대목이라고 할 수 있다.

다음 출가 수행기를 살필 차례다. 16세에 출가했는데 당시 어머니는 출가를 허락하지 않았으나, 아버지는 흔쾌히 그를 출가시켰다. 출가 초기에는 조동종 계열의 스님들을 주로 만났다. 동산미선사(洞山微禪師), 대양원수좌(大陽元首座), 견수좌(堅首座) 등이 그들인데, 대혜는 조동종의 종지를 일시에 참구하여 터득했다고 한다. 그러나 그는 조동종에서 사용하고 있던 오위편정(五位偏正)과 같은 이론이나 이런 이론을 주고받는 것을 선(禪)으로 삼는 문제점을 발견하고 비판적인 태도를 가지게 되었다. 종사의 구변(口邊)에 즐겨 나가서 무엇을 종이에 써서 주고받는 것은 다 들여우의 침을 먹는 일이고 염라대왕 앞에서 쇠몽둥이를 맞을 일이라고 심하게 비판하고 이를 멀리하였다.

대혜는 23세(1111년)가 되는 해에 황룡파에 속하는 진정극문(眞淨克文)의 제자인 담당문준(湛堂文準)에게 가서 그가 입적하던 해(당시 대혜의 나이 27세)까지 직접 가르침을 받았다. 담당문준의 회하(會下)에서 대혜는 스승으로부터 반드시 중임을 맡고 원대한 일을 이룰 수 있을 것이라는 촉망(囑望)을 받기도 했다. 담당문준은 입적하면서 장래를 묻는 대혜에게 자기와는 파가 다른 양기파의 원오극근(圓悟克勤) 선사를 찾아가면 대사(大事)를 반드시 성취할 수 있을 것이라고 추천했다. 대혜는 진정극문의 문하에서 자기 스승과 함께 공부했던 덕홍각범(德洪覺範)을 찾아가 스승 선양 사업을 추진했다. 스승과 인연이 깊은 승상 장상영(張商英, 無盡居士)에게 스승의 탑명(塔銘)을 받아 오기도 했다. 대혜는 장상영과 만난 처음부터 서로 법으로 의기투합 (意氣投合)하였는데 그에게로부터 묘희(妙喜)라는 법호(法號)와 담회 (曇晦)라는 자(字)를 받기도 했다. 대혜의 스승 담당문준이나 원오극근 선사와 깊은 인연을 가졌던 장상영 역시 원오극근 선사를 반드시 참례할 것을 대혜에게 권고했다. 대혜는 34세(1122년)에 원오 선사를 찾아보려고 했으나 사정으로 그러지 못하고, 함평의 보융평선사(普融平禪師)의 법석(法席)에 참례하였다. 이때 함평의 태재(太宰) 왕대관의 희사(喜捨)로 만든 암자에 기거하며 많은 사람들을 만났다.

그러나 대혜는 그때까지도 생사일대사(生死一大事)를 마치지 못하고 고심하고 있었다. 원오극근을 찾아보라는 스승 담당문준의 유촉이 있은 지 10년이 다 돼 가도록 원오를 찾아가지 않았다. 이것은 대혜의 경지를 쉽게 인정해 주던 그 당시 다른 일반 승려들의 경우와 같은 결과만 가져오지 않을까 하는 두려움과 스스로 증득하고 깨달으려는 대혜의 자립적 성품 때문이었다. 대혜는 36세 때에 여름 한철을 기약하고 극근을 만나러 떠났다. 대혜는 스스로 생각하기를 "그(원오)의 선도 다른 제방의 선과 같아서 망령되게 나를 옳다고만 인정한다면 나는 선을 하지 않을 것이다. 자기를 속이고 정신을 그릇 허비하여 세월만 보내는 것은 하나의 경전이나 하나의 논(論)이라도 보고 근본에 따라 수행하여 후세 다른 생에 불법(佛法) 가운데 사람으로 태어나기를 기다리는 것만 못하다."고 하고, 드디어 『청량화엄소초(淸凉華嚴疏鈔)』 일부를 사 가지고 원오가 있는 천녕(天寧)으로 갔다. 깨달음을 향한 그의 각오가 어떠했던가를 짐작하게 하는 대목이다. 어떤 구체적 계기가 있었는지는 모르나 그는 또한 『화엄경』을 일생동안 가까이 했고 법문에도 이를 많이 인용했다.

　세 번째 시기가 수행 대오기이다. 10년이 넘는 긴 방랑 끝에 그 나이 37세 되던 해에 원오극근 선사를 만난다.[2] 천녕사(天寧寺)에서 만난 지 몇 달 뒤 개당 설법(開堂說法)[3]에서 원오가 말하기를, "'어떤 스님이 운문(雲門)에게 묻기를, 어떤 것이 부처의 출신처(出身處)입니까?' 운문이 말하기를 '동산이 물위로 걸어간다.'고 했다. 나는 곧 그렇지 않으니 '어떤 것이 부처님의 출신처입니까?' 하면, 나는 '훈풍이 남쪽에서 불어오니 전각(殿閣)에 서늘한 기운이 생긴다.'라고 하겠다."라 했다. 대혜는 이 말을 듣고 바로 앞과 뒤가 끊어지고 크게 느끼는 바가 있었다. 그러나 원오는 "네가 도달한 경지를 바꾸지 않았으니 가히 안타까운 일이다. 죽은 뒤에는 다시 살아나지 못하는구나. 어구(語句)를 의심하지 않는 이것이 큰 병이다."라고 하여 대혜의 그때 경지를 깨달음으로 인가(印可)하지 않았다.

　뒤에 원오가 '말 있는 것과 말 없는 것이 칡이 나무를 의지한 것과 같다.'는 말을 어떤 스님에게 질문했다는 말을 대혜는 듣고 이 말에 대하여 의심을 품었다. 마침내 대혜는 오조법연이 원오의 질문에 무어라고 대답했는지를 원오에게 직접 질문하기에 이른다. 원오가 처음에는 대답을 회피하다가 재차 묻는 말에 오조법연 스님으로부터 들은 대답을 말해 주었는데 대혜는 그 말에 바로 활연대오(豁然大悟)하였

---

[2] 당시 원오 선사는 나이 62세였다.
[3] 본래는 역경원(譯經院)에서 해마다 임금 생일에 새 경전을 번역하여 성수(聖壽)를 축하하는 의식이 있었는데, 두 달 전에 벼슬아치들이 모여 번역하는 것을 보는 것을 개당이라고 했다. 뒤에 선종(禪宗)에서 이를 본떠 어떤 절에 새로 스님이 주지로 부임해 와서 처음으로 설법하는 행사를 지칭하는 명칭으로 이 말을 사용했다.

다. 구체적인 내용은 이렇다. 다시 묻는 대혜 스님의 질문에 원오 스님이 부득이 하여 말하기를, "내가 묻기를 '말 있는 것과 말 없는 것이 칡이 나무를 기대는 것과 같다고 한 뜻이 무엇입니까?' 하니, 오조가 대답하기를 '본뜨려 해도 본뜰 수 없고 그리려 해도 그릴 수 없다.' 또 묻기를 '나무가 넘어지고 칡이 말라버리면 어떠합니까?' 하니, 오조가 말하기를 '서로 따라 온다.'고 하셨다."라고 했다. 대혜는 이 말에 바로 크게 깨닫고 말하기를 "제가 알겠습니다."라고 하였다. 이에 원오가 여러 가지 인연으로 힐문(詰問)했는데 막힘없이 다 대답하니 원오가 기뻐하여 말하기를 "내가 너를 속일 수 없구나."라고 하며 『임제정종기(臨濟正宗記)』를 지어서 법을 부촉(咐囑)했다고 한다.

공부 성취한 것이 알려지면서 전국에서 많은 사람들 특히 사대부들이 많이 모여들었다. 이때 승상(丞相)이던 여순도(呂舜徒)가 임금에게 보고하여〔상주(上奏)〕하여 '불일대사(佛日大師)'라는 호를 하사받기도 하였다. 42세에 운문암(雲門庵)으로 옮겼는데 제자 20여 인이 따랐다. 46세(소흥 4년, 1134년)가 되어서는 『변정사설(辨正邪說)』을 짓고 묵조선을 강하게 비판했다. 48세에는 스승 원오가 입적했다. 49세에는 승상(丞相) 장덕원(張德遠), 유언수(劉彦脩), 장준(張浚) 등 여러 인물들과 교유하였다. 장준의 천거로 임안부(臨安府) 능인선원(能仁禪院)에 부임했는데 이듬해 대중이 1천 명에 이르는 대성황을 이루어 임제가 다시 나왔다는 찬미를 받기도 했다. 특히 그는 사대부들 사이에 숭배의 대상이 되었는데, 이것은 금나라의 위협으로 내우외환에 시달리던 남송의 상황에서 대혜가 생활과 일치하는 선 수행을 그들에게 가르치고 사기를 진작하여 국난을 극복하고자 노력했기 때문이다. 그리고 추밀(樞密) 부계신(富季申), 소경(少卿) 진계임(陳季任), 대제(待

아육왕사

制) 조도부(趙道夫) 등이 도를 묻는 데에 답장을 한 것도 이 즈음이었다. 52세에는 시랑(侍郎) 장구성(張九成), 장원(壯元) 왕응진(王應辰)과 '격물(格物)'의 뜻에 대하여 논의를 하기도 했다.

끝으로 귀양 교화기이다. 15년이라는 긴 세월 동안 귀양살이를 하면서도 끊임없이 찾아오는 대중들과 제자들을 가르치고 지도하여 그가 75세에 입적할 때까지 교화를 계속했다. 53세(소흥 11년, 1141년)에 형주로 귀양 갔다가 68세(소흥 26년, 1156년)에야 죄가 풀려서 돌아왔다. 주화파(主和派)의 핵심 인물이었던 진회(秦檜)의 발호(跋扈)로 그가 정권을 잡고 있을 때에 유명한 악비(岳飛)가 옥에 갇히고, 주전파(主戰派)의 편에 섰던 대혜도 장구성, 장준과 함께 유배를 가게 된다. 62세(소흥 20년, 1150년)에 광동(廣東) 매주(梅州)로 이배(移配)되었는데 그를 따르는 많은 대중을 크게 교화했다. 같은 해에 진회가 죽자 장준이 곧 벼슬을 회복했다. 대혜 역시 승적을 회복하고 68세에 귀양처에서 돌아온다. 능인사(能仁寺), 아육왕사(阿育王寺), 효광사(孝光寺) 등을 거쳐 천동산(天童山) 굉지선사(宏智禪師)를 예방한다. 69세에 아육

경산사

왕사에 주석했는데 양식을 싸가지고 와서 도를 묻는 사람이 1만 2천 명에 달하여 교화가 크게 성황을 이루었다. 70세에 경산사(徑山寺)에 옮겨 왔다. 73세(소흥 31년, 1161년)에는 천녕사(天寧寺)에서 설법하고 마련한 많은 돈을 공자(孔子)의 사당을 건립하는 보조금으로 기부하기도 하여 대혜가 유교에 대하여 매우 우호적이었던 사실을 확인할 수 있다. 75세(융흥 원년, 1163년)에 경산(徑山)의 명월당(明月堂)에서 열반에 들었는데 효종 황제는 명월당을 묘희암(妙喜庵), 시호(諡號)를 보각(普覺), 탑명(塔銘)을 보광(寶光)이라고 하였다. 입적할 때 임종게(臨終偈)를 요구하는 제자들에게 매우 특이한 시를 남겼다.

"사는 것도 다만 이러하고 죽는 것도 다만 이러하네. 게송을 남기고 남기지 않는 것, 이것이 무슨 유행[4]인가?(生也只恁麼 死也只恁麼 有偈與無偈 是甚麼熱大)"

대혜의 삶은 깨달음을 위한 투철한 노력과 깨닫고 나서는 역경과 순경에 구애받지 않고 오로지 중생의 교화에 전념했던 일로만 이루어

---
[4] '열(熱)'은 열기, 유행, 붐이라는 뜻이다.

져 있다. 당시 많은 선지식들이 이미 깨달았다고 그를 인정해 주었지만 대혜는 스스로 엄중한 자기 검열의 기준을 가지고 자신의 현재 입지를 냉철히 판단함으로써 진정한 깨달음의 길로 지속적으로 나갈 수 있었다. 그래서 그는 마침내 원오극근이라는 대선지식을 만나 확철대오함으로써 생사일대사를 해결할 수 있었다.

다음은 『서장』을 간단히 소개하고자 한다. 대혜 스스로 책을 저술하지 않았으나 제자들이 정리하여 남긴 책으로 『대혜어록(大慧語錄)』 12권, 『대혜법어(大慧法語)』 3권, 『대혜보설(大慧普說)』 5권, 『서장(書狀)』 등이 있다. 이 가운데 『서장』은 대혜가 마흔 명의 사대부와 두 승려에게 보낸 편지 62편으로 구성되어 있다. 책이 처음 발간된 시기는 정확히 알 수 없으나 몇 가지 정황으로 추측할 수는 있다. 우리나라에 현전하는 가장 오래된 판본인 '대광사본(大光寺本)' 말미 간기(刊記)에 건도(乾道) 2년 세차(歲次) 병술(丙戌, 1166년)이라고 한 것을 보면 대혜가 입적하고 만 3년이 되던 때다. 그러나 책의 끝에 부기된 '문창발문(文昌跋文)'의 내용에 따르면 이미 대혜 생존시 만년(晩年)에 유통되었고 대혜 사후에 내용이 더 보완되었으리라는 점을 짐작할 수 있다. 황문창(黃文昌)은 발문에서 '만년에 대중이 힘써 청하여 (대혜 스님께서) 그 유통을 허락하셨다. 그러나 회상(會上)에 온 것이 선후가 있으며 견문이 자세하고 간략한 차이가 있다. 또 사대부들이 얻은 법어를 각자 보관하고 있어서 다 볼 수가 없다. 지금 거두어들인 것도 특히 미진하니 다시 채집(採集)하여 따로 별록을 만들 것을 기다린다.(晩年因衆力請 乃許流通 然在會有先後 見聞有詳略 又賢士大夫 所得法語 各自寶藏無緣盡覩 今之所收 殊爲未盡 俟更採集 別爲

後錄)'라고 하였다. 이 기록을 그대로 믿는다면 이 책의 원형이 대혜 만년에 이미 만들어지고 대혜 사후 3년 만에 다시 이 책이 중간(重刊)된 것으로 볼 수 있다. 책이 시작되는 맨 앞에 '정지거사 황문창 중편(淨智居士黃文昌重編)'이라는 기록이 이를 뒷받침한다.

그런데 황문창의 발문이 대혜의 다른 저서인 『대혜법어(大慧法語)』 끝에도 실려 있어서 대혜 만년에 유통하고 사후 3년 만에 다시 발간한 책이 『대혜법어』일 수도 있다. 『서장』과 『대혜법어』에 보이는 황문창의 발문 내용을 그대로 따른다면 황문창은 두 가지 책을 같은 이유로 같은 시기에 발간한 것으로 볼 수도 있다. 그러나 이러한 기록이 어느 한 책에 국한하는 것인지 두 책에 다 해당하는지는 확정하기 어렵다.

『서장』이 언제 우리나라에 들어왔는지도 정확하지 않다. 위에 제시한 판본의 간기와 같은 시기의 다른 판본이 중국에 없다는 점을 들어서 위의 판본이 발간된 시기를 『서장』이 우리나라에 도입된 시기로 볼 수도 있으나 이를 뒷받침할 자료가 더 요구된다. 이 책이 우리나라에 도입된 구체적인 시기는 '지눌(知訥)이 『서장』을 벗했다(書狀爲友)'는 기록이나 이색(李穡)이 『서장』의 발문을 쓴 예에서 짐작할 수 있다. 이 시기에 책을 발간했다면 처음 『서장』이 발간되고 200년 정도가 지난 시기가 된다. 현재 우리나라에 전하고 있는 『서장』의 판본은 총 26종인데 그 가운데 가장 오래된 것은 1511년에 발간된 전라도 대광사본(大光寺本)이다.

다음은 책의 내용을 간단히 살피고자 한다. 『서장』의 내용에 주목할 것은 먼저 화두를 참구하여 깨달음에 나아갈 것을 강조했다는 사실이다. 대혜 이전에도 화두를 의심해 가는 간화선이 없지 않았으나 대혜는 『서장』에서 간화선의 방법과 가치를 분명하게 드러내고 있다. 그리고 방법에 있어서 이러한 간화선은 동정(動靜), 한료(閑鬧), 세간(世間)과 출세간(出世間)에 관통하여 이루어져야 함을 강조하였다. 당면한 현실을 떠나서 따로 선이 있지 않다는 입장에서 상대적 분별의 세계를 넘어서는 선을 강조하였다. 바로 이러한 선법을 강조했던 대혜는 고요함과 물러남만 강조하는 그릇된 선을 비판하기에 이른다. 소위 그의 말을 빌리면 묵조 사사배(黙照邪師輩)들이 비판의 대상이었다. 이들은 깨달음 자체를 부정하고 고요함만 추구하는 폐단을 가지고 있었다. 논자에 따라서는 묵조선의 본질을 비판했다고 하는데 역자가 볼 때는 묵조선을 하는 사람 가운데 그릇된 무리를 비판한 것으로 보인다. 대혜는 고요함, 무심함, 출세간의 법만을 강조하여 한 쪽으로 치우친 수행을 하는 무리를 비판하고 있기 때문이다. 묵조선 역시 방법이 다를 뿐 동정(動靜)을 관통하는 선을 중시하고 있다는 점을 감안하면 대혜의 묵조선 비판이 어떠했던가를 짐작할 수 있다.

그리고 대혜는 간화선만을 강조하지 않았다는 점을 『서장』에서 확인할 수 있다. 자신의 내면을 비추어보는 방법, 달리 표현하자면 회광반조(回光返照)의 방법을 상당히 강조하고 있기 때문이다. 화두를 들지 않고 일어나는 생각을 돌이켜 비추어봄으로써 깨달음에 나아가는 과정을 분명히 말하고 있다. 그리고 확철대오한 다른 선사들의 경우와 마찬가지로 대혜는 본래성불의 근본적 입장에서 선을 말하고 있다. 그 때문에 누구나 화두를 상당기간 참구하여 주관과 객관이 하나가 되어 은산철벽을 통과함으로써 깨닫는 것이 아니라 순간적으로 깨달을 수 있다는 '순간 깨침'을 말하고 있다는 사실이 이 책의 중요한 특징의 하나이다.

요컨대 대혜는 『서장』에서 본래성불의 바탕 위에서 순간 깨침, 화두 참구 깨침, 회광반조라는 상당히 다양한 선의 방법을 가르쳤다고 할 수 있다. 이러한 입장에 서 있었기 때문에 고요함만 강조하는 치우친 선, 묵조 사사배를 매우 심하게 비판하였던 것이다. 일반인들은 화두를 상당기간 참구하여 깨달음에 나가는 것만을 유일한 선으로 알고 있는데, 대혜는 『서장』에서 선의 근본 입지와 몇 가지 선의 구체적 수행 방법들을 제시하여 가르치고 있다. 참구 깨침만이 선이라고 알던 경직된 생각을 넘어서 선에 대한 이해를 넓히고 실제 스스로에게 맞는 선의 방법을 찾는다면, 더 많은 사람들이 실제 선 수행에 도움을 받을 수 있을 것으로 본다.

대혜선사행장(大慧禪師行狀)

선사는 선주(宣州) 영국현(寧國縣) 사람이다. 성은 해씨(奚氏)이다. 어머니의 꿈에 신인(神人)이 한 승려를 데리고 왔는데 얼굴이 검고 코가 높았다. 내실에 들어오기에 그 사는 곳을 물었는데 대답하기를 북악(北岳)이라고 했다. 깨어 보니 임신이 되었다. 탄생하는 날에 흰 광명이 방안을 꿰뚫어서 모든 고을 사람들이 놀라고 기이하게 생각했다. 곧 이 해는 북송 철종 원우(元祐) 4년(己巳, 1089年)이었다. 선사는 이 해 11월 10일 사시(巳時)에 태어났다.

선사의 이름은 종고(宗杲)다. 나이 13세가 되어 향교에 들어가 동학과 장난을 치다가 벼루를 잘못 던져 선생님의 모자를 맞혀서 돈 삼백 냥을 갚아주고 돌아와 말하기를 "세속의 책 읽는 것이 어찌 출세(出世)의 법을 궁구하는 것과 같겠는가?"라고 했다. 16세에 동산혜운원(東山惠雲院) 혜제대사(惠齊大師)에게 가서 출가했다. 17세에 머리를 깎고 비구계를 받고, 19세에 여러 곳에 다니다가 태평주 은적암(太平州隱寂庵)에 가니, 그 암자의 스님이 맞이하여 매우 후하게 대접했다. 그가 말하기를 "어제 저녁 꿈에 가람신(伽藍神)이 부탁하여 말하기를, 다음 날 운봉열선사(雲峰悅禪師)[5]가 절에 올 것이라고 했

---

5) 운봉열선사(雲峰悅禪師, 998-1062): 임제종(臨濟宗) 문하(門下) 8세 법손(法孫)이다.

는데 그대가 이분인가?"라고 하였다. 이에 열 선사의 어록을 보였는데, 선사는 한 번 보고 바로 외우니, 이로부터 사람들이 이르기를 운봉 선사의 후신이라고 했다.

처음 조동종(曹洞宗)의 여러 선사를 참례(參禮)[6]하고 그 종지(宗旨)[7]를 다 터득을 했으나 선사는 오히려 만족스럽게 여기지 않았다. 휘종대관(徽宗大觀) 3년(己丑, 1109年, 선사의 나이 21세)에 담당문준화상(湛堂文準和尙)[8]을 참례하여 7년 동안 모시고 크게 지견(知見)을 얻었는데 담당(湛堂)은 임종(臨終)시에 원오극근선사(圓悟克勤禪師)[9]를 참례하고 대사(大事)를 성취하라고 유언했다. 선사는 선화(宣和) 4년(任寅, 1122年, 선사의 나이 34세)에 원오 선사를 참례하려고 했으나, 그때 선사는 멀리 장산(蔣山)에 있었기 때문에 잠시 태평사(太平寺) 평보융(平普融) 스님에게 의지했다.

선화 7년(乙巳, 1125年, 선사의 나이 37세)에 처음 변경 천녕사(汴京天寧寺)에서 원오 선사를 참례하고 겨우 40일이 지났는데 하루는 원오 선사가 당을 열고〔開堂〕설법(說法)을 할 때 "어떤 스님이 운문 스님에게 묻되 '어떤 것이 모든 부처가 나온 곳입니까?'라고 하니 운문 스님이 '동산이 물위로 간다.'고 대답했다. 그러나 천녕(天寧)[10]은 곧

---

6) 참례(參禮)는 법을 듣기 위하여 법회에 참여한다는 말인데 여기서는 스승을 찾아뵙고 법을 배우는 것을 뜻한다.
7) 교법의 지취(旨趣), 종파의 교법. 가르침의 핵심적 뜻을 말한다.
8) 담당문준화상(湛堂文準和尙, 1061-1115): 송대(宋代)의 스님. 직정극문(直淨克文)의 법제자, 임제종(臨濟宗) 황룡파(黃龍派) 스님. 담당(湛堂)은 자(字). 속성(俗姓)은 양씨(梁氏)다.
9) 원오극근선사(圓悟克勤禪師, 1063-1135): 중국 송 휘종, 흠종, 고종 때 임제종 선승으로 양기파(楊岐派)에 속해 있다. 오조법연(五祖法演)의 법을 이었고 그 문하에 대혜종고(大慧宗杲), 호구소륭(虎丘紹隆)이 있다.
10) 원오(圓悟) 스님이 자칭한 말이다.

그렇지 아니하여, 그를 향하여 말하되 '따뜻한 바람이 남쪽에서 불어오니 집에 서늘한 기운이 생긴다.'라고 하겠다." 하였다. 대혜(大慧) 스님이 그 말을 듣고 홀연히 앞생각과 뒷생각이 끊어지니 원오 선사가 그로 하여금 택목당(擇木堂)에 머물러서 조금도 시중하는 일에 힘쓰지 말고 전심으로 보임(保任)[11]케 하였다.

(대혜는) 그 뒤에 원오 스님이 방 가운데서 어떤 스님에게 '말 있는 것과 말 없는 것이 칡이 나무를 의지한 것과 같다.'는 화두를 묻는 것을 들었다. 대혜 스님이 드디어 묻기를 "듣건대 화상께서 오조(五祖) 스님 회상에 일찍이 이 화두를 물었다고 하니 무어라고 말씀하셨는지 알지 못하겠습니다." 원오 스님이 웃고 대답하지 아니하니 대혜 스님이 말하기를 "이미 대중들 앞에서 물었는데 지금 말씀하시는 것이 무슨 방해가 되겠습니까?" 하였다. 원오 스님이 마지못하여 이르기를 "내가 오조에게 묻되 말 있는 것과 말 없는 것이 칡이 나무를 의지한 것과 같다는 뜻이 어떠합니까?" 하니, 오조가 말하기를 "본뜨려 해도 본뜰 수가 없고 그리려 해도 그릴 수가 없다."고 했다. 또 묻기를 "나무가 넘어지고 칡이 마를 때에는 어떠합니까?" 했더니, 오조가 말하기를 "서로 따라 온다."[12]고 했다. 선사가 그 자리에서 환하게 크게 깨달아 말하기를 "제가 알겠습니다."라고 했다. 원오가 여러 가지 인연에 대하여 차례로 들어 힐문(詰問)하되 응답하는 것이 다 막힘이 없거늘 원오가 기뻐하며 말하기를 "내가 너를 속이지 못하겠다."고 하며, 『임제정종기(臨濟正宗記)』를 부촉(咐囑)하고 그로 하여

---

[11] 여기서 보임은 돈오점수(頓悟漸修)에서 흔히 말하는 깨달은 뒤의 보임이 아니다. 확철대오에 이르기 직전, 앞뒤 생각이 끊어진 상태를 유지한다는 말이다.
[12] 여기까지 원오 스님이 오조 스님과 대화한 부분은 살과 활이 원융하게 서로 통하는 모습을 선적으로 잘 보여 주고 있다.

금 기실(記室)13)을 관장하게 하니, 대혜 스님이 이에 원오 스님의 제자가 되었다. 얼마 안 되어 원오가 촉(蜀)으로 돌아가거늘 대혜 스님은 이에 자취를 숨기고14) 암자를 지어 거처했다. 뒤에 호구사(虎丘寺)에서 여름을 보내며 『화엄경(華嚴經)』을 보다가 제7지 보살이 무생법인(無生法忍)15)을 얻는 자리에 이르러 담당(湛堂) 스님이 보인 바 앙굴마라(央掘摩羅)가 바루를 가지고 아이 낳는 부인을 구제하는 인연16)을 홀연히 환하게 밝혔다.

소흥(紹興) 7년(丁巳, 1137년)에 조칙(詔勅)17)으로 쌍경사(雙徑寺)에 머물게 되었는데 하루는 원오의 부음(訃音)이 왔다. 선사는 스스로 제문을 지어 제사를 지내고 곧 저녁 소참(小參)에서 말하기를 "어떤 스님이 장사(長沙) 스님께 묻되 '남전(南泉) 스님이 돌아가심에 어디를 향하여 갔습니까?' 하니, 장사가 대답하기를 '동쪽 마을에서 노새가 되고 서쪽 마을에서 말이 되었다.'고 했다. 그 스님이 묻기를 '그 뜻이 무엇입니까?' 하니, 장사 스님이 대답하기를 '타고 싶으면 타고 내리고 싶으면 내린다.'고 하였다. 나 경산(徑山)18) 같으면 곧 그렇게 하지 않겠다. 만약 어떤 스님이 묻되 '원오 선사가 돌아가심에 어느

---

13) 선원의 각종 사무를 담당하는 소임이다. 서기(書記) 또는 서장시자(書狀侍者)라고도 한다.
14) '회적도광(晦迹韜光)'한다는 말로 자취를 감추고 숨어서 산다는 뜻이다.
15) 생멸(生滅)을 멀리 떠나 불생불멸(不生不滅)하는 진여실상(眞如實相)을 말한다.
16) 부처님께서 난산(難産)하는 부인에게 앙굴리마라를 보내어 '나는 부처님 만난 이후로 한 번도 살생한 적이 없다.'라고 말하게 함으로써 아이를 순산(順産)하게 했던 일을 말한다.
17) 임금의 명령을 담은 글로서 조서(詔書), 칙서(勅書), 교지(敎旨)라고도 한다.
18) 경산사(徑山寺)에 거주했기 때문에 대혜 스스로 자기 자신을 말할 때 이 호칭을 사용하기도 했다.

곳을 향하여 갔는가?'라고 하면 곧 그를 향하여 말하되 '아비지옥을 향하여 갔다.'[19]고 하겠다. '그 뜻이 무엇입니까?' 하면 말하기를 '배고프면 구리를 먹고 목마르면 쇳물을 마신다.'고 하겠다. '도리어 구원할 사람이 있습니까? 없습니까?' 하면, 대답하기를 '구원할 사람이 없다'[20]고 하겠다. '어떻게 해서 구원할 사람이 없습니까?'라고 한다면, '이것은 이 늙은이[21]의 일상에 차 마시고 밥 먹는 일이다'라 하겠다."라고 하였다.

11년(辛酉, 1141년) 5월에 간신(奸臣)인 진회(秦檜)[22]가 대혜 스님을 장구성(張九成)의 일당이라 하여 그 도첩과 승복을 빼앗기를 청하고 형주(衡州)에 15년 동안 귀양살이를 하게 했다. 26년(丙子, 1156년) 10월에 조칙으로 매양(梅陽)에 옮겼다가 오래지 않아서 그 모양과 복장을 회복하여 풀려났고 11월에 조칙으로 아육왕사(阿育王寺)에 머물게 되었다. 28년(戊寅, 1158년)에 교지(敎旨)를 내려 선사로 하여금 다시 경산사(徑山寺)에 머물게 했다. 원오 스님의 종지가 크게 펼쳐져, 도법(道法)의 성대함이 당세(當世)에 최고가 되었으며, 따르는 대중이 2천여 명이나 되었다.

신사년(辛巳, 1161년) 봄에 물러나 명월당(明月堂)에 있었더니 이듬해(壬午, 1162년, 고종 32년) 황제가 호를 내리기를 대혜선사(大慧禪師)라고 했다. 효종원년(隆興, 癸未, 1163년)에 명월당에 있었는데, 하루 저녁

---

19) 살(殺) 자리를 말한다.
20) 일용평상심(日用平常心)이다.
21) 원오(圜悟) 스님이다.
22) 북송의 태학생(太學生) 출신으로 당시 금(金)과 화친을 주장하여, 화친을 반대하는 강경파였던 장준(張浚), 장구성(張九成) 등을 탄압했다. 장구성은 대혜 스님의 제자였기 때문에 대혜 스님도 연좌되어 귀양가게 되었다.

에는 대중이 별 하나가 절 서쪽에 떨어지는데, 그 흐르는 빛이 밝은 것을 보았다. 대혜 스님이 미질(微疾)을 보이다가 8월 9일에 대중에게 일러 말하기를 "내가 내일 갈 것이다." 하더니, 이날 저녁 오고(五鼓)[23]에 손수 임금께 드리는 글을 쓰고 아울러 대중에게 뒷일을 부탁하였다. 요현(了賢) 스님이 게송을 청하니 선사가 크게 써서 말씀하시기를 '사는 것도 또한 이러하고 죽는 것도 또한 이러함에 게송을 남기고 게송을 남기지 않는 것, 이것이 무슨 유행인가?'라고 하시고, 태연히 떠나니 나이 75세이고 법랍(法臘)[24]이 58년이었다. 임금이 애도를 그치지 아니하였다. 시호(諡號)를 내리기를 보각(普覺)이라 하고 탑명은 보광(普光)이라고 했다. 지금 호(號)나 시호를 다 들어서 이르기를 대혜보각(大慧普覺)이라고 한 것은 남악양화상(南岳讓和尙)의 호가 또한 대혜(大慧)이기 때문이다. 어록 80권이 대장경과 함께 유행했고 법을 이은 제자가 83인이나 되었다.

大慧禪師行狀

禪師는 宣州寧國縣人也라 姓은 奚氏니 母夢에 神人이 携一僧호대 黑頰隆鼻라 造於臥室이어늘 問其所居한대 對曰北岳이라하다 覺(音에 敎)而有娠이러니 及誕之日에 白光이 透室하니 擧邑이 驚異러라 卽是年(南宋哲宗元祐四年己巳)十一月十日巳時에 生하다

師의 諱는 宗杲니 年이 十三에 入鄕校하야 與同學으로 戲할새 以硯投之라가 誤中先生帽하고 償金三百而歸曰讀世書가 曷若究出世之法乎아 十六에 投東山惠雲院惠齊大師出家하다 十七에 薙髮受具戒

---

23) 오야(五夜) 오경(五更)과 같은 말로 하룻밤을 다섯 등분한 것이다. 순서로 보면 오고는 오경에 해당되어 오늘날 새벽 세 시에서 다섯 시 사이이다.
24) 스님으로서 봉직한 햇수다.

하고 十九에 遊方하야 至太平州隱寂庵하니 庵主ㅣ迎待甚厚曰昨夜夢에 伽藍神이 囑曰明日에 雲峰悅禪師가 到院이라하더니 子ㅣ是耶아하고 乃悅禪師語錄으로 示之한대 師가 一見成誦하니 從此로 人謂雲峰師後身이러라

初叅曹洞師하야 盡得其旨호대 師猶不滿이러니 徽宗大觀三年己丑(師年二十一)에 叅湛堂文準和尚하야 執侍七年하고 大有領解러니 湛堂이 臨終에 指令叅圓悟勤하야 成就大事라하야늘 師於宣和四年壬寅(師年三十四歲)에 欲叅圓悟而時師가 遠在蔣山故로 姑依太平寺平普融會下하다

宣和七年乙巳(師年三十七)에 始叅圓悟勤於汴京天寧寺할새 才經四十日이러니 一日은 圓悟開堂하고 擧僧이 問雲門호대 如何是諸佛出身處닛고 門이 曰東山水上行이니라 天寧(圓悟自稱)은 卽不然하야 唯向他道호대 薰風이 自南來하니 殿角에 生微凉이라호리라 師가 聞之에 忽前後際斷커늘 悟가 令居擇木堂하야 不釐務侍者하고 專心保任케하더니

後聞悟室中에 問僧有句無句가 如藤倚樹話하고 師遂問曰聞和尚이 當時에 在五祖하야 曾問此話라호니 不知道甚麼닛고 悟가 笑而不答커늘 師曰和尚이 旣對衆問인댄 今說何妨이닛고 悟가 不得已曰我問五祖호대 有句無句가 如藤倚樹意旨가 如何닛고 祖曰描也描不就하고 畫也畫不就니라 又問樹倒藤枯時如何닛고 祖曰相隨來也니라하더라 師가 當下에 豁然大悟曰我ㅣ會也니다 悟가 歷擧數段因緣詰之호대 皆酬對無滯어늘 悟가 喜謂之曰吾不欺汝也라하며 乃著臨濟正宗記付之하고 俾掌記室커늘 師가 仍爲圓悟弟子하다 未幾에 圓悟返蜀커늘 師仍韜晦하고 結庵以居하다 後度夏虎丘寺할새 閱華嚴이라가 至第七地菩薩이 得無生法忍處하야 忽洞明湛堂所示인 央掘摩羅가 持鉢救産婦因緣하다

紹興七年에 詔住雙徑寺러니 一日에 圓悟訃音이 至커늘 師自撰文致祭하고 卽晚小糸에 擧僧이 問長沙호대 南泉이 遷化에 向甚麼處去닛고 沙曰東村에 作驢하고 西村에 作馬니라 僧이 曰意旨如何닛고 沙曰要騎便騎하고 要下便下니라하엿지만은 若是徑山인댄 卽不然하다 若有僧이 問圓悟禪師遷化에 向甚處去오하면 卽向他道호대 向大阿鼻地獄이니라 意旨如何오하면 曰飢飡洋銅하고 渴飲鐵汁이라호리라 還有人이 救得也無아 曰無人救得이니 如何救不得고 是此老의 尋常茶飯이니라

十一年五月에 奸相秦檜以師로 爲張九成黨이라하야 奏請毁其衣牒하고 竄衡州十五年이러니 二十六年十月에 詔移梅陽이라가 不久에 復其形服하고 放還이러니 十一月에 詔住阿育王寺하다 二十八年에 降旨하야 令師로 再住徑山寺하야 大弘圓悟宗旨할새 道法之盛이 冠于當世하야 衆至二千餘人이라

辛巳春에 退居明月堂이러니 明年壬午(高宗三十二年)에 上이 賜號曰大慧禪師라하다 孝宗隆興元年癸未에 仍居明月堂이러니 一夕은 衆見一星이 落於寺西에 流光이 赫然이라 師가 尋示微疾이라가 八月九日에 謂衆曰吾가 翌日始行이라하더니 是夕五鼓에 手書遺表하고 幷囑後事한대 有僧了賢이 請偈어늘 師乃大書曰 生也祗麼요 死也祗麼어늘 有偈無偈에 是甚麼熱고하시고 怡然而逝하니 世壽는 七十有五요 坐夏는 五十有八이라 上이 痛悼不已하시고 賜謚曰普覺이라하며 塔曰普光이라하다 今擧生號死謚云大慧普覺者는 揀南岳讓和尙이 亦號大慧故也라 有語錄八十卷이 隨大藏流行하고 爲法嗣者가 八十三人이러라

대혜보각선사서

참학(參學)[25] 혜연(慧然)[26] 기록(記錄)
정지거사(淨智居士)[27] 황문창(黃文昌)[28] 중편(重編)

1. 증시랑 천유[29]가 질문하는 편지

제〔開〕가 옛날 장사(長沙)에 있을 때 원오노사(圓悟老師)의 편지를 받았는데, 스님〔公〕에 대하여 칭찬하시기를 '늦게 서로 만났으나 얻은 것이 매우 기특하고 훌륭하다.'[30]고 하셨습니다. 생각하기를 두

---

[25] 선을 참구하고 도를 배운다〔參禪學道〕는 뜻이다.
[26] 호는 가암(可庵)이며, 복주(福州) 사람으로 20년간 대혜 스님을 모셨다.
[27] 정지(淨智)는 도호(道號)다. 『사원(事苑)』에서 사덕(四德: 벼슬을 구하지 않고, 욕심이 적으면서 덕을 쌓고, 재산이 많으며, 도를 준수하여 스스로 깨닫는 것)을 갖춘 사람을 거사라고 했고, 『보살행경(菩薩行經)』에도 사덕(四德: 재물을 가지고, 속가에 살며, 법을 지키며, 산에 사는 것)을 가진 선비를 거사라고 했다.
[28] 대혜 스님의 법사(法嗣) 83인 가운데 한 사람이다.
[29] 『오등회원(五燈會元)』에 증개거사(曾開居士)의 자(字)가 천유(天遊)이고 벼슬이 시랑(侍郞)에 이르렀다고 했다.
[30] 대혜(大慧) 스님의 깨달음을 두고 원오(圓悟) 스님이 평가한 말이다.

번 세 번 한 지가 이제 8년이 되었으나 직접 법문31)을 듣지 못한 것을 한탄하면서 오직 간절히 공경〔恭敬, 景慕〕하고, 우러러 바라볼〔仰望〕 뿐입니다.

제가 어릴 때부터 마음을 내어 선지식(善知識)을 참례(參禮)하고 이 일32)을 물었으나 약관(弱冠)의 나이33)가 된 뒤에는 곧 혼인하고 벼슬하는 일에 쫓겨 공부를 하는 것이 순일(純一)34)하지 못했습니다. 그럭저럭 노년(老年)에 이르렀으되 들은 것이 없어서 항상 부끄럽고 한탄스러웠습니다.

그러나 뜻을 세우고 원(願)을 세운 것은 실제 얕은 생각〔知見〕에서 한 것이 아닙니다. 깨닫지 못한다면 그만이겠습니다만, 깨닫는다면 모름지기 바로 고인(古人)이 친히 깨달은〔證得〕 곳에 이르는 것이 바야흐로 크게 쉬는 자리35)라고 생각합니다. 이 마음은 비록 한 생각도 물러나지 않았으나 공부가 끝내 순일하지 못함을 자각(自覺)하니 뜻과 원은 크되 힘이 작다고 하겠습니다. 옛날에 원오 노사께 매우 간청하였더니 노사께서 법어(法語)의 여섯 단36)을 보이셨습니다. 그 처음은 바로 이 일을 보이시고,37) 뒤에는 운문, 조주 스님의 방하착(放下着)38)과 수미산(須彌山)39) 두 인연을 들어서 둔한 공부40)를 내리셨습

---

31) 서여(緒餘)는 『장자(莊子)』의 '도의 참된 것으로 몸을 다스리고 그 나머지〔緒餘〕로 국가를 다스린다(道之眞而治身 其緒餘 以爲國家).'는 말에서 나왔는데 여기서는 가르침, 법문(法門)이라는 의미로 사용되었다.
32) 일대사인연(一大事因緣)을 말한다.
33) 스무 살, 혹은 젊은 나이를 말한다.
34) 공부가 사이에 끊어짐 없이 순수하고 한결같이 되는 것을 말한다.
35) 본분사 자리를 말한다.
36) 바로 뒷 문장의 내용으로 보아 방하착(放下着), 수미산(須彌山)을 포함하여 네 가지의 다른 가르침을 말하는 듯한데 자세하지 않다.
37) 본분 자리에서 바로 보인 법문을 말한다.

니다. '항상 스스로 성성(惺惺)⁴¹⁾하게 화두를 들어라. 오래고 오래면 반드시 들어가는 곳이 있게 될 것이다.'라고 하신 스님의 간절한 마음이 이와 같았건마는 둔하고 막힌 것이 지극히 심한 것을 어찌하겠습니까?

 지금 다행히 집안의 세속 인연을 다 마치고 한가하게 지내며 다른 일이 없으니, 스스로 채찍질해서 처음 뜻을 실행하고자 합니다. 다만 친히 가르치심을 얻지 못함을 한탄할 뿐입니다. 일생 동안의 허물을 이미 하나하나 보여 드렸으니, 반드시 제 마음을 분명히 아실 것입니다. 자세하게 경계하고 가르쳐〔경책(警責)〕 주시기 바랍니다. 평소 마땅히 어떻게 공부를 해야 다른 길에 빠지지 않고 바로 본지풍광(本地風光)⁴²⁾과 서로 계합(契合)⁴³⁾하겠습니까? 이와 같은 말도 허물이 또한 적지 않습니다만⁴⁴⁾ 다만 정성을 바칩니다. 스스로 피하기 어려우니 진실로 가련하여 지극히 묻습니다.

---

38) 엄양존자(嚴陽尊者)가 조주(趙州) 스님에게 묻기를 '한 물건도 가져오지 않았을 때에 어떻게 합니까?' 하니, 조주 스님이 말하기를 '놓아라〔放下着〕.'고 했다. 엄양 존자가 묻기를 '한 물건도 가져오지 않았는데 무엇을 놓습니까?' 하니, 조주 스님이 대답하기를 '내려놓지 못하겠거든 둘러메고 가라.'고 했다.
39) 어떤 스님이 운문(雲門) 스님에게 묻기를 '한 생각도 일으키지 않았을 때 도리어 허물이 있습니까?' 하니, 운문 스님이 대답하기를 '수미산(須彌山)이다.'라고 대답했다.
40) 본래성불(本來成佛)을 모르고 참구(參究)하기 때문에 둔한 공부라고 했다.
41) 여기서는 화두를 '선명하고 또렷하게' 든다는 말로 사용되었다.
42) 진리(眞理), 불성(佛性)을 말한다.
43) 하나로 합치되는 것을 말한다.
44) 본분사(本分事)에서 보면 허물이다.

大慧普覺禪師書

叅學慧然 錄
淨智居士 黃文昌

曾侍郎 天遊 問書

　　開頃在長沙하야 得圓悟老師書호니 稱公호대 晩歲相從이나 所得이 甚是奇偉라하야늘 念之再三이 今八年矣이로대 常恨未獲親聞緒餘하야 惟切景仰하노이다

　　某自幼年으로 發心하야 叅禮知識하야 扣聞此事러니 弱冠之後에 卽爲婚官의 所役하야 用工夫不純하야 因循至今老矣로대 未有所聞하야 常自愧嘆하노이다

　　然而立志發願은 實不在淺淺知見之間이라 以爲不悟則已어니와 悟則須直到古人親證處하야사 方爲大休歇之地일까하노이다 此心은 雖未嘗一念退屈이나 自覺工夫終未純一하니 可謂志願大而力量小也로소이다 向者에 痛懇圓悟老師호니 老師示以法語六段하사대 其初는 直示此事하시고 後擧雲門趙州放下着須彌山兩則因緣하사 令下鈍工하사대 常自擧覺하라 久久하면 必有入處라하신 老婆心切이 如此언만은 其奈鈍滯太甚이릿가

　　今幸私家에 塵緣을 都畢하고 閒居無他事하니 政在痛自鞭策하야 以償初志언만은 第恨未得親炙敎誨耳이로소이다 一生敗闕을 已一一呈似호니 必能洞照此心하시리니 望委曲提警하소서 日用에 當如何做工夫하야사 庶幾不涉佗塗하고 徑與本地로 相契也리잇고 如此說話도

敗闕이 亦不少언만은 但方投誠이라 自難隱逃니 良可愍也라 至扣하노이다

【요지】
　증시랑이 원오극근 선사의 소개를 받아 자기 허물〔敗闕〕을 드러내어 서술하고 대혜 스님에게 가르침을 구한 편지다. 증시랑이 어려서부터 자라서 벼슬을 하고 퇴직하기까지 원오극근 선사의 가르침에도 불구하고 세속적 가치를 추구하는 삶으로 말미암아 절대의 행복을 추구하는 공부를 소홀히 하여 이 일을 마치지 못했음을 말하고, 그 스스로 허물을 뼈저리게 반성하면서 대혜 스님에게 다시 가르침을 청했다.

2. 증시랑에게 답함 (1)

편지를 받아 보니 어릴 때부터 벼슬하는 나이에 이르기까지 큰 스승45)을 찾아뵙다가 중간에 과거(科擧)와 혼인(婚姻), 벼슬하는 일 때문에 세속 생각과 습관에 빠져서 순수하게 한결같이 공부를 하지 못한 것을 큰 죄라 하였습니다. 또 무상(無常)한 세간이 여러 가지 허망한 환상〔虛幻〕이어서 한 가지도 즐길 만한 것이 없다고 하였습니다. 그 때문에 마음을 다하여 이 일대사인연(一大事因緣)을 참구(參究)하고자 한다 하시니 제 마음에 매우 흡족합니다. 이미 선비가 되었기 때문에 봉급을 받아 생계를 해결해야 하고, 과거와 혼인과 벼슬살이도 세간에서 피할 수 없는 것이어서 당신의 잘못이 아닌데, 작은 잘못으로 큰 두려움을 내었습니다. 시작 없는 오랜 세월부터 참된 선지식을 섬기고, 깊은 반야(般若)의 지혜(智慧)를 익히지 않았다면, 어찌 이와 같겠습니까?

그런데 당신이 말한 큰 죄라는 것은 성현(聖賢)46)도 또한 면할 수 없었습니다. 다만 헛된 환상이며 구경의 법이 아니라는 것을 알아야 합니다. 능히 마음을 진리의 문안으로 돌려 지혜의 물로써 먼지로

---

45) 종장(宗匠)은 종사(宗師, 큰 스승)를 말하는데, 종사가 사람을 가르치는 것이 공장(工匠, 기술자)이 물건을 주조(鑄造)하는 것과 같다고 해서 사용한 말이다.
46) 속가(俗家)의 성현을 말한다.

오염된 때를 씻어 버리고 깨끗하게 스스로 머물러야 합니다.47) 바로 한 칼로 두 동강을 내고 다시는 상속(相續)하는 마음을 일으키지 않는 것이 좋습니다. 반드시 앞도 생각하지 말고, 뒤도 생각하지 마십시오.

答曾侍郎

承叙及호니 自幼年으로 至仕宦히 叅禮諸大宗匠이라가 中間에 爲科擧婚宦의 所役하며 又爲惡覺惡習에 所勝하야 未能純一做工夫로 以此爲大罪라하며 又能痛念無常世間이 種種虛幻이라 無一可樂인달하야 專心欲究此一段大事因緣이라하니 甚愜病僧意로다 然이나 旣爲士人이라 仰祿爲生이요 科擧婚宦도 世間에 所不能免者라 亦非公之罪也어늘 以小罪로 而生大怖懼하니 非無始曠大劫來에 承事眞善知識하야 熏習般若種智之深이면 焉能如此리요 而公의 所謂大罪者는 聖賢도 亦不能免이니 但知虛幻이라 非究竟法인달하야 能回心此箇門中하야 以般若智水로 滌除垢染之穢하고 清淨自居하야 從脚下去하야 一刀兩段하고 更不起相續心이 足矣라 不必思前念後也니라

이미 헛된 환상이라고 말한다면,48) 지을 때도 또한 환상이며, 받을 때도 또한 환상이며, 지각할 때도 또한 환상이며, 미혹하여 넘어질 때도 또한 환상이며, 과거·현재·미래도 다 이 환상입니다. 오늘 잘못을 알았다면 환상의 약으로 다시 환상의 병을 치료하는 것입니다. 병이 나아서 약이 필요 없게 되면,49) 그 전과 같이 다만 옛날 사람50)

---

47) 유무(有無) 양변(兩邊)을 초월하는 것을 말한다.
48) 생각 생각이 실체가 없는 연기 현상이기 때문에 환상이라고 했다.
49) 『원각경협송집해강의(圓覺經夾頌集解講義)』에 '사람이 병이 있으면 반드시 약을 복용해야 하지만 병이 나으면 약도 또한 버려야 한다(如人有病 必服諸

입니다. 만약 특별히 사람이 있고 별도로 법이 있다고 한다면 이것은 삿된 마군(魔軍)인 외도(外道)의 견해입니다. 당신은 깊이 생각하여 다만 이와 같이 공부해 가되51) 때때로 고요할 때에 수미산(須彌山), 방하착(放下着)의 두 말을 잊지 말아야 합니다.52) 다만 바로 착실하게 공부를 해 갈지언정 이미 지나간 것은 두려워하지 말고 또한 결코 생각하지 말아야 합니다. 생각하고 두려워하면 곧 도에 방해가 될 것입니다.

다만 모든 부처님 앞에 큰 소원 세우기를 '이 마음이 견고해서 영원히 물러나지 않고, 모든 부처님의 가피력(加被力)에 의거하여 선지식을 만나서, 한 마디 말 아래 생사를 한 순간에 잊고, 위없는 바르고 평등한 지혜를 깨달아 부처님의 혜명을 이어서 모든 부처님의 막대한 은혜를 갚게 해 주소서' 하십시오. 만약 이와 같이 하기를 오래오래 하면 깨닫지 못할 이유가 없을 것입니다.

旣曰虛幻則作時도 亦幻이며 受時도 亦幻이며 知覺時도 亦幻이며 迷倒時도 亦幻이며 過去現在未來ㅣ 皆悉是幻이라 今日知非則以幻藥으로 復治幻病이니 病瘥藥除하면 依前只是舊時人이라 若別有人有法則是는 邪魔外道의 見解也니라 公은 深思之하야 但如此崖將去호대 時時於靜勝中에 切不得忘了須彌山放下着兩則語하고 但從脚下하야

藥 藥到病除 藥亦應捨).'고 했다.
50) 고기가 용이 되어도 비늘은 달라지지 않으며, 범부가 성인이 되어도 얼굴은 바뀌지 않는다(魚變成龍 不改其鱗 革凡成聖 不改其面)는 말이 있는데, 여기서는 보편화되어 있는 본분인(本分人)을 말한다.
51) 애장거(崖將去)의 '애(崖)'는 '애(挨, 밀치다)'와 통용된다. 느린 걸음으로 앞을 향하여 가는 것이니, 본분심지(本分心地)를 향하여 밀치고 나아가는 것을 말한다.
52) 두 가지를 동시에 하라는 것이 아니라 어느 하나를 참구하라는 말이다.

着實做將去언정 已過者는 不須怖畏하고 亦不必思量이니 思量怖畏하면 卽障道矣리라 但於諸佛前에 發大誓願호대 願此心이 堅固하야 永不退失하고 仗諸佛加被하야 遇善知識하야 一言之下에 頓亡生死하고 悟證無上正等菩提하야 續佛慧命하야 以報諸佛莫大之恩하야지이다하라 若如此則久久하면 無有不悟之理하리라

보지 않았습니까? 선재동자(善財童子)[53]가 문수보살을 따라서 보리심을 내어 점차 남쪽으로 가서 110개의 성[54]을 지나서 53선지식[55]을 참례하였습니다. 그러나 (그는) 마지막에 미륵보살이 손가락 퉁기는 사이에 지내온 여러 선지식으로부터 얻은 가르침을 한 순간에 잊어버렸습니다.[56] 다시 미륵보살의 가르침에 의거하여 문수보살을 뵙고자 생각했는데 이에 문수보살이 멀리서 오른손을 펴서 110유순(由旬)[57]을 지나서 선재동자의 이마를 어루만지며 말씀하셨습니다. "착하고 착하다. 선남자야, 만약 믿음을 잃었다면, 마음이 용렬(庸劣)하여 근심하고 후회하며, 공덕의 행위를 갖추지 못하고 정진도 하지 않

---

53) 선재동자의 선재(善財)는 태어날 때에 진귀한 보배가 방에 가득하여 얻은 이름이고, 동자(童子)는 어린아이라는 뜻이 아니라 동진(童眞:일생동안 여색을 가까이하지 않은 사람)의 성격을 가졌기 때문에 붙인 호칭이다.
54) 일백일십유순(一百一十由旬)과 더불어 십지등각(十地等覺)에 일일이 다 10개를 구비(具備)하고 있는 것을 나타내기 때문이다.
55) 55선지식을 53선지식이라고 말하는 것은 처음과 끝의 문수보살이 동일인(同一人)이고, '덕생(德生)'과 '유덕(有德)' 부분이 동일한 법문으로서 합쳐졌기 때문이다.
56) 모든 분별심이 끊어진 언어도단(言語道斷), 심행처멸(心行處滅)의 자리를 말한다.
57) 고대 인도의 이수(里數: 거리의 단위)의 이름이다. 세 가지가 있는데 대유순(大由旬)은 80리, 중유순(中由旬)은 60리, 소유순(小由旬)은 40리다.

아서, 마음이 한 선근에 집착하며, 적은 공덕에 문득 만족했을 것이다. 옳은 방법으로 실천(實踐)과 원력(願力)을 발하여 일으키지도 못하며, 선지식의 보호를 받지도 못하고 이와 같은 법성(法性)과 이취(理趣)58)와 법문(法門)과 실천(實踐)과 경계(境界)까지도 통달하여 알지 못했을 것이다. 그리고 저 주변지(周徧知)59)와 종종지(種種知)60)와 근원을 다한 것61)과 통달하여 아는 것과 취입(趣入)과 해탈(解脫)과 분별(分別)과 증지(證知)와 획득(獲得)도 다 능하지 못했을 것이다."62)라고 하셨습니다.

不見가 善財童子ㅣ 從文殊發心하야 漸次南行호대 過一百一十城하야 叅五十三善知識하고 末後於彌勒一彈指頃에 頓亡前來諸善知識의 所得法門하고 復依彌勒教하야 思欲奉觀文殊한대 於是에 文殊遙伸右手하고 過一百一十由旬하야 按善財頂曰善哉善哉라 善男子야 若離信根이런들 心劣憂悔하야 功行이 不具하고 退失精勤하야 於一善根에 心生住着하며 於少功德에 便以爲足하야 不能善巧로 發起行願하며 不爲善知識之所攝護하며 乃至不能了知如是法性과 如是理趣와 如是法門과 如是所行과 如是境界하리며 若周徧知와 若種種知와 若盡源底와 若解了와 若趣入과 若解脫과 若分別과 若證知와 若獲得을 皆悉不能일러니라

---

58) 도리지취(道理旨趣)의 준말인데 의취(義趣), 지취(旨趣)와 같고, 진리를 말한다.
59) 근본지(根本智)를 말한다.
60) 차별지(差別智)를 말한다.
61) 법공(法空)을 말한다.
62) 대사각활(大死却活)의 자리를 말한다.

문수보살이 이와 같이 선재동자에게 보였는데 선재동자는 바로 한량없는 법문을 성취해서 한량없이 큰 지혜의 광명을 갖추었습니다. 보현보살의 세계에 들어가[63] 한 생각 가운데서 삼천대천세계의 작은 먼지 수만큼의 모든 선지식을 다 만나보고 다 친근하며 공경하여 섬기고 그 가르침을 받아 실천하여 불망념지(不忘念智)로 장엄(莊嚴)한 해탈을 얻었습니다. 보현보살의 털구멍 세계에 들어가서 한 털구멍에 한 걸음을 옮기되[64] 이루 말할 수 없는 미진수(微塵數)의 부처님 세계를 지나서, 보현보살과 같으며 모든 부처님과 같으며 세계도 같으며 행위도 같으며 해탈하여 자재(自在)함이 다 같고 둘이 아니며 차별이 없어졌습니다. 이런 때가 되어야 비로소 삼독(三毒)[65]을 돌이켜 삼취정계(三聚淨戒)[66]를 이루며, 육식(六識)[67]을 돌이켜 육신통(六神通)[68]을 이루며, 번뇌(煩惱)를 돌이켜 보리(菩提)[69]를 이루며, 무명을 돌이켜 큰 지혜를 이루게 될 것입니다. 위에서 말한 한 꾸러미의 일들은 다만 당사자의 마지막 한 생각 진실한 것에 달려 있을 뿐입니다.

　선재동자는 미륵보살이 한 번 손가락을 퉁기는 사이에 오히려 선

---

63) 문수보살의 큰 지혜로 보현법계(普賢法界)에 들어가는 것을 말한다.
64) 양변을 여읜 자리에서 작용하는 것을 말한다. 즉 『금강경(金剛經)』에서 말하는 '응당 머무는 자리 없이 그 마음을 낸다(應無所住 而生其心)'과 같다.
65) 탐냄〔탐욕(貪欲)〕, 성냄〔진에(瞋恚)〕, 어리석음〔우치(愚痴)〕의 세 가지를 말한다.
66) 일체의 계를 지킨다는 섭율의계(攝律儀戒), 일체의 선법을 수행한다는 섭선법계(攝善法戒), 일체 중생을 이롭게 한다는 섭중생계(攝衆生戒)를 말한다.
67) 안식(眼識), 이식(耳識), 비식(鼻識), 설식(舌識), 신식(身識), 의식(意識)을 말한다.
68) 천안통(天眼通), 천이통(天耳通), 타심통(他心通), 숙명통(宿命通), 신족통(神足通), 누진통(漏盡通)을 말하는데, 여기서는 양변을 여의고 하는 일체의 행위를 뜻한다.
69) 깨달은 내용, 진리를 말한다.

지식으로부터 증득한 삼매(三昧)도 한순간에 잊어버렸는데[70] 하물며 시작 없는 허위(虛僞)와 악업(惡業)과 습기(習氣)이겠습니까? 만약 앞에 지은 바 잘못을 실제로 여긴다면[71] 지금의 눈앞의 경계도 다 실제로 여길 것이며, 관직과 부귀와 은애(恩愛)도 다 실제로 여기게 될 것입니다. 이미 이것들을 실제로 여긴다면, 지옥과 천당도 또한 실제이며, 번뇌와 무명도 실제이며, 업을 짓는 것도 실제이며, 과보(果報) 받는 것도 또한 실제이며, 깨달은 법문도 실제가 될 것입니다. 만약 이 같은 견해를 갖는다면 미래를 다하더라도 다시 어떤 사람도 부처님 가르침에 나가지 못할 것입니다. 삼세의 모든 부처님과 모든 조사들의 갖가지 방편이 도리어 망어(妄語)가 될 것입니다.

文殊如是宣示善財하신대 善財於言下에 成就阿僧祇法門하야 具足無量大智光明하며 入普賢門하야 於一念中에 悉見三千大千世界微塵數諸善知識하고 悉皆親近하며 恭敬承事하고 受行其敎하야 得不忘念智莊嚴藏解脫하며 以至入普賢毛孔刹하야 於一毛孔에 行一步호대 過不可說不可說佛刹微塵數世界하야 與普賢等하고 諸佛等하며 刹等行等하며 及解脫自在悉皆同等하고 無二無別하니 當恁麼時하야 始能回三毒하야 爲三聚淨戒하며 回六識하야 爲六神通하며 回煩惱하야 爲菩提하며 回無明하야 爲大智하리니 如上遮一絡索은 只在當人의 末後一念眞實而已이라

善財於彌勒彈指之間에 尚能頓亡諸善知識의 所證三昧은 況無始虛僞惡業習氣耶아따녀 若以前所作底罪로 爲實則現今目前境界ㅣ皆

---

70) 범부(凡夫)와 성인(聖人)을 초월해버린 자리를 말한다.
71) 실체 없는 연기 현상을 두고 생과 멸, 유와 무의 편견에 집착하여 그릇된 삶을 사는 것을 말한다.

爲實有며 乃至官職富貴恩愛도 悉皆是實이리니 旣是實則地獄天堂도 亦實이며 煩惱無明도 亦實이며 作業者도 亦實이며 受報者도 亦實이며 所證底法門도 亦實이라 若作遮般見解則盡未來際히 更無有人이 趣佛乘矣이며 三世諸佛과 諸代祖師의 種種方便이 飜爲妄語矣리라

　받아 보니, 당신이 편지를 보낼 때에 모든 성인을 위하여 향을 사르고, 멀리 암자 쪽으로 예배를 했다고 하였습니다. 그대의 정성스런 마음이 지극히 간절합니다. 서로 떨어진 거리가 비록 많이 멀지는 않지만 만나서 말하지 못했으므로 뜻 따라 손 따라 알지 못하는 사이에 어지럽게 쓰는 것이 이와 같습니다. 비록 번거로우나 또한 성의와 지극한 마음에서 나와서 감히 한 마디의 말과 한 글자도 서로 속이지 않았습니다. 정말 그대를 속인다면 이것은 제가 스스로를 속이는 것일 뿐입니다. 또 기억해 보니 선재동자가 적정바라문(寂靜婆羅門)[72]을 만나고 성어해탈(誠語解脫)[73]을 얻어서, 과거와 현재와 미래 모든 보살이 아뇩보리(阿耨菩提)[74]에서, 과거에도 이미 물러남이 없었고,

---

[72] 50번째 선지식(善知識)이다.
[73] 진실한 믿음이 바탕이 되어 성취하는 해탈이라고 할 수 있는데 『화엄경』에는 다음과 같이 기록되어 있다. "바라문이 대답하시되 '선남자야, 나는 보살 해탈을 얻었으니, 이름이 성원어(誠願語)이다. 과거, 현재, 미래 보살이 이 말을 쓰는 까닭에 아뇩다라삼먁삼보리에 물러남이 없다. 과거에 이미 물러나지 않았으며, 현재에도 물러나지 않으며, 미래에도 당연히 물러나지 않을 것이다. 선남자야, 나는 성원어에 머무는 까닭으로 뜻 짓는 바를 따라서 원만 성취하지 않음이 없다.'(婆羅門 答言 善男子 我得菩薩解脫 名誠願語 過去現在未來菩薩 以是語故 乃至於阿耨多羅三藐三菩提 無有退轉 無已退 無現退 無當退 善男子 我以住於誠願語故 隨意所作 莫不盛滿, 『大方廣佛華嚴經』 大正藏 10卷, 卷第七十六)"라고 했다.
[74] 아뇩다라삼먁삼보리(阿耨多羅三藐三菩提)의 약칭이다. 불교 최상의 이상(理想)인 불과(佛果)의 지혜를 말한다. 아뇩다라(阿耨多羅)는 무상(無上), 삼먁

현재에도 물러남이 없으며, 미래에도 물러나지 않아서, 구하는 것을 이루지 않음이 없었던 것은 다 성실함이 지극한 데에 말미암은 것이었습니다.

당신이 이미 대나무 의자와 포단으로 친구를 삼는다고 하니, 선재동자가 최정적바라문(最靜寂婆羅門)을 만난 것과 다르지 않습니다. 또 운문(雲門)에게 편지를 보낼 때 모든 성인을 대하고 멀리서 예배를 한 뒤에 보낸 것은 다만 저를 믿은 것이니, 이것은 정성이 매우 지극한 것입니다. 다만 자세히 들으십시오. 다만 이 같이 공부를 해 가면 아뇩보리(阿耨菩提)를 틀림없이 원만(圓滿)히 성취하게 될 것입니다.

承호니 公이 發書時에 焚香對諸聖하고 及遙禮菴中而後에 遣이라하니 公의 誠心至切이 如此라 相去雖不甚遠이나 未得面言일새 信意信手하야 不覺에 忉怛如許하노니 雖若繁絮나 亦出誠至之心이라 不敢以一言一字로 相欺니 苟欺公則是는 自欺耳니라 又記得호니 善財見最寂靜婆羅門하고 得誠語解脫하야 過去現在未來諸佛菩薩이 於阿耨菩提에 無已退하며 無現退하며 無當退하야 凡有所求를 莫不成滿은 皆由誠至所及也라

公이 旣與竹倚蒲團으로 爲侶라하니 不異善財見最寂靜婆羅門이며 又發雲門書할새 對諸聖하야 遙禮而後에 遣은 只要雲門으로 信許니 此는 誠至之劇也라 但相聽하라 只如此히 做工夫將來하면 於阿耨菩提에 成滿無疑矣리라

삼보리(三藐三菩提)는 정변지(正徧智), 정등정각(正等正覺)으로 풀이하는데 '위없이 바르고 보편화된 지혜, 깨달음'이라는 뜻이다.

【요지】

먼저 증시랑이 자기 허물을 토로한 데 대하여 모든 허물도 연기현상이라 실체가 없으므로 과거를 후회하고 자책하는 마음을 한 칼에 끊어서 과거도 미래도 생각하지 말 것을 권했다. 그리고 구시인(舊時人) 이외에 특별히 증득할 사람과 증득할 법이 따로 있다고 하는 것은 외도의 견해라고 지적했다. 모든 것을 헛된 환상〔空幻〕이라고 보고 수미산, 방하착의 화두를 착실히 들고 수행하기를 오래오래 하면 반드시 깨닫게 될 것임을 강조했다.

선재동자가 53선지식으로부터 배운 모든 법문을 미륵보살의 일탄지(一彈指)에 다 잊어버리고, 말길이 끊어지고〔言語道斷〕 마음의 자취가 사라지게〔心行處滅〕 된 사실을 먼저 말했다. 그리고 선재동자의 진실한 믿음이 일체 공덕을 이루었다는 문수보살의 말씀을 제시했다. 대혜 스님은 삼독(三毒)이 삼취정계(三聚淨界)가 되고, 육식(六識)이 육신통(六神通), 번뇌(煩惱)가 보리(菩提), 무명(無明)이 지혜(智慧)가 각각 되는 데에는 본인의 진실한 한 생각이 중요하다고 말했다.

끝으로 증시랑의 지극한 정성을 칭찬하면서, 성실한 자세로 물러나지 않는 마음을 가지면 과거에 선재동자가 성어해탈(誠語解脫)을 얻은 것이나 미래 모든 보살이 아뇩보리(阿耨菩提)를 반드시 얻게 되듯이, 그도 깨달음을 완전히 성취할 수 있다고 확신을 심어 주었다.

3. 증시랑에게 답함 (2)

당신은 부귀하되 부귀에 굴복 당하지 않았으니, 전생에 반야의 종지(種智)[75]를 심지 않았다면 어찌 이와 같겠습니까? 다만 중간에 이 뜻을 잊고 예리한 총명(聰明)의 장애를 받아 얻은 것이 있다는 마음이 앞에 문득 그대로 놓여 있기 때문에 능히 고인의 바로 끊어버리는, 빠르고 중요한 본분자리에서 한 칼에 두 동강을 내어서[76] 곧 쉬어가지 못할까 염려합니다. 이 병(病)은 현사대부(賢士大夫)[77]뿐만이 아니라 오래된 스님들도 또한 그러하여, 많은 사람들이 힘을 더는 곳에 나아가 공부하지[78] 않습니다. 다만 총명과 의식, 계교와 사량으로 밖을 향해 달려가 구하며,[79] 선지식이 총명과 의식, 계교와 사량하는 밖을 향하여 본분(本分)을 보이는 것을 언뜻 듣고는 많은 사람들이 대면하고서도 어긋나 지나칩니다. 옛부터 고덕(古德)이 실법(實法)을 사람들에게 준다[80]고 하니 조주의 방하착(放下着)과 운문의 수미산

---

75) 지혜(智慧)의 씨앗이라는 말이다.
76) 예리한 근성의 사람이 가진 총명〔利根聰明〕으로 분별하는 식심(識心)을 두 동강낸다는 말이다.
77) 총명하고 영리하기만 한 세속의 지식인과 벼슬아치를 뜻한다.
78) 주객을 초월하여 무아(無我)로 나가는 공부이다.
79) 이근총명(利根聰明)으로 사량분별(思量分別)하는 것이 다 밖으로 구하는 것이다.
80) 모든 법이 연기현상(緣起現像)인 줄을 모르고 유무(有無)의 법에 집착하는

(須彌山)의 종류가 이것입니다.

又

公이 處身富貴호대 而不爲富貴에 所折困하니 非夙植般若種智면 焉能如是리요 但恐中忘此意하고 爲利根聰明에 所障하야 以有所得心이 在前頓放故로 不能於古人直截徑要處에 一刀兩段하야 直下休歇하나니 此病은 非獨賢士大夫라 久參衲子도 亦然하야 多不肯退步하야 就省力處做工夫하고 只以聰明意識計較思量으로 向外馳求하며 乍聞知識의 向聰明意識思量計較外하야 示以本分草料하야는 多是當面蹉過하고 將謂從上古德이 有實法與人이라하나니 如趙州放下着과 雲門須彌山之類是也라하나라

암두 스님이 말하기를 "물건을 물리치는 것이 상(上, 道人)이 되고 물건을 쫓아가는 것이 하(下, 衆生)가 된다."81)고 하였습니다. 또 말하기를 "종지(宗旨)82)는 모름지기 한 글귀를 알아야 하니, 무엇이 한 글귀인가? 아무 것도 생각하지 않을 때를 바른 글귀〔正句〕라고 하며, 또한 이마에 머무는 것〔居頂〕이라 하며, 또한 머묾을 얻었다〔得住〕고 하며, 또한 역력(歷歷)하다고 하며, 또한 성성(惺惺)하다고 하며, 또한 이러한 때다."라고 했습니다. 이러한 때를 가지고 일체의 시비를 모두 타파하여 겨우 이러하면 문득 이러하지 않아서 옳은 것도 깎아버

것을 말한다. 여기서는 특히 자미(滋味)가 없고 잡을 수 없는 본분 화두(本分話頭)도 하나의 방편에 불과한데 실법(實法)으로 잘못 인식하는 것을 뜻한다.
81) 어디에도 끌리거나 지배받지 않는 사람〔上〕과 유무(有無), 역순(逆順)에 지배받고 끌리는 사람〔下〕을 말한다.
82) 유무를 초월하여 평등한 자리다.

리고 그른 것도 깎아버려야 합니다. 한 덩어리의 불83)과 같아서 닿으면 바로 타버릴 것이니, 어느 곳을 향할 것입니까? 지금 사대부가 사량과 계교로 소굴을 삼아 이러한 말을 들으면 곧 말하기를 '공(空)에 떨어지는 것이 아닙니까?'라고 합니다.84) 비유하건대 이것은 배가 전복(顚覆)되지도 않았는데, 먼저 물로 뛰어 들어가는 것과 같습니다. 이는 심히 불쌍한 일입니다.

巖頭曰却物이 爲上이요 逐物이 爲下라하며 又曰大統綱宗은 要須識句니 甚麼是句오 百不思時를 喚作正句라하며 亦云居頂이라하며 亦云得住라하며 亦云歷歷이라하며 亦云惺惺이라하며 亦云恁麼時라하나니 將恁麼時하야 等破一切是非니 纔恁麼면 便不恁麼라 是句도 亦剗이며 非句도 亦剗이니 如一團火相似하야 觸着便燒라 有甚麼向傍處리요 今時士大夫ㅣ 多以思量計較로 爲窟宅하야 聞恁麼說話하면 便道호대 莫落空否아하나니 喩似舟未飜에 先自跳下水去라 此는 深可憐愍이로다

최근에 강서(江西)에 이르러 여거인(呂居仁)을 만나니 그가 마음을 이 인연에 둔 지가 오래되었으나, 또한 이 병이 깊었습니다. 어찌 그 분이 총명하지 않겠습니까마는 제가 일찍이 말하기를 "당신이 공(空)에 떨어질까 두려워하니, 능히 두려움을 아는 자는 공합니까? 공하지 않습니까? 시험 삼아 한번 일러보십시오." 하였습니다. 그 분이 생각해서 계교로 대답하고자 하기에, 이때에 바로 한번 할(喝)을 했더니,

---

83) 일체 양변을 쉬어버린 자리이다.
84) 유에도 집착하고 무에도 집착하는 것을 말한다.

지금까지 아득하여 실마리를 찾지 못하고 있습니다. 이는 다 깨달음을 구하는 마음이 앞에 문득 그대로 놓여 있어서 스스로 장애와 어려움을 만든 것이지, 다른 일에 관계된 것이 아닙니다. 당신이 시험 삼아 이와 같이 공부를 해 가서, 날이 가고 달이 깊어지면〔日久月深〕저절로 잘 계합할 것입니다. 만약 마음을 가지고 깨닫기를 기다리며, 마음을 가지고 쉬기를 기다린다면, 미륵부처가 하생(下生)할 때까지 바로 참구(參究)해 가더라도, 또한 능히 깨달음을 얻지 못하며, 또한 쉼을 얻지 못하고 점점 미혹함만 더할 것입니다.

　近至江西하야 見呂居仁호니 居仁이 留心此段因緣이 甚久호대 亦深有此病이라 渠豈不是聰明이리오만은 某嘗問之曰公이 怕落空하니 能知怕者는 是空耶아 不空耶아 試道看하라 渠佇思하야 欲計較祗對어늘 當時에 便與一喝호니 至今茫然하야 討巴鼻不着이로다 此皆以求悟證之心이 在前頓放하야 自作障難이요 非干別事니라 公은 試如此做工夫하야 日久月深하면 自然築着磕着이어니와 若欲將心待悟하며 將心待休歇인댄 從脚下叅하야 到彌勒下生이라도 亦不能得悟하며 亦不能得休歇하고 轉加迷悶耳이니라

　평전화상(平田和尙)[85]이 말하기를 "신령한 광명이 어둡지 아니하여 만고에 아름다우니, 이 문에 들어오려면 알음알이〔知解〕를 두지 말라."고 하였습니다. 또 고덕(古德)[86]이 이르기를 "이 일은 유심으

---

85) 평전화상(平田和尙, 770-843)은 백장회해(百丈懷海, 749-814)의 제자로 천태산(天台山) 평전사(平田寺)에 머물렀다.
86) 여기서 고덕(古德)은 수말(隋末) 당초(唐初) 우두종(牛頭宗)의 개조(開祖)인

로도 구할 수 없으며, 무심으로도 얻을 수 없으며, 말로도 지을 수 없으며, 말 없음으로도 통달할 수 없다."고 하였습니다. 이것이 진흙에 들어가고 물에 들어가는 노파의 가장 최고의 가르침[87]인데 가끔 참선하는 사람이 다만 대수롭지 않게 생각하여 지나치고, 특별히 이것이 무슨 도리인지를 자세히 살피지 않습니다. 만약에 힘줄과 뼈가 있는 사람이 조금 거착(擧着)[88]하는 것을 듣고는 바로 금강왕의 보검을 가지고 단번에 이 네 갈래 갈등[89]을 끊어버린다면, 생사의 길도 또한 끊어지며, 범인과 성인의 길도 또한 끊어지며, 계교하고 사량하는 것도 또한 끊어지며, 득실시비(得失是非)도 끊어져서 그 사람의 본분자리가 분명하고 깨끗해서[90] 잡을 곳이 없게 될 것입니다. 이 어찌 쾌활하지 않으며, 이 어찌 통쾌하지 않겠습니까?

平田和尙이 曰神光이 不昧하야 萬古徽猷니 入此門來인댄 莫存知解라하며 又古德이 曰此事는 不可以有心求며 不可以無心得이며 不可以語言造며 不可以寂黙通이라하니 此是第一等入泥入水인 老婆說話어늘 往往에 叅禪人이 只恁麼念過하고 殊不仔細看是甚道理오하나니 若是筒有筋骨底인댄 聊聞擧着하고 直下에 將金剛王寶劒하야 一截에 截斷此四路葛藤則生死路頭도 亦斷이며 凡聖路頭도 亦斷이며 計較思量도 亦斷이며 得失是非도 亦斷하야 當人의 脚跟下淨裸裸赤灑灑하야

우두법융선사(牛頭法融禪師, 594~657)이다. 열아홉 살에 여러 경전과 역사를 배워 통달하고 대반야부를 열람하다가 진공(眞空)의 도리를 깨달았다.
87) 노파선(老婆禪)을 말한다.
88) 조사들이 사용하는 여러 가지 가르침의 방편을 말한다.
89) 유심(有心), 무심(無心), 유언(有言, 言語), 무언(無言, 寂黙)의 네 가지다.
90) '정나라적쇄쇄(淨裸裸赤灑灑)'는 '적나라정쇄쇄(赤裸裸淨灑灑)'로 바로 잡아야 '옷을 벗은 것처럼 숨김없이 분명하고, 청소할 때 물을 뿌린 것처럼 깨끗하다'는 뜻이 된다.

沒可把하리니 豈不快哉며 豈不暢哉아

보지 않았습니까? 옛날에 관계 화상91)이 처음 임제 스님을 참례할 때 임제 스님이 그가 오는 것을 보고 문득 법상〔繩床〕에서 내려가 곧 바로 가슴을 움켜잡으니, 관계 화상이 '알았습니다. 알았습니다.'라고 했습니다. 임제 스님이 그가 이미 투철히 깨달았음을 알고 곧 밀어내서 다시 말로 상량함이 없었습니다. 이때 관계 화상이 어찌 알음알이로 서로 상대하여 얻었겠습니까? 옛날에는 이와 같은 모범이 있었는데, 지금 사람들은 모두 그것을 가지고 공부하지 아니하고 다만 헤아리고 비교하는 거친 마음으로 공부합니다. 관계 화상이 처음에 만약 조금이라도 깨달음과 증득함과 쉬기를 기다리는 마음이 앞에 있었다면, 가슴이 움켜잡혔을 바로 그때 깨달았다고 말하지 못했을 것입니다. 문득 손발을 묶고 온 세계를 둘러 한 바퀴를 돌아오더라도,92) 또한 깨달음을 얻을 수 없으며 또한 쉼을 얻을 수 없었을 것입니다.

일상에 계교하고 안배하는 것도 식정(識情)93)이며, 생사를 따라 옮겨 흐르는 것도 또한 식정이며, 두려워하는 것도 또한 식정입니다. 그런데 지금 공부하는 사람들은 이 병을 알지 못하고, 다만 이 속에서 생멸하니 경교(經敎) 가운데에 이른바 '식정을 따라 행동하고 지혜를

---

91) 관계화상(灌谿和尚, ?-895), 당대(唐代) 임제종(臨濟宗) 스님이다. 이름은 지한(志閑)이고, 임제의현(臨濟義玄)의 법을 이었다. 호남성 장사(長沙) 관계(灌溪)에 머물렀다.
92) 깨달음과 증득함과 쉬기를 기다리는 마음을 가지고 공부하는 것이 손발을 묶고 세상을 한 바퀴 돌아오는 것과 같다는 뜻이다.
93) 미혹한 범부의 사량분별(思量分別)하는 마음이다.

따르지 않는다.'는 것이 이것입니다. 이 때문에 본지풍광(本地風光), 본래면목(本來面目)에 어두우니〔愚昧〕만약 한 때라도 놓아서 일체 헤아리고 비교하지 않으면, 홀연히 알음알이가 사라져 콧구멍을 밟아 버릴 수 있을 것입니다.94) 곧 이 정식이 진공묘지(眞空妙智)가 되어 다시 특별히 얻을 지혜도 없습니다. 만약 특별히 얻을 것이 있으며 증득할 바가 있으면, 또한 도리어 옳지 못합니다. 어떤 사람이 미혹할 때에 동쪽을 불러 서쪽이라고 하다가, 깨닫고 나서는 곧 서쪽이 문득 동쪽이어서 따로 동쪽이 있지 않는 것과 같습니다.

不見가 昔日에 灌谿和尙이 初叅臨濟할새 濟見來코 便下繩床하야 驀胸擒住한대 灌谿便云領領커이다 濟知其已徹하고 卽便推出하야 更無言句로 與之商量하니 當恁麽時하야 灌谿如何思量計較로 祗對得이리요 古來에 幸有如此牓樣이어늘 如今人은 總不將爲事하고 只爲鸝心이로다 灌谿當初에 若有一點이나 待悟待證待休歇底心이 在前이런들 時에 莫道被擒住便悟하라 便是縛却手脚하고 遶四天下하야 抡一遭라도 也不能得悟하며 也不能得休歇하리라

尋常에 計較安排底도 是識情이며 隨生死遷流底도 亦是識情하며 怕怖慞惶底도 亦是識情이어늘 而今叅學之人은 不知是病하고 只管在裏許하야 頭出頭沒하나니 敎中에 所謂隨識而行不隨智라 以故로 昧却本地風光本來面目하나니 若或一時나 放得下하야 百不思量計較하면 忽然失脚하야 蹋着鼻孔하리니 卽此識情이 便是眞空妙智라 更無別智可得이어니와 若別有所得하며 別有所證則又却不是也리라 如人이 迷時에 喚東作西라가 及至悟時하야는 卽西便是東이라 無別有東이니라

---

94) 콧구멍은 분별심, 식정을 뜻하니, 이 분별심을 끊어 없앤다는 말이다.

이 진공묘지(眞空妙智)가 태허공과 더불어 수명을 가지런히 합니다. 다만 이 태허공 가운데서 도리어 한 물건이 장애가 됩니까? 한 물건의 장애도 받지 않아서 모든 물건이 공중에 왕래하는 것이 방해되지 않습니다. 이 진공묘지도 또한 그러해서 생사(生死)와 범성(凡聖)과 구염(垢染)이 조금도 붙을 수 없습니다. 비록 붙을 수는 없으나, 생사 범성이 그 가운데서 왕래하는 것은 장애가 되지 않습니다. 이와 같이 믿음이 미치고 보기를 철저히 하면, 바야흐로 나고 죽음에 대자유(大自由)를 얻은 사람이 될 것입니다. 비로소 조주의 방하착과 운문의 수미산과 더불어 조금 상응함이 있게 될 것입니다. 그러나 만약 믿음이 미치지 못하고 내려놓지 못한다면, 도리어 청컨댄 하나의 수미산을 짊어지고 도처에 행각하여 눈 밝은 사람을 만나서 분명히 들어 보이십시오. 한 번 웃습니다.95)

此眞空妙智與太虛空으로 齊壽하니 只遮太虛空中에 還有一物이 礙得佗否아 雖不受 一物礙나 而不妨諸物이 於空中往來하나니 此眞空妙智도 亦然하야 生死凡聖垢染이 着一點不得이니 雖着不得이나 而不礙生死凡聖이 於中往來라 如此信得及見得徹하면 方是箇出生入死에 得大自在底漢이라 始與趙州放下着과 雲門須彌山으로 有少分相應이어니와 若信不及放不下인댄 却請擔取一座須彌山하야 到處行脚하야 遇明眼人하야 分明擧似하라 一笑하노라

---

95) 본분사 입장에서 보면 수미산을 지고 가서 눈 밝은 사람에게 들어 보이는 것도 잘못되었다.

【요지】

　사량분별(思量分別)하는 식정(識情)을 내려놓고 선지(禪旨)를 참구하라고 가르쳤다. 먼저 증시랑이 세상 부귀에 휘둘리지 않은 점에 대해서는 칭찬을 하고 총명과 의식, 알음알이와 비교 분석하는 사대부와 스님들 사이의 잘못된 공부 방법에 대하여 비판했다. 양변을 초월하는 것을 정구(正句), 거정(居頂), 득주(得住), 역력(歷歷), 성성(惺惺)이라고 하며 문득 이러하면 문득 이러하지 않는다는 암두 스님의 말씀을 인용하여 자유자재함을 보였다.

　알음알이의 병통에 빠진 여거인의 경우를 예로 들면서 마음을 가지고 깨닫거나 쉬기를 기다리지 말 것을 가르쳤다. 또 '이 문에 들어와서는 알음알이를 두지 말라', '이 일을 유심(有心)과 무심(無心), 유언(有言)과 무언(無言)으로는 얻거나 통달할 수 없다'는 평전 화상의 말씀을 인용하여 양변을 여읠 것을 강조했다.

　관계 화상이 임제 스님을 만나 멱살이 잡히는 자리에서 바로 알아버린 이야기를, 깨달음은 양변을 떠나야 얻을 수 있다는 예로 제시했다. 알음알이를 놓아버릴 때 분별심이 진공묘지(眞空妙智)가 되어 따로 얻을 지혜가 없게 됨을 말했다. 이렇게 확인한 진공묘지는 태허공 가운데에 장애가 없는 것과 같아서 생사(生死), 범성(凡聖), 구염(咎染)이 붙을 수 없으니, 이와 같이 믿고 철저히 보아 가면 대자유를 얻는 사람이 될 수 있다고 격려했다. 만약 믿음이 부족하면 수미산을 메고 도처에 행각하여 본분작가를 만나 보라고 하면서도 한번 웃음으로써 바로 본분 입장을 표현했다.

4. 증시랑에게 답함 (3)

　노방(老龐)96)이 "다만 모든 있는 바를 비우기를 바랄지언정 간절히 모든 없는 바를 실재(實在)한다고 하지 말라."97)고 하였습니다. 다만 이 두 글귀를 알면 필생의 공부를 마친 것입니다. 그러나 지금 머리 깎은 한 외도98)가 자기도 눈이 밝지 않으면서 다만 사람들에게 죽은 고슴도치 같이 쉬고 쉬어가라고 합니다. 만약 이와 같이 쉬면 일천 부처가 세상에 출현하더라도 또한 쉴 수가 없어서 점점 마음이 혼미하고 답답하게 될 뿐입니다.99) 또 사람으로 하여금 인연을 따라 보호하고 지속하여 식정을 잊고 고요히 비추어 보라 합니다. 비추어 오고 비추어 가며, 지속해 오고 지속해 감에 점점 혼미하고 답답함이 더하여 통달할 기약이 없게 될 것입니다.100) 특히 조사의 방편을 잃고101)

---

96) 노방(老龐)은 이름이 온(蘊)이고 자(字)는 도현(道玄)이며 양양(襄陽) 사람이다. 방거사(龐居士)로 많이 알려져 있다. 석두(石頭) 스님을 참례하여 여래선(如來禪)을 깨닫고 뒤에 마조(馬祖) 스님을 참례하여 '시방동취회송(十方同聚會頌)'을 짓고 마조의 법을 이었다.
97) 단견(斷見, 無), 상견(常見, 有)에 집착하지 않는 것은 물론이고, 유무를 융합하여 자유자재하라는 뜻이다.
98) 외도(外道)에 세 가지가 있다. 첫째는 불법 밖의 단견과 상견을 가진 외도이고, 둘째는 불법에 의지하여 총명으로 불경을 말하며 견해를 일으키는 외도이고, 셋째는 불법을 배우되 그 가르침에 집착하여 번뇌를 일으켜 이치에 들어가지 못하는 외도가 그것이다.
99) 단견에 떨어진 사람을 말한다.
100) 상견에 떨어진 사람을 말한다.

사람을 잘못 가르쳐서 사람으로 하여금 한결같이 헛되게 살고 죽게 합니다. 다시 사람들에게 '이 일102)을 간섭하지 말라. 다만 이렇게 쉬어 가고 쉬어 옴에 정념(情念)이 생기지 않을 것이니, 이러한 때에 이르러 가만히 앎이 없지 않다. 바로 이것이 성성(惺惺)하고 역력(歷歷)한 것이다.'103)라고 말합니다. 이러한 사람은 다시 독해(毒害)로 사람의 눈을 멀게 하는 것이니 작은 일이 아닙니다.

운문104)은 평소에 이런 무리를 보고 공부하는 사람으로 여기지 않았습니다. 저들은 이미 스스로의 눈이 밝지 않아서 다만 책자 위의 말을 가지고 겉모습으로 사람을 가르칩니다. 이러한 사람이 어떻게 가르칠 수 있겠습니까? 만약 이러한 사람을 믿을 것 같으면 영겁 동안 참구해도 얻지 못할 것입니다. 운문도 평소에 사람에게 좌선을 하게 하되 조용한 곳에서 공부를 하게 하지 않은 것은 아닙니다. 다만 이것은 병에 따라 약을 주는 것이지 실제로 이렇게 사람을 지시하지는 않습니다.105)

又

老龐이 云但願空諸所有언정 切勿實諸所無라하니 只了得遮兩句하면 一生參學事畢이어늘 今時에 有一種剃頭外道ㅣ 自眼不明하고 只管教人으로 死獼狙地休去歇去라하나니 若如此休歇인댄 到千佛出世

---

101) 은산철벽(銀山鐵壁)을 투과하고 확철대오하여 자유자재해야 한다고 하는 조사선의 가르침을 잃는 것을 말한다.
102) 생사대사(生死大事)를 말한다.
103) 단견과 상견을 분별만 하기 때문에 구경에 나아가 자유자재하지 못하는 사람을 말한다.
104) 대혜(大慧) 스님의 다른 이름이다.
105) 병이 있어서 가끔 그렇게 하기는 했으나, 일상에 언제나 이렇게 법을 쓰는 것은 아니었다는 말이다.

라도 也休歇不得하야 轉使心頭로 迷悶耳니라 又敎人으로 隨緣管帶하야 忘情默照라하나니 照來照去하며 帶來帶去에 轉加迷悶이라 無有了期하리니 殊失祖師方便하고 錯指示人하야 敎人으로 一向에 虛生浪死로다 更敎人으로 是事를 莫管하고 但只恁麼歇去하라 歇得來에 情念이 不生하리니 到恁麼時하야 不是冥然無知라 直是惺惺歷歷이라하나니 遮般底는 更是毒害로 瞎却人眼이라 不是小事로다
　雲門은 尋常에 見此輩하고 不把做人看待호대 彼旣自眼이 不明이라 只管將冊子上語하야 依樣敎人하나니 遮箇作麼生敎得이리요 若信著遮般底인댄 永劫에 條不得하리라 雲門도 尋常에 不是不敎人으로 坐禪호대 向靜處做工夫언만은 此是應病與藥이라 實無恁麼指示人處호라

　보지 않았습니까? 황벽 화상이 이르기를 "우리 이 선종은 위로부터 서로 이어온 이래로 사람으로 하여금 지(知)와 해(解)를 구하게 한 적이 없고, 다만 도(道)를 배우라 일렀다."고 하였습니다. 일찍이 이것은 사람을 제접(提接)하는 말입니다. 그러나 도는 또한 배울 수 없는 것이어서, 도를 배우는데 정식(情識)을 두면 도리어 도에 어둡게 됩니다. 도가 방소(方所)106)가 없는 것을 이름하여 대승의 마음이라고 합니다. 이 마음은 안과 밖, 중간에도 있지 아니하여 실제로 방소가 없습니다. 첫째로 알음알이〔知解〕를 짓지 마십시오. 다만 이것은 당신이 정량처(情量處)를 도(道)로 여기는 것을 말하니, 정량(情量)107)이 만약 다하면 마음에 방소가 없게 될 것입니다. 이 도는 천진(天眞)하여 본래 이름이 없습니다. 다만 세상 사람들이 알지 못하여 미혹

---

106) 공간(空間)을 말한다.
107) 식정(識情)으로 헤아리는 것을 말한다.

함이 정식 가운데 있어서 모든 부처님께서 출현하셔서 이 일을 설파(說破)하셨습니다. 당신 같은 사람들이 통달하지 못할까 염려하여 방편(方便)으로 도(道)라는 이름을 세우셨습니다. 이름을 가지고 분별심〔分別知解〕를 내지 마십시오.

不見가 黃檗和尙이 云호대 我此禪宗은 從上相承以來로 不曾敎人으로 求知求解하고 只云學道라하나니 早是接人之詞나 然이나 道亦不可學이라 情存學道하면 却成迷道라 道無方所名大乘心이니 此心은 不在內外中間하야 實無方所니 第一에 不得作知解어다 只是說汝而今情量處로 爲道니 情量이 若盡하면 心無方所니라 此道는 天眞하야 本無名字어늘 只爲世人이 不識하야 迷在情中일새 所以로 諸佛이 出來하야 說破此事하사대 恐你不了하야 權立道名하시나 不可守名而生解也니라

앞에서 말한 눈 먼 놈이 사람을 잘못 지시한 것은 다 고기 눈을 밝은 구슬로 잘못 알아서 이름을 가지고 분별심을 내는 사람입니다. 사람들로 하여금 오로지 지속하게 하는 것은 눈앞에 보고 아는 것을 가지고 분별심을 내는 사람입니다.[108] 사람으로 하여금 굳게 쉬어 가고 쉬어 가게 하는 것은 생각을 없애고 공적함을 가지고 분별심을 내는 사람입니다.[109] 사람들로 하여금 쉬어서 느낌도 없고 아는 것도 없는 데에 이르게 하면, 흙과 나무, 기왓장, 돌과 같게 될 것입니다. 이런 때가 되어 가만히 아는 것이 없지 않다고 하는 것도 또한 묶인 것을 풀어주는 방편의 말을 잘못 알아서 분별심을 내는 사람입니

---

108) 상견(常見, 現前一念)에 빠진 사람을 말한다.
109) 단견(斷見)에 빠진 사람을 말한다.

다.110) 사람들로 하여금 인연을 따라 비추어 돌이켜 보고 나쁜 생각이 나타나지 않게 한다고 하니, 이것은 또 촉루(髑髏)의 정식을 알아서 분별심을 내는 사람입니다.111) 사람들로 하여금 다만 놓고 비워서 그 자재함에 맡기고 마음 내고 생각 일어나는 것을 상관하지 말라고 하며, 생각이 일어나고 생각이 사라지는 것이 본래 실체가 없으니, 만약 집착해서 실제를 삼으면 생사의 마음이 일어날 것이라고 합니다. 이런 사람은 또 자연의 체를 가지고 구경법을 삼아서 분별심을 내는 사람입니다.112) 위와 같은 모든 병은 도 배우는 사람의 일에 상관이 없고, 다 눈 먼 종사의 잘못된 가르침 때문일 뿐입니다.

前來所說瞎眼漢의 錯指示人은 皆是認魚目作明珠하야 守名而生解者이니 教人管帶는 此是守目前鑑覺而生解者요 教人으로 硬休去歇去는 此是守忘懷空寂而生解者요 歇到無覺無知하면 如土木瓦石相似하리니 當恁麼時하면 不是冥然無知라함은 又是錯認方便解縛語而生解者요 教人으로 隨緣照顧하고 莫教惡覺現前이라하나니 遮箇는 又是認著髑髏情識而生解者요 教人으로 但放曠하야 任其自在하고 莫管生心動念이니 念起念滅이 本無實體라 若執爲實則生死心이 生矣라하나니 遮箇는 又是守自然體하야 爲究竟法而生解者라 如上諸病은 非干學道人事요 皆由瞎眼宗師의 錯指示耳니라

당신이 이미 깨끗하게 살아서 도를 향하는 한 조각의 진실하고 견

---

110) 방편을 실법(實法)으로 착각하여 지켜가는 사람을 말한다.
111) 제8식 무기(無記)에 떨어진 사람을 말한다.
112) 자연체(自然體)에 집착하는 사람은 도둑을 자식으로 잘못 아는〔認賊爲子〕 사람이다.

고한 마음을 가졌으니, 공부가 순일하고 순일하지 않는 것을 상관하지 마십시오. 다만 옛사람의 언구(言句) 위에 탑을 쌓는 것과 같이 하여 한 층을 통달하고 또 한 층을 통달하려고 하지 말아야 하니 공부를 잘못 하면 통달할 기약이 없을 것입니다.113) 다만 마음을 한 곳에 두면114) 얻지 못할 것이 없을 것이니, 시절 인연이 도래하면 저절로 축대가 맞고 맷돌이 맞듯이 계합하여 문득 살펴 가게 될 것입니다. "한 생각이 나지 않는 것이 도리어 허물이 있습니까?" 하니, 이르기를 "수미산이다."라고 했습니다. "한 물건도 가지고 오지 않은 때는 어떠합니까?" 하니, 이르기를 "내려 놓으라." 했습니다. 이 속에서 의심이 깨어지지 않거든 다만 이 속에서 참구할지언정 다시 스스로 지엽115)을 찾을 필요가 없습니다. 만약 운문을 믿는다면 다만 이렇게 참구할지언정 특별하게 불법을 사람에 가리켜 보일 것이 없습니다. 만약 믿음이 미치지 못한다면, 강북과 강남의 왕노(王老)116)에게 물어서 한 번 여우 의심117)을 하고 나서, 또 한번 여우 의심을 하는 것에 맡깁니다.

公이 旣淸淨自居하야 存一片眞實堅固向道之心하니 莫管工夫純一不純一하고 但莫於古人言句上에 只管如疊塔子相似하야 一層了코 又一層이니 枉用工夫하면 無有了期하리라 但只存心於一處하면 無有不得底하리니 時節因緣이 到來하면 自然築着磕着하야 嘖地省去耳리라

---

113) 앞에서 말한 '사다리 참선'을 대혜 스님은 이렇게 설명했다. 각주 1)번 참조.
114) 의정(疑情)을 일으켜서 삼매(三昧)에 드는 것을 말한다.
115) 화두 참구 이외의 다른 모든 생각을 말한다.
116) 왕노(王老)는 원래 성(姓)이 왕씨(王氏)인 남전보원(南泉普願) 스님인데, 여기에서 선지식을 뜻하는 말로 사용되었다.
117) 사량분별로 하는 의심을 말한다.

不起一念이 還有過也無잇가 云須彌山이니라 一物도 不將來時如何닛고 云放下着하라하니 遮裏에 疑不破어든 只在遮裏㑣이언정 更不必自生枝葉也니라 若信得雲門及인댄 但恁麽㑣이언정 別無佛法指似人이니라 若信不及인댄 一任江北江南問王老하야 一狐疑了一狐疑하노라

【요지】
 사견(邪見)에 떨어지지 말고 활구(活句)를 참구할 것을 가르쳤다. 머리 깎은 외도가 오직 마음을 적적하게 쉬기만을 가르치는 것이 잘못 되었음을 먼저 지적했다. 황벽 스님께서 알음알이를 떠나 '도' 배우기를 말씀하셨으나, 대혜 스님은 '도'라는 것도 방편으로 부르는 이름이기 때문에 여기에 다시 분별심을 내어서는 안 된다고 가르치고 있다.
 눈먼 종사의 그릇된 가르침의 종류로 눈에 보이는 것을 지키고 분별심을 내는 사람, 공적함을 지켜 분별심을 내는 사람, 방편으로 풀이해주는 말을 잘못 알아 분별심을 내는 사람, 촉루(髑髏)의 정식을 알아서 분별심을 짓는 사람, 자연의 체를 구경법으로 알아 분별심을 내는 유형을 그 예로 들어 경계했다.
 옛사람의 언구를 하나씩 분별심으로 풀어서 알려고 하지 말고 마음을 화두에 두라고 가르쳤다. "한 생각이 나지 않는 것이 도리어 허물이 있습니까? 이르되, 수미산이다. 한 물건도 가지고 오지 않은 때는 어떠합니까? 이르되 내려놓아라."라는 화두를 오로지 참구하도록 권했다.

5. 증시랑에게 답함 (4)

보내온 편지를 자세히 읽고서야, 사위의(四威儀)118) 가운데 간단(間斷)함이 없어서 번거로운 공무에 빼앗기지 않고, 급한 흐름 가운데 항상 맹렬히 살피고 다만 게으르지 아니하여, 도심(道心)이 더욱 오래고 더욱 견고함을 알았습니다. 제 마음에 심히 맞습니다. 그러나 세간의 번뇌는 불 같이 치성(熾盛)하니 어느 때에 통달하겠습니까? 정히 시끄러운 가운데 있을 때에도 대나무 의자와 방석 위에서 공부하던 일을 잊어서는 안 됩니다. 평상시에 마음을 고요한 데에 두는 것은 정히 시끄러운 가운데서 쓰기 위함입니다. 만약 시끄러운 가운데서 힘을 얻지 못한다면, 일찍이 고요한 가운데서 공부를 하지 않은 것과 도리어 같게 될 것입니다.

받아 보니 과거 인연이 복잡하여 지금 이 과보(果報)를 받는다고 탄식하시니, 유독 이 말만은 감히 듣기가 불편합니다. 만약 이러한 생각을 하면 도에 장애가 됩니다. 고덕119)이 이르기를 "흐름을 따라 성품을 알게 되면,120) 기쁠 것도 없고 또한 근심할 것도 없다."고 하

---

118) 수행자의 생활에 있어서 네 가지 몸가짐인데 행(行), 주(住), 좌(坐), 와(臥)를 말한다.
119) 마라나존자(摩羅那尊者). 여기에 보인 글은 그가 제자인 학륵나(學勒那)에게 일러준 게송(偈頌)이다.
120) 업을 따라 살아가는 것을 실체 없는 연기현상으로 보는 것이 성품을 아는

였습니다. 정명(淨名)[121]이 이르기를 "비유하자면 고원 육지에 연꽃이 피지 아니하고, 낮고 젖은 진흙에 이 꽃이 핀다."라고 했습니다. 노호[122]께서 이르시기를 "진여(眞如)는 자성(自性)을 지키지 아니하여 인연을 따라서 일체법을 성취한다."고 하셨습니다. 또 이르시기를 "인연을 따라 감응(感應)함에 두루하지 않음이 없되, 항상 이 보리좌(菩提座)에 처해 있다."고 하셨으니, 어찌 사람을 속이겠습니까?

又

　細讀來書코사 乃知四威儀中에 無時間斷하야 不爲公冗의 所奪하고 於急流中의 常自猛省하야 殊不放逸하고 道心이 愈久愈堅固호니 甚愜鄙懷로다 然이나 世間塵勞는 如火熾然커니 何時是了리요 正在鬧中하야 不得忘却竹倚蒲團上事니 平時에 留心靜勝處는 正要鬧中用이라 若鬧中에 不得力이면 却似不曾在靜中做工夫로 一般이리라

　承호니 有前緣이 駁雜하야 今受此報之歎이라하니 獨不敢聞命이로다 若動此念이면 則障道矣라 古德이 云隨流認得性하면 無喜亦無憂라 하며 淨名이 云譬如高原陸地에 不生蓮花하고 卑濕淤泥에 乃生此花라 하며 老胡云眞如는 不守自性하야 隨緣成就一切事法이라하며 又云隨緣赴感靡不周하나 而常處此菩提座라하시니 豈欺人哉시리요

만약 고요한 곳을 옳게 여기고 시끄러운 곳을 그르게 여긴다면, 이것은 세간상(世間相)을 버리고 실상(實相)을 구하는 것이며 생멸(生

　　　것이다.
121) 유마거사다.
122) 부처님이다.

滅)을 떠나서 적멸(寂滅)을 구하는 것입니다. 고요함을 좋아하고 시끄러움을 싫어 할 때에 정히 좋게 힘을 써야 합니다.123) 문득 시끄러운 속에서 고요한 때의 소식으로 뒤집으면124) 그 힘이 대나무 의자, 방석 위에 앉아 하는 공부보다 천만 억 배나 강할 것입니다. 다만 자세히 들으십시오. 결단코 서로 그릇되게 하지 않습니다.

　또 받으니, 노방125)의 두 글귀로 행주좌와(行住坐臥)의 교훈을 삼는다고 하니 좋기가 더할 나위 없습니다. 만약 시끄러울 때 싫어하는 마음을 내면, 이것은 스스로 그 마음을 어지럽게 하는 것일 뿐입니다. 만약 분별심이 일어날 때에 다만 노방의 두 글귀를 떠올리면 문득 열(熱)이 날 때 청량산(淸涼散)을 한 번 복용하는 것이 될 것입니다. 당신은 결정적 믿음을 갖추었으니 큰 지혜를 가진 사람입니다. 오랫동안 고요한 가운데 공부를 해 왔기 때문에 바야흐로 이런 말을 감히 하지만, 다른 사람에게 하는 것은 옳지 않습니다. 만약 업식(業識)이 아득하게 많고 교만한 사람126)에게 이와 같은 말을 해주면 이것은 그에게 악업의 짐 덩어리를 더해주는 것이 될 것입니다. 선문(禪門)의 갖가지 병은 이미 앞의 편지에 갖추어 말했습니다. 알지 못하겠습니다. 일찍이 자세히 이해했습니까?

---

123) 시끄러우면 시끄러운 대로, 조용하면 조용한 대로 공부를 한다는 말이다. 환경에 구애 받지 않고 언제 어디서나 바로 공부해 가는 것을 『선요(禪要)』에서는 '때를 타고 바로 들어간다〔乘時直入〕'고 표현하고 있다.
124) 공부과정에서 힘을 얻는 것〔得力〕을 말한다. 시끄러운 것도 실체 없는 연기 현상인 줄 아는 것이 고요한 소식이다.
125) 방거사이다.
126) 깨닫지 못했으면서 깨달았다고 자만하는 사람, 증상만인(增上慢人)을 말한다.

若以靜處로 爲是하고 鬧處로 爲非인댄 則是壞世間相하고 而求實相이며 離生滅하고 而求寂滅이라 好靜惡鬧時에 正好着力이니 驀然鬧裏에 撞飜靜時消息하면 其力이 能勝竹倚蒲團上千萬億倍리라 但相聽하라 決不相誤니라

又承호니 以老龐兩句로 爲行住坐臥之銘箴이라하니 善不可加로다 若正鬧時에 生厭惡則乃是自擾其心耳라 若動念時어든 只以老龐兩句로 提撕하면 便是熱時에 一服淸凉散也리라 公이 具決定信하니 是大智慧人이라 久做靜中工夫일새 方敢說遮般話어니와 於佗人分上에는 則不可니 若向業識이 茫茫한 增上慢人前하야 如此說인댄 乃是添佗惡業擔子리라 禪門의 種種病痛은 已具前書호니 不識커라 曾仔細理會否아

【요지】

고요하거나 시끄러운 것에 여일(如一)할 수 있도록 일구(一句)를 참구하라고 권했다. 일상 속에서 열심히 공부하는 증시랑을 먼저 칭찬하고 시끄러운 현실 속에서 하는 동중(動中) 공부가 중요함을 강조했다. 그 근거로 연꽃은 진흙 속에서 핀다는 정명〔유마거사〕의 말이나, 진여는 자성을 지키지 아니하고 인연을 따라 일체법을 성취하며, 인연을 따라 감응함에 두루하지 않음이 없되 항상 보리좌에 처해 있다는 노호〔부처님〕의 말씀을 인용했다.

시끄러운 곳을 싫어하고 고요한 곳을 좋아하는 것은 세간상(世間相)과 출세간상(出世間相, 實相), 생멸(生滅)과 적멸(寂滅)을 둘로 나누어 보는 잘못된 공부라고 지적했다. 그래서 고요한 것, 시끄러운 것에 상관없이 때를 타고 바로 들어가서〔乘時直入〕 깨달음을 성취하라고 가르쳤다.

6. 증시랑에게 답함 (5)

편지를 받아 보니, "'밖으로 모든 인연을 쉬고 안으로는 헐떡거림을 없애서 마음이 장벽과 같이 돼야 도에 들어갈 수 있다'고 하는 이 말은 방편[127]의 가르침입니다. 방편의 가르침을 빌려서 도에 들어가는 것은 옳지만, 방편을 고수하여 버리지 아니하면 병이 된다."고 하였습니다. 진실로 보내온 말과 제 생각이 같아서 읽고 뛸 듯이 기쁜 마음을 이길 수가 없었습니다. 지금 여러 어리석은 무리는 다만 방편을 고수하고 버리지 아니하며, 실법(實法)으로 사람들에게 지시해 준다고 합니다. 이 때문에 사람의 눈을 멀게 하는 일이 적지 않습니다. 그래서 저는 '바름과 삿됨을 변별하는 논설〔辨邪正說〕'을 만들어 이를 구원했습니다. 근세에 마군(魔軍)은 강하고 법은 약하여 담담(湛湛)하고 맑은 곳에 들어가서 담담(湛湛)하고 맑은 곳에 합쳐지는 것[128]으로 구경(究竟)을 삼는 사람이 헤아릴 수 없이 많습니다. 또 방편을 고수하여 버리지 않는 것으로 종사(宗師)를 삼는 사람이 삼대나 좁쌀같이 많습니다. 제가 근간에 일찍이 승려들과 이 두 가지 화

---

127) 『능엄경(楞嚴經)』에서는 달을 법(法)에, 손가락을 방편(方便)에 비유했고, 『금강경(金剛經)』에서는 저 언덕을 법에, 뗏목을 방편에 비유했다.
128) 『능엄경』에 나오는 말로 7식 무상정(無相定)의 담(湛)으로 8식 무기정(無記定)의 담(湛)에 합해져서 '나쁜 생각〔惡覺〕'이 일어나지 않는 것을 말한다.

두129)를 거론했더니, 정히 보내온 편지에 말한 것과 같아서 한 자도 다르지 않았습니다. 당신이 반야 가운데 마음을 두었으되 생각 생각이 사이에 간단(間斷)되었다면, 능히 위로부터 모든 성인의 모든 다른 방편을 밝게 알 수 없었을 것입니다.

又

承諭호니 外息諸緣하고 內心無喘이라사 (서장 원문에 '心如墻壁'이라는 말이 빠져 있다) 可以入道는 是方便門이라 借方便門하야 以入道則可어니와 守方便而不捨則爲病이라하니 誠如來語라 山野讀之에 不勝歡喜踊躍之至호라 今諸方漆桶輩는 只爲守方便而不捨하야 以實法으로 指示人이라하나니 以故로 瞎人眼이 不少로다 所以로 山野作辨邪正說하야 以救之호라 近世에 魔强法弱하야 以湛入合湛으로 爲究竟者不可勝數며 守方便不捨로 爲宗師者ㅣ 如麻如粟이로다 山野近嘗與衲子輩로 擧此兩段호니 正如來書說하야 不差一字라 非左右留心般若中하야 念念不間斷則不能洞曉從上諸聖의 諸異方便也니라

당신은 이미 칼자루130)를 잡았습니다. 이미 칼자루를 잡았는데 어찌 방편을 버리고 도에 들어가지 못할까봐 근심합니까? 다만 이와 같이 공부를 하되 경전의 가르침과 고인의 어록과 여러 가지 다른 언구를 보고도 또 다만 이와 같이 공부하십시오. 수미산과 방하착,131) 개는

---

129) 수미산, 방하착 화두를 말한다.
130) 화두가 방편인 줄 알고 참구해 갈 수 있는 역량을 말한다.
131) 어떤 스님이 묻기를 '한 생각도 일으키지 않았을 때 허물이 있습니까, 없습니까?' 하니, 운문 스님이 '수미산'이라고 한 화두와, 어떤 스님이 묻기를 '한 물건도 가지고 오지 않았을 때 어찌 합니까?' 하니 조주 스님이 말하기를

불성이 없다는 화두,132) 죽비 화두,133) 한 입에 서강수 물을 다 마신다는 화두,134) 뜰 앞의 잣나무라는 화두135)와 같은 것에도 또한 이와 같이 공부하십시오. 다시 따로 다른 분별심을 내거나, 도리를 구하며, 기량을 내지 마십시오. 당신이 능히 급류 속을 향하여 항상 스스로 이와 같이 잡아가고도136) 만약 도업(道業)을 성취하지 못한다면, 부처님의 가르침이 영험이 없는 것입니다. 기억하고 기억하십시오.

公이 已捉着欛柄矣라 旣得刀柄在手어늘 何慮不捨方便門而入道耶아 但只如此做工夫호대 看經敎와 幷古人語錄과 種種差別言句도 亦只如此做工夫하며 如須彌山放下着과 狗子無佛性話와 竹篦子話와 一口吸盡西江水話와 庭前栢樹子話에도 亦只如此做工夫하고 更不得別生異解하며 別求道理하며 別作伎倆也어다 公이 能向急流中하야 時時自如此提

'놓아라(放下着)'라고 한 화두를 말한다.
132) 어떤 스님이 조주 스님에게 묻기를 '개가 불성이 있습니까?' 하니 '없다.'고 한 화두를 말한다.
133) 수산성념선사(首山省念禪師)가 죽비(竹篦)를 들고 말하기를 '죽비라고 부르면 저촉이 되고, 죽비가 아니라고 하면 어긋나니 말이 있을 수도 없고 말이 없을 수도 없다. 너희들은 속히 일러라.'고 했던 이야기인데 이것을 '배촉관(背觸關)'이라고 한다.
134) 방거사(龐居士)가 처음 마조 스님을 참례하여 묻기를 '만법(萬法)과 더불어 짝이 되지 않는 사람은 어떤 사람입니까?' 하니, 마조가 말하기를 '네가 한 입에 서강수(西江水)를 다 마시고 오면 말해주겠다'고 대답한 화두를 말한다.
135) 어떤 스님이 조주에게 묻기를 '무엇이 조사께서 서쪽에서 오신 뜻입니까?' 하니, 조주가 말하기를 '뜰 앞의 잣나무다.'라고 했다. 어떤 스님이 이르기를 '화상께서는 경계를 가지고 사람에게 보이지 마십시오.' 하니, 조주가 이르기를 '나는 경계를 가지고 사람에게 보이지 않는다.'고 했다. 그 스님이 또 말하기를 '무엇이 조사께서 서쪽에서 온 뜻입니까?' 하니, 조주가 또 '뜰 앞의 잣나무니라'라고 대답했던 화두를 말한다.
136) 급류는 세간의 진로(塵勞) 속에서 살아가는 것을 말하는데, 바로 그 세간 진로 가운데서 따로 알음알이를 내거나 도리를 구하며 기량을 내지 말고 간단없이 일념으로 공부해 가는 것을 말한다.

撥하고 道業을 若不成就하면 則佛法이 無靈驗矣리니 記取記取어다

　받아 보니, 밤 꿈에 향을 사르고 저의 방에 들어와서 매우 고요했다고 하니, 간절히 꿈이라는 생각을 하지 말고 참으로 방에 들어왔던 것으로 알아야 합니다. 보지 못했습니까? 사리불이 수보리에게 묻기를 "꿈속에서 육바라밀을 말하니 깨어 있을 때와 같은가? 다른가?" 하니, 수보리가 말하기를 "이 뜻은 깊고 깊어서 저는 말할 수 없습니다. 이 자리에 미륵대사가 계시니 당신께서는 그분에게 가서 물어보십시오."라고 하였습니다. 돌(咄)! 허물이 적지 않습니다. 설두 스님이 이르기를 "당시에 만약 놓아 보내지 않았다면 곧 한 방망이 때려 주어야 했다. 누가 미륵이라 이름하며, 누가 미륵인가? 문득 얼음이 녹고 기와장이 풀어지는 것을 본다."고 하였습니다. 돌(咄)! 설두 또한 허물이 적지 않습니다.

　혹 어떤 사람이 "다만 증시제가 밤 꿈에 운문의 방에 들어갔다고 하니, 또 말씀하십시오. 깨어있을 때와 같습니까? 다릅니까?"를 묻는다면, 운문137)은 곧 그를 향하여 말하겠습니다. '누가 방에 들어간 사람이며, 누가 방에 들어가게 된 사람이며, 누가 꿈을 꾼 사람이며, 누가 꿈을 말한 사람이며, 누가 꿈이라는 생각을 하지 않는 사람이며, 누가 진실로 방에 들어간 사람입니까?'라고 할 것입니다. 돌(咄)!138)

---

137) 대혜가 스스로를 일컫는 다른 이름이다.
138) 여기에는 세 가지의 '돌(咄)'이 나온다. 처음 것은 수보리, 둘째 것은 설두 스님, 셋째 것은 대혜 스님의 말에 대한 부정을 각각 나타냈다. 이를 두고 금산불인선사(金山佛印禪師)가 게송에서 이르기를 '사마귀〔螳螂, 彌勒〕가 길 앞에 달아나거늘 황작(黃雀, 雪竇)이 뒤를 따라 날아가도다! 동산의 사냥꾼〔大慧〕은 이슬에 옷 젖는 것을 알지 못하네.'라고 했다. 상대 허물을 지적하다가 자기 허물을 노출시킨 것을 비유한 말이다.

또한 허물이 적지 않습니다.

　　承호니 夜夢에 焚香하고 入山僧之室하야 甚從容이라하니 切不得作夢會하고 須知是眞入室이니라 不見가 舍利弗이 問須菩提호대 夢中에 說六波羅密호니 與覺時로 同가 別가 須菩提云此義는 幽深하야 吾不能說이라 此會에 有彌勒大士하니 汝往彼問하라하니 咄漏逗不少로다 雪竇云 當時에 若不放過어든 隨後與一劄이어늘 誰名彌勒이며 誰是彌勒者오 便見氷銷瓦解로다하니 咄雪竇亦漏逗不少로다 或有人이 問只如曾待制 夜夢에 入雲門之室이라하니 且道하라 與覺時로 同가 別가하면 雲門은 卽向佗道호대 誰是入室者며 誰是爲入室者며 誰是作夢者며 誰是說夢者며 誰是不作夢會者며 誰是眞入室者오하리니 咄亦漏逗不少로다

【요지】
　　방편은 도에 들어가기 위하여 필요한 수단이지 그 자체는 궁극적이 법이 아니라는 점을 상기시키고 꿈과 깸이 여일(如一)함을 드러냈다.
　　'모든 인연을 쉬고 안으로 헐떡임을 없애서 마음이 장벽과 같이 돼야 도에 들어갈 수 있다'는 달마대사의 말도 하나의 방편이라고 했다. 고인의 어록, 다른 언구, 수미산과 방하착, 개는 불성이 없다는 화두, 죽비화두, 한 입에 서강수를 다 마신다는 화두, 뜰 앞의 잣나무라는 화두 같은 것도 모두 이와 같이 방편으로 보고 공부를 해 나가야 함을 말했다.
　　꿈에 대혜 스님 방에 들어 간 것을 생시에 들어온 것과 다르지 않게 보아야 한다고 하여 꿈과 깨어 있음이 다르지 않으며, 방에 들어간 사람과 방에 들어가게 된 사람이 다르지 않다는 것 등을 지적하였다. 꿈꾸는 사람과 깨어 있는 사람이 둘이 아니고 한 사람이라는 것이다. 분별심을 내지 말고 공부에 성실히 매진할 것을 충고하였다.

7. 증시랑에게 답함 (6)

보내온 편지를 여러 번 자세히 읽고 철석(鐵石)과 같은 마음을 갖추고 결정적인 뜻을 세워 대강 대강하지 않음을 보았습니다. 다만 이와 같이 점점 나아가서 죽는 날에 이르면 또한 능히 염라대왕과 서로 겨룰 수 있을 것입니다. 다시 최고의 눈을 열어서 금강왕 보검을 잡고 비로정상에 앉겠다고 말하지 마십시오. 제가 일찍이 바깥 도우(道友)139)에게 말하기를 "지금 도를 배우는 사람들은 다만 빠른 효과만 구하고 그릇되어 있음은 알지 못합니다."라고 했습니다. 그런데 도리어 말하기를 "일을 없애고 인연을 덜고 고요히 앉아서 참구하며, 헛되이 시간을 보내기보다는 몇 권의 경전이라도 보고 염불을 하며, 부처님 앞에 예배를 많이 하고 평생 지은 죄와 허물을 참회(懺悔)해서 염라대왕의 손 가운데 쇠몽둥이를 면하는 것이 더 낫다."고 하였습니다. 이것은 어리석은 사람이 하는 일입니다.

又
　來書를 細讀數過코사 足見辨鐵石心하며 立決定志하야 不肯草草호라 但只如此崖到臘月三十日하면 亦能與閻家老子로 厮抵하리니 更休說豁開頂門眼하고 握金剛王寶劍하야 坐毘盧頂上也어다 某嘗謂方外

---

139) 세속의 도반을 말한다.

道友曰今時學道之士가 只求速效하고 不知錯了也하야 却謂無事省緣하야 靜坐體究하야 爲空過時光으론 不如看幾卷經하고 念幾聲佛하며 佛前에 多禮幾拜하야 懺悔平生所作底罪過하야 要免閻家老子의 手中鐵棒이라하나니 此是愚人의 所爲니라

　　지금 도가(道家)의 무리들이 망상하는 마음으로 해와 달의 정화(精華)를 상상하며, 노을을 삼키고 기운을 복용하더라도,140) 오히려 몸을 세상에 두어 추위와 더위의 핍박을 면하는데 하물며 이 마음과 이 생각을 돌려 오로지 반야(般若) 가운데 두는 것이겠습니까? 옛 성인이 분명히 말씀하시기를 "비유하자면 파리가 어느 곳에나 능히 앉을 수 있으나 오직 불꽃 위에는 앉을 수 없으니, 중생도 또한 이러해서 곳곳에 능히 반연(攀緣)141)하되 오직 반야 위에서는 반연할 수 없다."고 하셨습니다. 진실로 생각마다 초심에서 물러나지 않고, 세간의 진로와 반연하는 자기의 심식(心識)을 잡아 반야 위에 돌려놓으면, 비록 금생에 철저하지 못하더라도 임종할 때에 결단코 악업에 끌리거나 악도에 흘러 떨어지지 아니하고, 다음 생에 태어날 때 나의 금생 원력을 따라서 반드시 반야 가운데 있어서 현성(現成)하여 수용(受用)할142) 것입니다. 이것은 결정적인 일이라 의심할 것이 없습니다.

---

140) 『열선전(列仙傳)』에 기운을 복용한다는 것〔服氣〕은 봄에는 아침 노을을 먹고, 여름에는 이슬 기운을 먹는 것이라고 설명했다.
141) 대상(對象, 對境)에 의지한다는 뜻이다. 마치 칡덩굴이 나무를 의지하고, 노인이 지팡이를 의지하듯이 마음이 대경(對境)을 의지하는 것을 '반연한다'고 한다.
142) 다음 생에 태어날 때 금생의 원력과 반야력(般若力)을 고스란히 자기가 이루어놓은 대로 수용해서 도를 성취할 수 있다는 말이다.

而今道家者流가 全以妄想心으로 想日精月華하며 呑霞服氣라도 尙能留形住世하야 不被寒暑所逼이온 況回此心此念하야 全在般若中耶아 先聖이 明明有言하사대 喩如太末蟲이 處處能泊호대 唯不能泊於火焰之上커든 衆生도 亦爾하야 處處能緣호대 唯不能緣於般若之上이라 하시니 苟念念에 不退初心하고 把自家心識이 緣世間塵勞底하야 回來抵在般若上이면 雖今生에 打未徹이라도 臨命終時에 定不爲惡業所牽하야 流落惡道하고 來生出頭에 隨我今生願力하야 定在般若中하야 現成受用하리니 此是決定底事라 無可疑者니라

중생계 안의 일은 배우지 않아도 시작 없는 옛날부터 습성(習性)이 익숙하며, 길도 또한 익숙하여 저절로 취함에 좌우에서 그 근원[143]을 만나니 모름지기 버려두십시오. 출세간에서 반야를 배우는 마음은 시작 없는 옛적부터 등지고 어긋났습니다. 잠깐 선지식이 말하는 것을 들어도 저절로 이해하지 못하니, 모름지기 결정적 뜻을 세우며 그것과 더불어 주관을 세워 결단코 두 가지를 세우지 마십시오.[144] 이곳에 만약 들어가기를 깊이 하면 저곳에는 물리쳐 보내지 아니해도 모든 마군과 외도가 저절로 없어지고 굴복할 것입니다. 생소한 곳은 익숙하게 하고 익숙한 곳은 생소하게 하는 것이 정히 이것입니다. 날로 공부를 하는 곳에 칼자루를 잡아서[145] 점점 힘 덜림을 아는 때가 문득 힘 얻는 곳입니다.[146]

---

143) 이기심과 같은 욕망의 근원으로서 '나'라는 생각을 말한다.
144) 출세간(出世間)의 반야(般若)와 세간(世間)의 욕망(慾望) 두 가지를 말한다.
145) 잡은 화두가 지속됨을 말한다.
146) 화두를 참구하는데 의도적으로 들지 않아도 저절로 들리며, 의심하지 않아도 저절로 의심이 되는 것이 힘 덜리는 것이다.

衆生界中事는 不着學하야도 無始時來로 習得熟하며 路頭亦熟이 自然取之에 左右逢其原하니 須着撥置어다 出世間學般若心은 無始時來로 背違라 乍聞知識의 說着하면 自然理會不得하나니 須着立決定志하며 與之作頭抵하야 決不兩立이어다 此處에 若入得深하면 彼處는 不着排遣하야도 諸魔外道가 自然竄伏矣니라 生處는 放教熟하고 熟處는 放教生이 政爲此也니 日用做工夫處에 捉着刀柄하면 漸覺省力時ㅣ 便是得力處也니라

【요지】
　속효(速效)를 구하지 말고 다만 반야(般若)를 연마할 것을 권했다. 철석같은 마음으로 결정적인 뜻을 가지고 공부를 꾸준히 해 나갈 일이지 도를 빨리 이루겠다는 조바심을 내어서는 안 된다고 했다. 화두참구(話頭參究)로 세월만 헛되이 보내지 말고 경전 읽고 염불하며 부처님께 예배하여 자기 죄와 허물을 참회하여 염라대왕의 쇠몽둥이나 면하는 것이 낫다는 어리석은 생각을 하지 말라고 충고했다.
　파리가 어디나 앉을 수 있지만 불꽃 위에 앉지 못하듯이, 중생의 분별심은 반연(攀緣)하지 않는 곳이 없으나 오직 반야 위에서는 반연하지 못한다고 하였다. 양변을 떠남으로써 계발된 반야지혜에는 분별 망상심이 존재할 수 없다는 것이다. 따라서 경계에 반연하는 분별심을 잡아 반야 위에 옮겨 두는 공부를 지속하면, 악업에 끌리지 않고 금생 원력에 따라 다음 생에 반야를 현성하여 수용하게 된다는 확신을 보였다.
　시작 없는 옛적부터 중생계 일에 익숙하고, 반야를 배우는 마음은 생소하지만, 반야를 배우는 데 깊이 들어가면 마군(魔軍)과 외도가 저절로 사라져서 생소한 곳이 익숙해져서 차차 힘을 얻게 될 것임을 강조했다.

8. 이참정 한노가 질문하는 편지

제가 근래에 주실(籌室)147)께 묻고서 어리석고 막힘을 격발(激發)148)해 주심에 힘입어 홀연히 깨달아 들어감이 있었습니다. 돌이켜 생각해 보니, 마음이 어둡고 둔하여 평생 배우고 안 것이 다 정견(情見)149)에 떨어져 있었습니다. 하나를 취하고 하나를 버림이 떨어진 솜옷을 입고 풀 가시밭 가운데를 가다가 마침 스스로 엉긴 것과 같았습니다.150) 지금 한번 웃음에 문득 풀렸으니 기쁘고 다행함을 헤아릴 수 있겠습니까? 큰스님께서 자세하게 내려주신 자비가 아니었다면 어찌 이것을 이루었겠습니까? 성중151)에 이른 뒤부터 옷을 입고 밥을 먹으며 자식을 안고 손자를 데리고 노는 가지가지가 옛 본분152)을 따릅니다. 그래서 이미 구속되고 막히는 감정이 없고 또한 기특하다는 생각도 하지 않습니다. 그 나머지 묵은 습관과 오래된 장애도

---

147) 주실(籌室)은 인도 네 번째 조사(祖師)인 우바국다 존자가 한 사람을 제도할 때마다 한 개의 산가지(算柯枝)를 석실에 두었던 일에서 유래했다. 여기서 주실은 곧 조실(祖室)을 뜻한다.(『조정사원(祖庭事苑)』 卷五)
148) 격동(激動)하여 발분(發奮)하게 하는 것을 말한다.
149) 양변을 초월하지 못하고 무(無)를 취하면 유(有)를 버리고, 유를 취하면 무를 버리는 알음알이를 말한다.
150) 유(有)에 집착하면 무(無)를 버리고, 무에 집착하면 유를 버려서 분별심으로 생을 살아가는 것을 말한다.
151) 천주성(泉州城)을 말한다.
152) 본래의 본분자리를 말한다. 이하 '옛 본분'은 모두 이와 같은 뜻이다.

또한 조금씩 경미해졌습니다. 이별할 때 간절히 일러주신 말씀은[153] 감히 잊을 수 없습니다. 거듭 생각하니 비로소 문에 들어갔으나, 큰 법을 밝히지 못하여 사람을 대하고 사물을 접함에 부딪히는 일마다 막힘이 없지 않습니다. 다시 바라옵건대 이끌어 가르쳐서 마침내 도달하는 곳이 있게 해주신다면, 겨우 스님의 법석(法席)에 허물이 없을까 합니다.

李參政 漢老의 問書(號 脫空居士)

郴이 近扣篝室하사와 伏蒙激發蒙滯하야 忽有省入호이다 顧惟호니 根識이 暗鈍하야 平生學解ㅣ 盡落情見이라 一取一捨호미 如衣壞絮하고 行草棘中하야 適自纏繞러니 今一笑에 頓釋호니 欣幸을 可量이릿가 非大宗匠의 委曲垂慈시면 何以致此리닛고 自到城中으로 着衣喫飯하며 抱子弄孫하야 色色仍舊호대 旣亡拘滯之情하고 亦不作奇特之想하며 其餘宿習舊障도 亦稍輕微하고 臨別叮嚀之語는 不敢忘也니다 重念호니 始得入門이나 而大法을 未明하야 應機接物에 觸事未能無礙호니 更望有以提誨하사 使卒有所至시면 庶無玷於法席矣일까하노이다

【요지】

정견(情見)에 떨어져 걸림이 많았으나 대혜 스님의 가르침으로 깨달아서 일상생활에 구속되지 않게 되었으며, 기특하다는 생각도 하지 않게 되었고, 묵은 습관과 장애도 경미해졌다고 했다. 그러나 아직 큰 법을 밝히지 못하여, 부딪히는 일마다 여전히 막히지 않음이 없다고 하면서,

---

153) "이치는 문득 깨달아서 깨달음을 따라 아울러 녹여가지만, 일상생활에서의 끌림은 홀연히 제거할 수 없어서 차례를 따라 없애야 한다.(理則頓悟 乘悟倂銷 事非頓除 因次第盡,『능엄경(楞嚴經)』권10)"는 말이다.

가르침을 더 내려줄 것을 청하였다.

　이 글에는 돈오점수(頓悟漸修)의 측면이 보인다. 선가(禪家)에서는 오직 확철대오 하나만을 깨달음으로 인정하는데, 이참정은 스스로 깨달았다고 하면서도 다시 공부하고 닦을 것이 있다고 보기 때문이다. 본래성불(本來成佛)의 입장에서 더 이상 닦음이 필요없는 확철대오의 돈오돈수(頓悟頓修)만이 조사선(祖師禪)의 진면목(眞面目)이다.

9. 이참정에게 답함

보내온 편지를 보니, 성중에 이른 후로부터 옷 입고 밥 먹고 자손을 안고 희롱하는 가지가지가 옛 본분을 따르니, 이미 구속되고 걸리는 정이 없고, 또한 기특하다는 생각도 하지 아니하며, 묵은 습관과 오래된 장애도 또한 점차 경미해진다고 했습니다. 이 말을 세 번 반복하여 읽음에 뛸 듯이 기쁩니다. 이는 불교를 배운 효험입니다. 만약 한번 웃는 가운데 백 가지를 통달(通達)하고 천 가지를 감당(堪當)하는 국량(局量) 넓은 사람이 아니었다면, 능히 우리 집에 과연 전할 수 없는 미묘함이 있음을 알 수 없었을 것입니다. 만일 그렇지 못했다면 의노(疑怒)154) 두 자 법문을 미래제(未來際)가 다하도록 끝내 타파하지 못했을 것입니다. 태허공(太虛空)으로 운문의 입을 삼고 초목와석(草木瓦石)으로 다 광명을 놓게 하여 도리를 도와서 말하게 하더라도 또한 어찌할 수 없었을 것입니다. 바야흐로 이 본분인연(本分因緣)은 전할 수도 없고 배울 수도 없는 것입니다. 반드시 스스로 증득하고, 스스로 깨달으며, 스스로 긍정하고, 스스로 쉬어야 비로소 끝까지 사무칠 수 있다는 것을 믿어야 합니다. 당신이 지금 한번 웃음에 얻은 것도 문득 잊어버렸으니 다시 무엇을 말하겠습니까?

---

154) 이참정이 처음에는 대혜 스님의 깨달은 경지에 대하여 의심(疑心)하고, 대혜 스님이 조정 사대부를 배척한 것에 대하여 분노(憤怒)했다.

答李叅政

示諭호대 自到城中으로 着衣喫飯하고 抱子弄孫하며 色色仍舊호대 旣亡拘滯之情하고 亦不作奇特之想하며 宿習舊障도 亦稍輕微라하니 三復斯語하고 歡喜踊躍호라 此乃學佛之驗也니 儻非過量大人이 於一笑中에 百了千當則不能知吾家의 果有不傳之妙며 若不你者인댄 疑怒二字法門을 盡未來際히 終不能壞라 使太虛空으로 爲雲門口하고 草木瓦石으로 皆放光明하야 助說道理라도 亦不奈何일러니 方信此段因緣은 不可傳不可學이라 須是自證自悟하며 自肯自休하야사 方始徹頭니라 公이 今一笑에 頓亡所得하니 夫復何言가

황면노자(黃面老子)[155]께서 말씀하시기를 "중생이 말한 일체 유위(有爲)의 허망한 일을 구하지 말며, 비록 다시 말에 의지하지 아니하나 또한 다시 말없는 데도 집착하지 말아야 한다."[156]고 하셨습니다. 보내온 편지에 "이미 걸리고 막히는 정(情)이 없고 또한 기특하다는 생각을 하지 않는다."고 하니 부처님께서 말씀하신 바와 은밀히 계합(契合)합니다. 곧 이렇게 말하면 부처님의 말씀이고, 이것을 떠나 말하면 마왕의 말입니다.

제가 평소에 큰 원을 세우기를 '차라리 이 몸으로 일체 중생을 대신하여 지옥의 고통을 받을지언정 끝내 이 입으로 불법을 가지고 인정 때문에 일체 모든 사람의 눈을 멀게 하지 않겠다.'고 했습니다. 당신이 이미 이러한 경지에 이르렀으니 스스로 이 일은 남을 따라 얻는 것이 아니라는 것을 알 것입니다. 다만 또 옛 본분을 따를지언정 다시

---

155) 부처님이시다.
156) 『대방광불화엄경(大方廣佛華嚴經)』 권제24(卷第二四)

대법(大法)이 밝고 밝지 않은 것과 근기(根機)에 응해서 막히고 막히지 않는 것을 묻지 말아야 합니다. 만약 이러한 생각을 하면 옛 본분을 따르지 않는 것이 될 것입니다.

黃面老子曰不取衆生所言說인 一切有爲虛妄事하며 雖復不依言語道나 亦復不着無言說이라하니 來書所說이 旣亡拘滯之情하고 亦不作奇特之想이라하니 暗與黃面老子所言으로 契合이라 卽是說者는 名爲佛說이요 離是說者는 卽波旬說이니라
山野平昔에 有大誓願호대 寧以此身으로 代一切衆生하야 受地獄苦언정 終不以此口로 將佛法以爲人情하야 瞎一切人眼호라 公이 旣到恁麼田地하니 自知此事는 不從人得이라 但且仍舊언정 更不須問大法明未明과 應機礙不礙니 若作是念則不仍舊矣리라

받아 보니, 여름을 지난 뒤에 바야흐로 다시 나온다고 하니 심히 제 마음에 맞습니다. 만약 다시 심히 어지럽게 달려가 구하기를 쉬지 못한다면 본분과 서로 계합하지 못할 것입니다.157) 전에 당신이 매우 기뻐하는 것을 보고 설파하지 않은 것은 말에 다칠까〔傷〕염려했기 때문입니다.158) 지금은 기쁨이 이미 안정됐기 때문에 바야흐로 감히 가리켜 보입니다. 이 일은 지극히 쉽지 않으니 모름지기 부끄럽다는 생각을 내어야 비로소 옳습니다. 가끔 예리한 상근기의 사람은 이것

---

157) 앞에서 깨달았음을 인정하고 여기서 계합하지 못할 것을 우려한 것은 일관성에 어긋난다.
158) 깨달을 때 '이 일은 극히 용이하지 않다.'는 말을 하면 퇴굴심(退屈心)을 낼까 두려워했다는 말이다.

을 얻는 데 힘을 들이지 않아서 드디어 쉽다는 생각을 내어서 곧 수행을 하지 않습니다. 그러므로 많은 사람들이 눈앞 경계에 빼앗김을 당하여 주재(主宰)가 되지 못하고, 날이 가고 달이 깊어지면 미혹하여 돌이키지 못하고 도력(道力)이 업력(業力)을 이기지 못합니다. 마군(魔軍)이 그 틈을 타고 들어오면 반드시 그 마군에게 잡히며, 죽을 때에도 또한 힘을 쓰지 못합니다. 반드시 기억하십시오. 지난날의 말에 "이치는 문득 깨닫는 것이라 깨달음을 따라 아울러 녹여가지만, 일은 홀연히 제거할 수 없어서 차례를 따라 없애야 한다."159)고 했습니다. 행주좌와(行住坐臥)에 절대로 잊지 말아야 합니다. 그 나머지 고인의 여러 가지 다양한 말도 다 실제를 삼아서는 안 되며, 또한 허망한 것으로 여겨서도 안 됩니다. 오래오래 순수하고 익숙해지면 저절로 묵묵히 자기 본심과 계합(契合)하게 되므로 반드시 따로 빼어나고 기특한 것을 구할 것이 없습니다.160)

承호니 過夏後에 方可復出이라하니 甚愜病僧意로다 若更熱荒하야 馳求不歇則不相當也리라 前日에 見公의 歡喜之甚일새 以故로 不敢說破는 恐傷言語러니 今歡喜旣定일새 方敢指出하노라 此事는 極不容易하니 須生慚愧하야사 始得다 往往에 利根上智者는 得之호대 不費力

---

159) 이치는 홀연히 깨달았으나, 깨달은 뒤에 일상의 일에 부딪혔을 때 업력(業力)과 구습(舊習)은 차례차례 제거해간다는 뜻이다.(『능엄경(楞嚴經)』권 제10)
160) '만약 다시 심히 어지럽게〔若更熱荒〕'에서부터 '반드시 따로 빼어나고 기특한 것을 구할 것이 없습니다.〔不必別求殊勝奇特也〕'까지의 부분은 오후수행(悟後修行)을 강조하여 대혜 스님의 근본 사상에 어긋나는 대목이다. 왜 이 문장이 중간에 끼어들었는지는 알 수 없다. 자세히 보면 이 단락의 내용이 앞뒤 단락과 많이 상충되어 법에 있어서 어긋남을 알 수 있다. 이 부분은 후대 첨삭의 의심을 받는 대목이다.

하고 遂生容易心하야 便不修行하며 多被目前境界의 奪將去하야 作主宰不得하고 日久月深하면 迷而不返하고 道力이 不能勝業力이라 魔得其便하야 定爲魔의 所攝持하며 臨命終時에 亦不得力하나니 千萬記取어다 前日之語에 理則頓悟라 乘悟倂銷어니와 事非頓除라 因次第盡이라하니 行住坐臥에 切不可忘了하며 其餘古人의 種種差別言句도 皆不可以爲實이나 然이나 亦不可以爲虛니 久久純熟하면 自然默默契自本心矣라 不必別求殊勝奇特也니라

    옛날 수료 화상이 등나무를 캐는 곳에서 마조 스님에게 묻기를 "어떤 것이 조사가 서쪽에서 온 뜻입니까?" 하니, 마조가 이르기를 "가까이 오라 너에게 말하겠다."고 했습니다. 수료 화상이 앞으로 나오거늘 마조가 가슴을 막고 한 번 차서 넘어뜨리니 넘어졌다가 수료 화상이 문득 일어나서 박수를 치고 "하하!" 하고 크게 웃었습니다. 마조가 말하기를 "네가 무슨 도리를 보았기에 문득 웃는가?" 하니, 수료가 말하기를 "백 천 가지 모든 법문과 한량없는 묘한 뜻을, 오늘 한 털끝 위에서 그 근원을 다 알았습니다."[161]라고 했습니다. 그래서 마조가 문득 그를 관여하지 않았습니다.

    설봉(雪峰)[162]이 고산(鼓山)[163]의 인연이 익었음을 알고 하루는 갑자기 가슴을 움켜쥐고 "이것이 무엇인가?"라고 했습니다. 고산이 분명히 깨달아 통달하고 통달한 마음도 문득 잊고서 오직 미소를 지으며 손을 들어 흔들 뿐이었습니다. 설봉이 말하기를 "너는 도리를 짓

---

161) 『경덕전등록(景德傳燈錄)』 권제8(卷第八)
162) 복주(福州) 설봉의존선사(雪峰義存禪師)로 천주(泉州) 남안(南安) 사람이다.
163) 복주(福州) 고산흥성국사(鼓山興聖國師)로 신안(神晏) 대량(大梁) 사람이다.

는가?" 고산이 다시 손을 흔들며 말하기를 "화상이여, 무슨 도리가 있겠습니까?"하니, 설봉은 문득 그만 두고 가버렸습니다.

몽산도명선사(蒙山道明禪師)가 육조 스님을 쫓아가 대유령에 이르러 의발(衣鉢)을 빼앗으려 하니, 육조 스님이 돌 위에 던져 놓고 말하기를 "이 옷은 믿음을 나타내는 것인데, 힘으로 다툴 수 있겠는가? 그대가 가져가는 대로 맡겨 두겠다."고 했습니다. 도명이 (의발을) 들어도 움직이지 않으니, 이에 말하기를 "저는 법을 구하지 의발(衣鉢)을 구하는 것이 아닙니다. 원컨대 행자는 (법을) 열어 보여 주십시오."라고 했습니다. 육조 대사가 말씀하시기를 "착한 것도 생각하지 말고 악한 것도 생각하지 말라. 꼭 이러한 때에는 무엇이 그대의 본래면목인가?"라고 했습니다. 도명이 이때에 크게 깨달아 온몸에 땀을 흘리며, 울고 예를 표해 말하기를 "위로부터 내려온 은밀한 말과 은밀한 뜻 이외에 도리어 다시 어떤 뜻이 있습니까?" 하니, 육조가 말하기를 "내가 지금 너를 위하여 말하는 것은 곧 은밀한 뜻이 아니다. 네가 만약 자기면목을 돌이켜 비추어 보면, 은밀한 뜻이 너에게 있을 것이다. 내가 만약 말하면 곧 은밀하지 않게 된다."164)고 했습니다.

앞의 세 선지식의 세 가지 인연165)을 그대의 한번 웃는 가운데 풀린 것과 비교하면 우열이 어떠합니까? 스스로 판단해 보기 바랍니다. 도리어 다시 별도로 기특한 도리가 있습니까? 만약 별도로 있다면 도리어 일찍이 풀지 못한 것과 같을 것입니다. 다만 부처 될 줄을 알아야지 부처가 말할 줄 모를까 근심하지 마십시오.166)

---

164) 『종보본법보단경(宗寶本法寶壇經)』
165) 여기서 세 가지 인연은 수료 화상, 고산 스님, 몽산도명 선사가 깨달은 인연을 말한다. 세 경우 모두 깨달은 뒤에 다시 닦고 증득〔修證〕한다는 말은 없다. 따라서 이 단락은 앞의 단락과 내용이 상충된다.

昔에 水潦和尚이 於採藤處에 問馬祖호대 如何是祖師西來意닛고 祖云近前來하라 向你道호리라 水潦纔近前커늘 馬祖攔胸一蹋에 蹋倒라가 水潦가 不覺起來하야 拍手코 呵呵大笑어늘 祖曰汝ㅣ 見箇甚麼 道理완대 便笑오 水潦曰百千法門과 無量妙義를 今日於一毛頭上에 盡底識得根源去니다 馬祖便不管佗하시며

雪峯이 知鼓山의 緣熟하시고 一日에 忽然驀胸擒住曰是甚麼오 鼓山이 釋然了悟호대 了心便亡하고 唯微笑하야 擧手搖曳而已어늘 雪峯曰子作道理耶아 鼓山이 復搖手曰和尚하 何道理之有닛고 雪峯이 便休去하며

蒙山道明禪師ㅣ 趁盧行者하야 至大庾嶺하야 奪衣鉢이어늘 盧公이 擲於石上曰此衣는 表信이라 可力爭耶아 任公將去하노라 明이 擧之不動커늘 乃曰我는 求法이요 非爲衣鉢也니 願行者는 開示하소서 盧公이 曰不思善不思惡하라 正當恁麼時하야 那箇是上座의 本來面目이어뇨 明이 當時大悟하야 通身汗流하며 泣淚作禮曰上來密語密意外에 還更有意旨否잇가 盧公이 曰我今爲汝說者는 卽非密意어니와 汝若返照自己面目하면 密意却在汝邊이니 我若說得인댄 卽不密也라하시니

以三尊宿의 三段因緣으로 較公於一笑中에 釋然컨댄 優劣이 如何오 請自斷看하라 還更別有奇特道理麼아 若更別有則却似不曾釋然也리라 但知作佛이언정 莫愁佛不解語어다

  옛부터 도를 얻은 선비는 자기를 이미 충족하고 자기의 남은 것을 미루어 근기(根機)에 대응하고 대상(對象)을 만남에 거울이 받침대에 놓이고 밝은 구슬이 손바닥에 있어서, 오랑캐〔胡〕가 오면 오랑캐를

---

166) 『경덕전등록(景德傳燈錄)』 권제6(卷第六)

나타내고 한인(漢人)이 오면 한인을 나타내는 것과 같아서 집착하지 않았습니다. 만약 집착하면, 실제의 법이 있어서 사람에게 주는 것이 될 것입니다. 당신이 큰 법을 밝혀서 근기(根機)에 대응하여 걸림이 없고자 한다면 다만 옛 본분을 따라야지 반드시 남에게 묻지 말아야 합니다. 오래하면 스스로 머리를 끄덕이게 될 것입니다. 이별할 때에 대면(對面)하여 해준 말167)을 좌우에 기록해 두기 바랍니다.168) 이외에 별도로 할 말이 없습니다. 비록 말이 있더라도 그대에게는 다 쓸데없는 말이 될 것입니다. 갈등이 너무 많기 때문에 잠깐 이 일을 내버려둡니다.

古來得道之士ㅣ 自己를 旣充足하고 推己之餘하야 應機接物에 如明鏡當臺하며 明珠在掌하야 胡來胡現하며 漢來漢現호대 非着意也라 若着意則有實法與人矣리라 公이 欲大法明하며 應機無滯인댄 但且仍舊언정 不必問人이니 久久하면 自點頭矣리라 臨行面稟之語를 請書於座右하라 此外에 別無說이니 縱有說이라도 於公分上에는 盡成剩語矣라 葛藤이 太多일새 姑置是事하노라

【요지】
 옛 본분을 따를지언정 달려가 구하지 말라고 가르쳤다. 이참정이 도달한 공부 정도에 대하여 먼저 칭찬하고 본분 인연으로 증득하고 깨달으며 긍정하고 쉬어가야 끝까지 사무칠 수 있다고 충고하였다.

---
167) '이치는 홀연히 깨달을 수 있으나 일은 홀연히 없애지 못한다(理則頓悟 事非頓除).'라는 말을 뜻한다.
168) 이 부분도 앞의 세 선지식의 세 가지 인연과 내용이 상충된다.

그리고 이참정이 얻은 경지 역시 스스로 얻은 것이라는 것을 일깨워 주면서 대법에 밝거나 밝지 않음, 시기(時機)에 응하고 대상(對象)을 만남에 막히거나 막히지 않음을 묻지 말고 다만 옛 본분을 따를 것을 말했다. 여기서 옛은 주객이 벌어지기 이전, 분별을 초월한 본래성불의 그 자리를 말한다.

수료 화상, 고산 스님, 도명 선사 세 분이 도를 깨달은 인연을 소개하고 이것과 스스로의 경우와 비교하여 판단해 보라고 했다. 여기에 무슨 기특한 도리가 별도로 있다고 하면 이것은 아직 풀지 못한 것이라고 경계했다. 도를 얻은 선비는, 거울과 구슬이 오랑캐와 한인을 그대로 비추어 나타내는 것과 같아서 집착하지 않는다고 말했다. 이 같이 걸림이 없고자 한다면 다만 옛 본분을 따라야지 남에게 묻지 말라고 가르쳤다.

10. 또 이참정이 질문하는 편지

제가 요즈음 가르침의 답장을 받고 깊은 뜻을 두루 다 알겠습니다. 제가 스스로 경험한 것이 셋입니다. 첫째는 일에 있어 좋고 나쁜 것〔逆順〕 없이 인연을 따라 곧 대응하되, 가슴속에 남겨 두지 않는다는 것입니다. 둘째는 두터운 묵은 습관을 배척해 보내지 아니해도 저절로 가벼워진다는 것입니다. 셋째는 옛날에 까마득하던 고인의 공안을 때로 다시 엿보아 여기에 스스로 미혹하지 않는다는 것입니다. 앞 편지에 대법이 밝지 않다는 말은 대개 작은 것을 만족하게 여길까 염려하여 마땅히 넓히고 채워 나간다는 뜻이지, 어찌 별도로 좋은 견해를 구하겠습니까? 현재 흐름169)을 깨끗이 제거하는 것도 이치가 없지 않으니, 감히 명심하여 가지지 않겠습니까?

又(李叅政 問書)
 邴이 比蒙誨答하사와 備悉深旨호이다 邴이 自有驗者三이니 一은 事無逆順히 隨緣卽應호대 不留胸中이요 二는 宿習濃厚를 不加排遣하야도 自爾輕微요 三은 古人公案에 舊所茫然을 時復瞥地호니 此非自昧者니다 前書에 大法未明之語는 盖恐得少爲足하야 當擴而充之언정 豈別求勝解耶릿가 淨除現流도 理則不無라 敢不銘佩릿가

---

169) 자기 마음속에서 행해지는 번뇌를 말한다.

【요지】
　이참정이 역순 경계 가운데서 인연을 따라 대응하되 가슴속에 두지 않으며, 묵고 두터운 습관을 배척하지 않아도 저절로 가벼워지며, 까마득하던 고인 공안에서 스스로 미혹하지 않는다는 세 가지 경험을 먼저 말했다. 깨달은 뒤에 모든 인연경계를 대했을 때 지난 구습이 가벼워지기는 했으나 완전히 없애지 못했으며 공안을 명백하게 타파했다는 말도 없다. 대법을 확충하고 현류를 제거해 간다는 것도 '깨달음'과는 어긋나서 문제가 있는 글이다.

11. 또 이참정에게 답함

서신을 받은 뒤에 더욱 우러러봅니다. 알지 못하겠습니다. 날마다 인연을 따라 놓고 비워170) 뜻대로 자재합니까? 사위의(四威儀) 가운데 진로(塵勞)에 굴복하지는 않습니까? 깨고 잠자는 두 변에서 일여(一如)합니까? 옛 본분을 따르는 곳에 주작(走作)171)함이 없습니까? 생사의 마음이 서로 이어지지 않습니까? 다만 범정(凡情)172)을 다 없앨 뿐이지, 특별히 성스럽다는 알음알이가 없습니다. 당신은 이미 한 번 웃음에 정안(正眼)을 활짝 열어 소식도 갑자기 없어졌습니다.173) 힘을 얻고 얻지 못함은, 사람이 물을 마심에 차고 따뜻한 것을 저절로 아는 것과 같습니다.

그러나 날로 쓰는 사이에 마땅히 부처님의 말씀에 의거하여 정성(正性)을 깎아 내며,174) 그 도와주는 원인을 제거하며, 현업175)을 끊는다고 했습니다.176) 이는 일 마친 놈의 방편 없는 가운데 참다운

---

170) 『선문염송(禪門拈頌)』 권제14(卷第十四)
171) 본래의 규범에서 벗어나거나 원래의 모양을 바꾸는 것을 뜻한다.
172) 중생들이 가지고 있는 분별심(分別心)을 말한다.
173) 깨달음의 소식도 문득 초월했다는 말이다.
174) 여기서 정성(正性)은 음란함과 성냄을 말하며, 깨달은 뒤에는 음란과 성냄이 있을 수 없다.
175) 십악(十惡) 등 여러 번뇌를 말한다.
176) 『능엄경(楞嚴經)』 권제8(卷第八)

방편이며, 닦아 증득하는 것이 없는 가운데 참으로 닦아 증득하는 것이며, 취하고 버림이 없는 가운데 진실로 취하고 버리는 것입니다.177) 고덕178)이 이르기를 "피부가 다 떨어지더라도 오직 하나의 진실이 있으며,179) 또 전단향의 번성한 가지가 다 떨어지더라도 오직 참다운 전단향이 남아 있다."180)고 했습니다. 이것이 현재 업을 끊고, 돕는 원인을 제거하며, 정성(正性)을 깎아 내는 극치입니다.181)

당신은 시험 삼아 생각해 보십시오. 이와 같은 말도 일 마친 사람의 입장에서는 한 자루의 겨울 부채와 같습니다. 아마 남쪽 땅은 춥고 더운 것이 일정하지〔恒常〕 않아서, 없앨 수 없으므로 한 번 웃습니다.

答李參政

信後에 益增瞻仰하노라 不識커라 日來에 隨緣放曠하야 如意自在否아 四威儀中에 不爲塵勞의 所勝否아 寤寐二邊에 得一如否아 於仍舊處에 無走作否아 於生死心이 不相續否아 但盡凡情이언정 別無聖解니라 公이 旣一笑에 豁開正眼하야 消息頓亡하니 得力不得力은 如人이 飮水에 冷煖을 自知矣니라

然이나 日用之間에 當依黃面老子所言하야 除其助因하며 刳其正性하며 違其現業이니 此乃了事漢의 無方便中에 眞方便이며 無修證中에 眞修證이며 無取捨中에 眞取捨也니라 古德이 云皮膚脫落盡이라도 唯

---
177) 이 내용은 세 존숙의 깨달은 인연과는 서로 많이 상충된다.
178) 약산(藥山) 스님이다.
179) 『오등회원(五燈會元)』 권제8(卷第八)
180) 피부(皮膚)와 번성한 가지〔繁柯〕는 정성(正性)과 조인(助因)과 현재 업을 비유한 것이고, 진실과 전단(栴檀)은 정성(正性)이 미칠 수 없는 자리를 비유한 것이다.
181) 본문 '그러나 날로 쓰는 사이에〔然 日用之間〕~극치입니다〔極致也〕'까지의 내용도 세 존숙의 세 가지 인연 법문과는 내용이 상충된다.

一眞實이 在하며 又如栴檀繁柯ㅣ 脫落盡이라도 唯眞栴檀이 在라하니 斯違現業除助因剗正性之極致也라

　公은 試思之하라 如此說話도 於了事漢分上에는 大似一臘月扇子어니와 恐南地에 寒暄이 不常이라 也少不得일새니 一笑하노라

【요지】
　경계에 자유로운가를 묻고, 정안을 열어 소식을 잊은 이참정에게 힘을 얻거나 얻지 못함을 저절로 알 것이라고 말하면서도 음란과 성냄의 정성(正性)을 깎아 내어 현업을 끊는 것은 참다운 방편이며 증득이며 취사(取捨)라고 하였다. 물론 이것이 일 마친 사람에게는 겨울 부채와 같이 필요 없는 것이지만 다시 추위와 더위가 일정하지 않은 남쪽에는 이것이 필요하다고 말했다. 끝에서는 웃음으로 이를 다시 부정했다. 이상의 내용도 앞의 세 가지 인연 법문과는 서로 상충된다.

12. 강급사 소명에게 답함

  인생 한 평생, 백년 세월이 그 얼마입니까? 당신은 가난한 선비 집안에서 가업을 일으켜 청요직(淸要職)182)을 두루 다 거쳤으니 이는 세간에 제일 복 받은 사람입니다. 그러나 능히 부끄러움을 알아서 마음을 돌려 도를 향하여 출세간의 생사 벗어나는 법을 배우니 또 이 세간에 가장 바른 길을 찾은 사람입니다. 모름지기 손발을 급하게 움직이고 얼굴을 차게 하여183) 사람들의 그릇 안배함을 받지 않고 스스로 본분 도리(本分道理)184)를 이해하여 가는 곳을 분명하게 하면, 문득 이 사람은 세간과 출세간에 하나의 일 마친 대장부가 될 것입니다. 받아 보니, 연일 가서 참정(參政)과 말한다고 했습니다. 아주 훌륭합니다. 그 분은 달려가 추구하는 마음을 쉬어서 말[言語] 길이 끊어지고 마음 자취가 사라졌으며,185) 차별되는 다른 길186)에 고인의 손발을 엿보아 고인의 방편 문자에 구속되지 않았습니다. 제가 그를

---

182) 청환(淸宦)과 요직(要職)을 말하는데 강급사가 역임했던 깨끗한 벼슬자리와 중요한 직위를 뜻한다.
183) '손발을 급하게 움직이는 것'은 부지런히 공부하는 것을 말하고, '얼굴을 차게 한다는 것'은 역순 경계에 흔들리지 않는 것을 말한다.
184) 본명원진(本命元辰)은 생명을 주관하는 별인데 여기서는 본분도리(本分道理)를 비유하는 말로 쓰였다.
185) 『종경록(宗鏡錄)』
186) 고인의 여러 가지 방편(方便), 살활(殺活)의 두 가지 길을 말한다.

이와 같이 보고 다시 일찍이 그와 더불어 한 글자도 말하지 않은 것은 그를 둔한 데 둘까 염려했기 때문입니다. 바로 그가 오는 것을 기다려 스스로 저와 더불어 말하기를 요구하면 바야흐로 비로소 그와 함께 눈썹으로 겨루어서 이해를 하겠지만, 다만 이렇지 않고는 문득 그만둘 것입니다. 도를 배우는 사람이 달려가 구하는 마음을 쉬지 아니하면, 비록 눈썹으로 겨루어 이해를 한다고 한들 무슨 이익이 있겠습니까? 정히 이것은 어리석고 미쳐서 밖으로 달리는 것일 뿐입니다.

答江給事 少明

人生一世에 百年光陰이 能有幾許오 公이 白屋起家하야 歷盡淸要하니 此是世間에 第一等受福底人이나 能知慚愧하야 回心向道하야 學出世間脫生死法하니 又是世間에 第一等討便宜底人이라 須是急着手脚하며 冷却面皮하야 不得受人差排하고 自家理會本命元辰하야 敎去處分明하면 便是世間出世間에 一箇了事底大丈夫也리라 承호니 連日去하야 與叅政으로 道話라 甚善甚善이로다 此公이 歇得馳求心하야 得言語道斷하고 心行處滅하며 差別異路에 覷見古人脚手하야 不被古人方便文字의 所羅籠일새 山僧이 見渠如此하고 所以로 更不會與之說一字는 恐鈍置佗어니와 直候渠將來하야 自要與山僧說話하야사 方始共渠로 眉毛廝結하야 理會在언정 不只恁麼코는 便休로다 學道人이 若馳求心이 不歇하면 縱與之眉毛廝結하야 理會인달 何益之有리오 正是癡狂外邊走耳니라

고인이 말하기를 "선인(善人)을 가까이 하는 사람은 안개와 이슬 속을 다녀서 비록 옷이 축축하게 푹 젖지는 않지만, 점차 눅눅하게

젖는 것과 같다."187)고 했습니다. 다만 자주 참정과 대화하기를 지극히 바랍니다. 고인이 내려준 말씀을 가지고 어지럽게 천착(穿鑿)188)해서는 안 됩니다. 마대사(馬大師)는 양화상(讓和尙)189)을 만나 "비유하자면 소가 수레를 끄는데 수레가 가지 않으면 수레를 때려야 옳은가? 소를 때려야 옳은가?" 하는 그의 설법을 듣고 바로 돌아갈 곳을 알았습니다. 이 몇 마디 말190)로 여러 사람들이 설법하기를 우레와 천둥 같으며 구름과 비 같되, 이것을 이해하지 못하여 잘못 말하고 말을 따라 분별심을 내는 일이 그 얼마입니까? 주봉(舟峯)에게 준 편지 끝에 두찬(杜撰)하여 주해(註解)191)한 것을 보고 저는 문득 기가 막혔습니다. 여래선(如來禪)과 조사선(祖師禪)192)을 말한 사람들까지

---

187) 『치문경훈(緇門警訓)』 권제1(卷第一)
188) 이치에 맞지 않는 말을 억지로 끌어다 붙여 조건이나 이치에 맞추려고 한다는 뜻으로 견강부회(牽强附會)와 같은 말이다.
189) 마조 스님이 형악(衡岳) 전법원(傳法院)에 거주할 때 하루는 좌선을 하는데 양화상(讓和尙)이 법기(法器)가 될 그의 됨됨이를 알고, 가서 묻기를 "대덕(大德)은 좌선을 하여 무엇을 얻으려고 합니까?" 하니, 마조가 대답하기를 "부처가 되려고 합니다."라고 했다. 양 화상이 그 암자 앞에 한 기왓장을 가지고 와서 돌 위에 가니, 마조가 말하기를 "뭘 하십니까?" 화상이 대답하기를 "기와를 갈아서 거울을 만들려고 합니다."라고 했다. 마조가 말하기를 "기왓장을 갈아서 어떻게 거울을 만들겠습니까?" 하니, 화상이 말하기를 "좌선을 해서 어찌 부처가 되겠습니까?"라고 했다. 마조가 말하기를 "어떻게 해야 합니까?" 하는 질문에 소가 끄는 수레를 비유로 들어 대답했다.(『경덕전등록(景德傳燈錄)』 권제5)
190) 마대사가 '소가 끄는 수레'의 비유를 양화상으로부터 들은 이야기를 말한다.
191) 남의 말을 막고 자기의 새로운 주석을 주장하는 것을 말한다. 여기서는 '소와 수레' 법문을 그릇 주해한 것을 말한다.
192) 보리달마(菩提達磨)에서 시작하여 교외별전(敎外別傳), 불립문자(不立文字)를 내세우는 6조 혜능(慧能) 문하의 남종선을 '조사선(祖師禪)'이라고 한다. '여래선(如來禪)'이라는 용어는 규봉 종밀(圭峰宗密)이 분류한 다섯 가지의 선 가운데 '여래청정선'이라는 말에서 보이는데, 이 용어를 최초로 사용한 선승은 앙산혜적(仰山慧寂)이다. "스승이 말하기를 너는 다만 여래선은 얻었으나, 조사선은 아직 얻지 못했다.(師曰汝只得如來禪 未得祖師禪, 『전등

도 한 장의 종이에 죄를 적어서 함께 귀양을 보내야 합니다.

　古人이 云親近善者는 如霧露中行하야 雖不濕衣나 時時有潤이라하니 但頻與叅政으로 說話를 至禱至禱하노라 不可將古人의 垂示言敎하야 胡亂穿鑿이니 如馬大師가 遇讓和尙하야 說法云호대 譬牛駕車에 車若不行이어든 打車卽是아 打牛卽是아 馬師聞之하고 言下에 知歸하니 遮幾句兒言語를 諸方이 多少說法호대 如雷如霆하며 如雲如雨底하야 理會不得하야 錯下名言하야 隨語生解어늘 見與舟峯書尾에 杜撰解注하고 山僧이 讀之코 不覺에 絶倒호라 可與說如來禪祖師禪底로 一狀領過하야 一道行遣也어다

　보내온 게송을 자세히 보니 전번 두 송보다는 낫지만 이제부터는 그만 두십시오. 게송을 지어 가고 지어 옴에 무슨 통달할 기약이 있겠습니까? 참정같이 하십시오. 그 분이 어찌 게송 지을 줄을 알지 못하겠습니까마는 무슨 이유로 도대체 한 글자도 짓지 않았겠습니까? 법을 아는 사람이 두려워할 뿐입니다. 간혹 한 털을 드러내면 저절로 저의 가려운 곳을 긁으니, '산을 나서는 게송〔出山相頌〕'에 이르기를 "이르는 곳마다 사람을 만나 문득 대면하여 속인다."193)는 말을 총림에서 눈을 열어주는 약으로 삼습니다. 당신이 다른 날에 스스로 볼

───────
록(傳燈錄) 11』앙산혜적장"는 표현이 보인다.
193) 부처님께서 설산에서 내려오셔서 중생을 제도하는 것에 대한 게송을 이참정이 지었다. '눈가죽으로 삼천대천세계를 덮고, 콧구멍으로 백억 화신을 가두네. 개개가 장부이니, 누가 굴복할 것인가? 청천백일에 사람을 속이지 말라. 돌! 이르는 곳마다 사람을 속이는구나!(眼皮盖盡三千界 鼻孔盛藏百億身 箇箇丈夫誰是屈 靑天白日莫謾人 咄 到處逢人驀面欺) 그런데 여기서 부처님의 중생교화를 두고 왜 사람을 속인다고 했는지를 생각해 보아야 한다.

것이니, 제가 반드시 설파(說破)하지 않겠습니다. 저는 근래에 당신이 문득 바뀌어 이 일을 위하여 매우 힘내는 것을 보았습니다. 그러므로 이 편지를 씀에 나도 모르게 장황하게 되었습니다.

來頌을 仔細看過호니 却勝得前日兩頌이어니와 自此로 可已之어다 頌來頌去에 有甚了期리요 如叅政相似하라 渠豈是不會做頌이리요만은 何故로 都無一字오 乃識法者ㅣ懼耳니라 間或露一毛頭하면 自然抓着山僧痒處니 如出山相頌에 云到處逢人驀面欺之語는 可與叢林으로 作點眼藥이라 公이 異日自見矣일새 不必山僧注破也하노라 某ㅣ近見公의 頓然改變하야 爲此事甚力일새 故作此書하야 不覺縷縷하노라

【요지】
　　남의 그릇 안배함을 수용하지 말고 스스로 깨달을 것을 권했다. 가난한 선비 집안에서 출세하여 청요직(淸要職)을 거치는 복을 받았으나, 부끄럽게 여기고 생사를 벗어나는 출세간의 법을 배운다고 강급사를 먼저 칭찬했다. 마음을 쉬어서 말과 마음 길이 끊어져서, 고인의 방편에 구속되지 않는 이참정과 만나는 것을 훌륭하다고 말했다. 밖으로 달려가 구하는 마음을 쉬고 안으로 본분자리를 깨달으라고 충고하였다.
　　이참정과 교유하며 그를 본받을 것을 권하고 고인의 말씀을 천착(穿鑿)하지 말라고 경계했다. 잘못 주해한 강급사의 글을 보고 기가 막힌 심정을 말하면서 여래선, 조사선을 나누는 따위의 분별심도 다 버릴 것을 강조했다.
　　알고 있으면서도 쓸 데 없이 게송 같은 것을 짓지 않는 이참정 같이 행동할 것을 강조하고 '이르는 곳마다 사람을 만나 문득 대면하여 속인다.'는 '출산상송(出山相頌)'을 문제로 제시하여 스스로 깨닫도록 했다.

13. 부추밀 계신에게 답함 (1)

편지를 보니 젊은 나이에 이 도를 믿고 향할 줄 알았으나, 만년에 알음알이의 장애 때문에 깨달아 들어감을 구할 곳이 없어 밤낮으로 도(道)를 체득할 방편을 알고자 한다고 하였습니다. 이것은 이미 지극한 정성을 가진 것입니다. 감히 외면하지 못하고 잘못된 견해를 낱낱이 들어 판단하여[194] 갈등[195]의 글을 조금 쓰겠습니다. 다만 깨달아 들어가기를 구하는 것이 문득 도를 막는 알음알이입니다. 다시 별도로 무슨 알음알이가 그대에게 장애가 되며, 필경 무엇을 일러 알음알이라고 하며, 알음알이는 어디로부터 오며, 장애를 입는 사람은 다시 이 누구입니까? 다만 이 한 구절[196]에 전도된 것이 세 가지나 들어 있습니다. 알음알이의 장애를 받았다고 스스로 말하는 것이 그 하나이고, 스스로 깨닫지 못했다고 말하여 달게 미혹한 사람이 되는 것이

---

194) 직역하면 죄의 항목에 근거하여〔據款〕 죄안(罪案)을 판결한다〔結案〕는 말인데, 여기서는 부추밀의 잘못된 견해를 보고 대혜 스님이 판단을 내리는 것을 뜻한다.
195) 본분 상에서 보면 이런 설명이 군더더기이기 때문에 갈등이라고 했다. '갈등'의 의미를 체득하면 본분자리를 깨달을 수 있다. 이하에서 사용한 '갈등'이라는 말도 유사한 뜻으로 사용되었다.
196) 이 편지 앞에 나오는 '만년에 알음알이의 장애를 받아 깨달아 들어감을 구할 곳이 없어 밤낮으로 도(道)를 체득할 방편을 알고자 한다.'는 부추밀의 말을 뜻한다.

그 하나이고, 다시 미혹한 가운데 있어서 마음을 가지고 깨달음을 기다리는 것이 그 하나입니다. 다만 이 세 가지의 전도됨이 곧 생사의 근본입니다. 바로 모름지기 한 생각도 일어나지 않아서197) 전도된 마음이 끊어져야 바야흐로 미혹함을 타파할 것이 없으며, 깨달음도 기다릴 것이 없으며, 알음알이가 가히 장애될 것이 없음을 알게 될 것입니다. 마치 사람이 물을 마심에 차고 따뜻한 것을 스스로 아는 것과 같아서 오래고 오래면 저절로 이와 같은 견해를 가지지 않게 될 것입니다.

答富樞密 季申

示諭호대 蚤歲에 知信向此道러니 晩年에 爲知解所障하야 未有求悟入處일새 欲知日夕에 體道方便이라하니 旣荷至誠이라 不敢自外일새 據欵結案하야 葛藤少許호리라 只遮求悟入底便是障道知解了也니 更別有甚麼知解ㅣ爲公作障이며 畢竟에 喚甚麼하야 作知解며 知解는 從何而至며 被障者는 復是阿誰오 只此一句에 顚倒有三하니 自言爲知解所障이 是一이요 自言未悟하야 甘作迷人이 是一이요 更在迷中하야 將心待悟가 是一이니 只遮三顚倒가 便是生死根本이라 直須一念不生하야 顚倒心絶하야사 方知無迷可破며 無悟可待며 無知解可障이니 如人이 飮水에 冷煖을 自知라 久久하면 自然不作遮般見解也리라

다만 알음알이를 아는 마음 위에 나아가서 보십시오. 도리어 장애가 됩니까? 능히 알음알이를 아는 마음 위에 도리어 여러 가지가 있습

---

197) 양변을 초월하여 분별심이 끊어진 자리이다.

니까? 옛날 큰 지혜를 가진 사람은 알음알이로 짝을 삼고 알음알이로 방편을 삼지 아니함이 없었습니다. 알음알이 위에서 평등한 자비를 행하며, 알음알이 위에서 모든 불사를 짓되, 용이 물을 얻은 것과 같고 호랑이가 산을 의지한 것198)과 같아서 마침내 이것으로 번뇌를 삼지 않았습니다. 그는 알음알이가 일어나는 곳을 알았기 때문입니다. 이미 일어나는 곳을 알았다면, 곧 이 알음알이는 문득 해탈의 장소이며 곧 생사를 벗어난 곳입니다. 이미 해탈의 장소이며 생사를 벗어난 곳이라면, 알음알이의 당처(當處)가 바로 적멸입니다. 알음알이가 이미 적멸이라면, 알음알이를 아는 사람도 적멸이 아닐 수 없으며, 보리열반과 진여불성도 적멸이 아닐 수 없을 것입니다. 다시 무슨 물건이 있어 장애하며, 다시 어디를 향하여 깨달음을 구해 들어가겠습니까?

但就能知知解底心上하야 看하라 還障得也無아 能知知解底心上에 還有如許多般也無아 從上大智慧之士ㅣ 莫不皆以知解로 爲儔侶하며 以知解로 爲方便하야 於知解上에 行平等慈하며 於知解上에 作諸佛事호대 如龍得水하고 似虎靠山하야 終不以此로 爲惱하나니 只爲他識得知解起處일새니라 旣識得起處인댄 卽此知解ㅣ 便是解脫之場이며 便是出生死處라 旣是解脫之場이며 出生死處인댄 則知底解底當處寂滅이며 知底解底旣寂滅인댄 能知知解者도 不可不寂滅이며 菩提涅槃과 眞如佛性도 不可不寂滅이리니 更有何物可障이며 更向何處하야 求悟入이리요

---

198) 의기가 있을 때 의기를 더해준다(有意氣時 添意氣)는 말과 뜻이 같다.

부처님께서 말씀하시기를 "모든 업은 마음을 따라 일어나므로 마음은 허깨비와 같다. 만약 이 분별심(分別心)을 떠나면 곧 모든 유취(有趣)[199]를 소멸한다."[200]고 하셨습니다. 어떤 스님이 대주 화상에게 묻기를 "어떤 것이 대열반입니까?" 하니, 대주 화상[201]이 대답하기를 "생사의 업을 짓지 않는 것이 대열반이다."라고 했습니다. 그 스님이 묻기를 "어떤 것이 생사의 업입니까?" 하니, 대주가 대답하기를 "대열반을 구하는 것이 생사업(生死業)이다."[202]라고 했습니다. 또 고덕이 이르기를 "도를 배우는 사람이 한 생각에 생사를 계교(計較)하면 곧 마군(魔軍)의 길에 떨어지며, 한 생각에 여러 견해를 일으키면 곧 외도에 떨어진다."[203]고 했습니다. 또 정명(淨名)이 이르기를 "여러 마군은 생사를 즐기지만 보살은 생사를 버리지 아니하고, 외도는 여러 견해를 즐기지만 보살은 모든 견해에 흔들리지 않는다."[204]고 하였습니다. 이것은 알음알이로 벗을 삼고 알음알이를 방편으로 삼아서, 알음알이 위에서 평등한 자비를 실천하고 알음알이 위에서 모든 불사를 짓는 것입니다.[205] 이는 다만 그가[206] 삼아승지겁의 긴 세월이 공(空)함을 통달하여 생사와 열반이 모두 고요해졌기 때문입니다.

---

199) 사생(四生), 육취(六趣), 육도(六度)라고도 한다.
200) 『대방광불화엄경(大方廣佛華嚴經)』 권제44(卷第四四)
201) 마조도일(馬祖道一, 709-788) 스님의 제자인 당대(唐代) 대주혜해(大珠慧海, 生沒年代 未詳) 스님이다. 저술로는 『돈오입도요문론(頓悟入道要門論)』, 『대주선사어록(大珠禪師語錄)』이 있다.
202) 『경덕전등록(景德傳燈錄)』 권제6(卷第六)
203) 『전심법요(傳心法要)』
204) 『유마힐소설경(維摩詰所說經)』 권중(卷中)
205) 지혜 일어나는 곳을 알고 있기 때문에 어디에도 걸리지 않고 자유자재한다.
206) 부처님이시다.

釋迦老子ㅣ 曰諸業從心生일새 故說心如幻이로니 若離此分別하면 則滅諸有趣라하며 僧이 問大珠和尙호대 如何是大涅槃이닛고 珠云不造生死業이 是大涅槃이니라 僧이 問如何是生死業이닛고 珠云求大涅槃이 是生死業이라하며 又古德이 云學道人이 一念에 計生死이면 卽落魔道요 一念에 起諸見하면 卽落外道라하며 又淨名이 云衆魔者는 樂生死어든 菩薩은 於生死에 而不捨하고 外道者는 樂諸見이어든 菩薩은 於諸見에 而不動이라하니 此乃是以知解로 爲儔侶하고 以知解로 爲方便하야 於知解上에 行平等慈하고 於知解上에 作諸佛事底樣子也니라 只爲他ㅣ 了達三祗劫空하야 生死涅槃이 俱寂靜故니라

아직 이러한 경지에 이르지 못했다면, 간절히 삿된 무리〔邪師輩〕가 어지럽게 한 말을 따라 귀신 굴속으로 끌려 들어가서 눈을 감고 망상하지 마십시오. 근래에 조사의 도가 쇠미(衰微)하고 이런 무리가 삼대와 좁쌀 같이 많습니다. 참으로 한 소경이 여러 소경들을 끌고 불구덩이 속으로 들어가는 것과 같으니, 심히 가련하고 불쌍합니다. 원컨대 당신은 척추를 굳게 하여[207] 이런 잘못을 저지르지 마십시오. 이런 잘못을 저지르게 되면, 비록 잠시 냄새나는 가죽부대에 구속되어 있는 것을 문득 구경의 진리로 여기더라도, 마음이 어지러운 것은 오히려 아지랑이[208]와 같을 것입니다. 비록 마음[209]이 잠시 멈추기는 하나 돌로 풀을 눌러둔 것과 같아서 알지 못하는 사이에 다시 일어나게

---

207) 정견(正見)을 가지고 바른 수행을 한다는 말이다.
208) 야마(野馬)는 '아지랑이, 야생마'라는 두 가지 뜻이 있는데, 여기서는 어지럽게 일어나는 망상을 뜻하는 것으로 사용되었기 때문에 '아지랑이'로 해석했다.
209) 망상심(妄想心)을 뜻한다.

됩니다. 바로 위없는 보리를 가지고 구경의 안락한 곳에 이르고자 한다면 또한 어렵지 않겠습니까?

旣未到遮箇田地인댄 切不可被邪師輩의 胡說亂道하야 引入鬼窟裏하야 閉眉合眼하고 作妄想이어다 近來에 祖道衰微하야 此流如麻似粟하니 眞是一盲이 引衆盲하야 相牽入火坑이라 深可憐悶이로다 願公은 硬着脊梁骨하야 莫作遮般去就어다 作遮般去就底인댄 雖暫拘得箇臭皮袋子住하야 便以爲究竟이나 而心識紛飛호미 猶如野馬하야 縱然心識이 暫停이나 如石壓草하야 不覺에 又生하나니 欲直取無上菩提하야 到究竟安樂處면 不亦難乎아

저도 또한 일찍이 이런 무리[210]의 그르침〔所誤〕을 받았었습니다. 뒤에 만약 참다운 선지식[211]을 만나지 못했다면 거의 일생을 헛되이 보낼 뻔했습니다. 항상 생각함에 곧 참을 수가 없었습니다.[212] 이 때문에 구업(口業)을 아끼지 않고 힘써 이런 폐단을 구제해 왔더니, 지금은 그릇됨을 아는 사람이 조금 생겼습니다. 만약 바로 알고자 한다면, 모름지기 이 한 생각을 홀연히 단번에 타파해야 바야흐로 생사를 통달할 수 있을 것입니다. 이것을 '깨달아 들어가는 것'이라 이름합니다. 그러나 절대로 마음을 가지고 타파하기를 기다리지 마십시오. 만약 마음을 가지고 타파하려고 하면 영원히 깨닫지 못할 것입니다.

---

210) 출가 초기 대혜 스님에게 묵조(黙照) 공부를 가르쳤던 평보융(平普融) 스님을 말한다.
211) 원오극근선사(圜悟克勤禪師)이다.
212) 파(叵) 자(字)는 파(叵) 자(字)로서 '불가(不可)'라는 뜻으로 쓰였다.

다만 망상 전도(妄想顚倒)의 마음과 사량분별(思量分別)의 마음과 살기를 좋아하고 죽기를 싫어하는 마음과 지견으로 아는 마음과 고요한 것을 기뻐하고 시끄러운 것을 싫어하는 마음을 일시에 내리 누르십시오. 다만 내리 누른 곳에 나아가 화두를 드십시오.

某亦嘗爲此流의 所誤러니 後來에 若不遇眞善知識이런들 幾致空過 一生일러니라 每每思量컨댄 直是叵耐로다 以故로 不惜口業하고 力救此弊러니 今稍有知非者니라 若要徑截理會인댄 須得遮一念子를 爆地一破하야사 方了得生死하리니 方名悟入이니라 然이나 切不可存心待破어다 若存心在破處則永劫에 無有破時하리라 但將妄想顚倒底心과 思量分別底心과 好生惡死底心과 知見解會底心과 欣靜厭鬧底心하야 一時에 按下하고 只就按下處하야 看箇話頭호대

어떤 스님이 조주에게 묻기를 "개도 도리어 불성이 있습니까?" 하니, 조주가 대답하기를 "없다."213)고 했습니다. 이 한 글자는 허다한 나쁜 지식과 생각을 꺾는 무기입니다. '있다, 없다'는 분별을 하지 말며, 도리(道理)에 대한 분별을 하지 말며, 의식〔意根〕을 향하여 분별하지 말며, 눈썹을 치켜들고 눈을 깜짝이는 곳을 향하여 뿌리내리지 말며,214) 말길을 따라 살 계획을 짓지 말며, 일없는 속에 머물러 있지 말며, 화두(話頭) 드는 곳을 향하여 깨달으려 하지 말며, 문자 속을 향하여 인용하여 증명하려고 하지 마십시오.215) 다만 하루 생활 속에

---

213) 『고존숙어록(古尊宿語錄)』 권제13(卷第十三)
214) 알음알이를 짓지 말라는 뜻과 같다.
215) 무자(無字) 화두를 드는데 나오는 대표적 열 가지 병통에 대한 경계 가운데

서 항상 참구(參究)해 가기를, "개도 도리어 불성이 있습니까? 없다."
고 한 것을 일용(日用)에서 여의지 아니하고 공부해 나가면 언젠가는
문득 스스로 보게 될 것입니다. 그러면 한 군내 천리의 일이 모두
서로 방해가 되지 않을 것입니다.216) 옛 사람217)이 말하기를 "나의
이 속218)은 살아있는 조사의 뜻219)이라 무슨 물건이 있어 능히 그를
얽어매겠는가?"라고 하였습니다. 만약 일용을 떠나서 따로 구하는 것
이 있으면, 이는 파도(波濤)를 떠나서 물을 구하는 것이며, 금기(金器)
220)를 떠나 금을 구하는 것입니다. 구할수록 더욱 멀어지게 될 것입
니다.

僧이 問趙州호대 狗子도 還有佛性也無닛가 州 ㅣ 云無라하니 此一字
者는 乃是摧許多惡知惡覺底器仗也라 不得作有無會하며 不得作道理
會하며 不得向意根下하야 思量卜度하며 不得向揚眉瞬目處하야 垛根
하며 不得向語路上하야 作活計하며 不得颺在無事甲裏하며 不得向擧
起處하야 承當하며 不得向文字中引證하고 但向十二時中四威儀內하
야 時時提撕하며 時時擧覺호대 狗子도 還有佛性也無잇가 云無를 不
離日用하고 試如此做工夫看하면 月之日에 便自見得也리니 一郡千里
之事가 都不相妨하리라 古人이 云我遮裏는 是活底祖師意라 有甚麽
物이 能拘執佗리요하니 若離日用하고 別有趣向則是는 離波求水며 離
器求金이라 求之愈遠矣리라

여덟 가지를 말했다. 여기에 '마음을 두고 타파하기를 기다리지 말며', '완전
히 없다는 무(無)로 보지 말라'는 두 가지를 더하면 열 가지가 된다.
216) 모든 현상이 서로 방해되지 않고 자유자재하고 있는 것〔事事無碍〕을 뜻한다.
217) 황벽 스님이다.
218) 본분자리를 말한다.
219) 살활자재(殺活自在)하는 조사의 뜻을 말한다.
220) 금으로 만들어진 그릇을 말한다.

【요지】

알음알이〔知解〕에 관여하지 말고 활구(活句)를 잘 참구해 갈 것을 가르쳤다. 알음알이의 장애를 받아 깨달아 들어가지 못하여 도를 체득할 방편을 알고자 하는 부추밀에게 먼저 알음알이의 장애를 받았다고 스스로 말하는 것과 달게 미혹한 사람이라고 스스로 말하는 것과 미혹한 가운데서 마음을 가지고 깨달음을 기다리는 세 가지 잘못이 생사의 근본임을 설명해 주었다. 그리고 한 생각도 일어나지 않아서, 전도된 마음이 끊어져야 미혹함, 깨달음, 알음알이가 본래 없음을 알게 된다고 가르쳤다.

알음알이를 아는 마음 위에 나아가서 알음알이가 일어나는 곳을 알면, 알음알이가 방편이 되어 알음알이 위에서 자비를 실천하고 불사를 지을 수 있으며, 알음알이가 해탈의 장소이며, 생사를 벗어나는 곳이며, 적멸이라고 했다. 알음알이가 적멸이면, 알음알이 아는 사람도 적멸이고, 보리열반과 진여불성도 적멸이기 때문에, 장애하는 물건도 없고 깨달음을 구해 들어갈 곳도 없다고 했다.

조주 스님의 무자 화두는 모든 나쁜 지식과 생각을 꺾는 무기라고 하면서 화두를 참구할 때 반드시 알아야 할 병통을 제시하고 경계했다. 있다 없다는 알음알이를 짓지 말며, 도리에 대한 알음알이를 짓지 말며, 의식(意識)에서 알음알이를 짓지 말며, 눈썹을 치켜들고 눈을 깜짝이는 곳을 향하여 알음알이를 짓지 말며, 말을 따라 살 계획을 짓지 말며, 일 없는 속에 머물러 있지 말며, 화두를 드는 곳을 향하여 깨달으려 하지 말며, 문자를 인용하여 증명하려고 하지 말라는 것이다. 화두를 일상에서 여의지 않고 이 같이 공부해 가면 문득 스스로 보게 될 것이라고 했다. 일상을 떠나서 구하면 이는 파도(波濤)를 떠나 물을 찾고 금기(金器)를 떠나 금을 구하는 것과 같아서, 구하면 구할수록 더욱 멀어진다고 일깨우고 있다.

14. 부추밀 계신에게 답함 (2)

매일 이 일대사인연(一大事因緣)을 염두에 두고 용맹정진(勇猛精進)해서 순수하고 한결 같아서 잡되지 않다는 것을 알고 뛸 듯이 기뻤습니다. 하루 동안 치열하게 작용할 때 반드시 상응합니까? 깨어 있고 잠자는 양변에서 한결 같습니까?221) 만약 그렇지 않다면, 절대로 한결같이 공(空)에 빠지고 고요한 데로 나가서는 안 됩니다. 옛 사람이 검은 산 아래 귀신 집에서 살 계획을 세우는 것이라,222) 미래제(未來際)가 다해도 뚫고 벗어날 기약이 없을 것이라고 했습니다. 보낸 편지를 어제 받고, 당신이 반드시 이미 고요함에 치우친 삼매에 탐착(耽着)했을 것으로 염려했었는데, 직각공(直閣公)에게 물어보고서야 과연 생각했던 바와 같음을 알았습니다. 대개 세상을 사는 여유 있는 선비가 오랫동안 세상살이에 빠져 있다가 홀연히 사람으로부터 고요한 곳을 향한 공부의 가르침을 받아 잠깐 가슴속에 일이 없으면, 문득 집착하여 구경 안락을 삼고 특히 돌로 풀을 눌러 놓은 것과 같음을 알지 못합니다. 비록 잠시 소식이 끊어진 것을 알았으나 뿌리가 오히려 남아 있는 것을 어떻게 할 것입니까? 어찌 적멸을 투철히 증득할 기약이 있겠습니까?

---

221) 『능엄경(楞嚴經)』 권제10(卷第十)
222) 『벽암록(碧巖錄)』 권제3(卷第三)

又

竊知日來에 以此大事因緣으로 爲念하야 勇猛精進하야 純一無雜하고 不勝喜躍호라 能二六時中熾然作爲之際에 必得相應也未아 寤寐二邊에 得一如也未아 如未인댄 切不可一向沈空趣寂이니 古人이 喚作黑山下鬼家活計라 盡未來際히 無有透脫之期하리라 昨接來書하고 私慮左右ㅣ 必已耽着靜勝三昧러니 及詢直閣公하야 乃知果如所料호라 大凡涉世有餘之士ㅣ 久膠於塵勞中이라가 忽然得人의 指令向靜黙處做工夫하야 乍得胸中이 無事하면 便認着하야 以爲究竟安樂하고 殊不知似石壓草로다 雖暫覺絶消息이나 奈何根株猶在어니 寧有證徹寂滅之期리요

진정(眞正)한 적멸이 앞에 나타나기를 원한다면, 반드시 치열하게 생멸하는 가운데서 곧 단번에 뛰어나야[223] 털끝 하나도 움직이지 않고 문득 큰 강을 휘저어 우유를 만들며, 대지를 변화시켜 황금을 만들며,[224] 근기(根機)에 임하여 주고 빼앗으며 죽이고 살리기를 자유롭게 하고, 남을 이롭게 하고 스스로를 이롭게 하는 행위를 하더라도 옳지 않음이 없을 것입니다.[225] 옛 성인이 이를 일러 다함없는 다라니문(無盡藏陀羅尼門)[226]이라 하고, 다함없는 신통유희문(無盡藏神通遊戲門)이라고 하며, 다함없는 여의해탈문(無盡藏如意解脫門)이라고

---

223) 한번 뛰어 여래의 경지에 바로 들어가는 것[一超直入如來地], 은산철벽(銀山鐵壁)을 투과(透過)하는 것을 뜻한다.
224) 망상이 지혜이고, 생사가 곧 해탈이 되는 것을 뜻한다.(『원오록(圓悟錄)』권제11)
225) 살활자재(殺活自在)함을 나타냈다.
226) 한 글자가 한량없는 법을 아우르며[摠無量法], 한량없는 뜻을 가지고 있기[持無量義] 때문에 줄여서 '총지(摠持)'라고 번역한다.

했습니다. 이 어찌 참다운 대장부의 능히 할 일이 아니겠습니까? 그러나 또한 시켜서 그렇게 된 것이 아니라 다 내 마음의 항상하는 본분일 뿐입니다. 원컨대 당신은 쾌활하게 정신을 차려 결단코 이 일을 기약하십시오. 확철대오(廓徹大悟)227)하면 가슴속 밝음이 백천 개 일월(日月)과 같아서 시방세계를 한 생각으로 밝게 통달하되 한 털끝도 분별심이 없을 것이니 비로소 구경과 상응하게 될 것입니다. 과연 능히 이와 같으면 어찌 단지 생사의 길 위에서만 힘을 얻겠습니까? 다른 날에 다시 권력228)을 잡아서 임금을 요순 지위에 올리기를 손바닥 가리키는 것과 같이 할 것입니다.

要得眞正寂滅이 現前인댄 必須於熾然生滅之中에 驀地一跳에 跳出호대 不動一絲毫하고 便攪長河하야 爲酥酪하며 變大地하야 作黃金하며 臨機縱奪에 殺活自由하고 利佗自利에 無施不可하리니 先聖이 喚作無盡藏陀羅尼門이며 無盡藏神通遊戱門이며 無盡藏如意解脫門이라하시니 豈非眞大丈夫之能事也리요 然이나 亦非使然이라 皆吾心之常分耳이니 願左右는 快着精彩하야 決期於此어다 廓徹大悟하면 胸中皎然호미 如百千日月하야 十方世界를 一念明了호대 無一絲毫頭異想하리니 始得與究竟相應하리라 果能如是면 豈獨於生死路上에 得力이리요 異日에 再秉鈞軸하야 致君於堯舜之上을 如指諸掌耳리라

---

227) 돈오점수(頓悟漸修)의 깨달음〔悟〕이 아니라, 돈오돈수(頓悟頓修)의 깨달음〔悟〕을 말한다. 다시 수행을 필요로 하지 않는 완전한 깨달음이다.
228) 도자기 만드는 기계의 아래 돌아가는 부분이 균(鈞)이고, 수레바퀴를 유지하는 것이 축(軸)인데, 둘 다 사물의 중요한 부분으로 여기서는 재상의 권력을 뜻한다.

【요지】

고요한 데에 정체(停滯)되지 말고 시끄러운 가운데서 힘을 얻을 것을 권했다. 일대사인연(一大事因緣)을 염두에 두고 용맹정진(勇猛精進)하는 것에 대해서는 먼저 칭찬했으나, 고요함에 치우쳐서 공부하는 것에 대하여는 염려를 나타냈다. 세상살이의 번거로움에 빠져 있던 선비가 고요함에 치우친 공부를 배워 잠시 가슴속에 일이 없게 되면 이것을 구경안락(究竟安樂)으로 삼게 되나 이것은 돌로 풀을 눌러 놓아 그 뿌리는 아직 남아 있는 것과 같다고 했다. 이런 방법으로는 적멸(寂滅)하여 자유자재(自由自在)함을 증득할 수 없다고 지적했다.

진정으로 적멸하여 자유자재하기를 바란다면 생멸하는 가운데서 뛰어 나가 바로 여래의 경지에 들어가야〔一超直入如來地〕 강물을 우유로 만들고, 대지를 황금으로 만들며, 살활자재(殺活自在)하여 나와 남을 이롭게 할 수 있다고 했다. 이것이 바로 대장부의 할 일이라고 하였다.

여기서 확철대오(廓徹大悟)하면 가슴속이 일월과 같이 밝아 시방세계를 통달하고 구경과 상응하여 생사에 자유자재함을 얻을 뿐 아니라, 임금을 요순으로 만든다는 예를 들어 그 힘이 가정이나 사회, 국가에 미치게 되면, 대단한 성과를 달성할 수 있다는 점을 강조했다.

15. 부추밀 계신에게 답함 (3)

편지를 보니, '처음에 조금 고요하게 앉으니 공부가 또한 스스로 아름답다.'고 하며, 또 이르기를 '감히 망령되게 고요하다는 생각을 하지 않는다.'고 했습니다. 이는 부처님께서 말씀하신 비유에 '어떤 사람이 자기 귀를 막고 높은 소리로 크게 부르짖으면서 남이 듣지 못하기를 구하는 것'[229]과 같습니다. 참으로 이것은 스스로 장애와 어려움을 만드는 일일 뿐입니다. 만약 생사의 마음을 타파하지 못하면, 일용하는 하루 가운데 어둡고 어리석어서 혼이 흩어지지 않은 죽은 사람과 같게 됩니다. 다시 무슨 한가한 공부를 찾아서 고요함을 이해하고 시끄러움을 이해하겠습니까? 열반회상에 광액도아(廣額屠兒)가 백정 칼을 놓고 문득 성불하니[230] 어찌 이것이 고요한 공부를 하는 데서 나왔겠습니까? 그가 어찌 초심자가 아니었겠습니까마는, 당신은 이를 보고 정히 그렇지 않다고 하여 모름지기 그릇 생각하기를 '그는 옛 부처가 나타난 것이지 지금 사람은 이런 힘이 없다.'고 할 것입니다. 만약 이와 같이 본다면 이는 스스로의 훌륭함을 믿지 않고 열등한 사람 되기를 달게 여기는 것입니다. 우리 이 문중에서는 초학(初學)과 만학(晚學)을 논하지 않고, 또한 오래 참구한 것과 먼저

---

[229] 『능엄경(楞嚴經)』 권제6(卷第六)
[230] 『대반열반경(大般涅槃經)』 권제19(卷第十九)

들어온 것도 묻지 않습니다. 만약 참으로 고요하기를 구한다면 모름지기 생사의 마음을 타파해야 합니다. 공부를 따로 하지 않아도 생사의 마음이 타파되면 저절로 고요하게 될 것입니다. 옛 성인이 말씀하신 적정의 방편이 정히 이런 것인데 스스로 이 말세의 그릇된 무리들〔邪師輩〕은 옛 성인의 방편설(方便說)을 알지 못할 뿐입니다.

又

　示諭호대 初機得少靜坐호니 工夫亦自佳라하며 又云不敢妄作靜見이라하니 黃面老子의 所謂譬如有人이 自塞其耳하고 高聲大叫하야 求人不聞이라 眞是自作障難耳이로다 若生死心을 未破하면 日用二六時中에 冥冥蒙蒙地ㅣ如魂不散底死人으로 一般이라 更討甚閑工夫ㅣ理會靜理會鬧야리요 涅槃會上에 廣額屠兒ㅣ放下屠刀하고 便成佛하니 豈是做靜中工夫來리요 渠豈不是初機리요만은 左右見此코 定以爲不然이라하야 須差排호대 渠作古佛이 示現이지 今人은 無此力量이라하리니 若如是見인댄 乃不信自殊勝하고 甘爲下劣人也리라 我此門中은 不論初機晩學하고 亦不問久叅先達이라 若要眞簡靜인댄 須是生死心을 破니 不着做工夫하야도 生死心이 破則自靜也리라 先聖의 所說寂靜方便이 正爲此也어늘 自是末世邪師輩ㅣ不會先聖方便語耳니라

　당신이 나를 믿는다면 시험 삼아 시끄러운 곳을 향하여 '개가 불성이 없다'는 화두를 참구(參究)할 일이지 깨닫고 깨닫지 못함을 말하지 마십시오. 정히 마음이 어지러울 때에 넌지시 참구하여 보십시오. 도리어 고요함을 압니까? 도리어 힘 얻음을 압니까? 만약 힘 얻음을 알았거든 문득 모름지기 놓아 버리지 말고, 고요히 앉을 때는 다만

한 개의 향을 피우고 고요히 앉는 것이 중요합니다. 앉을 때에 혼침(昏沈)하지 말며, 또한 도거(掉擧)하지 말아야 합니다.231) 혼침과 도거는 옛 성인이 꾸짖은 것입니다. 고요히 앉았을 때 이 두 가지 병이 앞에 나타난 것을 알았거든 단지 '개가 불성이 없다'는 화두만 드십시오. 그러면 두 가지의 병은 힘써 물리치지 않아도 당장에 고요해질232) 것입니다. 이렇게 날이 오래고 달이 깊어지면 조금 힘 덜림을 아는 것이 문득 힘을 얻는 곳이 될 것입니다. 또한 고요한 공부를 따로 하지 않아도 다만 이것이 곧 공부입니다.

左右ㅣ 若信得山僧及인댄 試向鬧處하야 看狗子無佛性話언정 未說悟不悟니 正當方寸이 擾擾時하야 謾提撕擧覺看하라 還覺靜也無아 還覺得力也無아 若覺得力이어든 便不須放捨하고 要靜坐時에 但燒一炷香하고 靜坐호대 坐時에 不得令昏沈하며 亦不得掉擧니 昏沈掉擧는 先聖의 所訶니라 靜坐時에 便覺此兩種病이 現前이어든 但只擧狗子無佛性話하면 兩種病은 不着用力排遣하야도 當下에 怗怗地矣리니 日久月深하면 纔覺省力이 便是得力處也라 亦不着做靜中工夫하야도 只遮便是工夫也니라

이참정이 전에 천남(泉南)에서 처음 서로 만났을 때, 묵조의 그릇된 무리들이 사람의 눈을 멀게 한다고 힘써 배척하는 나를 보고 처음에는 불평하여 의심과 노여움이 반반이었습니다. 문득 내가 '뜰 앞의

---

231) 혼침(昏沈)은 생각이 흐리멍덩하거나 잠에 떨어진 것을 말하고, 도거(掉擧)는 생각이 어지럽고 번뇌하는 것을 말한다. 혼침은 적적(寂寂)의 잘못이고 도거는 성성(惺惺)의 잘못이다. 혼침은 성성을 방해하고 도거는 적적을 방해한다.
232) 첩첩(怗怗)은 편안하고 고요한 모양이다.

잣나무 화두'에 대한 게송 읊는 것을 듣고 홀연히 어리석음을 타파하여 한번 웃는 가운데 천 가지를 통달하고 백 가지를 승당(承當)하고 나서야, 바야흐로 제가 입을 열어 쓸개를 보여233) 조금도 서로 속임이 없었으며, 서로 다투는 것이 아니었음을 믿고 문득 저에게 참회했습니다. 참정공이 지금 거기에 있으니 청컨대 도리어 사실인가를 시험 삼아 물어보십시오.

도겸 상좌가 복당(福唐)으로 갔는데 거기에 벌써 도착했습니까? 그는 참선하는 데 고생을 많이 했으며, 또한 일찍이 십여 년을 마른 참선에 들어갔다가234) 근년에 비로소 안락한 곳235)을 얻었습니다. 서로 만나거든 시험 삼아 그에게 어떻게 공부하는가를 물어 보십시오. 일찍이 나그네였기 때문에 나그네를 특별히 연민하여 아마도 지성으로 토로할 것입니다.

李參政이 頃在泉南하야 初相見時에 見山僧의 力排黙照邪禪이 瞎人眼하고 渠初不平하야 疑怒相半이러니 驀聞山僧의 頌庭前栢樹子話하고 忽然打破漆桶하야 於一笑中에 千了百當코사 方信山僧의 開口見膽이라 無秋毫相欺하며 亦不是爭人我하고 便對山僧懺悔일러니라 此公이 現在彼하니 請試問之호대 還是也無아하라

道謙上座가 已往福唐이러니 不識커라 已到彼否아 此子參禪喫辛苦ㅣ 更多호대 亦嘗十餘年을 入枯禪이러니 近年에 始得箇安樂處하니 相見時어든 試問渠호대 如何做工夫오하라 曾爲浪子라 偏憐客이니 想必至誠吐露也리라

---

233) 대혜 스님이 자기가 깨달은 세계를 입을 열어 다 보이는 것을 말한다.
234) 고요함만 좋아하고 시끄러움을 싫어하는 공부〔黙照禪〕를 말한다.
235) 시끄럽고 고요함을 초월한 곳을 말한다.

【요지】

　고요한 곳에 빠져 있지 말고 시끄러운 곳에서 화두를 참구할 것을 가르쳤다. 고요한 공부를 아름답다고 하면서 고요하다는 견해를 짓지 않는다고 한 말은, 부처님께서 지적하신 '자기 귀를 막고 소리를 지르면서 남이 못 듣기를 바란다.'는 말씀과 같다고 비판했다. 여기에 더하여 생사심(生死心)을 타파하지 못하면 일용에 어리석어 혼이 흩어지지 않은 죽은 사람과 같다고 강하게 비판했다.
　열반회상의 광액도아(廣額屠兒)가 초심자로서 백정 칼을 놓고 문득 성불한 것도 고요한 공부를 해서 그런 것이 아니라고 하였다. 이를 두고 광액도아를 옛 부처의 출현으로 보고 자기는 그런 힘이 없다고 한다면 이것은 자기의 본래 훌륭함을 믿지 않고 열등한 사람 되기를 스스로 달게 여기는 것이라고 지적했다. 이 문중의 공부는 초학, 만학에 상관없이 누구나 성취할 수 있다는 것이다. 참으로 고요해지려면 생사심(生死心)을 타파해야 하는데, 그릇된 무리들은 방편(方便)으로 말한 고요함〔寂靜〕을 목적으로 잘못 알고 있다고 지적했다.
　시험 삼아 시끄러운 곳이나 마음이 어지러운 때에 무자 화두를 참구하고, 힘을 얻거든 고요히 앉되 혼침(昏沈)과 도거(掉擧)하지 않도록 해야 한다고 충고했다. 이 두 병이 나타나면 바로 나타난 것을 알아차리고 그 순간 화두를 다시 들면 억지로 배척하지 않아도 바로 고요해질 것이라고 했다. 이렇게 일구월심(日久月深) 지속하면 힘을 얻게 되니 고요한 공부를 따로 할 것이 없고 이것이 바로 공부라고 말했다.
　이참정이 묵조를 배척하는 대혜 스님을 보고 처음에는 의심하고 노여워했는데, 스님의 게송을 들어 깨닫고 나서는 자기에게 참회했다는 예를 들었다. 요즈음 도겸 상좌가 마른 참선으로 고생을 많이 하다가 안락한 곳을 얻었으니 그와 만나 상의하면 도움이 될 것이라고 권했다.

16. 이참정 한노에게 답하는 별도의 편지

 부추(富樞)가 근래 삼구(三衢)에 있을 때에 일찍이 편지로 도를 물어서 갈등(葛藤)236)을 한 번 올렸는데 말에 걸림이 적지 않았습니다. 오히려 묵조에 막혀 있었으니, 반드시 이것은 그릇된 무리〔邪師〕로부터 귀신 굴속으로 끌려들어 갔음이 틀림없습니다. 지금 또 편지를 받아 보니 다시 고요히 앉는 것에 집착하여 좋다고 생각하고 있습니다. 그가 걸리고 막히기가 이와 같으니 어찌 경산(徑山)237)의 선을 참구하겠습니까? 지금 그의 편지에 답장을 하되, 또 다시 번거롭게 갈등238)을 하여 구업을 아끼지 않고 심하게 비판했습니다. 또 알 수 없습니다. 즐겨 생각을 돌이켜 일용 가운데 화두를 듭니까? 옛 성인이 말씀하시기를 "차라리 수미산만큼 파계를 할지언정 그릇된 무리〔邪師〕의 한 삿된 생각에 영향을 받지 말아야 한다. 겨자씨만큼이라도 이런 것이 마음 가운데 있으면, 기름이 밀가루에 들어가서 영원히 나올 수 없는 것과 같다."고 하셨습니다. 이 분239)이 바로 그런 사람

---

236) 여기서는 정견(正見)에서 벗어나 무에 집착한 잘못된 견해가 담긴 편지를 뜻한다.
237) 천목산(天目山) 동북봉(東北峰)을 말한다. 그 가운데 길이 나 뒤쪽으로 천목산에 통할 수 있어서 경산(徑山)이라고 했는데, 여기에 주석했던 대혜 스님이 이 산 이름을 자기의 호로 사용했다.
238) 본분 입장에서 볼 때 편지 내용이 다 갈등이라는 뜻이다.
239) 부추밀(富樞密)이다.

입니다. 만약 그 분과 더불어 만나거든 시험 삼아 그에게 답한 갈
등240)을 한번 보고 그것으로 방편을 써서 이 사람을 구하십시오. 사
섭법(四攝法)241) 가운데 동사섭(同事攝)을 최고로 여깁니다. 당신이
마땅히 이 법문을 크게 열어서 그로 하여금 믿어 들어가게 하면 저의
힘을 한 개 반 개242)나 덜 뿐만이 아닙니다. 또한 그로 하여금 굳게
믿고 즐거이 옛 소굴243)을 떠나게 할 수 있을 것입니다.

答李參政別紙 漢老

　富樞가 頃在三衢時에 嘗有書來問道어늘 因以打葛藤一上하야 落
草不少호대 尙爾滯在黙照處하니 定是遭邪師의 引入鬼窟裡無疑로다
今又得書호니 復執靜坐爲佳라 其滯泥如此어니 如何叅得徑山禪이리
요 今次答渠書호대 又復縷縷葛藤하야 不惜口業하고 痛與剗除어니와
又不知肯回頭轉腦하야 於日用中에 看話頭否아 先聖이 云寧可破戒를
如須彌山이언정 不可被邪師의 熏一邪念이니 如芥子許나 在情識中하
면 如油入麪하야 永不可出이라하니 此公이 是也라 如與之相見이어든
試取答渠底葛藤一觀하고 因以作箇方便하야 救取此人이어다 四攝法
中에 以同事攝으로 爲最라 强左右하노니 當大啓此法門하야 令其信入
이면 不唯省得山僧一半力이라 亦使渠로 信得及하야 肯離舊窟也리라

---

240) 대혜 스님이 부추밀에게 한 편지다.
241) 사섭사(四攝事), 사섭행(四攝行)이라고도 한다. 불보살들이 중생을 구제하
기 위하여 행하는 네 가지 덕목으로 보시섭(布施攝), 애어섭(愛語攝), 이행섭
(利行攝), 동사섭(同事攝)을 말한다. 이 가운데 동사섭은 그 근기와 성향에
따라 행동을 함께 해 줌으로써 중생을 구제하는 행위이다.
242) 몸이 성한 도안선사(道安禪師)를 한 개, 다리를 다친 습착치(習鑿齒)를 반
개라고 하였는데, 여기서는 '전체'라는 뜻으로 사용되었다.
243) 묵조선(黙照禪)을 말한다.

【요지】

부추밀이 그릇된 무리의 영향으로 고요히 앉는 공부에 집착하고 있으니 동사섭(同事攝)의 마음으로 가서 구제하라고 당부했다. 그릇된 스승의 잘못된 생각은 수미산만큼의 파계보다도 도에 더 방해되기 때문이라는 것이다.

17. 진소경 계임에게 답함 (1)

편지를 받아 보니 이 일대사인연에 뜻을 두고자 했으나 근성이 지극히 둔하다고 하니 만약 이와 같다면 마땅히 당신을 위하여 축하하겠습니다. 지금 사대부가 많이 이 일에 있어서 백 가지를 통달하고 천 가지를 승당하여, 바로 뚫어 벗어나지 못하는 것은 다만 근성이 너무 날카로우며, 견해가 너무 많아서, 종사가 겨우 입을 열어 말하는 것을 보면 단번에 짐작해 알아 버리기 때문입니다. 도리어 둔한 사람이 허다한 잘못된 지식과 생각이 없어서 문득 일기일경(一機一境)244) 위와 일언일구(一言一句)245) 아래서 바로 깨닫는 것만 같지 못합니다. 문득 달마 대사가 나타나서 백 가지 신통을 다 보이더라도 그를 어찌 할 수 없을 것입니다. 다만 그는 도리에 장애될 것이 없기 때문입니다. 근성이 예리한 사람은 도리어 예리한 근성의 장애를 입어, 능히 문득246) 꺾지 못하며, 타파하지 못합니다. 가령 넉넉하게 총명함과 알음알이 위에서 배워 얻더라도 자기 본분사(本分事) 위에서는

---

244) 일기(一機)는 스승이 제자를 가르치는 주관적 방법으로 침묵하는 것[良久], 눈을 껌벅이는 것[瞬目], 눈썹을 드날리는 것[揚眉], 고함을 지르는 것[喝] 등이 이것이고, 일경(一境)은 객관적 방법으로 주장자를 잡는 것[拈杖], 물이나 산을 가리키는 것[指水, 指山], 불자를 세우는 것[竪拂] 등이 이것이다.
245) 짧은 언구(言句)를 일언(一言), 긴 언구(言句)를 일구(一句)라고 한다.
246) '줄지(啐地)'는 졸지(猝地), 폭지(曝地)는 폭지(爆地)와 같은 것으로 보아 '문득' 혹은 '갑자기'라는 의미로 풀이한다.

더욱 힘을 얻지 못할 것입니다.

答陳少卿 季任

承諭니 欲留意此段大事因緣호대 爲根性이 極鈍이라하니 若果如此 인댄 當爲左右賀也하노라 今時士大夫가ㅣ 多於此事에 不能百了千當 하야 直下透脫者는 只爲根性이 太利하며 知見이 太多하야 見宗師의 纔開口動舌하면 早一時會了也라 以故로 返不如鈍根者ㅣ 無許多惡知 惡覺이어서 驀地於一機一境上과 一言一句下에 撞發이니 便是達磨大 師ㅣ 出頭來하야 用盡百種神通이라도 也奈何佗不得하리니 只爲佗ㅣ 無道理可障일새니라 利根者는 返被利根의 所障하야 不能得啐地便折 하며 曝地便破라 假饒於聰明知解上에 學得이라도 於自己本分事上엔 轉不得力하리니

그런 까닭에 남전 화상이 이르기를 "요사이 선사는 매우 많으나 어리석은 사람은 찾아도 얻을 수 없다."고 하였습니다. 장경 화상247) 이 말하기를 "지극한 이치는 말을 떠나 있는데, 요즈음 사람들은 알지 못하고 저 일248)을 억지로 익혀 공덕과 능력으로 삼아서 자성이 원래 티끌 경계가 아니고 미묘하고 위대한 해탈문이라는 것을 알지 못한다. 가지고 있는 보고 느끼는 작용은 오염되지도 않고 장애되지도 아니하며, 이와 같이 밝은 빛은 일찍이 쉬어 없어진 적이 없었다. 오랜 옛적부터 지금까지 진실로 변하여 바뀌지 아니함은 태양이 멀고

---

247) 경조부(京兆府) 장경사(章敬寺)의 회운선사(懷惲禪師)다. 천주(泉州) 동안인(同安人)으로 속성(俗姓)은 사씨(謝氏)이고 마조의 법을 이었다.(『경덕전등록(景德傳燈錄)』 권제7)
248) 문자언구(文字言句)를 말한다.

가까운 곳을 비추어서 비록 여러 물건에 미치지만 일체 대상과 화합하지 않는 것249)과 같다. 신령한 빛과 묘한 밝음은 단련함을 빌리지 않는다. 통달하지 못하여 물상(物象)에 집착하는 것은 다만 눈을 눌러 비벼서 망령되게 허공에 꽃을 일으키는 것과 같다. 다만 스스로 피로해서 그릇 여러 겁의 긴 세월을 보내지만 만약 능히 돌이켜 비추어 보면 둘째 사람250)이 없을 것이다. 일상생활에서 실상을 이지러뜨리지 않는다."251)고 하였습니다.

그대는 스스로 둔한 사람이라고 이르니 시험 삼아 이와 같이 돌이켜 비추어 보십시오. 능히 둔함을 아는 사람은 도리어 둔합니까? 만약 마음을 돌이켜 비추어 보지 않고 다만 둔함만을 지켜서 다시 번뇌를 낸다면 이는 허깨비와 망상 위에 거듭 허깨비와 망상을 더하는 것이며, 허공꽃 위에 다시 허공꽃을 더하는 것입니다.

所以로 南泉和尙이 云近日에 禪師太多호대 覓箇癡鈍人하야는 不可得이라하며 章敬和尙이 曰至理는 亡言이어늘 時人이 不悉하야 强習佗事하야 以爲功能하고 不知自性이 元非塵境이라 是箇微妙大解脫門이로다 所有鑑覺은 不染不礙하야 如是光明이 未曾休廢라 曩劫至今히 固無變易호미 猶如日輪이 遠近斯照하야 雖及衆色이나 不與一切로 和合이라 靈燭妙明은 非假鍛鍊이언만은 爲不了故로 取於物象하나니 但如捏目에 妄起空花라 徒自疲勞하야 枉經劫數니 若能返照하면 無第二人이라 擧措施爲에 不虧實相이라하야늘

左右ㅣ 自謂根鈍이라하니 試如此返照看하라 能知鈍者는 還鈍也無

---

249) 햇빛(의식)과 물건(대상)이 끌려 유착하거나 서로 집착하지 않는 것을 말한다.
250) 자기가 있다고 집착하는 사람이다.
251) 『경덕전등록(景德傳燈錄)』 권제7(卷第七)

아 若不回光返照하고 只守鈍根하야 更生煩惱인댄 乃是向幻妄上하야 重增幻妄이며 空花上에 更添空花也니라

다만 자세히 들으십시오. 능히 근성이 둔함을 아는 사람은 결코 둔하지 않습니다. 저 둔함을 지키지도 말아야 하며, 또한 둔함을 버리고 참구하지도 말아야 합니다. 취하거나 버리며252) 예리하거나 둔함은 사람에게 있고 마음에 있지 않습니다. 이 마음은 삼세(三世) 모든 부처와 한 몸이고 둘이 아닙니다. 만약 둘이라면 법이 불평등하여 수교전심(受敎傳心)253)하는 것이 다 허망한 것이며, 진리를 구하고 실제를 찾는 것이 더욱 어긋나는 것입니다.254)

다만 한 몸이고 둘 없는 이 마음이 결코 취하거나 버리며 날카롭거나 둔한 사이에 있지 않음을 알면, 문득 달을 보고 손가락을 잊고 바로 한 칼에 두 동강을 낼 수 있습니다. 그러나 만약 머뭇거리고 의심하여 앞을 생각하고 뒤를 계산하면 이는 맨주먹 빈 손 위에 실제라는 알음알이를 내며,255) 근경법(根境法)256) 가운데 헛되이 괴이함을 날조(捏造)하는 것입니다.257) 오음계(五陰界) 가운데 망령되게 스

---

252) 중생이 이것을 취하면 저것을 버리고, 저것을 취하면 이것을 버려서 취사선택(取捨選擇)하는 것을 말한다.
253) 수교(受敎)는 부처님의 45년 설법을 아난(阿難)이 듣고 기억한 것, 전심(傳心)은 부처님께서 가섭(迦葉)에게 세 차례 심인(心印)을 전해준 것〔三處傳心〕을 각각 말한다.
254) 중생이 닦아서 부처가 된다는 입장이 아니라 본래 성불이라는 입장을 드러낸 것이다.
255) 또한 어리석고 또한 겁이 많으니, 맨주먹 손가락 위에 실제라는 견해를 낸다(亦愚癡亦小駭 空拳指上生實解).『증도가』
256) 육근(六根), 육경(六境), 육식(六識)의 법을 말한다.
257) 『증도가(證道歌)』

스로 갇혀서 통달할 때가 없을 것입니다.

但相聽하라 能知根性鈍者는 決定不鈍이니 雖不得守着遮箇鈍底나 然이나 亦不得捨却遮箇鈍底叅이니라 取捨利鈍은 在人不在心이니 此心은 與三世諸佛로 一體無二라 若有二則法不平等矣리라 受敎傳心이 俱爲虛妄이며 求眞覓實이 轉見參差니

但知得一體無二之心이 決定不在取捨利鈍之間則便當見月亡指하고 直下에 一刀兩段이어니와 若更遲疑하야 思前算後則乃是空拳指上에 生實解며 根境法中에 虛捏怪라 於陰界中에 妄自囚執하야 無有了時리라

근년 이래로 일종의 그릇된 무리들이 있어서 묵조선을 말하여 사람들로 하여금 "하루 중에 이 일을 관여하지 말고 쉬어가고 쉬어가되, 소리를 만들지 말라. 지금에 떨어질까 두렵다[258]"고 합니다. 가끔 사대부가 총명과 예리함의 부림을 받아 시끄러운 곳을 많이들 싫어하다가 잠깐 그릇된 스승들이 정좌(靜坐)를 가르쳐줌에 도리어 힘 덜림을 보고는 문득 만족하게 여기고, 다시는 묘한 깨달음을 구하지 않고, 다만 묵묵함으로 지극한 이치를 삼습니다.

제가 구업을 아끼지 않고 힘써 이런 폐단을 구제하니, 이제 그릇됨을 아는 사람이 점차 늘어나게 되었습니다. 원컨대 당신은 다만 의정이 타파되지 못한 곳을 향하여 참구하되 행주좌와(行住坐臥) 시에 항상 놓아 버리지 마십시오. 어떤 스님이 조주에게 묻기를 "개도 불성

---

258) 시끄러운 것에 떨어질까 두렵다는 말이다.

이 있습니까?" 하니, 조주가 대답하기를 "없다."고 했습니다. 이 한 글자는 문득 생사 의심을 타파하는 칼입니다. 이 칼자루가 다만 본인 손안에 있어서 다른 사람으로 하여금 손을 쓰게 할 수 없으니, 모름지기 자기가 손을 써야 비로소 옳습니다.

만약 생명259)을 버릴 수 있다면, 바야흐로 스스로 즐겁게 손을 쓸 수 있을 것입니다. 그러나 만약 생명을 버리지 못한다면, 다만 의심을 타파하지 못한 곳에서 참구해 가십시오. 스스로 즐거이 생명을 한번 버린다면, 문득 통달할 것입니다. 그러한 때가 되어야 바야흐로 조용한 때가 바로 시끄러운 때이며, 시끄러운 때가 문득 조용한 때이며, 말하는 때가 문득 묵묵한 때이며, 묵묵한 때가 문득 말하는 때임을 믿을 것입니다. 남에게 묻지 않아도, 또한 자연히 그릇된 스승이 어지럽게 말하는 것에 속지 않을 것입니다. 지극히 빌고 지극히 빕니다.

近年以來로 有一種邪師가 說黙照禪하야 教人으로 十二時中에 是事를 莫管하고 休去歇去호대 不得做聲하라 恐落今時라하거든 往往士大夫가 爲聰明利根所使者ㅣ 多是厭惡鬧處라가 乍被邪師輩의 指令靜坐하야 却見省力코는 便以爲足하야 更不求妙悟하고 只以黙然으로 爲極則하나니

某不惜口業하고 力救此弊호니 今稍稍有知非者러라 願公은 只向疑情不破處恭호대 行住坐臥에 不得放捨어다 僧이 問趙州호대 狗子도 還有佛性也無잇가 州云無라하니 遮一字者는 便是筒-破生死疑心底刀子也라 遮刀子木霸柄은 只在當人手中이라 教別人下手不得이니 須是自家下手라사 始得다

---

259) 식심(識心)을 말한다.

若捨得性命인댄 方肯自下手어니와 若捨性命不得인댄 且只管在疑不破處하야 崖將去하면 驀然自肯捨命一下便了하리니 那時에사 方信靜時便是鬧時底며 鬧時便是靜時底며 語時便是默時底며 默時便是語時底라 不着問人하야도 亦自然不受邪師의 胡說亂道也리니 至禱至禱하노라

 옛날에 주세영이 일찍이 편지로 운암진정(雲庵眞淨) 화상에게 말하기를 "불법(佛法)이 지극히 오묘하니, 일상에 어떻게 마음을 쓰며 어떻게 몸소 참구〔體究〕해야 합니까? 바라건대 자비로 지시하여 주십시오."라고 했다. 진정 화상이 말하기를 "불법(佛法)은 지극히 오묘하여 둘이 없다. 다만 오묘한 데에 이르지 않으면 서로 장단(長短)[260]이 있겠지만, 진실로 오묘한 데에 이르면 마음을 깨달은 사람이다. 여실(如實)히 스스로의 마음이 구경으로서 본래 부처이며, 여실히 자재하며, 여실히 안락하며, 여실히 해탈하며, 여실히 청정함을 알아서 일상에 오직 자기 마음을 쓰며, 자기 마음의 변화를 잡아서 쓸지언정 옳고 그름을 묻지 말라. 마음을 분별하여 생각하면 일찍이 옳지 않다. 마음을 분별하지 않으면 낱낱이 천진하며, 낱낱이 밝고 오묘하다. 낱낱이 연꽃에 물이 묻지 않는 것과 같아서 마음이 청정하여 저것〔是非〕을 초월한다. 자기 마음을 미혹한 까닭에 중생이 되고, 자기 마음을 깨달은 까닭에 부처가 되니, 중생이 곧 부처이고 부처가 곧 중생이다. 미혹과 깨달음 때문에 이것과 저것이 있다. 지금 도를 배우는 사람이 많이 자기의 마음을 믿지 아니한다. 자기 마음을 깨닫지 않고, 자기

---

260) 부처는 훌륭하고〔長〕, 중생은 열등하다〔短〕는 말이다.

마음의 밝고 오묘한 수용을 터득하지 못한다. 자기 마음의 안락한 해탈을 터득하지 못하고, 마음 밖에 망령되게 선도(禪道)가 있다고 하여 망령되게 기특함을 세운다. 망령되게 가지고 버리는 마음을 내니, 비록 수행하더라도 외도 이승(外道二乘)의 고요한 단견(斷見)에 떨어지게 된다.261) 이른바 수행을 함에 단견과 상견에 떨어질까 염려스럽다.262) 단견(斷見)을 가진 사람은 자기 마음의 본래 오묘하고 밝은 성품을 없애고 한결같이 마음 밖의 공에 집착하여 고요한 데 걸린다. 상견(常見)을 가진 사람은 일체의 법이 공하다는 것을 알지 못하고 세상의 모든 유위법에 집착하여 구경을 삼는다."고 하였습니다.

昔에 朱世英이 嘗以書로 問雲庵眞淨和尙云호대 佛法이 至妙하니 日用에 如何用心하며 如何體究리닛고 望慈悲指示하소서 眞淨이 曰佛法이 至妙無二하니 但未至於妙則互有長短이어니와 苟至於妙則悟心之人이라 如實知自心이 究竟하야 本來成佛이며 如實自在며 如實安樂이며 如實解脫이며 如實淸淨하야 而日用에 唯用自心이니 自心變化를 把得便用이언정 莫問是之與非라 擬心思量하면 早不是也니 不擬心하면 一一天眞이며 一一明妙며 一一如蓮花不着水하야 心淸淨超於彼니라 所以迷自心故로 作衆生이요 悟自心故로 成佛이니 而衆生이 卽佛이요 佛卽衆生이어늘 由迷悟故로 有彼此也니라 如今學道人이 多不信自心하며 不悟自心하고 不得自心의 明妙受用하며 不得自心의 安樂解脫하고 心外에 妄有禪道라하야 妄立奇特하며 妄生取捨하나니 縱修行이라도 落外道二乘의 禪寂斷見境界라 所謂修行에 恐落斷常坑이니 其斷見者는 斷滅卻自心의 本妙明性하고 一向에 心外着空하야 滯禪寂이

---

261) 『임간록(林間錄)』 권하(卷下)
262) 『영가증도가(永嘉證道歌)』

요 常見者는 不悟一切法空하고 執着世間諸有爲法하야 以爲究竟也라

그릇된 무리는 사대부로 하여금 "마음을 거두어 고요히 앉아서 일상사(日常事)를 관여하지 말고 쉬어가고 쉬어가라."263)고 합니다. 어찌 이것이 마음을 가지고 마음을 쉬며, 마음을 가지고 마음을 비우며, 마음을 가지고 마음을 쓰는 것이 아니겠습니까? 만약 이와 같이 수행할 것 같으면 어찌 외도 이승(外道二乘)의 고요한 단견 경계에 떨어지지 않으며, 어찌 자기 마음의 밝고 오묘한 수용과 구경의 안락과 여실히 청정한 해탈 변화의 묘함을 드러내겠습니까? 모름지기 본인이 스스로 보며 스스로 깨달으면, 저절로 옛 사람의 말에 휘둘리지 않고 능히 옛사람의 말을 굴릴 수 있을 것입니다. 만약 청정한 구슬을 진창 가운데 두어서 백천 년을 지나더라고 또한 능히 오염시킬 수가 없으니, 본체가 스스로 청정하기 때문입니다.

이 마음도 또한 그러해서 정히 혼미할 때에는 티끌세상의 번거로움에 미혹되지만, 이 마음의 당체는 본래 미혹된 적이 없으니 이른바 연꽃이 물에 젖지 않는 것과 같습니다. 만약 이 마음이 본래성불(本來成佛)이며 구경자재(究竟自在)하여 여실히 안락하다는 것을 문득 깨달으면, 갖가지 묘용이 또한 밖에서 오지 않을 것입니다. 이는 본래 스스로 구족해 있기 때문입니다.

---

263) 유무(有無)를 초월해서 진실로 적적성성(寂寂惺惺)되는 공부를 하지 않고, 무에 치우쳐 고요히 앉아 쉬고 쉬기만 하는 것은 마음을 가지고 마음을 쉬는 것이 된다.

邪師輩가 敎士大夫로 攝心靜坐하야 事事莫管하고 休去歇去라하나니 豈不是將心休心하며 將心歇心이며 將心用心이리요 若如此修行인댄 如何不落外道二乘의 禪寂斷見境界며 如何顯得自心의 明妙受用과 究竟安樂과 如實淸淨解脫變化之妙리요 須是當人이 自見得하며 自悟得하면 自然不被古人言句轉하고 而能轉得古人言句하리니 如淸淨摩尼寶珠를 置泥潦之中하야 經百千歲라도 亦不能染汚니 以本體自淨故라

此心도 亦然하야 正迷時에 爲塵勞所惑이나 而此心體는 本不曾惑이니 所謂如蓮花ㅣ不着水也라 忽若悟得自心이 本來成佛이라 究竟自在하야 如實安樂하면 種種妙用이 亦不從外來리니 爲本自具足故라

부처님께서 말씀하시기를 "정한 법이 있지 않는 것을 이름하여 아뇩다라삼먁삼보리(阿耨多羅三藐三菩提)[264]라고 하며, 또한 정한 법 없이 여래는 가히 설한다."[265]고 하셨습니다. 만약 본체를 확정하여 실제로 이런 일이 있다고 하면 또한 도리어 옳지 않습니다. 일이 부득이 미혹함과 깨달음, 가짐과 버림 때문에 도리를 약간 설파(說破)했으나, 이는 오묘한 데 이르지 못한 사람을 위한 방편의 말일 뿐입니다.

사실 본체는 또한 약간도 없습니다. 청컨대 당신은 다만 이렇듯 마음을 써서 일상생활 가운데 생사(生死)와 불도(佛道)에 집착해 있다고도 하지 말며, 생사와 불도를 버려 없는 데로도 돌아가지 마십시오. 다만 "개도 불성이 있습니까?" 하니, 조주가 답하기를 "없다."고 한 것을 볼지언정 절대로 생각으로 헤아리지 말며, 언어 위에서 살 계획을 세우지

---

264) 위없는 바르고 평등한 깨달음〔無上正等正覺〕을 말한다.
265) 『금강경(金剛經)』

말며, 입을 여는 곳을 향하여 승당(承當)하려 하지 말며, 또 부싯돌 치는 불과 번쩍이는 번갯불을 향하여 알려고 하지 마십시오.

"개도 불성이 있습니까?", "없다"고 한 것을 다만 이와 같이 참구하지, 또한 마음을 가지고 깨달음을 기다리며 쉬기를 기다리지 마십시오. 만약 마음을 가지고 깨닫기를 기다리고 쉬기를 기다린다면, 점점 교섭함이 없게 될 것입니다.

黃面老子曰無有定法이 名阿耨多羅三藐三菩提며 亦無有定法如來可說이라하시니 若確定本體하야 實有恁麽事인댄 又却不是也리라 事不獲已하야 因迷悟取捨故로 說道理有若干이나 爲未至於妙者하야 方便語耳라

其實本體는 亦無若干이니 請公은 只恁麽用心하야 日用二六時中에 不得執生死佛道하야 是有며 不得撥生死佛道하야 歸無하고 但只看狗子도 還有佛性也無잇가 趙州云無언정 切不可向意根下卜度하며 不可向言語上作活計하며 又不得向開口處承當하며 又不得向擊石火閃電光處會니라

狗子도 還有佛性也無잇가 無라함을 但只如此叅이언정 亦不得將心待悟待休歇이어다 若將心待悟待休歇인댄 轉沒交涉矣리라

【요지】

사대부가 이 일을 뚫지 못하는 것은 근성이 날카롭고 알음알이가 너무 많은 것이 장애되기 때문이라고 하면서 오히려 근성이 둔한 사람은 잘못된 지식과 생각이 없어서 바로 깨달을 수 있다고 하였다.

선사는 많아도 어리석은 사람은 얻을 수 없다는 남전 화상의 말, 지극

한 이치는 말을 떠나 있고 자성은 티끌 경계를 떠난 미묘한 해탈문(解脫門)이라는 장경 화상의 말을 인용하여 마음 광명은 본래 자재하여, 허공꽃과 같은 바깥 물건에 걸리지 않음을 말했다. 둔하다고 아는 사람은 둔함을 떠나 있는데, 둔하다는 번뇌를 짓는 것은 허공 위에 허공 꽃을 더하여 집착하는 것과 같다고 깨우쳐 주고 있다.

머뭇거리고 의심하며 앞을 생각하고 뒤를 헤아리면 통달할 수 없다는 가르침을 내렸다. 마음이 본래 취하거나 버리며, 날카롭거나 둔한 사이를 초월해 있음을 알면, 손가락을 잊고 달을 보며 한 칼에 두 동강을 낼 수 있다고 가르쳤다.

묵조선을 말하는 그릇된 스승의 가르침으로 깨달음을 구하지 아니하고, 묵묵함을 지극한 이치로 삼는 잘못을 지적하고, 조주 스님의 무자 화두는 생사 의심을 타파하는 칼이니, 일상 행주좌와(行住坐臥)하는 곳에서 참구하라고 지시했다. 생명을 버리고 즐겁게 손을 쓰거나, 생명을 버리지 못하면 참구해 가서 생명을 버리고 통달하라고 했다. 이렇게 되면 조용한 때가 시끄러운 때이고, 말할 때가 묵묵할 때가 된다고 했다. 이런 경지에 이르면, 남의 충고하는 말을 듣지 않고도 스스로 그릇된 스승의 유혹에 빠지지 않게 된다는 것이다.

'일상에 어떻게 마음을 쓰며 참구해야 하는가?'라는 주세영의 질문에 진정 화상은 둘 없는 오묘한 불법에 이르는 깨달은 마음, 즉 본래부처이며 자재하며 안락하며 해탈하며 청정한 자기 마음을 써야 되지, 헤아려서는 안 된다고 했다. 또 마음을 미혹하면 중생이 되고 마음을 깨달으면 부처가 되는데, 지금 도 배우는 사람들은 자기 마음을 믿지도 깨닫지도 않으면서, 마음 밖에 선도(禪道)가 있다고 하여 '있다・없다'는 상견(常見)과 단견(斷見)에 떨어져 있다고 지적했다.

일상사(日常事)에 관여하지 않고 쉬고 쉰다는 것은 마음을 가지고 마음을 쉬며 쓰는 것이기 때문에 단견에 떨어지고, 자기 마음의 수용이나 안락함, 묘함을 드러낼 수 없다고 하였다. 본래 청정하며 구경자재하며 안락한 마음을 보고 본인이 스스로 깨달을 것을 강조했다.

깨달음이라고는 했으나, 무슨 정해진 법이 있지는 않다는 점을 환기했다. 미혹함과 깨달음, 버림과 취함이 있다고 한 것은 오묘함을 모르는 사람을 위하여 방편으로 한 말이지 실제 정해진 법이 있는 것은 아니라고 했다. 일상생활에서 생사와 불도에 집착하거나 버리지도 말고, 조주 스님의 무자 화두를 오직 참구해야 되지 입 여는 곳, 전광석화(電光石火)가 일어나는 곳에서 알려고 헤아려서는 안 된다고 했다.

18. 진소경 계임에게 답함 (2)

편지를 받아 보니, 지난 번 저의 편지를 본 뒤부터 매번 시끄러운 가운데 피할 수 없는 곳266)을 만나서 항상 점검하고 있으나, 공부에 힘을 붙일 수 없다고 했습니다. 다만 그 피할 수 없는 곳이 문득 공부를 해서 마친 자리입니다.267) 만약 다시 힘을 써서 점검하면, 또한 도리어 멀어질 것입니다. 옛날 위부(魏府)의 노화엄(老華嚴)268)이 말하기를 "불법이 일상 생활하는 곳과 행주좌와(行住坐臥)하는 곳과 차 마시고 밥 먹는 곳과 말로 서로 묻는 곳과 작용하는 곳에 있다."고 했습니다. 마음을 일으켜 생각을 움직이면, 도리어 옳지 않게 됩니다.269) 정히 피하려 해도 피할 수 없는 곳을 만나서, 절대로 마음을 일으키고 생각을 움직여 점검한다는 생각을 하지 마십시오.

조사270)가 이르기를 "분별심을 내지 않으면, 비어지고 밝아 저절로 비친다."271)고 했습니다. 또 방거사가 말하기를 "일상사가 특별한 것

---

266) 회피(回避)할 수 없다는 말인데 똥 누고 오줌 누는 일과 같은 생활을 뜻한다.
267) 시끄럽거나 고요한 것, 깨닫거나 깨닫지 못한 것, 그 자리를 떠나 따로 본분자리가 있는 것이 아니고 그 자체가 본분자리와 둘이 아니고 하나라는 말이다.
268) 회동선사(懷洞禪師)다. 위부인(魏府人)인데 처음 화엄(華嚴)을 가르치다가 늦게 흥화존장(興化存獎)을 참례하고 교외별전(敎外別傳)의 뜻을 얻었다. 그가 처음에 화엄학을 강의했기 때문에, 대중들이 노화엄이라고 일컬었다.
269) 『운와기담(雲臥紀談)』 권하(卷下)
270) 삼조승찬대사(三祖僧璨大師)다.

이 없어서 오직 내 스스로 짝하여 어울리도다! 일체에 가지고 버림이 없고, 곳곳이 어긋나지 않는다. 옳고 그름을 누가 이름 지었는가? 언덕과 산에 한 점 티끌이 끊어졌도다! 신통하고 묘한 쓰임이여, 물을 기르며 나무를 해 온다."272)고 했습니다. 또 옛 성인273)이 말씀하시기를 "다만 마음을 두고 분별하고 사량계교(思量計較)하면, 자기 마음의 보고 헤아리는 것이 실로 모두 꿈이 된다."274)고 하셨습니다. 간절히 기억하십시오.

又

　示諭호대 自得山野의 向來書之後로 每遇鬧中韜避不得處하야 常自點檢호대 而未有着力工夫라하니 只遮韜避不得處便是工夫了也라 若更着力點檢則又却遠矣리라 昔에 魏府老華嚴이 云佛法이 在日用處와 行住坐臥處와 喫茶喫飯處와 語言相問處와 所作所爲處라하니 擧心動念하면 又却不是也리라 正當韜避不得處하야 切忌起心動念하야 作點檢想이어다

　祖師云分別不生하면 虛明自照라하며 又龐居士云日用事無別이라 唯吾自偶諧로다 頭頭非取捨요 處處勿張乖니라 朱紫를 誰爲號오 丘山이 絶點埃로다 神通幷妙用이여 運水及搬柴라하며 又先聖云但有心分別計較면 自心見量者實皆是夢이라하시니 切記取어다

피할 수 없을 때에 마음을 헤아리지 말아야 합니다. 마음을 헤아리

---

271) 『신심명(信心銘)』, 『경덕전등록(景德傳燈錄)』 권제30(卷第三十)
272) 『방거사어록(龐居士語錄)』 권상(卷上)
273) 달마대사(達磨大師)다.
274) 『소실육문(少室六門)』

지 않을 때에 일체가 나타나 이루어질 것입니다. 또한 영리함을 아는 것도 쓰지 말며, 또한 둔함을 아는 것도 쓰지 말아야 합니다. 모두 그 영리하고 둔한 일에 관계가 없으며, 그 고요하고 어지러운 일에 관계가 없습니다. 정히 피할 수 없을 때를 만나서 갑자기 식심(識心)을 잃으면275) 알지 못하는 사이에 손뼉을 치고 크게 웃게 될 것입니다. 기억하고 기억하시오.

이 일에 한 털끝만큼이라도 공부하여 증득함을 추구하면 사람이 손으로 허공을 움키고 만지는 것과 같아서 다만 더욱 수고로울 뿐입니다.276) 응접할 때에는 다만 응접하고, 정좌(靜坐)가 필요하면 다만 정좌(靜坐)하되, 앉을 때에 앉는 것에 집착하여 구경을 삼지 말아야 합니다. 지금 그릇된 스승 무리들이 많이 묵조정좌(黙照靜坐)를 구경법(究竟法)으로 삼아서 후진들을 의심하고 그릇되게 하므로, 제가 원수 맺는 것을 두려워하지 아니하고, 힘써 꾸짖어서 부처님의 은혜에 보답하며 말법의 폐단을 구제하고자 합니다.

靡避不得時에 不得作擬心이니 不擬心時에 一切現成하리라 亦不用理會利하며 亦不用理會鈍이니 總不干他利鈍之事며 亦不干他靜亂之事라 正當靡避不得時하야 忽然打失布袋하면 不覺에 拊掌大笑矣리니 記取記取어다

此事를 若用一毫毛나 工夫取證則如人이 以手로 撮摩虛空이라 只益自勞耳니라 應接時어든 但應接하고 要得靜坐어든 但靜坐호대 坐時에 不得執着坐底하야 爲究竟이니 今時邪師輩ㅣ 多以黙照靜坐로 爲究竟法하야 疑誤後昆일새 山野ㅣ 不怕結怨하고 力詆之하야 以報佛恩하

---

275) 무아(無我)를 안다는 말이다.
276) 『능엄경(楞嚴經)』 권제2(卷第二)

며 **救末法之弊也**로라

【요지】

  피할 수 없는 시끄러운 곳을 만나 점검하여 공부하려고 하면 도리어 공부와 멀어진다는 가르침을 노화엄(盧華嚴)의 말을 인용하여 설명했다. 그 피할 수 없는 곳이 바로 공부를 마친 자리라는 것이다. 분별심이 없으면 저절로 비친다는 조사의 말, 취하거나 버리며, 옳거나 그름이 없이 물 긷고 나무하는 일상사와 짝하여 어울린다는 방거사의 말, 마음으로 헤아리는 것은 모두 꿈이라는 옛 성인의 말씀을 추가로 더 인용하여, 피할 수 없는 곳이 공부 마친 자리라는 교훈을 입증해 보였다.

  영리하거나 둔하며, 고요하거나 시끄러운 것이 본래 둘이 아닌 본분 그 자리다. 그러므로 공부에 증거를 가져오거나 정좌(靜坐)에 집착하지 말아야 한다. 묵조가 정좌를 구경법(究竟法)으로 삼기 때문에 원수 맺는 것을 두려워하지 아니하고, 이를 꾸짖어 부처님의 은혜에 보답하고 말법의 폐단을 구제한다고 하였다. 그러나 둘이 아닌 자리를 깨치지 못한 사람은 화두를 들어서 본분자리에 상응해서 깨달아야 한다.

19. 조대제 도부에게 답함

보인 편지를 일일이 다 이해했습니다. 부처님께서 말씀하시기를 "마음이 있는 사람은 모두 부처가 된다."고 하셨으니, 이 마음은 세상 번뇌 망상의 마음이 아닙니다. 위없는 큰 보리(菩提)를 발한 마음이라 하니, 만약 이 마음이 있으면 성불하지 못함이 없을 것입니다. 사대부가 도를 배우는데 대부분 스스로 어려운 장애를 만드는 것은 결정적 믿음이 없기 때문입니다. 부처님께서 또 말씀하시기를 "믿음은 도의 근원이고 공덕의 어머니이니, 길이 일체 선법(善法)을 기르며, 의심의 그물을 끊고 애욕의 흐름에서 벗어나 위없는 열반의 도를 열어 보인다."[277]고 하셨습니다. 또 이르시기를 "믿음은 능히 지혜 공덕(智慧功德)을 더하고 자라게 하며, 믿음은 능히 반드시 여래의 경지에 이르게 한다."[278]고 하셨습니다. 보인 편지에 둔한 사람이 능히 철저히 깨닫지 못할 것 같으면, 차라리 마음 밭에 부처 종자나 심겠다고 하였습니다. 이 말이 비록 천근(淺近)하나 또한 심원(深遠)하니[279] 다만 긍정하는 마음을 가지십시오. 반드시 서로 속이지 않습니다.[280]

---

277) 『대방광불화엄경(大方廣佛華嚴經)』 권제14(卷第十四)
278) 『대방광불화엄경(大方廣佛華嚴經)』 권제14(卷第十四)
279) 천근(淺近)한 것은 반야심(般若心)이고 심원(深遠)한 것은 세속심(世俗心)이다.
280) 결정적 신심을 가지면 금생에 해결할 수 있다는 말이다.

答趙待制 道夫

　　示諭를 一一備悉호라 佛言有心者는 皆得作佛이라하니 此心은 非世間塵勞妄想心이라 謂發無上大菩提心이니 若有是心하면 無不成佛者리라 士大夫學道호대 多自作障難은 爲無決定信故也라 佛이 又言하사대 信爲道元功德母라 長養一切諸善法하며 斷除疑網出愛流하야 開示涅槃無上道라하며 又云信能增長智功德하며 信能必到如來地라하시니 示諭에 鈍根이 未能悟徹인댄 且種佛種子於心田이라하니 此語雖淺近이나 然이나 亦深遠하니 但辨肯心하라 必不相賺이니라

　　지금 도를 배우는 선비가 가끔 느리게 할 곳은 급하게 하고 급하게 할 곳은 도리어 놓아 느리게 합니다.[281] 방거사가 이르기를 "하루아침에 뱀이 베 잠방이에 들어가면 시험 삼아 종사에게 어떤 시절인가를 물으라."[282]고 했습니다. 어제 일도 오늘 오히려 기억하지 못하는데 하물며 전생 일을 어찌 잊어버리지 않겠습니까? 결코 금생에 공부하여 투철하고자 한다면, 부처〔佛陀〕도 의심하지 말고 조사(祖師)도 의심하지 말고, 삶〔生〕도 의심하지 말고 죽음〔死〕도 의심하지 말아야 합니다. 모름지기 결정적인 믿음을 가지며, 결정적인 뜻을 갖추어서 생각 생각에 머리에 붙은 불을 끄는 것과 같이 해야 합니다. 이와 같이 (공부를) 해 가도 철저하지 못할 때에야 바야흐로 근성이 둔하다

---

281) 부처님 인연이나 심어서 내생에 수용하겠다고 기다리는 것을 말한다.
282) 여기서 뱀은 무상살귀(無常殺鬼), 베잠방이는 오온(五蘊)으로 구성된 몸을 각각 비유한 것이다. 그래서 뱀이 베잠방이에 들어간다는 것은 죽음을 의미한다. 여기서 '시절'은 공부하지 않다가 죽음에 임박하여 손발이 바쁘고 어지러워 만사를 잃어버리는 때를 말하고, 시험 삼아 물어본다는 것은 깊이 책망한다는 말이다.

고 말할 수 있습니다.

　만약 당장에 곧 말하기를 '나는 자질이 둔해 능히 금생에 철저하지 못하고, 만약 부처 종자를 심어서 인연을 맺겠다.'고 한다면, 이는 가지 않으면서 도달하고자 하는 것이라 옳지 않습니다.

　今時學道之士가 往往에 緩處는 却急하고 急處는 却放緩하나니 龐公이 云一朝에 蛇入布褌襠하면 試問宗師甚時節고하니 昨日事도 今日에 尙有記不得者온 況隔陰事를 豈容無忘失耶아 決欲今生에 打教徹인댄 不疑佛不疑祖하며 不疑生不疑死하고 須有決定信하며 具決定志하야 念念에 如救頭燃이니 如此做將去하야 打未徹時라사 方始可說根鈍爾니라

　若當下에 便自謂호대 我는 根鈍하야 不能今生에 打得徹이라 且種佛種結緣이라하면 乃是不行欲到라 無有是處니라

　제가 매번 이 도(道) 믿는 사람을 위하여 점점 하루 가운데 힘 덜림을 아는 곳이 문득 부처를 배워 힘을 얻는 곳이라 말하였습니다. 자기의 힘 얻는 곳은 남이 모르며, 또한 잡아내서 남에게 보여줄 수도 없습니다. 노행자(盧行者)가 도명상좌(道明上座)에게 말하기를 "네가 만약 자기 본래면목을 돌이켜 비추어 보면 은밀한 뜻이 다 너에게 있다."283)고 한 것이 이 말입니다. 은밀한 뜻이라는 것은 문득 일상에서 힘을 얻는 곳이며, 힘을 얻는 곳은 문득 힘을 더는 곳입니다.

　세상 티끌의 번거로운 일은 하나를 잡으면 하나를 놓아서 무궁무

---

283) 『육조단경(六祖壇經)』

진합니다. 그러나 네 가지 위의(威儀) 안에 일찍이 서로 버리지 않은 것은 시작 없는 때로부터 그와 더불어 맺은 인연이 깊었던 연고이고, 반야의 지혜는 시작 없는 때로부터 그와 더불어 맺은 인연이 얕았던 연고입니다. 잠깐 선지식이 말하는 것을 듣고 한결같이 이해하기 어려움을 알 것입니다. 만약 시작 없는 때로부터 티끌의 번거로운 인연이 얕고 반야의 인연이 깊은 사람이라면 무슨 이해하기 어려운 것이 있겠습니까?

某每爲信此道者하야 說漸覺得日用二六時中省力處가 便是學佛得力處也라하노니 自家得力處는 他人이 知不得하며 亦拈出與人看不得이니 盧行者ㅣ 謂道明上座曰汝若返照自己本來面目하면 密意ㅣ盡在汝邊이라하니 是也라 密意者는 便是日用得力處也며 得力處는 便是省力處也라

世間塵勞事는 拈一放一이라 無窮無盡커늘 四威儀內에 未嘗相捨는 爲無始時來에 與之結得緣深故也요 般若智慧는 無始時來에 與之結得緣淺故也라 乍聞智識의 說着하고 覺得一似難會하나니 若是無始時來에 塵勞緣이 淺하고 般若緣이 深者인댄 有甚難會處리요

다만 깊은 곳은 얕게 하고 얕은 곳은 깊게 하며, 생소한 곳은 익숙하게 하고 익숙한 곳은 생소하게 하십시오. 문득 번뇌 망상의 일 헤아림을 느낄 때 힘을 붙여 배척하여 보내지 말고, 다만 헤아리는 곳에 나아가서 얼른얼른 화두를 돌이키면, 한없는 힘을 덜고 또한 무한한 힘을 얻을 것입니다. 청컨대 당신은 이와 같이 지속해 가고, 마음을

두고 깨닫기를 기다리지 아니하면, 문득 스스로 깨달아 가게 될 것입니다. 이참정 공과 아마 날마다 서로 모일 것이니, 바둑 두는 것 외에 도리어 더불어 이런 일을 이야기했습니까? 만약 바둑만 두고 일찍이 이런 말을 하지 않았다면 다만 흑백이 나누어지지 않은 곳에 나아가서 바둑판을 흔들어버리며 바둑알을 흩어버리고 도리어 그에게 물으십시오. '저 일착자(一着子)284)를 찾았습니까?' 만약 찾지 못했다면 이는 참으로 자질이 둔한 사람일 것입니다. 잠시 이 일을 버려두겠습니다.

但深處는 放敎淺하고 淺處는 放敎深하며 生處는 放敎熟하고 熟處는 放敎生이어다 纔覺思量塵勞事時에 不用着力排遣하고 只就思量處하야 輕輕撥轉話頭하면 省無限力하고 亦得無限力하리니 請公은 只如此崖將去하고 莫存心等悟하면 忽地自悟去하리라 叅政公이 想日日相會리니 除圍碁外에 還曾與說着遮般事否아 若只圍碁코 不曾說着遮般事인댄 只就黑白未分處하야 掀了盤撒了子하고 却問陀호대 索取那一着고하야 若索不得인댄 是眞箇鈍根漢이리라 姑置是事하노라

【요지】
　반야 위에 결정적 믿음을 일으킬 것을 가르쳤다. 마음이 있으면 누구나 부처가 된다는 부처님의 말씀을 인용하여, 위없는 보리심을 낸 조대제(趙待制)도 성불할 수 있다는 자신감을 본인에게 먼저 심어 주었다. 믿음은 도의 근원이며 공덕의 어머니이기 때문에 모든 선법(善法)을 기르며, 의심을 끊으며, 애욕의 흐름을 벗어나 위없는 열반의 도를 열어

---

284) 본분사(本分事)를 말한다.

보이며, 여래의 경지에 이르게 한다는 부처님의 말씀을 또 인용하여, 스스로 둔하다고 하며 물러나는 마음을 내지 말고 금생에 깨달을 수 있다는 신심을 가질 것을 충고했다.

불조(佛祖)와 생사(生死)를 의심하지 말고 결정적 믿음과 뜻을 갖추어 항상 머리에 붙은 불 끄는 것 같이 해야 한다고 말했다. 스스로 자질이 둔하여 금생에 철저하지 못하다고 하며, 부처 종자를 심어 불법 인연이나 짓겠다고 하면, 이는 가지 않으면서 도달하려는 것과 같다고 비판했다.

노 행자가 본래면목을 돌이켜 보면 은밀한 뜻이 다 자기에게 있다는 말을 도명 상좌에게 해주었는데, 여기서 은밀한 뜻이 바로 부처를 배워 힘을 얻는 곳이며, 이것은 남이 알 수 없고 남에게 보여 줄 수도 없다고 했다. 티끌 인연이 얕고 반야 인연이 깊은 사람은 선지식이 말하는 것을 듣고 바로 알 수 있다는 것을 설의법 문장으로 강조했다.

생소한 곳을 익숙하게 하고 익숙한 곳을 생소하게 하라고 전제했다. 번거로운 일을 헤아리고 있다는 것을 알 때, 이를 억지로 배척해 버리지 말고 헤아리는 자리에 나아가 바로 화두를 돌이키면, 한없는 힘을 덜고 힘을 얻을 것이라고 했다. 이와 같이 잡아 가서 마음을 두고 깨닫기를 기다리지 않으면, 문득 깨닫게 될 것이라고 하였다.

20. 허사리 수원에게 답함 (1)

부처님께서 말씀하시기를 "믿음은 도의 근원이고 공덕의 어머니로서 길이 일체 선한 법을 기른다."고 하셨습니다. 또 이르시기를 "믿음은 능히 지혜의 공덕을 더하여 자라게 하고 믿음은 능히 여래의 경지에 이르게 한다."고 하셨습니다. 천 리를 가고자 하면 한 걸음부터 시작합니다. 십지보살이 장애를 끊고 법을 증득(證得)하는 것도 처음에는 십신(十信)으로부터 들어간 뒤에 법운지(法雲地)에 올라 정각(正覺)을 이루게 되었습니다. 처음 환희지(歡喜地)도 믿음을 인하여 환희심(歡喜心)을 낸 연고(緣故)입니다.

만약 결코 척추 뼈를 곧게 세워 세간과 출세간의 한량없는 도량(度量)을 가진 놈이 되고자 한다면 모름지기 생철로 주조(鑄造)된 사람[285]이라야 바야흐로 될 수 있습니다. 만약 반은 밝고 반은 어두우며 반은 믿고 반은 믿지 않는다면, 결코 통달할 수 없을 것입니다. 이 일은 인정(人情)이 없어서 전해 줄 수 없으니, 모름지기 스스로가 살펴 발심(發心)해야 비로소 향해 나아갈 가능성이 있습니다. 만약 다른 사람의 입을 빌려서 판단한다면 영겁이 지나도 쉴 때가 없을

---

285) 쇠는 차다 뜨겁다는 분별이 없다. 제련(製鍊)을 거치지 않은 생철(生鐵)은 쇠의 그런 성질을 더욱 강조하는 표현이다. '생철로 주조된 사람'이라는 말은 시비 분별(是非分別)을 완전히 넘어선 사람을 뜻한다.

것입니다. 제발 시간을 헛되이 보내지 마십시오.

날로 일어나 응용하는 자리가 두루 분명해서286) 석가나 달마와 조금도 다르지 않지만, 스스로 본인이 보기를 철저하지 못하며 뚫어 통과하지 못합니다. 온몸이 성색(聲色)287) 안에서 활동하고 있어 도리어 그 속을 향하면서 나오기를 구하니, 더욱 교섭하지 못할 것입니다.288)

答許司理 壽源

黃面老子ㅣ日信爲道元功德母라 長養一切諸善法이라하며 又云信能增長智功德하고 信能必到如來地라하시니 欲行千里인댄 一步爲初라 十地菩薩이 斷障證法門도 初從十信而入然後에 登法雲地而成正覺하나니 初歡喜地도 因信而生歡喜故也라

若決定竪起脊梁骨하야 要做世出世間沒量漢인댄 須是箇生鐵鑄就底라사 方了得이어니와 若半明半暗하며 半信半不信인댄 決定了不得하리라 此事는 無人情하야 不可傳授니 須是自家省發하야사 始有趣向分이어니와 若取他人口頭辦인댄 永劫에 無有歇時하리니 千萬十二時中에 莫令空過어다

逐日起來應用處에 圓陀陀地ㅣ與釋迦達磨로 無少異언만은 自是當人이 見不徹透不過하고 全身이 跳在聲色裡하야 却向裏許求出頭하나니 轉沒交涉矣리라

---

286) '두루 분명하다〔圓陀陀地〕'는 말은 나타난 한 생각이 원융하게 이루어져 있다는 뜻이다.
287) 식심(識心), 분별심(分別心)을 말한다.
288) 본분사(本分事)에 교섭함이 없다는 말이다.

이 일은 또한 오래 참구(參究)한 사람이 총림(叢林)²⁸⁹⁾을 두루 거친 뒤에 통달하여 얻는 데에 있지 않습니다. 지금 얼마나 많은 사람이 총림에서 머리가 희고 이가 누렇게 되었으나 통달하여 깨닫지 못했으며, 또 얼마나 많은 사람이 잠깐 총림에 들어와 한번 돌이켜 문득 살아나, 천 가지를 통달하고 백 가지를 승당했습니까? 발심은 선후가 있어도 마음 깨닫는 것은 선후가 없습니다.

옛날 이문화(李文和)²⁹⁰⁾ 도위(都尉)가 석문자조(石門慈照)²⁹¹⁾를 참례(參禮)했을 때 말 한 마디에 승당(承當)해서 문득 천 가지를 통달하고 백 가지를 감당하였습니다. 이에 게송을 지어 자조에게 이르기를 "도를 배움에는 모름지기 쇠로 된 사람이어야 공부하여 마음을 판단할 것이니, 바로 위없는 보리를 얻고자 하면 일체의 시비를 상관하지 말라."²⁹²⁾고 하였습니다. 다만 바로 그 자리²⁹³⁾에서 공부해 가서 죽으면 문득 쉴지언정 뒤도 생각하지 말고 앞도 생각하지 말아야 합니다.²⁹⁴⁾ 또한 번뇌를 일으키지 말아야 합니다. 번뇌를 일으키면 도에 장애가 됩니다. 빌고 빕니다.

---

289) 총(叢)은 풀이 어지럽게 나지 않은 것을 말하고 림(林)은 나무가 어지럽게 나지 않는 것을 말하는데, 여기서는 그 안에 법도가 있는 수행집단을 말한다.
290) 송나라 인종(仁宗)의 사위이고 이름은 준욱(遵勖)이다. 석문(石門)을 배알하고 출가의 일을 물었는데, 석문은 "최공이 경산에게 묻기를 '지금 출가하고자 하니 되겠습니까?'라고 하니, 경산이 대답하기를 '출가는 장부의 일이라, 장상(將相)이 능히 할 바가 아닙니다.'라고 했다."는 말로 대답했다. 문화가 바로 크게 깨닫고 게를 지어 올렸다.
291) 임제(臨濟) 문하(門下)의 제5세손(第五世孫)인 분양선소(汾陽善昭)의 제자다. 성(姓)은 이씨(李氏)이고 이름은 자명(慈明)이다.
292) 『오등회원(五燈會元)』 권제12(卷第十二)
293) 분별심이 일어나기 이전을 말한다.
294) 과거, 현재, 미래 삼세(三世)의 생각을 한 순간에 끊는 것을 말한다.

此事는 亦不在久叅知識이 遍歷叢林而後에 了得이니 而今에 有多少ㅣ 在叢林하야 頭白齒黃호대 了不得底하며 又有多少ㅣ 乍入叢林에 一撥便轉하야 千了百當底하니 發心은 有先後어니와 悟心은 無先後니라 昔에 李文和都尉ㅣ 叅石門慈照할새 一言下에 承當하야 便千了百當하고 嘗有偈하야 呈慈照云學道는 須是鐵漢이라사 着手心頭便判이니 直取無上菩提인댄 一切是非莫管이라하니 但從脚下崖將去하야 死便休언정 不要念後思前하며 亦不要生煩惱니 煩惱則障道也리라 祝祝하노라

【요지】

믿음은 도의 근원이고 공덕의 어머니로서 지혜를 자라게 하며 여래의 경지에 이르게 한다는 부처님의 말씀을 서두에 제시하였다. 생철로 된 사람같이 철저히 믿고 발심하여 수행해 나가고, 남의 말을 따라 시간을 헛되이 보내지 말라고 충고했다. 본인 스스로가 보기를 철저히 하지 못하면 진리에 교섭할 수 없다고 지적했다.

발심은 선후가 있어도 깨달음은 선후가 없다고 하면서, 쇠로 된 사람과 같이 시비와 앞뒤를 생각하지 말고 번뇌를 일으키지 말아야 도에 들어갈 수 있다고 말했다. 석문자조(石門慈照)를 참례하여 한 마디에 진리를 통달했던 이문화 도위(李文和都尉)를 그 예로 들었다.

21. 허사리 수원에게 답함 (2)

당신은 바른 믿음과 바른 뜻을 세웠습니다. 이것은 부처가 되고 조사가 되는 기본입니다. 제가 그 때문에 담연(湛然)295)이라고 당신의 도호(道號)를 지어드립니다. 물이 맑아 움직이지 않으면 비고 밝아서 스스로 비추는 것과 같아서 마음 쓰는 수고를 하지 않게 될 것입니다. 세간과 출세간의 법이 담연(湛然)을 떠나지 않아서 털끝만큼도 새지 않습니다. 다만 이 도장〔印〕으로 일체처(一切處)에 찍어 정하면 옳은 것도 없고 옳지 않은 것도 없을 것입니다. 낱낱이 해탈이며, 낱낱이 밝고 묘한 것이며, 낱낱이 실제가 되어, 작용할 때에도 또한 맑으며, 작용하지 않을 때에도 또한 맑을 것입니다.

조사가 이르기를 "다만 마음으로 분별(分別)하고 계교(計較)하면 자기 마음으로 보고 헤아리는 것이 다 꿈이다. 만약 마음이 적멸(寂滅)하여 하나도 생각을 움직임이 없으면 이것을 정각(正覺)이라 이름한다."296)고 하였습니다. 깨달음이 이미 바르게 되면, 날로 쓰는 하루 가운데 색을 보고 소리를 들으며, 냄새를 맡고 맛을 분간하며, 촉각(觸覺)함에 법을 알아 행주좌와(行住坐臥)와 어묵동정(語黙動靜)이 고요하지 않음이 없을 것입니다. 또한 스스로 잘못된 생각을 하지 아니

---

295) 유무(有無), 자타(自他) 등 양변을 초월한 자리다.
296) 『소실육문(少室六門)』

하여 생각이 있고 없음에 다 맑고 깨끗할 것입니다.

　이미 맑으면 움직일 때에는 맑음의 작용이 드러나고 움직이지 않을 때에는 맑음의 본체(本體)로 돌아갈 것입니다. 체용이 비록 다르나 맑은 것은 하나입니다. 전단향(栴檀香)을 쪼갬에 조각 조각이 다 전단향인 것과 같습니다.

又

　左右ㅣ具正信立正志하니 此乃成佛作祖基本也라 山野ㅣ因以湛然으로 名公道號니 如水之湛然하야 不動則虛明自照하야 不勞心力하리라 世間出世間法이 不離湛然하야 無纖毫透漏하나니 只以此印으로 於一切處에 印定하면 無是無不是하야 一一解脫이며 一一明妙며 一一實頭라 用時에도 亦湛然하며 不用時에도 亦湛然이리니

　祖師云但有心分別計較하면 自心見量者가 悉皆是夢이라하시니 若心識이 寂滅하야 無一動念處면 是名正覺이니 覺旣正則於日用二六時中에 見色聞聲하며 齅香了味하며 覺觸知法하며 行住坐臥와 語黙動靜이 無不湛然호대 亦自不作顚倒想하야 有想無想이 悉皆淸淨하리라

　旣得淸淨하면 動時에는 顯湛然之用하고 不動時에는 歸湛然之體하리니 體用이 雖殊나 而湛然則一也라 如析栴檀에 片片皆栴檀이니라

　지금 일종의 두찬(杜撰)하는 놈이 자기 자신도 성실하지 못하면서 다만 사람들로 하여금 마음을 거두고 고요히 앉아 숨쉼을 끊으라고 합니다. 이런 무리는 참으로 불쌍하다고 하겠습니다. 청컨대 당신은 다만 이와 같이 공부를 하십시오.297) 제가 비록 이와 같이 당신에게

---

297) 담연(湛然)하게 공부하는 것을 말한다.

가르쳐 보이나, 참으로 부득이할 뿐입니다. 만약 실제로 이렇게 공부하는 일이 있으면 곧 당신을 오염시키는 것입니다.[298] 이 마음은 실체가 없는데, 어떻게 굳게 거두어 머물며, 헤아려 수습하며 어느 곳을 향하여 안착하겠습니까? 이미 안착할 곳이 없다면, 시간도 없고 절기도 없으며, 옛도 없고 지금도 없으며, 범부도 없고 성인도 없으며, 얻음도 없고 잃음도 없으며, 고요함도 없고 어지러움도 없으며, 태어남도 없고 죽음도 없으며, 또한 담연이라는 이름도 없으며, 또한 담연이라는 본체도 없으며, 또한 담연이라는 작용도 없으며, 또한 이렇게 담연을 말하는 사람도 없으며, 또한 담연이라는 도호(道號)를 받는 사람도 없게 될 것입니다. 만약 이와 같이 보고 철저히 해 가면 경산도 또한 이런 호를 헛되이 짓는 것이 아니며, 당신도 또한 헛되이 이런 호를 받는 것이 아닐 것입니다. 어떠하고 어떠합니까?

今時에 有一種杜撰漢이 自己脚跟下도 不實하면서 只管教人으로 攝心靜坐하야 教絶氣息하라하나니 此輩는 名爲眞可憐愍이니라 請公은 只恁麼做工夫어다 山野ㅣ雖然如此指示公이나 眞不得已耳니 若實有恁麼做工夫底事인댄 卽是汚染公矣니라 此心은 無有實體어늘 如何硬收攝得住며 擬收攝이나 向甚處安着고 旣無着處則無時無節하며 無古無今하며 無凡無聖하며 無得無失하며 無靜無亂하며 無生無死하며 亦無湛然之名하며 亦無湛然之體하며 亦無湛然之用하며 亦無恁麼說湛然者하며 亦無恁麼受湛然說者하리니 若如是見得徹去하면 徑山도 亦不虛作此號요 左右도 亦不虛受此號하리니 如何如何오

---

298) 본래 성불(本來成佛)의 입장에서 보면 일체가 이루어져 있기 때문이다.

【요지】

　담연(湛然)이라는 도호(道號)를 주면서 양변을 초월했기 때문에 '맑음'은 세간과 출세간, 옳은 것과 옳지 않는 것, 작용함과 작용하지 아니함에 다 관통하여 자유자재하는 것이라고 했다. 분별계교(分別計較)하면 모든 것이 꿈이 되고, 적멸하여 움직이지 않으면 정각이라고 한 조사의 말을 빌려와서 깨달음이 바르게 되면 육식〔眼耳鼻舌身意〕으로 아는 것, 행주좌와(行住坐臥), 어묵동정(語默動靜)이 다 고요해져서 생각이 있고 없음에 다 깨끗해진다고 했다. 움직이고 움직이지 않을 때에 모두 맑음으로 돌아가서 하나가 되는 것은 전단향의 조각 조각이 다 전단향인 것과 같다고 하였다.

　대혜 스님이 스스로 담연이라고 호를 짓고 설명한 것은 부득이한 것이었으며, 본래 마음에는 담연이라는 실체가 없기 때문에 가지거나 안착할 곳이 없다고 했다. 이렇게 안착할 곳이 없으면 범성(凡聖), 득실(得失), 정란(靜亂), 생사(生死), 담연(湛然)의 이름, 담연의 체용(體用), 담연을 말하는 사람, 담연이라는 호를 받는 사람도 없게 된다고 했다. 이렇게 철저히 해야 사람이 호를 헛되이 주지도 헛되이 받지도 않게 된다고 말했다.

22. 유보학 언수[299]에게 답함

날씨가 찌는 듯이 덥습니다.[300] 알지 못하겠습니다. 일상생활이 한가하여 활달하고 태연하며 스스로 여여(如如)[301]하여 모든 마군(魔軍)의 요란(撓亂)함이 없습니까? 날로 하는 일상생활에 '개는 불성이 없다'는 말과 하나가 됩니까? 시끄럽고 고요함의 두 변에서 능히 분별하지 않습니까? 꿈꿀 때와 깨어 있을 때가 합치(合致)됩니까? 이(理)와 사(事)가 회통(會通)됩니까? 마음이 경계와 더불어 다 여여(如如)합니까?

방거사가 이르기를 "마음이 여여하면 경계도 또한 여여하여, 실제도 아니고 또한 빈 것도 아니다."라고 했습니다. 있어도 간섭받지 않고 없어도 또한 구속되지 않으면, 성현이 아니라 일 마친 범부[302]입니다. 만약 참으로 일 마친 범부가 되었다면, 석가와 달마는 이 무엇입니까? 진흙덩어리이고 흙덩어리입니다.[303] 삼승(三乘)의 십이분교

---

299) 이름은 자우(子羽)이고 자(字)는 언수(彦修)인데 보문각(寶文閣) 학사(學士)였다.
300) '증욕(烝溽)'은 덥고 습하다〔暑濕〕는 말이다.
301) 어떠한 경계에도 끌려 다니지 않는 본래 마음의 상태를 말한다.
302) 돈오문(頓悟門)에서 말하는 것으로 삼현(三賢)과 십성(十聖)을 차례로 닦아 증득(證得)해 가는 성현(聖賢)이 아니라, 한번 뛰어 여래의 경지에 바로 들어가는〔一超直入如來地〕 사람, 일대사 인연을 문득 통달한 사람〔了事凡夫〕를 말한다『방거사어록(龐居士語錄)』권상.

(十二分敎)304)는 이 무엇입니까? 뜨거운 주발이 울리는 소리입니다.305)

당신이 이미 이 문중에 스스로 믿고 의심하지 않으니, 적은 일이 아닙니다. 모름지기 생소한 곳은 익숙하게 하고 익숙한 곳은 생소하게 해야 비로소 이 일로 더불어 조금 상응함이 있을 뿐입니다.

答劉寶學 彦修

卽日烝溽호니 不審커라 燕處悠然하야 放曠自如하야 無諸魔撓否아 日用四威儀內에 與狗子無佛性話로 一如否아 於動靜二邊에 能不分別否아 夢與覺로 合否아 理與事로 會否아 心與境으로 皆如否아

老龐이 云心如하면 境亦如하야 無實亦無虛라하니 有亦不管하며 無亦不拘하면 不是聖賢이라 了事凡夫니라 若眞箇作得箇了事凡夫인댄 釋迦達磨는 是甚麼오 泥團土塊니라 三乘十二分敎는 是甚麼오 熱盌鳴聲이니라

公이 旣於此箇門中에 自信不疑하니 不是少事라 要須生處란 放敎熟하고 熟處란 放敎生하야사 始與此事로 少分相應耳이니라

가끔 대장부가 많이 뜻대로 되지 않는 가운데서는 엿보는 곳을 얻다가, 도리어 뜻대로 되는 가운데서는 잃어버립니다.306) 그래서 당신

---

303) 본분사(本分事) 입장에서 보면 석가, 달마의 행위(行爲)가 진흙과 같고 흙덩어리 같다는 말이다.
304) 부처님의 일대교설(一代敎說) 전체를 말한다.
305) 실제가 아니라 방편이라는 말이다.
306) 뜻과 어긋나는 것은 역경(逆境)이고 뜻과 맞는 것은 순경(順境)이다. 뜻에 맞기 때문에 순경에는 집착하게 되고 공부를 잃어버린다.

으로 하여금 알게 하지 않을 수 없습니다. 뜻대로 되는 데서 모름지기 언제나 뜻대로 되지 않는 때를 생각하여 간절히 잠깐도 잊지 마십시오. 다만 근본(根本)을 얻어야지 지말(枝末)을 근심하지 말며307) 다만 부처가 될 줄 알아야지 부처가 말할 줄 모를까 근심하지 마십시오. 이 한 수는 얻기는 쉽고 지키기는 어려우니, 절대로 소홀히 하지 마십시오. 모름지기 머리를 바르게 하고 꼬리를 바르게 하여 넓히고 채운 뒤에 자기의 남은 것을 미루어 남에게 영향을 미치십시오. 당신은 얻은 것이 이미 한 모퉁이에 막혀 있지 않아서 아마 일용하는 가운데 마음을 일으켜 지속하며 마음을 없애고 생각을 끊는 데에 집착하지 않을 것입니다.

근년 이래에 선도(禪道)와 불법(佛法)이 심히 쇠퇴(衰頹)하고 피폐(疲弊)해졌습니다. 일반 두찬(杜撰)308)하는 장로는 근본에 스스로 깨달은 바가 없고 업식(業識)이 아득하여 가히 근거할 근본이 없습니다. 이들은 실제 기량이 없으면서 배우는 사람을 거두어 포섭하여 일체 사람들로 하여금 저들과 비슷하게 칠흑같이 어둡게 눈을 굳게 감게 하면서 묵묵히 항상 비춤이라 부릅니다. 언충(彦冲)이 이 무리에게 무너졌으니 괴롭고 괴롭습니다. 이 말은 만약 당신이 '개에게 불성이 없다'는 화두를 깨닫지 못했다면, 경산(徑山)309)도 또한 말할 곳이 없었을 것입니다. 천만 번 얼굴을 내려 누르고310) 통렬히 수단을 써서 저 사람을 구제하십시오. 지극히 빌고 지극히 빕니다.

---

307) 『증도가(證道歌)』
308) 남의 말을 막고 자기 주장만 내세우는 것을 말한다.
309) 대혜(大慧) 스님이다.
310) '인정과 체면을 돌아보지 말고 냉정하게'라는 뜻이다.

往往에 士大夫ㅣ 多於不如意中에 得箇瞥地處라가 却於如意中에 打失了하나니 不可不使公知라 在如意中하야 須時時以不如意中時節로 在念하야 切不可暫忘也어다 但得本이언정 莫愁末하며 但知作佛이언정 莫愁佛不解語어다 遮 一着子는 得易守難하니 切不可忽이어다 須教頭正尾正하야 擴而充之然後에 推己之餘하야 以及物이니 左右所得이 旣不滯在一隅하야 想於日用中에 不着起心管帶하며 枯心忘懷也리라

近年以來에 禪道佛法이 衰弊之甚일새 有般杜撰長老는 根本이 自無所悟하고 業識이 茫茫하야 無本可據하며 無實頭伎俩으로 收攝學者하고 敎一切人으로 如渠相似하야 黑漆漆地로 緊閉却眼하야 喚作黙而常照라하나니 彦冲이 被此輩에 教壞了라 苦哉苦哉로다 遮簡話를 若不是左右ㅣ 悟得狗子無佛性이런들 徑山도 亦無說處니라 千萬捺下面皮하고 痛與手段하야 救取遮簡人하라 至禱至禱하노라

그러나 한 가지 일이 있으니 또한 알지 않으면 안 됩니다. 이 분은 맑게 스스로 살아서 세상맛에 물들지 않고 담박함을 여러 해 쌓아서 결단코 이것에 집착하여 기특하게 생각할 것입니다. 만약 구제하고자 한다면 마땅히 그와 더불어 일을 함께 도모하여 그를 기쁘게 하여 마음에 의심을 내지 않게 해야, 거의 믿음이 미쳐서 즐거이 머리를 돌려 올 것입니다. 정명(淨名)이 이르기를 "먼저 좋아하는 것으로 끌어오고 뒤에 하여금 부처님의 지혜에 들어가게 한다."[311]는 것이 이것입니다. 황면노자(黃面老子)가 이르시기를 "법의 선후를 보아서 지혜로 분별하며, 시비를 살펴 정하여, 법인(法印)에 어긋나지 않고 차

---

311) 『유마힐소설경(維摩詰所說經)』 권중(卷中)

례로 한없는 실천의 법문을 건립하여, 모든 중생으로 하여금 일체의 의심을 끊게 한다."312)고 하셨습니다.313) 이것이 중생을 위하여 법칙을 만든 것이며, 만세의 본보기입니다.

더욱 이 분의 근성이 그대와 더불어 멀어서 같지 않으니, 하늘에 태어나는 것은 영운(靈運)의 앞이 되고 부처가 되는 것은 결단코 영운의 뒤가 될 것입니다.314) 이 분은 지혜로써 포섭하는 것은 불가하고 마땅히 좋아하는 바를 따라서 날로 달로 연마하면, 아마 스스로 그릇된 것을 알아서 홀연히 즐겨 버릴 것입니다만 또한 단정할 수는 없습니다. 만약 머리를 돌려 즐겨 오면 도리어 이 역량(力量) 있는 사람이 될 것입니다. 그대도 또한 모름지기 물러나 그에게 두각 나타냄을 양보해야 비로소 옳을 것입니다.

然이나 有一事하니 亦不可不知니라 此公이 淸淨自居하야 世味澹泊이 積有年矣라 定執此爲奇特이리니 若欲救之인댄 當與之同事하야 令其歡喜하야 心不生疑하야사 庶幾信得及하야 肯轉頭來하리니 淨名의 所謂先以欲으로 鉤牽하고 後令入佛智是也라 黃面老子ㅣ 云觀法先後하야 以智分別하며 是非審定하야 不違法印하고 次第建立無邊行門하야 令諸衆生으로 斷一切疑라하시니 此乃爲物作則이며 萬世楷模也온

況此公의 根性이 與左右로 迥不同하니 生天은 定在靈運前이요 成佛은 定在靈運後者也라 此公은 決定不可以智慧攝이요 當隨所好攝하

---

312) 『대방광불화엄경(大方廣佛華嚴經)』 권제19(卷第十九)
313) 정명(淨名)과 황면노자(黃面老子)의 이야기를 통하여 동사섭(同事攝)의 뜻을 밝힌 것이다.
314) 송나라 문제 때에 회계 태수 맹의(孟顗)가 부처님 섬기기를 부지런히 했는데, 영운(靈運)이 경시하여 일찍이 맹의에게 말하기를 '하늘에 태어나는 것은 나(영운)보다 먼저 하겠지만 성불하는 것은 나의 뒤가 될 것이다.'라고 했다. 맹의가 깊이 앙심을 품고 뒤에 드디어 영운을 모함(謀陷)하여 죽였다.

야 日月磨之하면 恐自知非하야 忽然肯捨를 亦不可定이니 若肯轉頭來하면 却是箇有力量底漢이라 左右도 亦須退步하야 讓渠出一頭라사 始得다

 요즈음 위선(暐禪)이 돌아옴에 그가 자암노자(紫巖老子)315)에게 답한 편지 하나를 기록하여 주었습니다. 내가 따라서 기쁘게 한 번 읽고 여러 날 칭찬하고 기뻐했더니, 바로 이 좋은 한 단의 문장이었습니다.316) 또 한 편의 큰 뜻을 보이고 뒤에 그것과 더불어 삼가 대면(對面)한다고 했습니다. 알지 못하겠습니다. 그대는 어떻게 생각합니까? 옛날 달마가 이조에게 일러 말하기를 "너는 다만 밖으로 모든 인연을 쉬고 안으로 헐떡임을 없게 하여, 마음이 장벽과 같아야 도에 들어갈 수 있다."317)고 하였습니다. 이조가 여러 가지 마음을 말하고 성품을 말했으나 모두 계합(契合)하지 못했습니다. 하루는 홀연히 달마가 보여준 핵심을 살펴 얻고 급히 달마에게 말씀드리기를 "제자가 이번에야 비로소 모든 인연을 쉬었습니다."라고 하였습니다. 달마가 그가 이미 깨달은 것을 알고 다시 더 힐문(詰問)하지 않고 다만 말하기를 "단멸(斷滅)을 이루어 가지 않는가?" 하니, 대답하기를 "그렇지 않습니다."라고 했습니다. 달마가 묻기를 "어떠한가?" 하니, 대답하기를 "분명하게 항상 알고 있기 때문에, 말로써 미칠 수가 없습니다."라고 했습니다. 달마가 말하기를 "이것이 모든 부처와 조사의 전한 바 마

---

315) 장준 거사 덕원(張浚居士德遠)이다.
316) 다만 그 문장은 좋으나 뜻을 모른다는 말이다.
317) 달마 대사가 방편으로 한 말인데 언충(彦冲)은 이 말을 진리〔實法〕로 오해하고 있다.

음의 본체이니, 너는 지금 이미 얻었다. 다시 의심하지 말라."318)고 하였습니다.

比에 暉禪이 歸에 錄得渠答紫巖老子一書어늘 山僧이 隨喜讀一徧하고 讚歎歡喜累日호니 直是好一段文章이러라 又似一篇大義하고 末後에 與之下箇謹對호리니 不識커라 左右는 以謂如何오 昔에 達磨 ㅣ 謂二祖曰汝但外息諸緣하고 內心無喘하야 心如墻壁이라사 可以入道라하야늘 二祖가 種種說心說性호대 俱不契러니 一日에 忽然省得達磨所示要門하고 遽白達磨曰弟子此回에사 始息諸緣也니다 達磨知其已悟하시고 更不窮詰하시며 只曰莫成斷滅去否아 曰無니다 達磨 ㅣ 曰子 ㅣ 作麼生고 曰了了常知故로 言之不可及이니다 達磨 ㅣ 曰此乃從上諸佛諸祖의 所傳心體니 汝今旣得이라 更勿疑也하라하시니

언충(彦沖)이 이르기를 "밤 꿈과 낮 생각을 십 년 동안 능히 온전히 극복하지 못하여 혹 단정히 앉고 고요히 하여 한번 그 마음을 비워, 생각에 반연(攀緣)할 곳을 없애며 일에 의탁할 곳을 없애고서야 매우 가볍고 편안한 것을 알았다."고 했습니다. 읽다가 여기에 이르러 (저도) 모르는 사이에 실소(失笑)를 했습니다. 무슨 까닭입니까? 이미 생각에 반연할 곳이 없다고 하니, 어찌 달마가 이른바 마음에 헐떡임 없는 것이 아닙니까? 일에 의탁할 것이 없다고 하니, 어찌 달마가 이른바 밖으로 모든 인연을 쉬라는 것이 아닙니까?

이조(二祖)도 처음에는 달마가 보여준 방편을 알지 못하고 장차 이

---

318) 『경덕전등록(景德傳燈錄)』 권제3(卷第三)

르기를 "밖으로 모든 인연을 쉬며, 안으로 마음의 헐떡임을 쉰다는 말을, 마음을 말하고 성품을 말하며 도를 말하고 이치를 말하는 것이다."라고 하여, 문자를 끌어와서 증거를 대며 인가를 구하고자 하였습니다. 그 때문에 달마가 '하나하나 끊어버려서 마음 쓸 곳을 없애고서야, 바야흐로 비로소 물러나 마음이 장벽과 같다.'고 한 말이 달마의 실법(實法)이 아니라는 것을 알고, 홀연히 장벽 위에서 문득 모든 인연을 쉬어버렸습니다. 즉시 달을 보고 손가락을 잊고 문득 이르기를 "분명하게 항상 아는 까닭에 말로 미칠 수가 없다."고 했습니다. 이 말도 또한 그 때에 임하여 달마의 가르침을 받은 소식이라서 또한 이조의 실법(實法)이 아닙니다. 두찬 장로의 무리는 이미 스스로 증득한 것이 없습니다. 문득 때에 따라서 끌어 모아 비록 다른 사람들로 하여금 쉬게 하려 하나, 그 스스로 마음이 밤낮으로 멈추지 않고 불타는 것이 두 번 세금319)을 내지 못한 백성과 같습니다.

　　彦冲이 云夜夢晝思十年之間에 未能全克이라 或端坐靜黙하야 一空其心하야 使慮無所緣하며 事無所託하야사 頗覺輕安이라하니 讀至此에 不覺失笑호라 何故오 旣慮無所緣이라하니 豈非達磨의 所謂內心無喘乎아 事無所託이라하니 豈非達磨의 所謂外息諸緣乎아
　　二祖도 初不識達磨의 所示方便하고 將謂外息諸緣하며 內心無喘을 可以說心說性하며 說道說理라하야 引文字證據하야 欲求印可할새 所以로 達磨ㅣ一一列下하사 無處用心코사 方始退步하야 思量心如墻壁之語는 非達磨實法이라하고 忽然於墻壁上에 頓息諸緣호니 卽時에 見月亡指하고 便道了了常知故로 言之不可及이라하니 此語도 亦是臨時

---

319) 봄가을로 일년에 두 번 내는 세금을 말한다.

하야 被達磨捞出底消息이라 亦非二祖實法也어늘 杜撰長老輩旣自無
所證하고 便逐旋捏合하야 雖敎他人歇이나 渠自心火熠熠하야 晝夜不
停호미 如欠二稅百姓相似라

언충은 도리어 허다한 번뇌 망상이 없으나, 다만 맞은 독이 깊어서 밖으로 어지럽게 달려서, 시끄러움을 말하고 고요함을 말하며, 말함을 말하고 침묵함을 말하며, 얻음을 말하고 잃음을 말합니다. 다시 『주역(周易)』과 내전(內典)을 인용하여 굳게 그릇 안배하고 회통(會通)하니, 진실로 이것은 그 부질없는 일을 위하여 무명(無明)을 더하는 것입니다.

특히 사량(思量)할 수 없는 한 덩어리의 생사공안(生死公案)을 일찍이 끊지 못한다면, 납월 30일에 어떻게 합치(合致)해 가겠습니까? 눈빛[眼光]이 떨어지려고 하나 아직 떨어지지 않았을 때에 또한 염라대왕을 향하여 말하기를 "잠시 정신을 맑게 하고 생각을 안정시키기를 기다렸다가 도리어 가서 서로 보겠다."고 하는 것320)은 옳지 않습니다. 이런 때가 되어서는 비록 종횡하고 걸림 없는 말이라도 또한 쓸 데가 없으며 마음이 목석과 같더라도 또한 쓸 데가 없습니다. 모름지기 당사자의 생사심(生死心)을 타파해야 비로소 옳습니다.

---

320) 염관사(鹽官寺) 제안선사(齊女禪師) 회상(會上)에 일 보는 한 스님이 있었는데 죽음에 임하여 저승사자가 잡으러 왔다. 스님이 문득 고하여 말하기를 '제가 일을 맡아서 수행할 여가가 없었습니다. 7일만 용납해 주기를 비니 되겠습니까?' 하니, 사자가 말하기를 '내가 염라대왕께 아뢰어서 만약 허락하면 7일 뒤에 오고 만약 그렇지 않으면 바로 오겠다.'고 하였다. 7일이 지난 뒤에 다시 오니 그 스님을 볼 수가 없었다. 대개 참된 수행은 저승사자도 볼 수가 없다는 예로 이 이야기를 사용한다. 그러나 여기서는 죽음에 임박해서가 아니라 일찍부터 공부할 것을 권하는 자료로 이 이야기를 가져왔다.

만약 생사의 마음을 타파하면 다시 무슨 정신을 맑게 하고 생각을 안정함을 말하며, 다시 무슨 종횡무진(縱橫無盡)을 말하며, 다시 무슨 내전(內典) 외전(外典)을 말하겠습니까? 한번 통달하면 일체를 통달하며, 하나를 깨달으면 일체를 깨달으며, 하나를 증득하면 일체를 증득함이 한 다발의 묶인 실을 한번 벰에 일시에 끊는 것과 같습니다.

한량없는 법문을 증득함도 이와 같아서 다시 차제(次第)가 없습니다. 그대는 이미 '개는 불성이 없다'는 화두를 깨달았으니 도리어 이와 같습니까? 만약 이와 같음을 얻지 못했다면 바로 모름지기 이런 경지에 이르러야 비로소 옳습니다. 만약 이미 이런 경지에 도달했다면 마땅히 이 법문으로 큰 자비심을 일으켜 역순 경계 가운데 진흙과 화합하고 물[水]과 합치하여321) 신명(身命)을 아끼지 않으며, 구업을 두려워하지 않으며, 일체를 구제하여 부처님의 은혜에 보답해야 할 것입니다. 바야흐로 이것이 대장부가 할 일입니다. 만약 그렇지 못하면 옳지 않습니다.

彦冲은 却無許多勞攘이나 只是中得毒深이라 只管外邊亂走하야 說動說靜하며 說語說黙하며 說得說失하며 更引周易內典하야 硬差排和會하니 眞是爲他閑事長無明이로다

殊不思量一段生死公案을 未曾結絶하면 臘月三十日에 作麽生折合去리요 不可眼光欲落未落時에 且向閻家老子道호대 待我澄神定慮少時코사 却去相見이니 得麽아 當此之時하야는 縱橫無礙之說이라도 亦使不着이며 心如木石이라도 亦使不着이라 須是當人의 生死心을 破하야사 始得다

---

321) 진흙을 묻히고 물에 젖는 행위[墮泥帶水]와 같은 말로 중생을 교화하는 방편(方便)을 뜻한다.

若生死心을 破하면 更說甚麼澄神定慮며 更說甚麼縱橫放蕩이며 更說甚麼內典外典이리요 一了一切了하며 一悟一切悟하며 一證一切證호미 如斬一結絲에 一斬一時斷이라

證無邊法門도 亦然하야 更無次第니라 左右가 旣悟狗子無佛性話하니 還得如此也未아 若未得如此인댄 直須到恁麼田地라사 始得다 若已到恁麼田地인댄 當以此法門으로 興起大悲心하야 於逆順境中에 和泥合水하야 不惜身命하며 不怕口業하고 拯拔一切하야 以報佛恩이니 方是大丈夫의 所爲라 若不如是면 無有是處니라

언충(彦冲)이 "『주역』의 도 됨은 여러 번 옮긴다."[322]는 공자의 말을 인용하여 불서(佛書) 가운데 "응당 머무는 바 없이 그 마음을 낸다."[323]는 말과 회통(會通)하여 한 가지라고 했습니다. 또 '고요하여 움직이지 않는다.'[324]는 것을 인용하여 흙과 나무와 다르지 않다고 하니, 이것은 더욱 가소(可笑)로운 일입니다. 그를 향하여 말합니다. 무간업(無間業)을 불러오지 않으려고 한다면 여래의 바른 법륜(法輪)을 비방하지 말라고 했습니다. 그러므로 경전에 이르기를 "색에 집착하지 않고 마음을 내며 소리, 향기, 맛, 촉감, 법에 집착하지 않고 마음을 낸다."[325]고 하였습니다. 이 광대하고 적멸한 묘심(妙心)은 색으로 보거나 소리로 구할 수 없습니다.

'응당 머무는 바가 없다'는 것은 이 마음이 실체가 없다는 것을 말

---

322) 『주역(周易)』 계사 하전(繫辭下傳), 제8장(第八章).
323) 『금강경(金剛經)』
324) 『주역(周易)』 계사 상전(繫辭上傳), 제10장(第十章).
325) 『금강경(金剛經)』

하고, '마음을 낸다'는 것은 이 마음이 진리를 떠나 있는 것이 아님을 이른 것이니, 서 있는 자리가 곧 진리입니다. 공자가 "『주역』의 도 됨은 여러 번 옮긴다."326)고 한 것은 이것을 말하는 것이 아닙니다. '루(屢)'라는 것은 '거듭한다'는 말이고, '옮긴다'는 것은 '바꾼다'는 말입니다. 길한 것과 흉한 것, 후회와 인색함이 움직이는 데서 나오니, '여러 번 옮긴다'는 뜻은 항상(恒常)함에 상반(相反)하여 도에 합치되는 것인데,327) 어찌 응당 집착하는 바 없이 그 마음을 낸다는 말과 일치하겠습니까? 언충은 다만 부처님의 뜻을 알지 못했을 뿐 아니라, 또한 공자의 뜻도 알지 못했습니다.

彦冲이 引孔子ㅣ 稱易之爲道也屢遷하야 和會佛書中에 應無所住而生其心으로 爲一貫이라하며 又引寂然不動을 與土木無殊라하니 此尤可笑也로다 向渠道하노라 欲得不招無間業인댄 莫謗如來正法輪이라 故로 經에 云不應住色生心하며 不應住聲香味觸法生心이라하시니 謂此廣大寂滅妙心은 不可以色見聲求라

應無所住는 謂此心이 無實體也요 而生其心은 謂此心이 非離眞而立處라 立處卽眞也니라 孔子ㅣ 稱易之爲道也屢遷은 非謂此也라 屢者는 荐也요 遷者는 革也라 吉凶悔悋이 生乎動하나니 屢遷之旨는 返常合道也어늘 如何與應無所住而生其心으로 合得成一塊리요 彦冲이 非但不識佛意라 亦不識孔子意로다

---

326) 인색(吝嗇)하면 길(吉)에서 흉(凶)으로 바뀌고, 회개(悔改)하면 흉(凶)이 길(吉)로 자주 바뀌기(『주역(周易)』계사 하전(繫辭下傳), 제8장(第八章)) 때문에 '응무소주(應無所住)'와는 다르다.
327) 길흉회린(吉凶悔吝)이 각기 변동하지 않으면 이것이 항상(恒常)하는 것이지만, 지금 이미 길(吉)이 변하여 흉(凶)이 되고 흉이 변하여 길이 되는 까닭에 항상함에 반(反)한다고 하였다.

당신은 공자의 가르침에 나오고 들어감을 동산의 누각에 노는 것과 같이 하며, 또한 부처님 가르침의 내실에 깊이 들어갔습니다. 저의 이와 같은 두찬328)이 도리어 옳습니까? 그러므로 규봉이 이르기를 "원형이정(元亨利貞)329)은 하늘의 덕이니 하나의 기에서 시작되고, 상락아정(常樂我淨)은 부처의 덕이니 하나의 마음에 근본한다. 하나의 기를 온전하게 하여 부드러움을 이루고, 한 마음을 닦아서 도를 이룬다."330)고 하였습니다. 이 노인과 같이 풀이해야 비로소 유교와 불교 두 교에 치우침이 없으며, 여한(餘恨)이 없을 것입니다. 언충이 '응당 머무는 바 없이 마음을 낸다'는 말이 『주역(周易)』의 '거듭 옮긴다'는 말의 큰 뜻과 같다고 한 것은 감히 서로 허용할 수 없습니다. 만약 언충의 그릇 안배한 것에 의거하면, 공자와 부처님에게 꼭 짚신을 사서 꼭 신겨드려야 비로소 옳을 것입니다. 무슨 연고입니까? 한 사람은 여러 번 옮기고 한 사람은 머물지 않기 때문입니다. 아마도 여기까지 읽게 되면 반드시 우스워서 배를 안고 넘어질 것입니다.

 左右가 於孔子之敎에 出沒을 如游園觀하며 又於吾敎에 深入閫域이라 山野의 如此杜撰이 還是也無아 故로 圭峯이 云元亨利貞은 乾之德也니 始於一氣하고 常樂我淨은 佛之德也니 本乎一心이라 專一氣而致柔하고 修一心而成道라하니 此老의 如此和會라사 始於儒釋二敎에 無偏枯하며 無遺恨이어늘 彦冲이 以應無所住而生其心이 與易之屢遷大旨로 同貫은 未敢相許로니 若依彦冲差排인댄 則孔子與釋迦老子

---

328) 여기서 두찬(杜撰)은 자기 말을 겸손하게 표현한 말이다.
329) 『주역(周易)』 중천건괘(重天乾卦) 괘사(卦辭)
330) 『원각경략소주(圓覺經略疏註)』서(序)

를 殺着買草靴하야사 始得다 何故오 一人은 屢遷하고 一人은 無所住
일새니라 想讀至此에 必絶倒也리라

【요지】

 '마음이 여여(如如)하면 경계가 여여하고 실제도 없고 빈 것도 없어서, 있고 없음에 구속되지 않는 일 마친 범부가 될 수 있다'는 방거사의 말을 먼저 끌어왔다. 바로 일 마친 범부에게는 석가와 달마가 진흙덩어리이고 삼승(三乘)의 모든 가르침이 뜨거운 주발 우는 소리와 같다고 했다.
 뜻과 맞을 때에도 맞지 않을 때와 같이 잊지 말고 근본을 얻어야 남을 바르게 할 수 있다고 하고, 마음을 지속하거나〔收斂管帶〕끊어 없애지〔枯心忘懷〕말라고 충고했다. 바로 눈을 감고 고요함이 항상 비추는 것이라고 가르치는 두찬 장로의 말에 언충이 빠져 있으니, 이를 건지라고 당부했다. 담박함만을 기특하게 여기고 있는 그를 동사섭으로 건질 것을 정명과 부처님의 말씀을 끌어와서 권했다.
 제2조도 '마음이 장벽 같아야 도에 들어갈 수 있다'는 달마대사의 방편 말씀을 진리로 집착했다가, 뒤에 깨닫고 나서야 '단멸하지 않으며 항상 밝아서 말로는 미칠 수 없다'고 말했다. 알고 보면 달마의 말이나 2조의 말도 실법이 아니라고 했다. 스스로 증득한 것도 없으면서 남을 쉽게 하려고 하는 두찬 장로를 비판했다. 언충이 두찬 장로의 가르침을 받아 어묵(語黙), 득실(得失), 『주역(周易)』과 내전(內典) 등을 말하는 것은 무명을 더하는 것이라고 일깨웠다.
 공안을 타파하지 못하면 생사(生死)에 자유로울 수 없으며 걸림 없이 설법을 하고 마음이 목석 같아도 다 쓸 데가 없다고 했다. 생사심(生死心)을 타파하면, 한 번 깨달아 일체를 깨달으며, 한 번 증득하여 일체를 증득하여, 한 묶음의 실을 일시에 끊는 것과 같다고 했다. 깨달은 뒤에는 진흙을 묻히고 물에 젖듯이〔墮泥帶水〕 중생을 구제하는 것이 대장부의 일이라고 하였다.

　언충이 『주역』의 '도 됨은 여러 번 옮긴다'는 말과 『금강경』의 '응당 버무는 바 없이 마음을 낸다'는 말을 같다고 보았으나, 이 둘이 본래 다르다는 것을 규봉의 말을 빌려와 입증하고, 공자와 부처 두 사람 다 제대로 알지 못했다고 언충의 잘못을 지적했다.

23. 유통판 언충331)에게 답함 (1)

그대의 형 보학공(寶學公)이 처음에는 생각을 보호하여 유지하거나〔管帶〕 생각 잊음〔忘懷〕332)의 일을 일찍이 알지 못했으나 손을 따라 콧구멍333)을 잡았습니다. 비록 여러 가지 삿됨과 바름을 다 알지는 못했으나, 기본이 견고하여 삿된 독이 능히 침범하지 못했습니다. 생각을 유지하며 생각을 잊음도 그 가운데 있습니다.

만약 한결같이 생각을 잊고 생각을 보호하여 유지하기만 하고 생사의 마음을 타파하지 못하면, 음마(陰魔)334)가 그 틈을 타서 허공을 잡아 끊어 둘로 만들게 됨을 면하지 못할 것입니다. 고요한 데에 있을 때에는 한량없는 즐거움을 받다가 시끄러운 데에 있을 때에는 한량없는 괴로움을 받을 것입니다. 괴로움과 즐거움에 한결같기를 원한다면 다만 마음을 일으켜 유지해 가며, 마음을 가지고 생각을 잊으려 하지 말고 하루 12시 가운데 놓고 비워야 합니다. 홀연히 당신의 옛 습관이 갑자기 일어나더라도 또한 마음을 써서 누르지 말고, 다만 갑자기 일

---

331) 이름은 자휘(子翬)고 자(字)는 언충(彦沖)이며 호는 병산거사(屏山居士)다. 주자(朱子)의 장인(丈人)으로 문장에 몰두하여 내전(內典)과 외전(外典)을 통달했기 때문에 주자가 내전의 글을 장인에게 배웠다.
332) 관대(管帶)란 마음을 일으켜 계속 유지하는 것〔起心管帶〕을 말하고, 망회(忘懷)란 마음을 없애서 완전히 잊어버리는 것〔枯心忘懷〕을 말한다.
333) 본분자리를 말한다.
334) 오음(五陰)을 말한다.

어나는 곳에 나아가 화두를 참구(參究)하기를 '개도 도리어 불성이 있습니까?' '없다.'고 한 것을 보면 정히 이러한 때는 붉은 화로 위의 한 송이 눈과 같을 것입니다.

눈으로 판단하고 손으로 친한 곳을 한 번 뛰어서, 뛰어 넘어야 바야흐로 나융(懶融)335)이 "적당하게336) 마음을 쓸 때에 적당하게 무심(無心)으로 쓰니, 굽은 말337)은 명상(名相)338)에 수고롭고 곧은 말339)은 번거로움이 없다. 무심(無心)히 적당하게 쓰되 항상 써도 적당하게 없게 되니, 지금 말한 마음 없다는 곳이 마음 있다는 것과 더불어 다르지 않다."340)고 한 말이 사람을 속이지 않는다는 것을 알 것입니다.

答劉通判 彦冲

令兄寶學公이 初未嘗知管帶忘懷之事나 信手摸着鼻孔하며 雖未盡識得諸方邪正이나 而基本이 堅固하야 邪毒이 不能侵이라 忘懷管帶도 在其中矣니라

若一向에 忘懷管帶하고 生死心을 不破면 陰魔ㅣ得其便하야 未免把虛空하야 隔截作兩處라 處靜時에 受無量樂하고 處鬧時에 受無量苦하리니 要得苦樂이 均平인댄 但莫起心管帶하며 將心忘懷하고 十二時中에 放敎蕩蕩地니 忽你舊習이 瞥起라도 亦不着用心按捺하고 只

---
335) 우두법융선사(牛頭法融禪師)로 4조 도신(道信)의 제자다. 옷도 씻지 않고 머리도 깎지 않으며, 항상 누워서 보임을 했으므로 사람들이 게으르다는 뜻으로 나융(懶融)이라 불렀다.
336) 흡(恰)은 마음을 쓰는 모양인데 '적당(適當)하다'는 말이다.
337) 마음을 가지고 분별하게 하는 잘못된 말(양변에 집착한 말)을 뜻한다.
338) 일체 사물에는 명(名)과 상(相)이 있는데 귀로 들을 수 있는 것을 명(名), 눈으로 볼 수 있는 것을 상(相)이라고 한다. 여기서는 일체 사물의 이름과 모양을 뜻한다.
339) 바로 무심(無心)을 이루게 하는 바른 말(양변을 초월한 말)을 뜻한다.
340) 『경덕전등록(景德傳燈錄)』 권제4(卷第四)

就瞥起處하야 看箇話頭호대 狗子도 還有佛性也無잇가 無니라하면 正
恁麽時하야 如紅爐上一點雪相似하리니

眼辦手親者를 一連에 連得하야사 方知懶融이 道호대 恰恰用心時에
恰恰無心用이니 曲談은 名相勞요 直說은 無繁重이라 無心恰恰用호대
常用恰恰無니 今說無心處가 不與有心殊라함이 不是誑人語리라

옛날에 바수반두(婆修盤頭)가 항상 한 끼 밥을 먹으며 눕지 않고 여섯 시마다 예불하며,341) 청정하고 욕심이 없어서 대중들의 귀의를 받는 사람이 되었습니다. 20대 조사(祖師) 사야다(闍夜多)가 장차 제도하고자 하여 그 대중에게 묻기를 "편행두타(徧行頭陀)가 범행을 닦는 것으로 불도를 얻겠는가?"라고 하였습니다. 이에 그 문도들이 말하기를 "우리 스승님의 정진이 이와 같은데 무슨 이유로 가능하지 않겠습니까?"라고 했습니다. 사야다가 말하기를 "너의 스승은 도와 거리가 멀다. 설사 고행을 진겁(塵劫) 동안 하더라도 모두 허망의 근본이다."라고 하였습니다.

그 제자들이 분함을 이기지 못하여 다 얼굴색을 바꾸고 소리를 높여 사야다(闍夜多)에게 말하기를 "존자는 무슨 덕을 쌓았기에 우리 스승을 기롱합니까?" 하니, 사야다가 말하기를 "나는 도를 구하지 않되 또한 전도(顚倒)되지 않았으며, 내가 예불을 하지 않되 또한 가볍거나 교만하지 않았으며, 나는 오래 앉아 있지 않되 또한 게으르지

---

341) 하루를 낮 3시, 밤 3시로 구분하여 6시라고 한다. 낮 3시는 아침〔晨朝〕, 낮〔日中〕, 해질녘〔日沒〕을 말하고, 밤 3시는 초저녁〔初夜〕, 밤중〔中夜〕, 새벽〔後夜〕을 말한다. 6시를 거르지 않고 항상 예불한다는 말은 부지런히 수행한다는 것을 뜻한다.

않았으며, 나는 한 끼를 먹지 않되 또한 잡되게 먹지 않았으며, 나는 만족을 알지 못하되 또한 탐욕하지 않았다. 마음에 바라는 바가 없는 것을 이름하여 도(道)라고 한다."고 말하였습니다. 바수(婆修)가 다 듣고 무루지(無漏智)를 얻으니,342) 이른바 먼저 선정(禪定)으로 움직이고 뒤에 지혜(智慧)로 뽑아준343) 것입니다.

昔에 婆修盤頭ㅣ常一食不臥하고 六時禮佛하며 淸淨無欲하야 爲衆所歸러니 二十祖闍夜多ㅣ將欲度之하야 問其徒曰此徧行頭陀ㅣ能修梵行이 可得佛道乎아 其徒曰我師精進이 如此어늘 何故로 不可리요 闍夜多曰汝師ㅣ與道遠矣라 設苦行을 歷於塵劫이라도 皆虛妄之本也니라
其徒不勝其憤하야 皆作色厲聲하야 謂闍夜多曰尊者는 蘊何德行이관대 而譏我師어뇨 闍夜多ㅣ曰我不求道호대 亦不顚倒하며 我不禮佛호대 亦不輕慢하며 我不長坐호대 亦不懈怠하며 我不一食호대 亦不雜食하며 我不知足호대 亦不貪欲이라 心無所希名之曰道라한대 婆修聞已에 發無漏智하니 所謂先以定으로 動하고 後以智로 拔也라

---

342) 『경덕전등록(景德傳燈錄)』 권제2(卷第二)
343) 『대반야경(大般若經)』 권제31(卷第三十一)에는 "견고한 나무를 뽑는 것과 같아서 먼저 손으로 움직이면 뒤에 뽑기가 쉽다. 보살의 정혜(定慧)도 또한 이와 같아서 먼저 정(定)으로 움직이고 뒤에 지(智)로써 뽑아준다.(如拔堅木 先以手動 後則易出 菩薩定慧 亦復如是 先以定動 後以智拔)"는 말이 나온다. 한퇴지(韓退之)가 태전선사(太顚禪師)에게 자기는 일이 많으니 불법(佛法)의 핵심만 한 구절 알려 달라고 했다. 태전 선사가 이 말에 양구(良久)했는데, 한퇴지가 어쩔 줄 몰라 했다. 이에 시자(侍者) 삼평(三平)이 책상을 세 번 쳤다. 태전 선사가 이르기를 "이 무엇인가?"라고 하니, 삼평이 "먼저 정(定)으로 움직이고 뒤에 지혜(智慧)로 뽑아준 것입니다."라고 했다. 퇴지가 이 말에 크게 깨달았다. 정으로 무명(無明)을 움직이게 하고, 지혜로 무명의 뿌리를 뽑는다고 한 기존 해석은 오류다. 대기원응(大機圓應)과 대용직절(大用直截), 달리 말하자면 살(殺) 속에 활(活)이 있고 활 속에 살이 있음을 나타내는 말로 보아야 한다.

그릇된 장로의 무리가 당신으로 하여금 고요히 앉아 부처가 되기를 기다리게 하니, 어찌 허망한 근본이 아니겠습니까? 또 고요한 곳에 잃음이 없고 시끄러운 곳에 잃는 것이 있다고 말하니, 어찌 세간(世間)을 파괴하고 실상(實相)을 구하는 것이 아닙니까? 만약 이와 같이 수행하면 나융(懶融)이 말한 바 "지금 무심을 말하는 곳이 유심과 더불어 다르지 않다."는 말에 어찌 계합하겠습니까? 청컨대 당신은 여기에서 자세히 생각해 보십시오.

바수(婆修)도 처음에는 또한 이르기를 "오래 앉고 눕지 않으면 성불할 수 있다."고 하더니, 겨우 사야다(闍夜多)의 점검과 타파함을 받고서야 문득 언하(言下)에 돌아 갈 곳을 알아 무루지(無漏智)를 계발했으니, 진실로 훌륭한 말이 채찍 그림자를 보고 가는 것344)과 같습니다.

중생은 어지러움이 병인데, 부처님께서 적정바라밀약(寂靜波羅蜜藥)345)으로 다스리셨습니다. 병이 나았는데 약을 복용하면, 그 병이 더욱 심해질 것입니다. 하나를 잡으면 하나를 놓게 되니, 어느 때에 통달하겠습니까?

杜撰長老輩가 敎左右로 靜坐하야 等作佛하나니 豈非虛妄之本乎아 又言靜處에 無失하고 鬧處에 有失이라하니 豈非壞世間相하고 而求實相乎아 若如此修行인댄 如何契得懶融의 所謂今說無心處ㅣ 不與有心

---

344) 세존 당시 어떤 외도가 "말 있음도 묻지 않고 말 없음도 묻지 않습니다."라고 세존께 말했다. 이에 세존께서 양구(良久)하시니 외도가 찬탄하고 떠났다. 아난이 외도가 무엇을 얻었는지를 여쭈니, 세존이 말씀하시기를 "훌륭한 말은 채찍 그림자를 보고도 달린다."고 대답했다.
345) 어지러움을 치료하는 '고요'라는 약이다.

殊리요 請公은 於此에 諦當思量看하라

　婆修도 初亦將謂호대 長坐不臥하면 可以成佛이라하더니 纔被闇夜多의 點破코사 便於言下에 知歸하야 發無漏智하니 眞是良馬ㅣ見鞭影而行也니라

　衆生의 狂亂이 是病이어늘 佛이 以寂靜波羅蜜藥으로 治之하시니 病去藥存이면 其病이 愈甚이라 拈一放一이어니 何時是了리요

생사가 도래함에 고요하고 시끄러운 양변은 도무지 하나도 쓸 수 없습니다. 시끄러운 곳에서 잃는 것이 많고 고요한 곳에서 잃는 것이 적다는 말을 하지 마십시오. 적고 많은 것과 얻고 잃는 것과 고요하고 시끄러운 것을 묶어 하나로 만들어 다른 세계에 보내 버리십시오. 도리어 일용에 많지도 않고 적지도 않으며, 고요하지도 않고 시끄럽지도 않으며, 얻지도 않고 잃지도 않는 곳에 나아가서, 간략하게 '이것이 무엇인가'를 좋게 잡아 보는 것만 같지 못합니다.

　무상(無常)이 빨라서 한 평생의 세월이 손가락 한 번 퉁기는 사이에 문득 지나갑니다. 다시 무슨 한가한 공부를 두어, 얻는 것을 이해하고 잃는 것을 이해하며, 고요함을 이해하고 시끄러움을 이해하며, 많음을 이해하고 적음을 이해하며, 생각 잊음을 이해하고 생각 지속함을 이해하겠습니까? 석두 화상이 이르기를 "삼가 현묘한 뜻을 참구하는 사람에게 말하노니 세월을 헛되이 보내지 말라."346)고 하였습니다. 이 한 구절을 눈을 떠도 가지며 눈을 감아도 가지며, 생각을 잊어도 가지며 생각을 지속해도 가지며, 광란해도 가지며 고요해도 가져야

---

346) 『경덕전등록(景德傳燈錄)』 권제30(卷第三十)

합니다. 이것이 경산의 그릇 안배(按排)함이니347) 생각건대 잘못된 장로들은 별도로 그릇 안배하는 곳이 있을 것입니다. 돌(咄)!348) 또한 이 일349)을 버려둡니다.

生死到來에 靜鬧兩邊은 都用一點不得이니 莫道鬧處에 失者多하고 靜處에 失者少니라 不如少與多와 得與失과 靜與鬧를 縛作一束하야 送放佗方世界하고 却好就日用에 非多非少하며 非靜非鬧하며 非得非失處하야 略提撕看是箇甚麼니라
　　無常이 迅速하야 百歲光陰이 一彈指頃에 便過也니 更有甚麼閑工夫가 理會得理會失하며 理會靜理會鬧하며 理會多理會少하며 理會忘懷理會管帶리요 石頭和尙이 云謹白叅玄人하노니 光陰을 莫虛度하라 하시니 遮一句子를 開眼也着하며 合眼也着하며 忘懷也着하며 管帶也着하며 狂亂也着하며 寂靜也着이니 此是徑山의 如此差排어니와 想杜撰長老輩는 別有差排處也리라 咄且置是事하노라

【요지】
　　고요하고 시끄러운 데에 한결같이 화두를 참구해야 함을 가르쳤다. 생각을 유지하거나 생각을 잊기만 하고 생사심(生死心)을 타파하지 않으면, 고요한 데 즐거움을 받다가 시끄러운 데 괴로움을 받게 된다고 했다. 옛 습관을 억지로 누르지 말고 다만 '개도 불성이 있습니까? 없다.'라는 화두를 들면 번뇌가 붉은 화로 위의 한 조각 눈 같이 녹아 버릴 것임을 설명했다. 그리고 화두를 타파하면, 마음의 있고 없음이 다르지 않다는

---

347) 본분 자리에서 보면 그렇다는 말이다.
348) 위에서 한 말을 모두 부정하는 것〔殺〕이다.
349) 교화하기 위하여 자기가 한 이야기를 뜻한다.

것을 알게 된다고 하였다.

20대 조사(祖師) 사야다(闍夜多)가 외면적으로 계율을 지키고 따로 수행에만 몰두하고 있는 바수반두(婆修盤頭)를 깨우쳐 주는 것을 그 예로 들었다. '도를 구하지 않되 전도(顚倒)되지 않았고, 예불을 하지 않되 가볍거나 교만하지 않았고, 오래 앉아 있지 않되 게으르지 않았으며, 하루 한 끼를 먹지 않되 잡되게 먹지 않았고, 만족을 모르되 탐욕하지 않았다.'는 사야다의 가르침에 바수반두가 무루지(無漏智)를 얻었다는 것이 이것이다.

그릇된 장로의 무리가 고요히 앉아 부처되기를 기다리게 하는 것이나 고요한 곳에 잃는 것이 없고 시끄러운 곳에 잃는 것이 많다고 말하는 것은 세간상(世間相)을 부수고 실상(實相)을 구하는 잘못이라고 지적했다.

무상이 신속하여 한 평생이 손가락 한 번 퉁기는 사이에 지나가니 고요함과 시끄러움, 얻음과 잃음, 많음과 적음, 생각 잊음과 생각 지속함이라는 양변에 떨어지지 말고 화두 한 구절을 한결같이 가질 것을 가르쳤다. 끝에서 이러한 스스로의 가르침도 다시 부정함으로써 철저히 본성불(本性佛)의 입장에 서 있음을 드러냈다.

24. 유통판 언충에게 답함 (2)

당신은 고요한 공부를 한 지 여러 해가 되었습니다. 알지 못하겠습니다. 눈을 뜨고 사물을 접하는 곳에 마음이 편안하고 한가합니까? 만약 편안하고 한가하지 않다면, 이것은 고요한 공부가 힘을 얻지 못한 것입니다. 이렇게 오래 했으되 오히려 힘을 얻지 못했다면, 마땅히 빨리 힘 얻는 공부를 구해야만 바야흐로 평소의 허다한 공부를 등지지 않게 될 것입니다. 평소에 고요한 공부를 하는 것은 다만 시끄러운 것을 극복하기 위한 것입니다. 정히 시끄러운 때에, 도리어 자기 마음이 시끄럽게 되는 피해를 입는다면, 도리어 평소에 고요한 공부를 하지 않은 것과 같을 뿐입니다.

이 도리350)는 다만 너무 가까워서, 멀다고 해도 자기 눈동자 속을 벗어나지 않습니다. 눈을 뜸에 곧 보고 눈을 감은 곳에 또한 모자람이 없으며, 입을 엶에 문득 말하고 입을 닫은 곳에 또한 저절로 뚜렷이 이루어져 있습니다. 마음을 일으키고 생각을 움직여 알려고 하면, 그는 일찍이 이미 십만 팔천 리나 어긋나서 지나간 것입니다.

---

350) 본분 도리를 말한다.

又

　左右가 做靜勝工夫ㅣ 積有年矣라 不識커라 於開眼應物處에 得心地安閑否아 若未得安閑인댄 是는 靜勝工夫未得力也니라 若許久호대 猶未得力인댄 當求簡徑截得力處하야사 方始不孤負平昔에 許多工夫也리라 平昔에 做靜勝工夫는 只爲要支遣箇鬧底니 正鬧時에 卻被鬧底의 聒擾自家方寸인댄 卻似平昔에 不曾做靜勝工夫로 一般耳리라

　遮箇道理는 只爲太近이라 遠不出自家眼睛裏하야 開眼에 便刺着하고 合眼處에 亦不欠少하며 開口에 便道着하고 合口處에 亦自現成하리니 擬欲起心動念承當인댄 渠早已蹉過十萬八千了也라

　바로 당신의 마음 쓸 곳이 없어야 이것이 가장 힘을 더는 것인데, 지금 이 도를 배우는 사람은 많이 힘을 써서 구하려 하니, 구할수록 더욱 잃고 향할수록 더욱 등지게 됩니다. 어찌 득실(得失)의 알음알이에 떨어져서 시끄러운 곳에서 잃는 것이 많고 고요한 곳에서 잃는 것이 적다고 이르는 것을 감당하겠습니까?

　당신은 고요한 곳에 머무른 지 20여 년이 되었으니, 시험 삼아 조금 힘 얻은 것을 가지고 와 보면 곧 옳거니와, 만약 고요히 앉는 것을 가지고 고요한 가운데 힘을 얻는 것이라고 한다면, 무슨 이유로 도리어 시끄러운 곳에서는 잃어버립니까? 지금 힘을 덜어서 고요하고 시끄러운 데서 한결같음을 얻으려고 한다면, 단지 조주 스님의 무자(無字)를 뚫으십시오. 홀연히 뚫으면 바야흐로 고요함과 시끄러움의 둘이 서로 방해되지 않는다는 것을 알 것입니다. 또한 힘을 써서 지탱하지 아니하나, 지탱하지 않는다는 생각도 하지 않게 될 것입니다.

直是無你用心處라사 遮箇ㅣ最是省力이어늘 而今學此道者는 多是要用力求하나니 求之轉失하고 向之愈背하리니 那堪墮在得失解路上하야 謂鬧處에 失者多하고 靜處에 失者少리요

左右ㅣ在靜勝處하야 住了二十餘年이라 試將些子得力底하야 來看則箇어니와 若將椿椿地底하야 做靜中得力處인댄 何故로 却向鬧處失却고 而今要得省力하야 靜鬧一如인댄 但只透取趙州無字어다 忽然透得하면 方知靜鬧ㅣ兩不相妨이며 亦不着用力支撑호대 亦不作無支撑解矣리라

【요지】
　　고요한 공부를 버리고 무자(無字)를 참구할 것을 권한 내용이다. 사물을 접할 때 마음이 한가하지 않고 시끄러움의 영향을 받기 때문에 고요한 공부가 다 쓸 데 없다고 말했다. 작용하거나 작용하지 않거나 모자람 없이 뚜렷이 이루어져 있는데, 마음을 움직여 알려고 하면 크게 어긋난다고 지적했다.
　　고요하고 시끄러운 데서 한결같으려면 조주 스님의 '무(無)'자를 타파해야 한다는 점을 강조했다. 무자 관문을 뚫으면 고요함과 시끄러움의 방해도 받지 않으며, 힘써 지탱하지 않으며 지탱하지 않는다는 생각도 하지 않게 된다고 가르쳤다.

25. 진국태 부인351)에게 답함

　도겸선사(道謙禪師)가 돌아와서 준 편지와 아울러 친히 쓴 몇 수의 게송을 받고 처음에는 심히 의심했는데, 도겸에게 자세히 물어 보고서야 바야흐로 스스로 속이지 않았음을 알았습니다. 광겁(曠劫)에 밝히지 못한 일이 시원하게 앞에 나타났으나 남을 따라 얻은 것이 아닙니다. 법희(法喜)와 선열(禪悅)의 즐거움이 세간의 즐거움에 견줄 것이 아님을 비로소 알았다고 하니, 제가 당신을 위하여 여러 날 기뻐하여 침식을 다 잊었습니다. 아들은 재상이 되었고 본인은 국부인이 된 것이 족히 귀한 것은 아닙니다. 거름 무더기352)에서 값을 매길 수 없는 보배를 거두어 백겁 천생에 받아쓰되 다함이 없어야 바야흐

---

351) 성(姓)은 허씨(許氏)고 법명은 법진(法眞)이다. 태사 장공(張公)의 부인으로 자사를 지낸 소원(昭遠), 승상을 지낸 덕원(德遠)이라는 두 아들을 두었는데, 이들은 다 원오 선사를 참례하여 깨달음을 얻었다. 부인은 30년을 과부로 살며 수행을 했으나 깨닫지 못하다가 대혜 선사의 제자 도겸 상좌가 집에 옴에 그에게 대혜 선사의 가르침을 물었다. 도겸이 말하기를 "무자화두(無字話頭)를 가르치되 좌(左)로 할 수도 없고 우(右)로 할 수도 없다."고 했다. 부인은 화두를 참구하되, 여전히 경전을 보거나 예불을 하여 깨닫지 못했다. 도겸이 말하기를 "이 일에서는 경을 보고 예불하는 것을 그만 두어야 합니다. 전심전력(專心專力)으로 화두를 참구하여 한 생각이 상응(相應)한 뒤에 그 전처럼 경전을 보고 예불하면 다 묘용이 될 것입니다."라고 했다. 이 말에 부인이 전심(專心)으로 참구하여 하룻밤 잠 속에서 놀라 깨어 문득 투철히 깨달았다.

352) 오음(五陰)으로 된 번뇌의 몸〔煩惱身〕을 말한다.

로 참으로 귀한 것이 될 뿐입니다. 그러나 간절히 이 귀함에 집착하지 마십시오. 만약 집착하면 존귀한 데에 떨어져서 다시는 자비를 일으키고 지혜를 일으켜서 유정(有情)을 불쌍하게 여기지 않을 것입니다. 기억하고 기억하십시오.

答秦國太夫人

謙禪이 歸에 領所賜敎와 並親書數頌하고 初亦甚疑之러니 及詢謙子細코사 方知不自欺하야 曠劫未明之事ㅣ 豁爾現前호대 不從人得이라 始知法喜禪悅之樂은 非世間之樂에 可比리니 山野ㅣ 爲國太하야 歡喜累日에 寢食俱忘호이다 兒子는 作宰相하고 身爲國夫人은 未足爲貴어니와 糞掃堆頭에 收得無價之寶하야 百劫千生에 受用不盡이라사 方始爲眞貴耳라 然이나 切不得執着此貴어다 若執着則墮在尊貴中하야 不復興悲起智하야 憐愍有情耳리니 記取記取어다

【요지】

　존귀한 것에 집착하지 말고 자비심을 일으켜 중생을 제도할 것을 말했다. 진국태 부인이 깨달음을 얻은 것을 기뻐해 주며, 깨달음의 기쁨〔法喜, 禪悅〕은 세간의 즐거움에 견줄 것이 아니라고 했다. 귀한 것은 세속에서 출세하는 것이 아니라 값을 매길 수 없는 보배를 거두어 쓰는 것이라고 하면서도 이 귀함에도 집착하지 말 것을 당부했다. 여기에 집착하면, 존귀함에 빠져서 자비와 지혜를 일으켜 유정을 불쌍하게 여기지 않을 것이기 때문이라고 하였다.

26. 장승상 덕원353)에게 답함

공경하여 생각하니 편안하게 고요한 곳에서 생활하여 저 스님354)과 더불어 한 곳에 함께 모여서 비로자나불의 세계를 즐겨서, 마땅함을 따라 불사를 하되 병도 없고 고뇌도 없어서 당신355)의 생활이 만복(萬福)하다고 했습니다. 위로부터 모든 성인께서 다 그렇지 않은 분이 없으셨습니다. 이른바 모든 생각 가운데 일체법이 멸진(滅盡)한 삼매에 들어가서 보살도(菩薩道)에서 물러나지 않았으며, 보살사(菩薩事)를 버리지 않았으며, 대자비심을 버리지 않았으며, 바라밀을 닦아 익히되 일찍이 쉬지 않았으며, 일체의 불국토를 관찰하되 싫어하고 게으름이 없었으며, 중생을 제도하려는 원을 버리지 않았으며, 법륜 굴리는 일을 단절하지 않았으며, 중생을 교화하는 일을 그만두지 않았으며, 가진 바 훌륭한 원력에 이르기까지 다 원만함을 얻었습니

---

353) 진국태 부인의 둘째 아들이다. 고종 때에 재상(宰相)이 되고 위국공(魏國公)에 봉해졌다.
354) 안으로 지혜와 덕망을 갖추고 밖으로 빼어난 실천력을 보여 사람들에게 모범이 된다는 뜻에서 스님을 상인(上人)이라고 한다.
355) 균후(鈞候)의 균은 도공이 기와를 만드는 틀이다. 기와 모형의 틀에 굴대가 있는데, 그 위에 흙을 놓고 돌리면 모나고 둥근 것이 손을 따라서 이루어지므로, 재상이 잡은 천하의 정권(政權)을 균축(鈞軸)이라고 한다. 달리 균은 저울추, 축은 굴대로서 모두 저울과 수레에 아주 긴요한 물건이므로 '요로(要路)의 대신(大臣)'을 비유하기도 한다.

다. 일체 국토의 차별을 통달해서 알며, 부처 종자의 성품에 들어가356) 피안에 이르렀습니다. 이것은 대장부가 네 가지 위의 가운데 수용한 가풍일 뿐입니다.

　대거사(大居士)께서 여기에 힘써 실천하고 게으름이 없으므로 저도 여기에 또한 도둑이 됩니다.357) 또 알지 못하겠습니다. 도리어 외부인이 간섭하는 것을 허락합니까? 들으니 장사(長沙)에 이르러 곧 비야(毗耶)358)에서 입을 막고 깊이 둘 아닌 데에 들어갔다고 하니, 이 역시 분수 밖이 아닙니다. 법이 이와 같은 연고로 원컨대 거사는 이와 같이 수용한다면, 모든 마군과 외도가 정히 와서 법을 지키는 선신(善神)이 될 것입니다. 그 나머지 갖가지 차별되는 다른 뜻도 다 스스로 마음에 나타난 경계이고, 또한 다른 물건이 아닙니다. 알지 못하겠습니다. 거사는 어떠합니까?

答張丞相 德遠

　恭惟호니 燕居阿鍊若하야 與彼上人으로 同會一處하야 娛戱毗盧藏海하야 隨宜作佛事호대 少病少惱하야 鈞候動止萬福호잇가 從上諸聖이 莫不皆然이시니 所謂於念念中에 入一切法滅盡三昧하야 不退菩薩道하며 不捨菩薩事하며 不捨大慈悲心하며 修習波羅蜜호대 未嘗休息하며 觀察一切佛國土호대 無有厭倦하며 不捨度衆生願하며 不斷轉法

---

356) 『대방광불화엄경(大方廣佛華嚴經)』 권제44(卷第四十四)
357) 보주(普州)에 도둑의 소굴이 많아서 보주인은 곧 도둑을 뜻하는 말로 사용됐는데, 여기서는 중생을 깨우치기 위하여 유무(有無)의 견해를 빼앗는 대혜 스님이 스스로 도둑이라고 자처한 것이다.
358) 비야리(毘耶離), 비사리(毘舍離), 베사리(吠舍釐)라고도 쓰며 중인도에 있는 나라 이름이다. 불타(佛陀) 재세시(在世時)에 자주 이곳을 다니며 유마힐, 암몰라녀, 보적 등을 교화하였다. 여기서는 대혜 스님 당시 중국의 어느 지명을 말한다.

輪事하며 不廢敎化衆生業하며 乃至所有勝願을 皆得圓滿하야 了知一切國土差別하며 入佛種性하야 到於彼岸이니 此는 大丈夫ㅣ四威儀中에 受用家事耳라

大居士ㅣ於此에 力行無倦일새 而妙喜도 於此에 亦作善州人하노라 又不識커라 還許外人揷手否아 聞到長沙하야 卽杜口毗耶하야 深入不二라하니 此亦非分外라 法如是故니다 願居士는 如是受用하면 則諸魔外道ㅣ定來作護法善神也리라 其餘種種差別異旨도 皆自心現量境界라 亦非佗物也니 不識커라 居士는 以爲如何오

【요지】
깨달은 뒤에 기쁘게 불사를 실천하는 것을 칭찬한 내용이다. 먼저 깨달은 분상에서 대장부가 수용한 가풍을 말했다. 불사를 짓되 병도 고뇌도 없어 생활이 행복하며, 멸진삼매에 들어가 보살도에서 물러나지 않으며, 대자비심을 버리지 않으며, 쉬지 않고 바라밀을 익히며, 불국토 관찰하기를 쉬지 않으며, 중생을 제도하려는 원을 버리지 않는 일 등이 그것이다.

대거사 장승상이 실천하고 게으름이 없으므로 자기도 그렇게 하겠다고 말했다. 둘 아닌 경지에 들어간 장승상이 그대로 실천해 나간다면, 마군과 외도가 다 와서 법을 지키는 선신(善神)이 될 것이라고 했다. 모든 차별의 뜻도 마음에 나타난 경계이지, 다른 물건이 아니라고 하였다.

27. 장제형 양숙359)에게 답함

노거사의 행동하는 바가 그윽하게 도와 합치되지만, 다만 한번 "와!"360) 하는 것을 얻지 못했을 뿐입니다. 만약 일상생활에서 인연을 만남에 옛 걸음361)을 잃지 않으면, 비록 한번 "와!" 하는 것을 얻지 못했더라도 죽는 날에 염라대왕이 또한 모름지기 손을 모아 공경하고 돌아와 항복할 것이거늘 하물며 한 생각이 상응하는 것이겠습니까? 제가 비록 목격하지는 못했으나 그 일하는 것을 보건대 크고 작은 일에 맞게 하여 지나치거나 미치지 못함이 없습니다. 다만 이것이 문득 도가 합치되는 곳입니다. 이 속에 이르러 세속(世俗)이라는 생각을 하지 말며 또한 불법(佛法)이라는 생각도 하지 마십시오. 불법과 세속은 모두 바깥일입니다. 그러나 또한 바깥일이라는 생각도 하지 마십시오. 다만 빛을 돌이켜 비추어 보기를 '이와 같은 생각을 하는 것은 어디로부터 왔으며, 행동할 때에 무슨 모양이 있으며, 하는 바를 이미 판단하고는 나의 마음과 뜻을 따라 두루 주선(周旋)하지 않음이

---

359) 진국태 부인(秦國太夫人)의 맏아들인데 호(號)는 양숙(暘叔) 또는 양중(暘中)이고, 자(字)는 소원(昭遠)이다.
360) '咊地'에서 咊의 음은 '화'다. '기약하지 않고 뜻밖에〔偶然〕'이라는 의미다. 아이들이 숨바꼭질을 할 때 숨었다가 한 모퉁이에서 갑자기 서로 만나서 지르는 소리인데 여기서는 한 생각 깨달을 때를 뜻한다.
361) 본분 자리를 뜻한다.

없으며, 모자람과 남음이 없다. 정히 이런 때가 되어 누구의 은혜력(恩惠力)을 받는가?'라고 하십시오. 이와 같이 공부하여 날이 가고 달이 깊어지면, 사람이 활쏘기를 배움에 저절로 적중하는 것과 같게 될 것입니다.

答張提刑 瑒叔

老居士의 所作所爲冥與道合호대 但未能得囚地一下耳라 若日用應緣에 不失故步하면 雖未得囚地一下나 臘月三十日에 闍家老子ㅣ亦須拱手歸降이온 況一念相應耶아 妙喜老漢이 雖未目擊이나 觀其行事컨대 小大折中하야 無過不及하니 只此便是이 道所合處라 到遮裡하야 不用作塵勞想하며 亦不用作佛法想이어다 佛法塵勞ㅣ都是外事라 然이나 亦不得作外事想이어다 但回光返照호대 作如是想者는 從甚麼處得來며 所作所爲時에 有何形段이며 所作을 旣辦하야 隨我心意하야 無不周旋하며 無有少剩하나니 正當恁麼時하야 承誰恩力고 如此做工夫하야 日久月深하면 如人이 學射에 自然中的矣리라

중생이 전도되어 자기를 미혹하여 경계를 쫓아가므로, 적은 욕망을 탐내서 달게 마음으로 한량없는 고통을 받습니다. 날마다 눈을 뜨지 않은 때와 침상에서 내려오지 않은 때와 반쯤 깨어 반쯤 지각할 때에, 마음과 의식은 이미 어지럽게 날아 망상을 따라 흘러갑니다. 선(善)을 짓고 악(惡)을 짓는 것은 비록 나타나지 않았으나, 침상에서 내려오지 않은 때에 천당과 지옥이 마음 가운데 있어서 이미 한 때에 성취되었다가 발동하는 때를 기다려 벌써 제8식에 떨어집니다.362)

부처님께서 말씀하시지 않으셨습니까?363) "일체 모든 감각과 기관364)은 자기 마음에서 나타났으며, 객관과 주관은 망상으로부터 만들어지고 나타났다. 강물이 흐르는 것365)과 같으며, 종자와 같으며, 등불과 바람과 구름과 같아서 찰나에 바뀌어 옮겨간다. 마음이 조급하게 움직이는 것은 원숭이와 같으며, 깨끗하지 않은 곳을 즐기는 것은 파리와 같으며, 만족하지 않는 것은 바람이나 불과 같으며, 시작 없는 때로부터 거짓을 익혀온 인습(因習)366)은 물을 긷는 두레박의 일과 같다."고 하셨습니다. 여기에서 알아차려 타파하면 문득 남〔人〕도 없고 나〔我〕도 없는367) 지혜를 얻게 될 것입니다.

衆生이 顚倒하야 迷己逐物일새 耽少欲味하야 甘心受無量苦하나니 逐日未開眼時와 未下床時와 半惺半覺時에 心識이 已紛飛하야 隨妄想流蕩矣라 作善作惡은 雖未發露나 未下床時에 天堂地獄이 在方寸中하야 已一時成就矣라가 及待發時하야는 已落在第八識이니라 佛이 不云乎아 一切諸根이 自心現이며 器身等藏이 自妄想相으로 施設顯示호니 如河流하며 如種子하며 如燈如風如雲하야 刹那展轉호대 懷躁動은 如猿猴하며 樂不淨處는 如飛蠅하며 無厭足은 如風火하며 無始虛僞習氣因은 如汲水輪等事라하시니 於此에 識得破하면 便喚作無人

---

362) 생전에 지은 선악이 다 아뢰야식(阿賴耶識) 안에 떨어져서 종자를 맺는 것을 말한다.
363) 『능가경(楞伽經)』의 문장이다.
364) 일체제근(一切諸根)은 눈, 귀, 코, 혀, 몸, 뜻〔眼耳鼻舌身意〕의 여섯 가지 감각 기관〔六根〕이다. 기(器)는 기세간(器世間)으로 중생이 살고 있는 산하대지의 객관, 신(身)은 주관이다. 이 주관과 객관이 일체를 가지고 있기 때문에 장(藏)이라 했다.
365) 생각의 생멸(生滅)이 강물이 흐르는 것과 같다는 말이다.
366) 『능가경(楞伽經)』 권제1(卷第一)
367) 『금강경(金剛經)』

無我智리라

　천당과 지옥이 다른 곳에 있지 않고, 다만 본인의 반쯤 깨어 반쯤 지각하는 때와 침상에서 내려오지 않았을 때의 마음에 있습니다. 또한 밖으로부터 오는 것이 아닙니다. 생각이 일어나거나 일어나지 않았을 때, 알거나 알지 못했을 때에 간절히 모름지기 비추어 돌아보십시오. 비추어 돌아볼 때에 또한 이와 더불어 힘을 써서 다투지 말아야 합니다. 다투면 힘만 소모하게 됩니다.

　조사가 이르지 않았습니까? "움직임을 그치고 그친 데로 돌아가면, 그 그침이 다시 더욱 움직이게 될 것이다."368)라고. 겨우 일상생활의 수고로움 가운데서 점점 힘이 덜림을 아는 때가 문득 본인의 힘 얻는 곳이며, 문득 본인이 부처를 이루고 조사를 이루는 곳이며, 문득 본인이 지옥을 변화시켜 천당을 짓는 곳이며, 문득 본인이 편안히 앉아 있는 곳이며, 문득 본인이 생사를 벗어나는 곳이며, 문득 본인이 임금을 요순의 윗자리에 올리는 곳이며, 문득 본인이 피폐한 백성을 마르고 병든 데서 일으키는 곳이며, 문득 본인이 자손에게 음덕을 미치게 하는 곳입니다. 이 속에 이르러서는 부처를 말하고 조사를 말하며, 마음을 말하고 성품을 말하며, 현리(玄理)를 말하고 묘리(妙理)를 말하며, 이치를 말하고 일을 말하며, 좋은 것을 말하고 나쁜 것을 말하더라도 역시 바깥일입니다. 이와 같은 것들도 오히려 바깥에 속하거늘, 하물며 다시 번뇌 가운데서 옛 성인(聖人)이 꾸짖으시던 일을 하겠습니까? 좋은 일을 하는 것도 오히려 긍정하지 않거늘, 하물며 좋지

---

368) 삼조(三祖) 승찬(僧璨) 스님의 『신심명(信心銘)』에 나오는 글이다.

않은 일을 긍정하겠습니까?

 天堂地獄이 不在別處라 只在當人의 半惺半覺와 未下床時方寸中이라 並不從外來니 發未發覺未覺時에 切須照顧호대 照顧時에 亦不得與之用力爭이니 爭着則費力矣리라
 祖不云乎아 止動歸止하면 止更彌動이라하니 纔覺日用塵勞中에 漸漸省力時ㅣ便是當人의 得力之處며 便是當人의 成佛作祖之處며 便是當人의 變地獄作天堂之處며 便是當人의 穩坐之處이며 便是當人의 出生死之處며 便是當人의 致君於堯舜之上之處며 便是當人의 起疲眠於凋療之際之處며 便是當人의 覆陰子孫之處니 到遮裡하야 說佛說祖하며 說心說性하며 說玄說妙하며 說理說事하며 說好說惡라도 亦是外邊事라 如此等事도 尙屬外矣온 況更作塵勞中에 先聖所訶之事耶아 作好事도 尙不肯이어든 豈肯作不好事耶아

 만약 이 말을 믿어 미친다면, 영가(永嘉) 스님369)이 이르기를 "가도 선이고 앉아도 선이니, 어묵동정(語黙動靜)하는 근본자리가 편안하다."370)고 한 것이 헛된 말이 아닐 것입니다. 청하건대 이 말에 의지하여 생활하여 시종(始終) 변하여 바뀌지 않으면, 비록 자기의 본지풍광(本地風光)을 철저히 증득(證得)하지 못하며, 비록 자기의 본래 면목을 분명하게 보지 못하더라도 생소한 곳은 벌써 익숙해지고 익숙한 곳은 벌써 생소해질 것입니다. 간절하고 간절히 기억해 지니십시오.

---

369) 영가현각(永嘉玄覺) 스님으로 육조 혜능(六祖慧能)의 제자다. 호를 일숙각(一宿覺)이라고 하는 것은 육조가 그의 깨달음을 인정하고 하루 자고 갈 것을 권한 데서 나왔다.
370) 『증도가(證道歌)』

조금 힘 덜림을 아는 곳이 문득 이 힘을 얻는 곳입니다.

제가 매번 수행하는 사람들과 더불어 이런 말을 합니다. 가끔 빈번하게 말하는 것을 보고, 많이들 소홀히 여기고 즐겁게 일삼지 않았습니다. 거사는 시험 삼아 이와 같이 공부를 해 보십시오. 다만 스스로 10여 일에 곧 힘을 덜거나 덜지 못하는 것과 힘을 얻거나 얻지 못하는 것을 보게 될 것입니다. 사람이 물을 마심에 차고 더운 것을 스스로 아는 것과 같아서 남에게 설명하려 해도 할 수 없고, 남에게 들어 보이려 해도 할 수 없습니다.

선덕(先德)371)이 이르기를 "깨달음은 말하자면 남에게 보일 수 없고, 이치는 말하자면 증득하지 않으면 통달하지 못한다."372)고 하였습니다. 스스로 증득하고 스스로 터득하며, 스스로 믿고 스스로 깨닫는 곳은 오직 일찍이 증득하며, 일찍이 터득하며, 일찍이 믿으며, 일찍이 깨달은 사람이어야 바야흐로 묵묵히 서로 계합할 것입니다. 증득하지 못하며, 터득하지 못하며, 믿지 못하며, 깨닫지 못한 사람은 스스로 믿지 않을 뿐만 아니라 또한 남의 이런 경계가 있는 것도 믿지 않습니다.

若信得此說及인댄 永嘉의 所謂行亦禪이며 坐亦禪이라 語默動靜體安然이라호미 不是虛語리니 請依此行履하여 始終에 不變易則雖未徹證自己의 本地風光하며 雖未明見自己의 本來面目이라도 生處란 已熟하고 熟處란 已生矣리니 切切記取어다 纔覺省力處ㅣ便是得力處也라

---

371) 화엄종의 제4조 청량 징관(淸凉 澄觀)을 말한다. 인용된 부분은 심요(心要)를 묻는 순종 황제의 질문에 대답한 편지글〔五臺山鎭國大師澄觀答皇太子問心要〕에 나온 말이다.
372) 『경덕전등록(景德傳燈錄)』 권제30(卷第三十)

妙喜老漢이 每與簡中人으로 說此話호니 往往에 見說得頻了하고 多忽之하야 不肯將爲事러라 居士는 試如此做工夫看하라 只十餘日에 便自見得省力不省力과 得力不得力矣리니 如人이 飮水에 冷煖을 自知라 說與人不得이며 呈似人不得이니라

先德이 云語證則不可示人이나 說理則非證이면 不了라하시니 自證自得하며 自信自悟處는 除曾證曾得하며 曾信曾悟者라사 方默默相契어니와 未證未得하며 未信未悟者는 不唯自不信이라 亦不信佗人의 有如此境界리라

노거사(老居士)는 천성이 도에 가까워 현재 결단코 행동하는 것을 고칠 필요가 없습니다. 다른 사람과 비교하건대 1만분(分) 가운데 이미 9,999분을 덜었으나 다만 한 번 터짐이 모자랄 뿐입니다. 사대부는 도를 배우되 많이들 착실히 이해하지 못합니다. 입으로 의론(議論)하고 마음으로 생각하는 것을 제거해버리면, 문득 아득해서 손발을 둘 곳이 없어집니다. 손발 둘 곳이 없는 것이 정히 좋은 곳임을 믿지 않습니다. 다만 마음속 알음알이로 도달하려 하며, 입으로 말하여 분명함을 얻으려 하면서 다만 그릇됨을 알지 못합니다.

부처님께서 말씀하시기를 "여래는 일체 비유로 갖가지 일을 말씀하시되 이 법은 비유로 능히 말씀하지 못하시니 무슨 까닭인가? 마음 지혜의 길이 끊어져서 헤아리고 의론할 수 없기 때문이다."[373]라고 하셨습니다. 진실로 알음알이로 분별하는 것은 도에 반드시 장애가 됨을 알아야 합니다. 만약 앞과 뒤가 끊어지면, 마음 지혜의 길이 저

---

373) 『대방광불화엄경(大方廣佛華嚴經)』 권제52(卷第五十二)

절로 끊어질 것입니다. 만약 마음 지혜의 길이 끊어지면, 갖가지 일을 말하는 것이 다 이 법입니다.374)

老居士는 天資近道라 現定所作所爲하야 不着更易하니 以佗人으로 較之컨대 萬分中에 已省得九千九百九十九分이요 只欠噴地一發便了로다 士大夫學道호대 多不着實理會일새 除卻口議心思하야는 便茫然하야 無所措手足하나니 不信無措手足處ㅣ正是好處하고 只管心裏에 要思量得到하며 口裡에 要說得分曉하나니 殊不知錯了也로다
佛言如來ㅣ以一切譬喩로 說種種事호대 無有譬喩能說此法하나니 何以故요 心智路絶하야 不思議故라하시니 信知思量分別은 障道必矣로다 若得前後際斷하면 心智路ㅣ自絶矣라 若心智路絶하면 說種種事皆此法也라

이 법이 이미 밝으면 곧 이 밝은 자리가 문득 헤아릴 수 없는 대해탈경계(大解脫境界)입니다. 다만 이 경계도 또한 헤아리고 의론할 수 없습니다. 경계를 이미 헤아리고 의론할 수 없다면, 일체 비유도 또한 헤아리고 의론할 수 없으며, 갖가지 일도 또한 헤아리고 헤아릴 수 없으며, 다만 이 헤아리고 의론할 수 없는 것도 또한 헤아리고 의론할 수 없으며, 이 말도 또한 붙일 곳이 없으며, 다만 이 붙일 수 없는 곳도 또한 헤아리고 의론할 수 없습니다. 이와 같이 점점 추궁(追窮)하고 힐문(詰問)하면 이런 일과 법과 비유와 경계들이 고리가 시작과 끝이 없는 것과 같아서, 일어나는 자리가 없으며 다하는 자리가 없어

---

374) 과거, 현재, 미래가 끊어지면 마음길이 끊어져서 일체가 법이 된다는 뜻이다.

서 다 헤아리고 의론할 수 없는 법입니다.

그러므로 이르기를 "보살은 이 헤아리고 의론할 수 없는 데 머물면서도, 그 가운데서 헤아리고 의론함이 끝이 없습니다. 이 헤아리고 의론할 수 없는 곳에 들어가면, 헤아리고 의론함과 헤아리고 의론하지 않음이 다 적멸(寂滅)하다."고 합니다. 그러나 또한 적멸한 곳에도 머물 수 없으니, 만약 적멸한 곳에 머문다면 법계량(法界量)375)의 간섭함을 입게 될 것입니다. 교학에서는 이것을 법진번뇌(法塵煩惱)라고 말합니다. 법계량을 없애며 갖가지 빼어남〔殊勝〕을 일시에 쳐 없애고 바야흐로 '뜰 앞의 잣나무'376)와 '삼 서 근'377)과 '마른 똥 막대기'378)와 '개는 불성이 없음'과 '한 입에 서강의 물을 다 마시는 것'379)과 '동산이 물위로 간다'380)는 것을 잘 보아야 합니다. 문득 일구(一句) 아래서 꿰뚫는다면 비로소 법계의 한량없는 회향이라고 말하겠습니다.

此法이 旣明하면 卽此明處ㅣ 便是不思議大解脫境界며 只此境界도 亦不可思議니 境界ㅣ 旣不可思議인댄 一切譬喩도 亦不可思議며 種種事도 亦不可思議며 只遮不可思議底도 亦不可思議며 此語도 亦無着處며 只遮無着處底도 亦不可思議니 如是展轉窮詰하면 若事若法과 若譬喩若境界ㅣ 如環之無端하야 無起處며 無盡處라 皆不可思議之法也니라

---

375) 법계(法界)라는 알음알이를 말한다.
376) 『고존숙어록(古尊宿語錄)』 권제13(卷第十三)
377) 『고존숙어록(古尊宿語錄)』 권제38(卷第三十八)
378) 『운문록(雲門錄)』 권상(卷上)
379) 『경덕전등록(景德傳燈錄)』 권제8(卷第八)
380) 『운문록(雲門錄)』 권상(卷上)

所以로 云菩薩이 住是不思議하야는 於中思議不可盡이라 入此不可思議處하면 思與非思皆寂滅이라하시니라 然이나 亦不得住在寂滅處니 若住在寂滅處則被法界量之所管攝이라 敎中에 謂之法塵煩惱니 滅卻法界量하며 種種殊勝을 一時打盡了하고 方始好看庭前栢樹子와 麻三斤과 乾屎橛과 狗子無佛性과 一口吸盡西江水와 東山水上行之類니 忽然一句下에 透得하면 方始謂之法界無量回向이라

사실(事實)대로 보며 사실대로 행하며, 사실대로 작용해서, 문득 능히 한 털끝에서 보왕 세계〔寶王刹〕381)를 나타내며, 가는 티끌에 앉아서 큰 법의 수레바퀴를 돌리며, 갖가지 법을 성취하며, 갖가지 법을 파괴하되, 일체가 나를 말미암는 것입니다. 장사(壯士)가 팔을 폄에 남의 힘을 빌리지 않으며, 사자(獅子)가 다니는 데 짝을 구하지 않는 것과 같습니다. 갖가지 수승(殊勝)하고 오묘(奧妙)한 경계가 앞에 나타나더라도 마음으로 놀라거나 기이하게 여기지 않고, 갖가지 악업 경계가 앞에 나타나더라도 마음으로 두려워하지 않습니다. 날로 하는 일상생활 가운데 인연을 따라 놓고 비우며, 성품을 따라 소요할 것입니다. 이러한 지경에 이르러야 바야흐로 천당도 없고, 지옥과 같은 일도 없다고 이를 수 있을 것입니다.

영가(永嘉)가 이르기를 "또한 범부도 없고 또한 부처도 없어서 무한한 모든 세계가 바다 가운데 거품이고, 일체 성인과 현인이 번개 치는 것과 같다."382)라고 하였습니다. 이 노인이 만약 이런 경계에 이르지

---

381) 보왕(寶王)은 불타(佛陀)의 존칭이다. 부처님께서 모든 공덕(功德)을 닦아 장엄(莊嚴)하므로 보왕이라 한다. 찰(刹)은 국토(國土)라는 뜻으로, 합하면 불국토(佛國土)라는 말이 된다.

않았다면, 어떻게 이런 말을 했겠습니까? 이 말을 잘못 아는 사람이 매우 많습니다. 진실로 근원을 투철하지 못하면 말에 따라 알음알이 내기를 면하지 못합니다. 문득 일체가 다 없다고 말하며, 인과를 쓸어 없애서 모든 부처와 조사가 말한 가르침을 다 허무하다고 말합니다. 이는 사람을 속이고 미혹하게 한다고 이르겠습니다. 이 병을 제거하지 않으면, 아득하여 재앙을 불러오는 사람이 될 것입니다.

如實而見하며 如實而行하며 如實而用하야 便能於一毛端에 現寶王刹하며 坐微塵裡하야 轉大法輪이라 成就種種法하며 破壞種種法호대 一切由我리니 如壯士展臂에 不借佗力이며 獅子游行에 不求伴侶라 種種勝妙境界現前이라도 心不驚異하며 種種惡業境界現前이라도 心不怕怖하고 日用四威儀中에 隨緣放曠하며 任性逍遙하리니 到得遮箇田地하야사 方可說無天堂無地獄等事리라

永嘉ㅣ云亦無人亦無佛이라 大千沙界海中漚요 一切聖賢如電拂이라하니 此老ㅣ若不到恁麽田地인댄 如何說得出來리요 此語를 錯會者ㅣ甚多하니 苟未徹根源이면 不免依語生解하야 便道一切皆無라하며 撥無因果하야 說諸佛諸祖의 所說言敎하야 盡以爲虛하나니 謂之誑惑人이라 此病을 不除하면 乃溁溁蕩蕩하야 招殃禍者也리라

부처님께서 말씀하시기를 "허망하고 들뜬 마음을 가진 사람은 교묘한 견해가 많다."[383]고 하셨습니다. 만약 있는 데 집착하지 않으면, 문득 없는 데 집착합니다. 만약 이 두 가지에 집착하지 않으면, 문득

---

382) 『증도가(證道歌)』
383) 『원각경(圓覺經)』

있는 것과 없는 것의 사이에 알음알이로 헤아립니다. 비록 이 병을 알았으나, 정히 있는 것도 아니고 없는 것도 아닌 곳에 집착합니다. 그러므로 옛 성인이 간절하게 말씀하여, 사구(四句)를 떠나고 백 가지 그릇된 것384)을 끊고 바로 한 칼에 두 동강을 내서, 다시는 뒤도 생각하지 않고 앞도 생각하지 않고 앉아서 일 천 성인의 이마를 끊게 하셨습니다.385) 사구(四句)라는 것은 있는 것〔有〕, 없는 것〔無〕, 있는 것도 아니고 없는 것도 아닌 것〔非有非無〕, 또한 있고 또한 없는 것〔亦有亦無〕이 이것입니다. 만약 이 사구를 뚫으면, 일체 모든 법이 실제로 있다고 말하는 것을 보고, 나도 또한 따라서 그와 더불어 있다고 말하더라도 실제 있다는 것의 장애(障碍)를 받지 아니합니다. 일체 모든 법이 실제로 없다고 말하는 것을 보고, 나 또한 따라서 그와 더불어 없다고 말하더라도 세간의 텅 빈 없음이 아닙니다. 일체 모든 법이 또한 있고 또한 없다는 것을 말하는 것을 보고, 나도 또한 따라서 그와 더불어 또한 있고 또한 없다고 말하더라도 또한 희롱하는 의론이 안 됩니다. 일체 모든 법이 있지도 않고 없지도 않다고 말하는 것을 보고, 나도 또한 따라서 있지도 않고 없지도 않다고 그와 더불어 말하더라도 또한 서로 어긋나지 않습니다. 정명(淨名)이 이르기를 "외도 육사(外道六師)가 떨어지는 곳에 너도 또한 따라 떨어져야 한다."386)는 것이 이것입니다.

---

384) 있음〔有〕, 없음〔無〕, 있기도 하고 없기도 함〔亦有亦無〕, 있는 것도 아니고 없는 것도 아님〔非有非無〕의 사구(四句)가 그 가운데 각각 사구(四句)를 갖추고 있으니 16구가 된다. 여기에 이미 일어남〔已起〕과 아직 일어나지 않음〔未起〕의 두 가지를 적용하면 32구가 되고 다시 여기에 삼세(三世)를 곱하면 96구가 된다. 마지막으로 근본 사구(四句)를 더하면 백 가지가 되는데 이것이 백 가지 그릇된 것〔百非〕이다.
385) 양변을 여읜 자리에서 투과(透過)하는 것을 말한다.

佛言虛妄浮心이 多諸巧見이라하시니 若不着有면 便着無하고 若不
着此二種이면 便於有無之間에 思量卜度하며 縱識得此病이나 定在非
有非無處하야 着到하나니 故로 先聖이 苦口叮嚀하사 令離四句絶百非
하고 直下에 一刀兩段하야 更不念後思前하고 坐斷千聖頂嚀케하시니
四句者는 乃有無非有非無와 亦有亦無是也라 若透得此四句了하면
見說一切諸法이 實有하고 我亦隨順하야 與之說有라도 且不被此實有
所礙하며 見說一切諸法이 實無하고 我亦隨順하야 與之說無라도 且非
世間虛豁之無며 見說一切諸法이 亦有亦無하고 我亦隨順하야 與之說
亦有亦無라도 且非戲論이며 見說一切諸法이 非有非無하고 我亦隨順
하여 與之說非有非無라도 且非相違니라 淨名이 云外道六師所墮에 汝
亦隨墮是也라

  사대부가 도를 배우되 마음을 비워서 선지식의 가르침 듣기를 많
이 즐기지 아니하고, 선지식이 겨우 입을 열면 그가 이미 말보다 앞에
있어서 바로 알아버리다가 그에게 토로하게 하면 다 바로 틀리게 말
합니다. 정히 말에 앞서 알기를 좋아하는 사람이 또 도리어 말 위에
걸립니다.
  또 한 종류는 한결같이 총명하게 도리를 말합니다. 세간의 갖가지
기예는 내가 알지 못하는 것이 없으나, 다만 선(禪) 하나에 대한 것을
알지 못한다고 하여, 벼슬을 하는 곳에서 몇몇 잘못된 장로(長老)를
불러와 한번 밥을 먹이고 나서는 그로 하여금 말을 멋대로 어지럽게
하게 합니다. 문득 심의식(心意識)을 가지고 이 그릇된 사람이 말한
것을 기억해서 도리어 사람을 감정(勘定)합니다. 한 마디 말을 들으면

386) 『유마힐소설경(維摩詰所說經)』 권상(卷上)

한 마디 말을 대답하니, 이것을 '선 겨루기〔厮禪〕'387)라고 하겠습니다. 맨 뒤에 자기가 한 구절이 더 많고 남이 말이 없을 때에는 문득 이것이 자기가 이긴 것이라고 말합니다. 진실하고 눈 밝은 사람을 만나서는 또 도리어 알지 못합니다. 비록 알더라도 또 결정적 믿음이 없어서 즐겨 사지(四肢)388)를 땅에 놓고389) 스승께 나아가 이해하지 않습니다. 옛날처럼 인가(認可)를 요구하다가 역순 경계 가운데 본분 겸추(鉗鎚)390)로 보이는 스승을 만나서는 또 도리어 두려워해서 감히 친하고 가까이 하지 못합니다. 이런 무리를 불쌍한 자들이라고 이름 하겠습니다.

노거사(老居士)는 젊은 나이에 높은 벼슬에 올라 집을 일으켜, 처해 있는 곳에서 때를 따라 이익이 되는 일을 하였습니다. 문장 사업(文章事業)이 다 남보다 낫되 일찍이 스스로 자랑하지 않고, 한결 같은 마음과 뜻으로 다만 물러나서, 착실하게 이 일대사인연을 알았으므로 그 지극한 정성을 보인 것입니다. 알지 못하는 사이에 이와 같이 번거롭게 편지를 썼습니다. 유독 거사로 하여금 이런 병을 알게 할 뿐만이 아니라 또한 초심을 낸 보살이 도에 들어가는 양식을 삼으라는 뜻입니다.

士大夫ㅣ 學道호대 多不肯虛卻心하야 聽善知識指示하고 善知識이 纔開口면 渠ㅣ 已在言前하야 一時領會了也라가 及至敎渠로 吐露하야

---

387) 시선(厮禪)의 시(厮)는 '서로 더불어 다툰다'는 말이다.
388) 사체(四體)를 말한다. 두 팔과 두 다리, 혹은 팔다리와 머리와 몸뚱이로서 온몸을 말한다.
389) 깨달은 선지식 앞에 완전히 자기를 낮추고 승복(承服)하는 것을 말한다.
390) 방망이〔捧〕이나 외침〔喝〕이니 가르침을 엄하게 보이는 것을 말한다.

는 盡一時錯會하나니 正好在言前領略底ㅣ 又卻滯在言語上이로다

又有一種은 一向에 作聰明說道理하야 世間種種伎藝는 我無不會者어니와 只有禪一般을 我ㅣ未會在라하야 當官處에 呼幾枚杜撰長老來하야 與一頓飯하고 喫卻了하야는 敎渠로 恣意亂說하고 便將心意識하야 記取遮杜撰說底하야 卻去勘人호대 一句來一句去하나니 謂之厮禪이라 末後에 我ㅣ多一句하고 你ㅣ無語時에는 便是我得便宜了也라가 及至撞着箇眞實明眼漢하야는 又卻不識하며 縱然識得이 又無決定信하야 不肯四楞塌地放下하야 就師家理會하고 依舊要求印可라가 及至師家ㅣ於逆順境中에 示以本分鉗鎚하야는 又卻怕懼하야 不敢親近하나니 此等은 名爲可憐愍者니라

老居士ㅣ妙年에 登高第起家하야 所在之處에 隨時作利益事하며 文章事業이 皆過人호대 而未嘗自矜하고 一心一意로 只要退步하야 着實理會此段大事因緣일새 見其至誠이라 不覺에 忉怛如許하노라 非獨要居士로 識得遮般病이라 亦作勸發初心菩薩의 入道之資糧也하노라

【요지】

회광반조(回光返照)하여 모든 인연에 떨어지지 말 것을 가르쳤다. "와!" 하는 결정적 깨달음을 얻지 못했더라도 고보(故步)를 잃지 않으면 염라대왕이 항복한다고 했다. 세속과 불법이라는 일체의 생각도 하지 말고 회광반조하면 적중하게 된다고 했다.

날마다 눈뜨지 않았을 때, 침상에서 내려오지 않았을 때, 반쯤 깨어 반쯤 지각할 때 이미 마음과 의식이 어지럽다고 했다. 마음속에서 이미 천당과 지옥이 있다가 발동할 때 나타나서 제8식에 바로 떨어진다고 했다. 강물, 종자, 등불, 바람, 구름 같은 것들이 다 마음에서 나왔으니, 조급한 원숭이, 더러움을 좋아하는 파리, 만족할 줄 모르는 바람과 불,

거짓을 반복하는 두레박 같은 마음을 타파하면 지혜를 얻을 수 있다고 했다.

천당과 지옥이 자기 마음에 있으니 비추어 보고 억지로 다투지 말라고 지적했다. 이렇게 하여 힘이 덜리면 불조가 되고 지옥이 천당이 되고, 생사를 벗어나고, 임금을 요순 지위에 올리고, 백성을 건지며, 자손에게 음덕을 끼칠 수 있다고 했다.

일체 생활에서 선(禪)을 실천하게 되면, 익숙한 곳은 생소해지고 생소한 곳은 익숙해져서 10일만 지나도 효과를 얻을 수 있다고 말했다. 또한 스스로 믿고 증득하거나 깨달아야 계합할 수 있다고 했다. 거사는 이미 9,999분(分)이 완성되었기 때문에 입으로 의론하거나 마음으로 생각하지 말라고 했다. 법은 비유로 보일 수 없는 오묘한 것이기 때문에 이것을 알음알이나 의론으로 알려고 하는 것은 도에 장애가 될 뿐이라고 했다. 이 법에 밝으면 일체가 헤아리고 의론할 수 없는 법이 되지만, 헤아리고 의론할 수 없는 적멸에도 머물게 되면 법계량에 빠져서 법진번뇌(法塵煩惱)를 가지게 되니 조사 일구(一句)를 꿰뚫어야 한다고 했다.

일상생활에서 인연을 비우고 성품을 따라 소요하면 저절로 천당과 지옥이 없게 된다고 했다. '범부와 부처가 없으며, 일체 세계가 물거품과 같고, 모든 성현이 번개와 같다.'는 영가 스님의 말을 그 예로 제시했다.

사구(四句)와 백비(百非)를 극복할 것을 말했다. 사구(四句)를 극복하면 모든 것을 따라 주어도 잘못이 없다고 했다. 사대부 가운데 알음알이로 알아맞히는 사람이 있고, 그릇된 노장의 의견을 빌려와서 선을 겨루는 사람도 있는데, 대혜 스님은 이들이 참다운 선지식은 가까이 하지 못한다고 말했다.

28. 왕내한 언장391)에게 답함 (1)

받아 보니, '문을 닫고 면벽(面壁)을 한다.'392)고 하니 이것은 마음을 쉬는 좋은 약입니다. 만약 다시 묵은 종이를 뚫는다면393) 결단코 무의식 속의 시작 없는 옛 생사의 뿌리와 싹을 자라게 하여 선근(善根) 짓는 것을 어렵게 만들고 도를 장애하게 되는 것은 의심할 여지가 없을 것입니다. 마음을 쉬고 또 마음 쉬기를 마치고 나서는 과거의 일에 혹 착한 것과 혹 나쁜 것, 혹 역경(逆境)과 혹 순경(順境)을 모두 생각하지 말아야 합니다. 현재의 일을 덜고 문득 덜되 한 칼로 두 동강을 내서 머뭇거리거나 의심하지 않으면, 미래의 일은 저절로 서로 이어지지 않을 것입니다.

부처님께서 말씀하시기를 "마음으로 과거의 법을 망령되게 가지지 않으며, 또한 미래의 일을 탐내어 집착하지 않고, 현재에도 머물지 않으면 삼세(三世)가 다 비고 고요함을 통달할 수 있다."394)고 하셨습

---

391) 이름은 조(藻)이고 자(字)는 언장(彦章)이다.
392) 벽을 향해 앉아서 화두를 참구하는 것을 말한다.
393) 경전에만 집착해 있는 스승을 깨우쳐 주기 위하여, 빈 곳으로 나가지 않고 무모하게 창문을 뚫고 나가려는 벌에 비유하여 스승을 풍자한 고령신찬(古靈神贊) 선사의 게송(偈頌)에 나오는 내용이다. "빈 문으로 즐겨 나가지 않고, 창문을 뚫으려 하니 크게 어리석도다! 한 평생 묵은 종이를 뚫은들 어느 날에 머리 드러낼 것을 기약하겠는가?(空門不肯出 投窓也大癡 百年鑽故紙 何日出頭期)"

니다. 다만 스님이 조주에게 묻기를 '개도 도리어 불성이 있습니까?' 하니 조주가 '없다'고 한 화두를 참구(參究)하십시오. 청컨대 부질없는 알음알이의 마음을 무자(無字) 위에 돌려서 시험 삼아 헤아려 보십시오. 홀연히 헤아림이 미치지 못하는 곳을 향하여 이 한 생각을 타파하면 문득 이것이 삼세를 통달하는 자리입니다. 통달했을 때에는 안배할 수 없으며, 헤아리고 비교할 수 없으며, 끌어와 증명할 수 없을 것이니 무슨 까닭입니까? 통달한 자리에는 안배를 용납하지 않으며, 헤아리고 비교함을 용납하지 않으며, 끌어와 증명하는 것을 용납하지 않기 때문입니다.

答汪內翰 彦章

承杜門壁觀이라하니 此는 息心良藥也라 若更鑽故紙인댄 定引起藏識中에 無始時來의 生死根苗하야 作善根難이며 作障道難이 無疑리니 得息心하고 且息心已하야는 過去底事에 或善或惡과 或逆或順을 都莫思量하며 現在事는 得省便省호대 一刀兩段하야 不要遲疑하면 未來事는 自然不相續矣리라

釋迦老子ㅣ 云心不妄取過去法하며 亦不貪着未來事하고 不於現在有所住하면 了達三世悉空寂이라하니 但看僧이 問趙州호대 狗子도 還有佛性也無잇가 州云無하고 請只把閑思量底心하야 回在無字上하야 試思量看하라 忽然向思量不及處하야 得遮一念破하면 便是了達三世處也니라 了達時에는 安排不得이며 計較不得하며 引證不得이니 何以故요 了達處에는 不容安排며 不容計較며 不容引證이라

---

394) 『대방광불화엄경(大方廣佛華嚴經)』 권제28(卷第二十八)

설령 끌어와 증명하고 헤아려 비교하고 안배하더라도 통달하는 것과는 상관이 없습니다. 다만 놓아버리기를 시원하게 하여 마음을 모두 헤아리지도 말며, 또한 생각을 붙이지도 말며, 또한 마음을 잊어버리지도 마십시오. 생각을 붙이면 산란(散亂)하게 되고, 생각을 없애면 혼침(昏沈)하게 될 것입니다. 생각을 붙이지도 않고 생각을 없애지도 않으면, 선(善)이 선(善)이 아니고 악(惡)이 악(惡)이 아닙니다. 만약 이와 같이 통달하면 생사의 마군(魔軍)을 어디에서 더듬어 찾겠습니까? 하나의 왕언장의 명성이 천하에 가득합니다. 평생 동안 안배하고 헤아리고 비교하며 끌어와 증명한 것은 문장이며 명예이며 관직이었지만, 만년(晩年)에 인과를 거두어 맺는 곳에서 무엇이 진실한 것입니까? 한없이 쓸 데 없는 일395)을 한 것입니다. 어느 한 글귀396)에서 힘을 얻었습니까? 명예가 이미 드러난 것은 덕망(德望)을 숨기고 영광(榮光)을 감추는 것과는 서로 거리가 얼마입니까?397) 관직이 이미 대량제(大兩制)398)에 이르렀으니, 수재399)였던 때와 서로 거리가 얼마입니까? 지금 이미 70에 가까워 당신의 기량을 다했으니, 무엇을 기다리며400) 죽는 날에 어떻게 대처해 나가겠습니까? 사람을 죽이는 무상의 귀신은 잠시도 멈추지 않습니다.

---

395) 지호자(之乎者)는 모두 어조사인데 여기서는 '쓸 데 없는 일'이라는 뜻으로 사용되었다.
396) 여기서는 세속에서 익힌 문장의 한 구절이다.
397) 명예는 허망한 것이기 때문에 세속에서 물러나 은거하며 도 닦는 일에 견주면 무가치한 일이라는 뜻이다.
398) 송나라 때 한림학사(翰林學士)를 내제(內制)라 하고 중서사인(中書舍人)을 외제(外制)라고 했는데 겸직하면 양제(兩制)라고 했다. 여기서 '크다〔大〕'는 말은 존칭을 나타낸다.
399) 문과에 급제하기 이전의 선비를 일컫는 말이다.
400) 스스로 재상(宰相)이 되어 할 일을 다 해서 더 바랄 것이 없다는 말이다.

縱然引證得計較得安排得이라도 與了達底로는 了沒交涉이니 但放敎蕩蕩地하야 善惡을 都莫思量하며 亦莫着意하며 亦莫忘懷어다 着意則流蕩하고 忘懷則昏沈하리라 不着意不忘懷하면 善ㅣ不是善이요 惡ㅣ不是惡이라 若如此了達하면 生死魔ㅣ何處摸索이리요 一箇汪彦章의 聲名이 滿天下하니 平生에 安排得計較得引證得底는 是文章이며 是名譽며 是官職이나 晩年收因結果處에 那箇是實고 做了無限之乎者也니라 那一句에 得力고 名譽旣彰하니 與匿德藏光者로 相去幾何오 官職이 已做到大兩制하니 與作秀才時로 相去多少오 而今에 已近七十歲라 儘公伎倆커니 待要如何며 臘月三十日에 作麽生折合去오 無常殺鬼ㅣ念念不停이니라

설봉진각(雪峰眞覺)401)이 말하기를 "세월은 홀연히 순간이고 잠깐이라, 허망한 세상에 어찌 능히 오래 머물 수 있겠는가? 비원령(飛猿嶺)을 나갈 때 나이 32세였는데, 민중(閩中) 땅에 돌아온 지가 벌써 40년이 지났네. 다른 사람의 그릇됨 자주 거론하지 말고, 자기 허물 도리어 자주 제거하라. 성(城) 안에 가득한 부귀한 사람을 위하여 알리노니, 염라대왕은 금고기402) 찬 사람을 두려워하지 않는다네."403)라고 하셨습니다. 옛 사람404)이 입이 아프도록 간절히 한 말이 무슨

---

401) 이름은 의존(義存)이고 당나라 의종(懿宗)이 진각(眞覺)이라는 시호를 내렸다.
402) 병부(兵符)인데, 고기 모양에 도금을 하여 만든 것으로, 여기서는 권력을 상징하는 말로 사용되었다.
403) 설봉 스님은 민중(閩中) 사람으로 비원령(飛猿嶺)을 나가 행각하다가 뒤에 민중의 상수산(象首山)으로 돌아와 이런 게송을 지었다.(『설봉어록(雪峰語錄)』 권하)
404) 설봉 스님이다.

일을 위한 것입니까? 세간의 어리석고 용렬한 사람은 배고프고 추운 것이 핍박해 오므로 일상에 다른 생각이 없다가, 다만 몸이 조금 덥고 뱃속이 주리지 않으면 문득 만족해 버립니다. 다만 이 두 가지 일뿐이어서 생사의 마군(魔軍)이 도리어 능히 괴롭히지 못합니다. 부귀한 사람과 비교하건대 경중(輕重)이 크게 같지 않으니, 부귀를 받는 사람은 몸이 이미 항상 따뜻하고 뱃속이 또 항상 불러서 이미 두 가지 일에 핍박당하지 않으니, 도리어 한바탕 말할 수 없이 나쁜 일을 많이 합니다.405) 이런 까닭으로 항상 생사 마군(魔軍)의 그물 속에 빠져 벗어나지 못합니다.

　다만 숙세에 영골(靈骨)을 가진 사람은 바야흐로 보기를 투철히 하고 알아서 타파할 것입니다. 옛 성인406)이 이르기를 "잠깐 일어나는 것은 병이고, 이어지지 않는 것은 약이니, 생각 일어남을 두려워하지 않고, 오직 알아차리는 것이 더딤을 두려워한다."407)고 하였습니다. 부처는 깨닫는다는 뜻입니다. 항상 깨달아 있는 까닭으로 대각(大覺)이라고 이르며 또한 깨달음의 왕〔覺王〕이라고 합니다. 그러나 다 범부가 성인이 되는 것입니다. 저 사람이 이미 대장부니, 나는 어찌 그렇지 못하겠습니까?408) 한 평생이 능히 얼마나 됩니까? 생각생각 머리에 붙은 불을 끄는 것과 같이 해야 합니다. 좋은 일 하는 것도 오히려 판단하지 못할까 두려운데 하물며 생각 생각이 번뇌 가운데 있으면서 깨닫지 못하는 일이겠습니까? 가히 두렵고 두렵습니다.

---

405) 죄악(罪惡)이 더욱 커서 이루 말로 다 표현할 수 없는 것을 말한다.
406) 장로사(長蘆寺)의 종색선사(宗賾禪師)이다.
407) 『종경록(宗鏡錄)』 권제38(卷第三十八)
408) 『종경록(宗鏡錄)』 권제76(卷第七十六)

雪峯眞覺이 云光陰倏忽暫須臾라 浮世那能得久居아 出嶺年登三十二러니 入闉早是四旬餘로다 佗非不用頻頻擧하고 己過還須旋旋除어다 爲報滿城朱紫道하노니 閻王이 不怕佩金魚라하시니 古人의 苦口叮嚀이 爲甚麽事오 世間愚庸之人은 飢寒所迫으로 日用에 無佗念이라 只得身上이 稍煖하고 肚裡不飢하면 便了하나니 只是遮兩事라 生死魔ㅣ 却不能爲惱어니와 以富貴者로 較之컨대 輕重이 大不等하니 受富貴底는 身上이 旣常煖하고 肚裡又常飽러니 旣不被遮兩事의 所迫하야는 又却多一件不可說底無狀하나니 以故로 常在生死魔網中하야 無由出離라

除宿有靈骨하니는 方見得徹識得破니라 先聖이 云瞥起는 是病이요 不續은 是藥이며 不怕念起요 唯恐覺遲라하니라 佛者는 覺也라 爲其常覺故로 謂之大覺이며 亦謂之覺王이니라 然이나 皆從凡夫中하야 做得出來라 彼旣丈夫어니 我寧不爾리요 百年光景이 能得幾時아 念念에 如救頭燃이니 做好事도 尙恐做不辦이온 況念念이 在塵勞中而不覺也리요 可畏可畏니라

근래에 여거인(呂居仁)의 4월초 편지를 받아 보니, '증숙하(曾叔夏)와 유언례(劉彦禮)가 죽었다'고 했습니다. 거인(居仁)이 말하기를 '친구 가운데 때때로 다시 한두 사람이 죽었으니 바로 두렵다'고 했습니다. 그가 '요즈음 이 일을 매우 절실히 하되, 또한 문득 공부하는 것이 조금 더딘 것을 한스럽게 여긴다.'고 하거늘, 근래에 편지를 써서 답했습니다. 다만 말년(末年)에 잘못을 아는 한 생각을 옳은 것으로 삼거나, 더디고 빠른 것을 묻지 마십시오. 잘못을 아는 한 생각은 문득 부처가 되고 조사가 되는 기본이며, 마군(魔軍)의 그물을 타파하는

예리한 무기며, 생사를 벗어나는 길입니다. 원컨대 당신은 다만 이와 같이 공부를 해 가십시오. 공부하는 것이 점점 익숙해 가면 일상의 생활 가운데 문득 힘 덜림을 알게 될 것입니다. 힘 덜림을 알 때에 놓아서 느슨하게 하지 말고 다만 힘 덜리는 곳에 나아가서 다가가십시오. 다가오고 다가감에 이 힘 덜리는 곳〔省力處〕조차 또한 때때로 많게 하려고 힘쓰지 말아야 함을 알지 못합니다.409) 다만 이 무자(無字)만 볼지언정 얻고 얻지 못함을 관여하지 마십시오. 지극히 빌고 지극히 빕니다.

近收呂居仁四月初書호니 報曾叔夏劉彦禮死라하고 居仁이 云交游中에 時復抽了一兩人호니 直是可畏라하며 渠邇來에 爲此事甚切호대 亦以瞥地回頭稍遲로 爲恨이라하야늘 比에 作書答之云호대 只以末後知非底一念으로 爲正하고 不問遲速也어다 知非底一念은 便是成佛作祖底基本이며 破魔網底利器며 出生死底路頭也라 願公은 亦只如此 做工夫하라 做得工夫漸熟則日用二六時中에 便覺省力矣리니 覺得省力時에 不要放緩하고 只就省力處하야 崖將去어다 崖來崖去에 和遮省力處하야 亦不知有時不爭多也러니 但只看簡無字언정 莫管得不得이어다 至禱至禱하노라

【요지】
　이 글에서는 삼세의 일을 모두 생각하지 말고, 다만 무자 화두를 참구할 것을 가르치고 있다. 마음을 쉬고 과거의 선악(善惡), 역순(逆順)을 모두 생각하지 말고 현재의 일을 덜어버리면, 미래의 일은 저절로 이어

---
409) 힘 덜리는 곳을 억지로 만들지 말고 자연스럽게 하라는 말이다.

지지 않을 것이라고 충고했다. 과거, 현재, 미래에 집착하지 말 것을 가르친 부처님의 말씀을 예로 가져 와서 다만 무자(無字)를 참구하도록 권했다. 헤아림이 없는 곳에서 한 생각을 타파하면 삼세를 통달할 수 있다고 말했다.

평생의 문장과 명예, 관직이 다 쓸데없는 것이며, 무상의 살귀(殺鬼)가 신속한 것을 환기하여 공부에 더욱 매진할 것을 권했다. 부귀한 사람은 여러 악업을 짓고, 빈천한 사람은 기한(飢寒)에 빠져서 공부를 하기 어렵다고 지적했다. 생각이 일어나는 것이 병(病)이라면 그 생각이 지속되지 않게 하는 것이 약(藥)이라고 하고, 바로 알아차릴 것을 가르쳤다. 한 평생이 얼마 되지 않기 때문에 공부를 머리 불 끄듯이 해야 한다고 말했다.

공부의 더디거나 빠른 것을 묻지 말고 바로 자기 잘못을 아는 것이 바른 길이라고 하고, 힘 더는 곳에서 더 열심히 무자(無字)를 참구할 것을 말했다.

29. 왕내한 언장에게 답함 (2)

편지에, 문을 닫고 교제를 쉬며 세상일을 일체 소홀히 하고 오직 아침저녁으로 제가 지난번에 준 화두를 잡아 간다고 하니 매우 좋습니다. 이미 이 마음을 판단했으니, 마땅히 깨달음을 원칙으로 삼아야 합니다. 만약 스스로 물러나서 근성이 어리석고 열등하다고 하며, 다시 입문할 곳을 찾는다고 하면, 정히 함원전(含元殿) 안에서 장안이 어디 있는가를 묻는 것일 뿐입니다.410)

정히 잡아 갈 때에는 이 누구이며, 능히 근성이 못났다는 것을 아는 사람은 또 이 누구이며, 입문할 곳을 찾는 사람은 또 이 누구입니까? 제가 구업(口業)을 피하지 않고 분명히 거사를 위하여 설파하겠습니다. 다만 이 한 왕언장(汪彦章)입니다. 다시 둘이 없어서 다만 하나의 왕언장인데, 다시 어디에서 (화두를) 잡아가는 사람과 근성이 못났다는 것을 아는 사람과 입문할 곳을 구하는 사람을 얻겠습니까? 마땅히 다 이 왕언장의 그림자라서 아울러 그 왕언장의 일에 아무 상관이 없음을 알아야 합니다.411)

---

410) 당 나라 고종(高宗)이 봉래궁(蓬萊宮)에 행차하여, 새로 함원전을 세웠는데 당 나라 옛 수도 장안(長安)에 위치해 있었다. 따라서 함원전 안에서 다시 장안을 찾는다는 것은 본분 왕언장이 밖으로 그림자 왕언장을 찾는 잘못을 비유한 말이다.
411) 본분 왕언장의 일에 아무 상관이 없다는 말이다.

만약 이 참된 왕언장이라면 근성이 반드시 열등하지 않으며, 반드시 입문할 곳을 찾지 않을 것입니다. 단지 자기의 주인공을 확실히 믿는다면, 아울러 허다한 망상을 하지 말아야 할 것입니다.

又

伏承호니 杜門息交하며 世事를 一切澗略하고 唯朝夕에 以某向所擧話頭로 提撕라하니 甚善甚善이로다 旣辦此心이라 當以悟爲則이니 若自生退屈하야 謂根性이 陋劣이라하며 更求入頭處라하면 正是舍元殿裡에 問長安이 在甚處爾이니라

正提撕時는 是阿誰며 能知根性이 陋劣底는 又是阿誰며 求入頭處底는 又是阿誰오 妙喜ㅣ 不避口業하고 分明爲居士說破호리라 只是箇汪彦章이라 更無兩箇니 只有一箇汪彦章이어늘 更那裡에 得箇提撕底와 知根性陋劣底와 求入頭處底來리오 當知皆是汪彦章影子라 並不干佗汪彦章事니라

若是眞箇汪彦章인댄 根性이 不必陋劣이며 必不求入頭處니 但只信得自家主人公及인댄 並不消得許多勞攘하리라

옛날에 어떤 스님[412]이 앙산 스님[413]에게 묻기를 "선종은 문득 깨닫는 것입니다. 필경 들어가는 뜻이 어떠합니까?" 하니, 앙산이 말하기를 "이 뜻은 지극히 어렵다. 만약 조사 문하에 상근기(上根機) 상지혜인(上智慧人)이라면 한 번 듣고 천 가지를 깨달아야 대총지(大總持)[414]

---

412) 이름이 사익(思益)이다. 『앙산록(仰山錄)』 69칙(則)에 나온다.
413) 원주 앙산혜적선사(袁州仰山慧寂禪師)로 소주(韶州) 회화인(懷化人)이다. 속성(俗姓)은 섭씨(葉氏)이고 위산영우선사(潙山靈祐禪師)의 제자다.
414) 대총지(大總持)는 다라니인데, 여기서는 깨달음을 뜻한다.

를 얻거니와 이런 근기의 사람은 얻기가 어렵다. 근기가 미약하고 지혜가 열등하므로 그 때문에 고덕(古德)이 말하기를 '만약 마음을 안정하고 생각을 고요히 하지 않으면, 이 속에 이르러 다 모름지기 아득하게 된다.'고 했다."고 합니다. 스님이 말하기를 "오직 이 도리 밖에 도리어 따로 방편이 있어서, 학인으로 하여금 들어가게 합니까?" 하니, 앙산이 말하기를 "따로 있기도 하고 따로 없기도 하다고 하면, 너의 마음을 불안하게 할 것이다. 내가 지금 너에게 묻는다. 너는 어느 곳 사람인가?" 하니, 대답하기를 "유주인입니다."라고 했습니다. 앙산이 묻기를 "너는 도리어 저곳을 생각하느냐?" 하니, 대답하기를 "항상 생각합니다."라고 하였습니다. 앙산이 말하기를 "저곳의 누대와 공원에는 사람과 말이 분주하니, 너는 생각하는 것을 돌이켜 생각하라.415) 도리어 허다한 일이 있는가?" 하니, 대답하기를 "제가 이 속에 이르러서는 일체 있는 것을 보지 못합니다."라고 했습니다. 앙산이 말하기를 "너의 견해가 오히려 경계에 떨어져 있으니,416) 신위(信位)417)라고 하면 곧 옳으나 인위(人位)418)라고 하면 곧 옳지 않다."419)고 했습니다.

昔에 有僧이 問仰山호대 禪宗은 頓悟라 畢竟入門的意ㅣ如何닛고

---

415) 능히 생각하는 마음을 돌이켜 다시 생각하는 것이다. 즉 회광반조(回光返照)를 말한다.
416) 경계에 떨어져 있다는 말은 마음과 경계가 하나가 되지 못해서, '없다'는 대상을 보고 있어 주객이 벌어져 있는 것을 말한다.
417) 주관인 믿는 마음과 객관인 믿는 대상이 벌어져 있는 것을 말한다.
418) 주관과 객관이 하나가 된 주인공(主人公)이다. 여기서 신위(信位), 인위(人爲)는 위앙종(潙仰宗)에서 세운 종지(宗旨)다.
419) 『경덕전등록(景德傳燈錄)』 권제11(卷第十一)

山이 曰此意는 極難하니 若是祖宗門下에 上根上智인댄 一聞千悟하야
得大總持어니와 此根人은 難得이라 其有根微智劣일새 所以로 古德이
道호대 若不安禪靜慮면 到遮裡하야 總須茫然이라하니라 僧이 曰除此
格外코 還別有方便이 令學人으로 得入也無잇가 山이 曰別有別無라하
면 令汝心으로 不安이리니 我今問汝하노라 汝是甚處人고 曰幽州人이
니다 山이 曰汝還思彼處否아 曰常思니다 山이 曰彼處樓臺林苑에 人
馬騈闐하나니 汝返思思底하라 還有許多般也無아 曰某甲이 到遮裏하
야 一切不見有니다 山이 曰汝解가 猶在境이라 信位는 即是어니와 人
位는 即不是라하니

저는 이미 노파심이 간절하여 모름지기 다시 하나의 주석을 내리
겠습니다. 인위는 곧 왕언장이고, 신위는 곧 근성이 열등하다는 것을
아는 사람과 입문할 곳을 구하는 사람입니다. 만약 정히 화두를 잡아
갈 때에 능히 잡아가는 것을 돌이켜 생각하십시오. 도리어 왕언장입
니까? 이 속에 이르러서는 사이에 털끝도 용납하지 않을 것이니,[420]
만약 생각에 머물고 근기(根機)에 머물면 그림자에 미혹될 것입니다.
청컨대 정신을 차려서 소홀히 하지 말고 소홀히 하지 마십시오. 기억
해보니 전번 편지 가운데 일찍이 마음을 쉬고 또한 마음 쉬기를 다하
라고 썼습니다. 과거 일에 혹 착한 것과 악한 것, 혹 역경(逆境)이나
순경(順境)을 모두 헤아리지 말라고 했습니다. 현재의 일을 덜고 곧
덜되 한 칼로 두 동강을 내서 머뭇거리고 의심하지 않으면, 미래의
일은 저절로 다시 서로 이어지지 않는다고 했습니다. 알지 못하겠습

---

420) 회광반조(回光返照)하는 사이에 털끝만큼이라도 간격이 있으면 주객이 하나
　　 가 될 수 없어 유무를 초월한 본분자리에 이를 수 없음을 말한다.

니다. 일찍이 이와 같이 엿보아 잡아갑니까? 이것이 문득 제일 힘 더는 공부를 하는 곳입니다. 지극히 빌고 지극히 빕니다.

妙喜는 已是老婆心切이라 須着更下箇注脚호리라 人位는 卽是汪彦章이요 信位는 卽是知根性陋劣과 求入頭處底니 若於正提撕話頭時에 返思能提撕底하라 還是汪彦章否아 到遮裡하야는 間不容髮이니 若佇思停機則被影子의 惑矣라 請快着精彩하야 不可忽不可忽이어다 記得호니 前書中嘗寫去에 得息心하고 且息心已하야는 過去底事에 或善或惡과 或逆或順을 都莫理會하며 現在事에 得省便省호대 一刀兩段하야 不要遲疑하면 未來事는 自然不相續矣라호니 不識커라 曾如此覷捕否아 遮簡便是第一省力做工夫處也니 至禱至禱하노라

【요지】
　화두를 참구하되 깨달음을 법칙으로 삼아야 함을 말했다. 스스로 근성이 어리석고 열등하다고 생각하거나, 입문할 곳을 찾지 말라고 했다. 본분 왕언장을 믿고 허다한 망상을 하지 말라고 충고했다. '신위라고 하면 옳거니와 인위라고 하면 옳지 않다.'고 한 앙산 스님의 말을 인용하여 인위(人位)는 본분 왕언장이고 신위(信位)는 근성이 열등하다고 하거나 입문할 곳을 찾는 그림자 왕언장이라고 하고, 하나의 본분 왕언장에 충실할 것을 가르쳤다.
　마음을 쉬고 쉬어서 과거의 선악, 역순의 경계를 헤아리지 말고, 현재의 일을 한 칼로 두 동강을 내듯 머뭇거리거나 의심하지 않으면, 미래의 일은 저절로 다시 이어지지 않는다고 했다.

30. 왕내한 언장에게 답함 (3)

편지를 받으니, 다섯째 자제(子弟)가 병으로 일어나지 못한다고 했습니다. 부자(父子)의 정은 천생(千生)의 긴 세월에 은혜와 사랑의 습기가 흘러 모인 것입니다. 생각하건대 이 경계를 만나면 옳은 곳이 없을 것입니다. 오탁악세(五濁惡世)421) 가운데 모든 것이 허망(虛妄)하여 하나도 진실한 것이 없습니다. 청컨대 가고 머물고 앉고 눕는 데에 항상 이런 생각으로 관찰하면 날이 가고 달이 오램에 점점 녹아서 없어질 것입니다. 그러나 정히 번뇌할 때에 자세히 헤아려서 끝까지 힐문하기를 '어느 곳으로부터 일어나는가? 만약 일어나는 곳을 궁구하지 못하면 지금 번뇌하는 것은 어느 곳으로부터 오는가? 정히 번뇌할 때에 있는 것인가? 없는 것인가? 허망한 것인가? 실제한 것인가?'라고 하십시오.

궁구(窮究)해 오고 궁구해 가면 마음 갈 곳이 없어질 것입니다. 헤아리고 싶으면 다만 헤아리고, 곡(哭)하고 싶으면 다만 곡하니, 곡해 오고 곡해 가며 헤아려 오고 헤아려 가서 무의식 가운데 많은 은혜와

---

421) 겁탁(劫濁: 겁탁 이외 이하의 4탁이 일어나는 시대), 견탁(見濁: 身見, 邊見 등 견해가 미혹된 것), 번뇌탁(煩惱濁: 오욕에 집착하여 貪瞋癡 등의 번뇌가 일어나는 것), 중생탁(衆生濁: 견탁, 번뇌탁의 결과 중생들의 마음이 둔하고 몸이 약해져 고통이 많은 것), 명탁(命濁: 앞 두 탁의 결과 중생의 수명이 차츰 단축되는 것)이 나타나는 나쁜 세상이다.

220

사랑의 습기를 다 떨쳐 버릴 때에 저절로 얼음이 물로 돌아가는 것과 같아서 나의 본래 번뇌가 없고, 헤아림도 없고, 근심과 기쁨도 없는 데로 돌아갈 것입니다. 세간에 들어가서[422] 세간을 나오기를 남김이 없이 하면,[423] 세간법이 곧 불법이며 불법이 곧 세간법입니다.

又

伏承호니 第五令嗣가 以疾로 不起라하니 父子之情은 千生百劫에 恩愛習氣之所流注라 想當此境界하면 無有是處라 五濁世中에 種種 虛幻이라 無一眞實이니 請行住坐臥에 常作是觀則日久月深하면 漸漸 銷磨矣리라 然이나 正煩惱時에 子細揣摩窮詰호대 從甚麼處起오 若窮 起處不得이면 現今煩惱底는 却從甚麼處得來오 正煩惱時에 是有是 無아 是虛是實가

窮來窮去하면 心無所之하리니 要思量커든 但思量하고 要哭커든 但 哭이니 哭來哭去하며 思量來思量去하야 抖擻得藏識中許多恩愛習氣 盡時에 自然如氷歸水하야 還我箇本來無煩惱無思量無憂無喜底去耳 리라 入得世間하야 出世無餘하면 世間法이 則佛法이요 佛法이 則世間 法也니라

부자는 천성이 하나일 뿐이니, 만약 자식이 자기 아버지를 잃고 번뇌하지 않고 생각하지 않으며, 만약 아버지가 자기 자식을 잃고 번뇌하지 않으며 생각하지 않으면, 도리어 옳습니까? 만약 굳게 막아서 곡할 때에 또 감히 곡하지 않고 생각할 때에 또 감히 생각하지 않으

---

422) 헤아릴 필요가 있으면, 다만 헤아릴 뿐인 것을 말한다.
423) 근심도 기쁨도 없는 본래 자리에 돌아오는 것을 말한다.

면, 이는 다만 천리를 거스르고 천성을 없애고자 하는 것입니다. 이는 마치 소리를 내면서 메아리를 그치게 하며, 기름을 뿌리고 불을 끄려는 것과 같을 뿐입니다. 정히 번뇌할 때에 다 바깥일이 아닙니다.424) 또한 바깥일이라는 생각도 하지 마십시오.

영가가 말하기를 "무명 실성425)이 곧 불성이고 환상 같은 빈 몸이 곧 법신이다."426)라고 했습니다. 이것은 참된 말이며 진실한 말이며, 속이는 말이 아니며 망령된 말이 아닙니다.427) 이렇게 보아서 통달하면 헤아리고 번뇌하려고 해도 또한 할 수가 없을 것입니다. 이렇게 보는 사람은 정관(正觀)을 한다고 이름하고, 만약 다르게 보는 사람은 삿된 관을 한다고 이름합니다. 바르거나 삿됨을 분간하지 못하거든 정히 좋게 힘을 붙여야 합니다. 이것이 저의 결정적 뜻이니 지혜가 없는 사람 앞에서는 말하지 않습니다.428)

父子는 天性一而已니 若子喪而父-不煩惱不思量하며 如父喪而子不煩惱不思量을 還得也無아 若硬止過하야 哭時에 又不敢哭하고 思量時에 又不敢思量하면 是特欲逆天理滅天性이라 揚聲止響이며 潑油救火耳이니라 正當煩惱時에 總不是外事니 且不得作外邊想이어다

永嘉云無明實性이 卽佛性이요 幻化空身이 卽法身이라하니 是는 眞語實語며 不誑不妄等語라 恁麼見得了하면 要思量要煩惱라도 亦不可得이니 作是觀者는 名爲正觀이요 若佗觀者는 名爲邪觀이라 邪正을

---

424) 번뇌가 곧 본분사이기 때문에 본분사 밖의 일이 아니라는 말이다.
425) 음노치(淫怒癡)를 말한다.
426) 『증도가(證道歌)』
427) 『금강경(金剛經)』
428) 무명(無明)이 불성(佛性)이고 환화(幻化)가 법신(法身)이라고 하면 지혜 없는 사람들은 이 말을 듣고도 알지 못하여 도리어 비방하기 때문이다.

未分이어든 正好着力이니 此是妙喜의 決定義어니와 無智人前에는 莫說이니라

【요지】
　무상을 깊이 생각하고 반드시 공부에 힘을 좋게 붙일 것을 가르쳤다. 오탁악세(五濁惡世)의 모든 것을 허망하다고 관찰하면, 은혜와 사랑의 습기가 점점 녹아 없어질 것임을 일깨웠다. 번뇌하는 곳을 궁구하고 힐문해 가서 마음이 갈 곳이 없어지면, 헤아리고 꼭을 해 가도 저절로 은혜와 사랑의 습기가 떨어지게 될 것이고, 이에 따라 나의 본래 번뇌나 근심, 기쁨도 없게 되어 세간이 불법이고 불법이 세간이 된다고 했다.
　부자간은 천성이 하나인데, 억지로 거역하려 하지 말라고 했다. 무명의 실성이 불성이고 환상의 빈 몸이 법신이라고 한 영가 스님의 말씀대로, 보아서 통달하면 번뇌하려고 해도 할 수 없으니, 이것이 정관(正觀)이라고 했다.

31. 하운사429)에게 답함

편지를 받아 보니, "도리(道理)에 계합하면 하늘과 땅이 한 자리이고, 취지(趣旨)가 다르면 대면(對面)하고도 초나라와 월나라다."430)라고 했습니다. 진실하도다! 이 말이여! 곧 이것이 전할 수 없는 묘한 이치입니다. 당신이 생각을 내어 저에게 편지를 쓰고자 할 때 붓대를 잡고 종이를 펼치기 전에 이미 두 손으로 나누어주어 마쳤습니다. 또 어찌 굳게 참고 구경법(究竟法)을 기다려서 다른 날을 바라겠습니까? 이 이치는 오직 증득한 사람이라야 바야흐로 묵묵히 서로 계합할 것이고 속인들과는 더불어 말하기 어렵습니다.

연평(延平)431)은 민령(閩嶺) 지역의 아름다운 곳이지만 당신은 능히 스스로를 조복하여 그 역순 경계의 관려자(關捩子)432)에 지배받지 아니하니 문득 위대한 해탈인(解脫人)입니다. 이런 사람은 일체 경계의 관려자를 지배해서 일상에 활발발(活鱍鱍)하여433) 그를 구속하여

---

429) 자(字)는 지굉(志宏), 운사(運使)는 곡물(穀物)을 운반하는 관직 이름이다.
430) 살활(殺活)로 볼 수도 있다. 하나로 보는 것은 살(殺), 다르게 보는 것은 활(活)인데 기존 해석에서는 이것을 진망(眞妄)으로 잘못 풀이했다.
431) 하운사(夏運使)가 살던 지명(地名)이다.
432) 관려자(關捩子)는 본래 문의 빗장인데, 여기서는 항상 역순 경계를 만들어 내는 마음을 뜻한다.
433) 활발발(活鱍鱍)은 고기가 물속에서 헤엄치며 꼬리를 치는 역동적 모양인데, 여기서는 자유자재(自由自在)하는 것을 나타낸다.

끌거나 끌어 얽맬 수 없습니다. 진실로 만약 바로 이렇게 깨달아 가면 저절로 조금도 나에게 장애될 것이 없을 것입니다.

答夏運使

示諭호대 道契則霄壤이 共處요 趣異則覿面楚越이라하니 誠哉라 是言이여 卽此ㅣ乃不傳之妙라 左右發意하야 欲作妙喜書할새 未操觚拂紙에 已兩手分付了也라 又何待堅忍究竟하야 以俟佗日耶리요 遮箇道理는 唯證者라사 方黙黙相契요 難與俗子言이니라

延平은 乃閩嶺佳處라 左右ㅣ能自調伏하야 不爲逆順關捩子의 所轉하니 便是大解脫人이로다 此人은 能轉一切關捩子하야 日用活鱍鱍地라 拘牽惹絆佗不得이니라 苟若直下에 便恁麽承當하면 自然無一毫毛나 於我作障이니라

고덕(古德)434)이 말하기를 "부처님께서 말씀하신 일체의 법은 일체의 마음을 제도하기 위한 것이나, 내가 일체의 마음이 없으니 어찌 일체의 법을 쓰겠는가?"435)라고 하였습니다. 또 나융(懶融) 스님이 말하기를 "적절하게 마음을 쓸 때에 적절하게 무심으로 쓰니 잘못된 말436)은 명상(名相)에 수고롭고 곧은 말437)은 번거로움이 없다. 무심으로 적절히 쓰되 항상 써도 적절함도 없으니, 지금 무심한 자리가 유심한 자리와 더불어 다르지 않다."438)고 말하였습니다. 다만 나융

---

434) 육조혜능(六祖慧能)이다.
435) 『전심법요(傳心法要)』, 『도서(都序)』.
436) 양변에서 분별심으로 하는 말이다.
437) 양변을 버리고 무분별에서 하는 말이다.
438) 『경덕전등록(景德傳燈錄)』 권제4(卷第四).

만이 이와 같은 것은 아닙니다. 저와 당신도 역시 그 가운데 있으니, 그 가운데 일은 잡아서 사람에게 보이기 어렵습니다. 앞에서 말한 묵묵히 서로 계합한다는 것이 이것입니다.

古德이 有言호대 佛說一切法은 爲度一切心이어니와 我無一切心커니 何用一切法리요하며 又懶融이 云恰恰用心時에 恰恰無心用이니 曲談은 名相勞요 直說은 無繁重이라 無心恰恰用호대 常用恰恰無니 今說無心處ㅣ不與有心殊라하니 非特懶融이 如是라 妙喜與左右도 亦在其中이니 其中事는 難拈出似人이라 前所謂黙黙相契ㅣ是也니라

【요지】

도리에 계합(契合)하여 자유자재하게 생활하는 하운사(夏運使)를 칭찬했다. '도리(道理)에 계합하면 하늘과 땅이 한 자리이고, 취지(趣旨)가 다르면 대면하고도 초나라와 월나라다.'라고 한 하운사의 말을 전할 수 없는 묘한 이치를 드러낸 것으로 보았다. 누구나 스스로 조복하여 역순경계에 지배받지 않게 되면, 장애가 없을 것이라고 말했다. 대혜 자신과 하운사와 같이 깨달은 사람은 누구나 무심한 자리가 유심한 자리와 다르지 않다고 한 나융(懶融) 스님의 말에 묵묵히 계합한다고 말했다.

32. 여사인 거인[439]에게 답함 (1)

  천 가지 의심과 만 가지 의심이 다만 하나의 의심입니다. 화두 위에서 의심이 타파되면, 천 가지 의심과 만 가지 의심이 일시에 타파될 것입니다. 화두를 타파하지 못하면 또 화두 위에서 겨루어 나가십시오. 만약 화두를 버리고 도리어 별도 문자 위에 가서 의심을 일으키거나, 경전의 가르침 위에서 의심을 일으키거나, 고인의 공안[440] 위에서 의심을 일으키거나, 일상의 번뇌 가운데 의심을 일으키면 다 이것은 삿된 마군(魔軍)의 무리입니다.

  첫째 화두를 드는 자리에서 알아채려고 하지 말며, 또 알음알이로 헤아리지 마십시오. 다만 유의(留意)하여 헤아릴 수 없는 곳에 나아가서 의심하면, 마음이 갈 곳이 없는 것이 늙은 쥐가 소뿔에 들어가

---

439) 이름은 본중(本中)이고 자(字)는 거인(居仁)이며 사인(舍人)은 관직 이름이다.
440) 일반적으로 공안(公案)과 화두(話頭)는 같은 말로 사용하나, 이 글에서 대혜는 양자를 구별하여 사용하고 있다. '화두 위에서 의심을 타파하라.' 하고, '고인의 공안 위에서 의심을 일으키면 이것은 삿된 마군의 무리다.'라고 하고 있기 때문이다. 전후 문맥으로 보아 공안은 핵심적 질문에 대한 대답을 포함한 여러 가지 주변적 언사를 기록한 것이고, 화두는 핵심적 질문에 대한 대답 자체다. 대혜는 '개는 불성이 없다.'는 화두를 가장 많이 인용하고 있는데, 이 화두의 앞에서 조주가 대중에게 이른 말이나 그 뒤에 질문한 스님에게 더 해준 말은 다 제외했다. 핵심적 질문에 대한 대답만을 오로지 의심해야지 화두를 포함한 여러 가지 언사(공안)를 이리저리 따지고 헤아리는 사량 분별의 의심을 해서는 절대로 깨달을 수 없다는 지적을 한 것이다.

문득 넘어지고 끊어지는 곳을 만나는 것과 같아질 것입니다.441) 또 마음이 만약 시끄럽거든 다만 '개는 불성이 없다'는 화두를 의심할 뿐입니다. 만약 이 무자(無字)를 꿰뚫으면, 부처님의 말씀과 조사의 말씀과 모든 노숙의 말씀과 천 가지 만 가지로 다른 것을 일시에 꿰뚫어서 남에게 묻지 않을 것입니다. 만약 한결같이 남에게 묻되, 부처님의 말씀은 또 어떠하며, 조사의 말씀은 또 어떠하며, 모든 노숙의 말씀은 또 어떠한가 하면, 영원히 깨달을 때가 없을 것입니다.

答呂舍人 居仁

千疑萬疑ㅣ只是一疑니 話頭上에 疑破則千疑萬疑ㅣ一時破하리라 話頭를 不破則且就上面하야 與之厮崖어다 若棄了話頭하고 却去別文字上起疑어나 經敎上起疑어나 古人公案上起疑어나 日用塵勞中起疑하면 皆是邪魔眷屬이니라

第一에 不得向擧起處承當하며 又不得思量卜度하고 但着意就不可思量處하야 思量하면 心無所之가 如老鼠入牛角에 便見倒斷也리라 又方寸이 若鬧어든 但只擧狗子無佛性話니 佛語祖語와 諸方老宿語와 千差萬別을 若透得箇無字하면 一時透過하야 不着問人하리라 若一向問人호대 佛語는 又如何며 祖語는 又如何며 諸方老宿語는 又如何오 하면 永劫에 無有悟時也리라

【요지】

생각하고 헤아리는 알음알이를 내지 말고 화두를 타파하라는 내용을

---

441) 중국에서는 소뿔을 쥐 잡는 기구로 사용했는데, 여기서는 은산철벽(銀山鐵壁)을 의미한다.

제시했다. 화두를 타파하지 못했거든 끝까지 화두 위에서 겨루어 나가라고 가르쳤다. 별도의 문자 위에서 의심을 일으키거나 경전의 가르침, 고인의 공안, 일상의 번뇌 가운데서 의심을 일으키면 이것은 다 마군(魔軍)의 무리라고 했다. 특히 화두를 드는 자리에서 알려고 하거나, 알음알이로 헤아리지 말고 헤아릴 수 없는 곳에 나아가서 의심할 것을 가르쳤다. 즉 마음이 시끄럽거든 '개는 불성이 없다'는 화두를 참구하라고 했다. 무자(無字)를 꿰뚫으면 부처님과 조사, 노숙의 말씀과 천 가지 만 가지를 일시에 꿰뚫어서 남에게 묻지 않게 될 것이지만, 만약 한결같이 부처님과 조사, 노숙의 말씀이 어떠한가를 남에게 묻기만 한다면 영원히 깨달을 때가 없을 것이라고 했다.

33. 여랑중 융례에게 답함

　당신의 형 여거인의 편지를 두 번 받아 보니, 이 일로 매우 바쁘다고 했습니다. 그러나 또한 마땅히 서둘러야 합니다. 나이가 이미 60이고 벼슬도 또 마쳤으니, 다시 무엇을 기다리겠습니까? 만약 일찍이 서두르지 않으면 납월 삼십일[442]에 어떻게 정리하여 판단하겠습니까? 들건대 당신도 요즈음 일찍이 바쁘다고 하니, 다만 바쁘게 하는 것은 문득 이 납월 삼십일[443]의 소식입니다. '어떤 것이 부처입니까? 마른 똥 막대기'라고 하니, 이 속에서 꿰뚫지 못하면 납월 삼십일[444]과 무엇이 다르겠습니까?

　조대가(措大家)[445]가 일생 동안 묵은 종이[古文獻]를 뚫되, 이 일을 알려고 하여 널리 여러 글을 보며 현학적(衒學的)인 것을 말하고 널리 의론하였습니다. 공자는 또 어떠하며, 맹자는 또 어떠하며, 장자

---

442) 임종(臨終)하는 순간, 죽는 순간을 말한다.
443) 깨닫는 순간을 말한다.
444) 미혹하여 깨닫지 못한 때다.
445) 한무제(漢武帝) 때 반고(班固)에게 명령하여 한나라 역사를 짓게 했는데 다 완성하지 못하고 죽었다. 그 뒤 반고의 아내는 조수(曺守)의 처가 되었는데, 문장에 능하고 박학하므로 황제가 한나라 역사를 완성하게 하고 '조대가(措大家)'라는 이름을 내렸다. 그래서 후세 문장에 능하고 박학한 사대부를 통칭 조대가라고 했다. 이 말을 여기서는 화두의 참구 없이 마른 지식만 쌓은 그릇된 사람이라는 뜻으로 사용했다.

는 또 어떠하며, 『주역(周易)』은 또 어떠하며, 고금의 역사는 어떠한 가 하여 이 말들에 휘둘려서 일곱 번 넘어지고 여덟 번 엎어졌습니다. 제자백가에 대하여 사람들이 한 글자를 말하는 것을 조금 듣고는 문득 책을 이룰 만큼 기억해 냅니다. 한 가지 일을 알지 못하는 것을 수치를 여기다가 자기 집안일446)을 질문하는 데에 미쳐서는 아울러 한 사람도 아는 자가 없으니, 종일 남의 보배를 헤아려도 자기에게는 반 푼도 없는 것447)과 같다고 말할 수 있습니다.

공연히 세상에 와서 한 바퀴 빙 돌다가 이 몸을 벗고는 천당에 올라가도 알지 못하며, 지옥에 떨어져도 알지 못합니다. 업의 힘을 따라서 여러 세계로 흘러 들어가는 것을 알지 못합니다. 그러나 남의 집안일에 대해서는 작고 큰 것을 알지 못함이 없습니다.

答呂郎中 隆禮

令兄居仁의 兩得書호니 爲此事甚忙이라하니 然이나 亦當着忙이니라 年已六十이요 從官도 又做了하니 更待如何오 若不早着忙인댄 臘月三十日에 如何打疊得辦이리요 聞左右도 邇來에 早着忙이라하니 只遮着忙底ㅣ便是臘月三十日消息也니라 如何是佛이닛고 乾屎橛이라하니 遮裡에 不透하면 與臘月三十日로 何異리요

措大家ㅣ一生을 鑽故紙호대 是事를 要知라하야 博覽群書하며 高談濶論호대 孔子는 又如何며 孟子는 又如何며 莊子는 又如何며 周易은 又如何며 古今治亂은 又如何오하야 被遮些言語의 使得來하야 七顚八倒하며 諸子百家를 纔聞人의 擧着一字하고 便成卷念將去하야 以一事不知로 爲恥라가 及乎問着他自家屋裡事하야는 並無一人知者하니 可

---

446) 자기 존재의 본질을 말한다..
447) 『화엄경(華嚴經)』「문명품(問明品)」에 나오는 게송(偈頌)이다.

謂終日數佗寶에 自無半錢分이라
　空來世上하야 打一遭라가 脫却遮殼漏子하야는 上天堂也不知하며 入地獄也不知하고 隨其業力하야 流入諸趣를 並不知호대 若是別人家裡事하야는 細大를 無有不知者라

　사대부가 글을 많이 읽은 사람은 무명이 많고 글을 적게 읽은 사람은 무명이 적으며, 벼슬을 작게 한 사람은 인아(人我)가 작고 벼슬을 크게 한 사람은 인아가 큽니다. 스스로 나는 총명하고 영리하다고 말하다가 작은 이해타산에 임해서는 총명함도 나타나지 않으며, 영리함도 나타나지 않으며, 평생 읽은 글의 한 글자도 사용할 수 없으니, 대개 어릴 때[448]부터 문득 그릇되어 다만 부귀를 얻고자 했을 뿐이었기 때문입니다. 부귀를 얻은 사람 중에 또 능히 몇 사람이나 즐겨 머리를 돌리고 생각을 바꾸어 자기의 본분사(本分事)를 향하여 미루어 궁구하기를, '내가 얻은 이 부귀는 어디에서 왔으며, 지금 받은 부귀는 다른 날에 다시 어디를 향하여 갈 것인가?'라고 합니까?
　이미 온 곳을 알지 못하며, 또 가는 곳을 알지 못한다면 문득 마음이 혼미하여 답답함을 알 것입니다. 정히 미혹하고 답답할 때에 또한 다른 물건이 아닙니다. 다만 이 속에 나아가 화두를 들되, 어떤 스님이 운문 스님께 묻기를 '어떤 것이 부처입니까?' 운문이 이르기를 '마른 똥 막대기'[449]라고 하니, 다만 이 화두를 들어서 홀연히 기량이 다할 때에 문득 깨달을 것입니다. 간절히 문자를 찾아 끌어와 증명하

---

448) 여기서 '상대인구을기시(上大人丘乙己時)'는 어릴 때를 뜻한다.
449) 『운문록(雲門錄)』.

고, 어지럽게 널리 헤아리고 주해하지 마십시오. 비록 주해가 분명하고 말이 맞더라도[450] 다 귀신 집에서 살아갈 계획을 세우는 것입니다.

　士大夫ㅣ 讀得書多底는 無明이 多하고 讀得書少底는 無明이 少하며 做得官小底는 人我小하고 做得官大底는 人我大하나니 自道我聰明靈利라가 及乎臨秋毫利害하야는 聰明也不見하며 靈利也不見하며 平生所讀底書를 一字也使不着하나니 蓋從上大人丘乙己時로 便錯了也하야 只欲取富貴耳라 取得富貴底는 又能有幾人이 肯回頭轉腦하야 向自己脚跟下하야 推窮호대 我遮取富貴底는 從何處來며 卽今受富貴底는 異日에 更向何處去오
　旣不知來處하며 又不知去處하면 便覺心頭迷悶하리니 正迷悶時에 亦非佗物이라 只就遮裡하야 看簡話頭호대 僧이 問雲門호대 如何是佛이닛고 門니 云乾屎橛이라하니 但擧此話하야 忽然伎倆이 盡時에 便悟也리라 切忌尋文字引證하고 胡亂博量注解어다 縱然註解得分明하며 說得有下落이라도 盡是鬼家活計니라

　의정(疑情)을 타파하지 않으면 생사가 교대로 고통을 더해 옵니다. 의정을 만약 타파하면 생사심(生死心)이 끊어집니다. 생사심이 끊어지면, 부처라는 견해〔佛見〕와 법이라는 견해〔法見〕가 없어질 것입니다. 부처라는 견해와 법이라는 견해도 오히려 버리는데, 하물며 다시 중생의 번뇌하는 견해〔衆生煩惱見〕를 일으키겠습니까? 다만 미혹하고 답답한 마음을 가지고 '마른 똥 막대기' 위에 옮겨서 한번 의심하여, 의심이 지속되면 생사를 두려워하는 마음과 미혹하고 답답한 마

---

450) 하락(下落)은 귀숙(歸宿) 혹은 귀착(歸着)이라는 뜻으로 '맞다'는 말이다.

음과 헤아리고 분별하는 마음과 총명을 짓는 마음이 저절로 작용하지 않을 것입니다. 작용하지 않음을 알 때에 공에 떨어질까 두려워하지 마십시오.

홀연히 의심이 지속되는 곳을 향해서 소식이 끊어지면, 경사로운 기쁨을 평생 이기지 못할 것입니다. 소식 끊어짐을 얻으면 불견(佛見), 법견(法見), 중생견(衆生見)을 일으켜 헤아리고 분별하며, 총명을 짓고 도리를 설파하더라도 모두 서로 방해되지 않을 것입니다.

일상생활 가운데 다만 항상 놓아서 하여금 시원하게 해서 고요한 곳, 시끄러운 곳에 항상 '마른 똥 막대기'로 잡아 이끌면 날이 가고 달이 감에 물암소[451]가 저절로 순숙(純熟)하게 될 것입니다. 첫째로 밖을 향하여 따로 의심을 일으키지 마십시오. '마른 똥 막대기' 위에서 의심을 타파하면, 무수한 의심이 일시에 타파될 것입니다.

疑情을 不破하면 生死交加어니와 疑情을 若破則生死心이 絶矣라 生死心이 絶則佛見法見이 亡矣리니 佛見法見도 尙亡이온 況復更起衆生煩惱見耶아 但將迷悶底心하야 移來乾屎橛上하야 一抵에 抵住하면 怖生死底心과 迷悶底心과 思量分別底心과 作聰明底心이 自然不行也리니 覺得不行時에 莫怕落空이어다

忽然向抵住處하야 絶消息하면 不勝慶快平生하리라 得消息絶了하면 起佛見法見衆生見하야 思量分別하며 作聰明說道理라도 都不相妨하리라

日用四威儀中에 但常放教蕩蕩地하야 靜處鬧處에 常以乾屎橛로 提撕하면 日往月來에 水牯牛ㅣ 自純熟矣러라 第一에 不得向外面하야

---

451) 제8 아뢰야식(第8阿賴耶識)을 말한다.

別起疑也어다 乾屎橛上에 疑破則恒河沙數疑ㅣ一時破矣리라

　이전에 또한 일찍이 이와 같이 거인에게 써 주었습니다. 근래 조경명(趙景明)이 옴에 편지를 받아 보니, 편지 가운데 다시 물어 이르기를 '알지 못하겠습니다. 이를 떠나서 별달리 공부를 하는 자리가 있습니까? 다만 손을 들고 발을 움직이며 옷 입고 밥 먹을 때에 마땅히 어떻게 몸소 궁구합니까? 다시 다만 화두를 보아야 합니까? 다시 별도로 몸소 궁구할 것이 있습니까? 또 평생에 하나의 큰 의심452)하는 일을 지금 통달하지 못했으니, 다만 죽은 뒤에 단멸하는 것과 단멸하지 않는 것을 어찌 결단코 보아 알겠습니까? 또 경전(經典)과 논장(論藏)에서 말한 것을 인용하기를 바라지 않으며, 고인의 공안을 지시하기를 바라지 않고, 다만 눈앞에 의거하여 바로 끊어서 분명하게 단멸함과 단멸하지 않는 실제 자리를 지시하고 쪼개어 보여달라.'고 했습니다. 그의 이와 같은 말을 보건대, 도리어 세 집이 사는 시골에 일을 덜어버린 사람이 허다한 망상453)이 없어서 죽음에 바로 몸을 벗어나는 것만 같지 못합니다.

　前此에 亦嘗如此寫與居仁이러니 比趙景明이 來에 得書호니 書中에 再來問云不知커라 離此코 別有下工夫處也無잇가 只如擧手動足하며 着衣喫飯에 當如何體究리닛고 爲復只看話頭릿가 爲復別有體究닛가 又平生에 一大疑事를 至今未了호니 只如死後에 斷滅不斷滅을 如何

---

452) 은산철벽(銀山鐵壁)을 향해 나아가는 화두 의심을 말한다.
453) 분양(糞壤)은 본래 더러운 땅, 썩은 흙이라는 뜻인데 여기서는 나쁜 알음알이로서 망상을 뜻한다.

決定見得이리닛고 又不要引經論所說하며 不要指古人公案하고 只據
目前하야 直截分明히 指示剖判斷滅不斷滅實處라하니 觀渠如此說話
컨댄 返不如三家村裡省事漢의 卻無如許多糞壤하야 死也死得瞥脫이
로다

 분명히 그를 향하여 말했습니다. '천 가지 의심과 만 가지 의심이
다만 이 하나의 의심입니다. 화두 위에서 의심이 타파되면 천만 가지
의심이 일시에 타파될 것입니다. 화두를 타파하지 못하면 다만 화두
위에 나아가서 그것과 더불어 겨루어 나아가십시오. 만약 화두를 버
리고 도리어 별도로 문자 위에 나가서 의심을 일으키거나, 경전의 가
르침 위에서 의심을 일으키거나, 고인의 공안 위에서 의심을 일으키
거나, 일상 번뇌 가운데서 의심을 일으키면, 다 삿된 마군(魔軍)의 무
리입니다. 또 참구하는 곳을 향하여 알아채려 하지 말며, 또 알음알이
로 헤아리지 마십시오. 다만 주의(注意)하여 헤아릴 수 없는 곳에 나
아가 의심하면, 마음이 가는 곳이 없어서 늙은 쥐가 소뿔에 들어감에
문득 넘어지고 끊어짐을 보게 될 것입니다.'라고 하였습니다. 이와
같이 분명하게 써 드렸거늘 도리어 다시 와서 어지럽게 물으니, 허다
한 총명과 지견은 어디로 갔는지 알지 못하겠습니다. 말씀드린 것을
믿지 않습니까? 평생 읽은 글은 이 속에 이르러서 한 글자도 사용하지
못합니다.
 그런데 지금 마지못해 다시 그를 위하여 나쁜 냄새를 풍기겠습니
다. 만약 이와 같이 쉬어 가면 도리어 제가 그의 물음에 다시 대답하
지 못했다고 할 것입니다. 이 편지가 도착하거든 문득 그에게 보내

주어서 한번 보게 하십시오.

　　分明向佗道호대 千疑萬疑ㅣ只是一疑니 話頭上에 疑破則千疑萬疑ㅣ一時破러라 話頭를 不破則只就話頭上하야 與之厮崖어라 若棄了話頭하고 却去別文字上起疑어나 經敎上起疑어나 古人公案上起疑어나 日用塵勞中起疑하면 皆是邪魔眷屬이니라 又不得向擧起處承當하며 又不得思量卜度하고 但只着意就不可思量處하야 思量하면 心無所之ㅣ老鼠入牛角에 便見倒斷也라하야 寫得如此分曉了어늘 又却更來하야 忉忉怛怛地問하니 不知許多聰明知見은 向甚麼處去也오 不信道아 平生讀書底는 到遮裡하야 一字也使不着호라
　　而今不得已하야 更爲佗放些惡氣息호리라 若只恁麼休去하면 却是妙喜ㅣ被渠問了에 更答不得也리라 此書織到어든 便送與渠一看이어다

　거인이 스스로 말하기를 '나이 60세가 되었으나 이 일을 통달하지 못했다.'고 합니다. 그에게 묻습니다. '통달하지 못한 것은 다시 이 손을 들고, 발을 움직이며, 옷을 입고 밥을 먹는 것을 통달하지 못했습니까?' 만약 손을 들고 발을 움직이며 옷을 입고 밥을 먹는 것이라면 또 무엇을 통달하기를 바라겠습니까? 그는 다만 결단코 죽은 뒤에 단멸(斷滅)함과 단멸하지 않음을 보아 통달하여 알고자 하는 것이 문득 이 염라대왕의 면전에서 쇠몽둥이를 맞는 것임을 알지 못합니다. 이 의심을 타파하지 않으면, 생사에 유랑하여 통달할 기약이 없을 것입니다. 그에게 말합니다. '천만 가지 의심이 다만 이 한 가지 의심입니다. 만약 화두를 타파하면 죽은 뒤에 단멸(斷滅)하는가? 단멸하지

않는가? 하는 의심도 바로 얼음이 녹고 기왓장이 분해되는 것과 같게 될 것입니다.'

다시 바로 분명하게 단멸과 단멸하지 않음을 지시하여 판단하라 하니 이와 같은 견해는 외도와 더불어 무엇이 다르겠습니까? 평생 동안 허다한 쓸데없는 일을 하여 어디에 쓰려고 합니까? 그가 이미 아주 먼 땅에서 이런 나쁜 냄새를 풍겨서 사람들에게 보내므로 나도 다만 이렇게 쉬어가지 아니하고, 또한 나쁜 냄새를 풍겨 그에게 보내는 것이 옳을 것입니다.454)

居仁이 自言行年이 六十歲로대 此事를 未了라하니 問渠하노라 未了底는 爲復是擧手動足하며 着衣喫飯底를 未了아 若是擧手動足과 着衣喫飯底인댄 又要如何了리요 佗殊不知只遮欲了知決定見得死後斷滅不斷滅底ㅣ便是閻家老子面前에 喫鐵棒底로다 此疑를 不破하면 流浪生死하야 未有了期하리라 向渠道하노라 千疑萬疑ㅣ只是一疑니 話頭를 若破하면 死後斷滅不斷滅之疑도 當下에 氷銷瓦解矣리라
更敎直截分明히 指示剖判斷滅不斷滅이라하니 如此見識은 與外道로 何異리요 平生에 做許多之乎者也하야 要作何用고 渠旣許多遠地에 放遮般惡氣息하야 來熏人일새 妙喜도 不可只恁麽休去하고 亦放些惡氣息하야 卻去熏佗則箇니라

그는 '경전의 가르침과 고인의 공안을 인용하지 아니하고 다만 눈앞에 근거하여 바로 분명하게 단멸과 단멸하지 않는 실제를 지시하

---

454) 여기서 '개(箇)'는 가(可)자와 같다.

라.'고 했습니다. 옛날 지도선사(志道禪師)가 육조(六祖) 스님에게 말하기를 "제가 출가한 때로부터 『열반경(涅槃經)』보기를 10년이 가까웠으나, 대의(大意)를 밝히지 못했습니다. 원컨대 스승께서는 가르침을 내려주십시오."라고 했습니다. 육조가 말하기를 "너는 어디를 통달하지 못했느냐?"고 하니, 대답하기를 " '모든 존재가 무상하니 이것이 생멸법(生滅法)이다. 생멸(生滅)이 멸하여 다하면 적멸(寂滅)이 즐거운 것'455)이라고 하니, 여기에 의심과 미혹함이 있습니다."라고 했습니다. 육조 스님이 말하기를 "너는 어떻게 의심을 하느냐?"라고 하니, 대답하기를 "일체 중생이 모두 두 몸이 있으니, 색신과 법신이라고 합니다. 이는 거인과 견해가 같습니다.456) 색신은 무상하여 남도 있고 사라짐도 있으나, 법신은 항상하여 아는 것도 없고 감각도 없거늘, 경전에 이르기를 '생멸이 멸하면 적멸이 즐거움이다.'라고 하는 것을 알지 못하겠습니다. 어느 몸이 적멸이며, 어느 몸이 즐거움을 받습니까? 만약 색신이라고 한다면, 색신이 사라질 때에 4대가 흩어져 온전히 이것은 괴로움이니 즐거움이라고 말할 수가 없을 것이고, 만약 법신이 적멸하다고 한다면 곧 풀과 나무와 기와와 돌과 같으니 누가 마땅히 즐거움을 받겠습니까? 또 법성이 이 생멸의 체(體)고, 오온이 이 생멸의 작용(作用)입니다. 한 체(體)의 다섯 가지 작용이 생멸이 항상하여, 나면 체로부터 작용이 일어나고 멸하면 작용을 거두어 체로 돌아갑니다. 만약 다시 태어남을 인정한다면, 곧 유정의 무리가 끊어지지도 아니하고 멸하지도 아니하고, 만약 다시 태어남을 인정하

---

455) 나찰(羅刹)이 읊은 게송(偈頌)『대반열반경(大般涅槃經)』권제13)
456) 색신(色身)은 단멸(斷滅)하고 법신(法身)은 단멸하지 않는다〔不斷滅〕는 거인(居仁)의 견해가 지도(志道)와 같다는 말이다.

지 않는다면 곧 영원히 적멸에 돌아가서 무정의 사물과 같게 될 것입니다. 이와 같다면 모든 법이 열반에 감금(監禁)되어 오히려 태어나지 못할 것인데, 무슨 즐거움이 있겠습니까?457)"라고 하였습니다. 가히 거인과 더불어 종이 한 장에서 허물을 알았습니다.

渠敎不要引經敎와 及古人公案하고 只據目前하야 直截分明히 指示斷滅不斷滅實處라하니 昔에 志道禪師ㅣ問六祖호대 學人이 自出家로 覽涅槃經을 近十餘載로대 未明大意호니 願師는 垂誨하소서 祖曰汝ㅣ何處에 未了오 對曰諸行이 無常하야 是生滅法이라 生滅이 滅已하면 寂滅이 爲樂이라하시니 於此에 疑惑이니다 祖曰汝作麼生疑오 對曰一切衆生이 皆有二身하니 謂色身法身라 此乃居仁同道 色身은 無常하야 有生有滅이어니와 法身은 有常호대 無知無覺이어늘 經에 云生滅이 滅已하면 寂滅이 爲樂者는 未審커이다 是何身이 寂滅이며 何身이 受樂이닛고 若色身者인댄 色身滅時에 四大分散이라 全是苦苦니 不可言樂이요 若法身(者인댄 法身)寂滅(時)인댄(에) 卽同草木瓦石이어니 誰當受樂이닛고 又法性은 是生滅之體요 五蘊은 是生滅之用이라 一體五用이 生滅是常하야 生則從體起用이요 滅則攝用歸體어늘 若聽更生인댄 卽有情之類ㅣ不斷不滅이요 若不聽更生인댄 卽永歸寂滅하야 同於無情之物하리니 如是則一切諸法이 被涅槃之所禁伏하야 尙不得生이어니 何樂之有리닛고 可與居仁一狀領過

조사가 여기에 이르러 임제와 덕산이 썼던 방법458)을 사용하지 않

---

457) 종보본(宗寶本)『단경(壇經)』.
458) 임제(臨濟)의 할(喝)과 덕산(德山)의 봉(棒)을 말한다.

으시고, 드디어 냄새를 풍겨 도리어 그에게 일렀습니다. "너는 부처님의 제자로서 어찌 외도의 단견(斷見)과 상견(常見)의 삿된 견해를 익혀서 가장 위대한 법〔最上乘法〕을 논의하느냐? 네가 아는 바에 의하면, 곧 이것은 색신(色身) 밖에 따로 법신(法身)이 있으며, 생멸(生滅)을 떠나서 적멸(寂滅)을 구하는 것이다. 또 열반의 상락(常樂)을 미루어 말하기를 몸이 있어서 받는다고 한다면, 이것은 생사에 집착하고 아껴 세속의 즐거움을 탐내는 것이다. 너는 마땅히 알아라. 부처님께서는 오온(五蘊)이 화합한 것으로 자기라는 상을 삼고, 모든 법을 분별하여 대상이라는 상을 삼아서, 태어나기를 좋아하고 죽기를 싫어하여, 생각 생각에 옮겨 흘러가며, 꿈과 환상과 허무와 거짓을 알지 못하여 그릇 윤회를 받으며, 상락열반(常樂涅槃)을 뒤집어서 괴로움의 상을 삼아 종일토록 쫓아가 구하는 미혹한 사람을 위하신다. 부처님께서 이들을 불쌍하게 여기는 까닭에 이에 열반의 참된 즐거움은 찰나에 생긴다는 상(相)도 없고, 찰나에 없어진다는 상(相)도 없어서 생멸도 가히 멸할 것이 없다."고 하셨습니다. 여기에 이르러서 청컨대 눈동자를 붙이십시오.459) 이렇게 하면 적멸이 앞에 나타납니다. 앞에 나타날 때에 또한 앞에 나타났다는 생각이 없어야 이에 상락(常樂)이라 말할 수 있습니다. 이 즐거움은 받는 사람도 없으며 또한 받지 않는 사람도 없습니다. 오히려 조금 압니다.460) 어찌 한 몸과 다섯 작용이라는 이름이 있으며, 어찌 하물며 다시 열반이 모든 법을 가두

---

459) 여기에 단멸하지 않음을 보였기 때문에 거인(居仁)에게 착안하여 보라고 했다.
460) 그가 더 났다는 것을 또한 허락한다는 뜻으로 해석하기도 하고, 받는 것도 없고 받지 않는 것도 없음을 알더라도 오히려 그 아는 자취를 두면 또한 옳지 않다는 것을 뜻하기도 한다.

어 영원히 나가지 못하게 한다고 말하겠습니까? 이것은 부처님을 비방하고 불법을 헐뜯는 것입니다.461) 거인도 또한 일분자가 있습니다.462) "나의 게송을 들어라. 게송으로 읊기를, 조목조목 따져 밝히지 못합니다.463)

>위없는 대열반(大涅槃)이
>두루 밝고 항상 고요히 비치거늘
>어리석은 범부는 이를 죽었다고 이르고
>외도는 집착하여 단멸(斷滅)했다고 하네.
>모든 이승(二乘)을 구하는 사람은
>지목(指目)하여 작용하지 않는다고 하니,
>다 망령된 마음으로 헤아리는 데에 속해서
>62견464)의 근본일세.
>망령(妄靈)되게 허망한 가짜 이름을 세우니
>어찌 진실한 뜻이 되겠는가?

거인은 실제의 자리를 보고자 하면 다만 이 한 구절만 보십시오.

---

461) '제행무상(諸行無常)' 등이 부처님 말씀인데 지금 믿지 아니하고 '열반이 모든 법을 가둔다.'는 등의 말을 하는 것이 부처를 비방하는 것이고, 열반의 법이 원래 단견(斷見)과 상견(常見)을 떠나 있는데 지금 단견과 상견에 집착해 있는 것이 불법을 헐뜯는 것이다.
462) 거인이 또한 단견과 상견을 가지고 있다는 말이다.
463) 거인이 설사 이 게송을 듣더라도 또한 알지 못하거나 모든 사람들이 분간하지 못한다는 뜻이다.
464) 62가지의 잘못된 견해를 말한다. 부처님께서 살아계실 때 있었던 이교도(異敎徒)의 사상을 62종으로 분류한 것을 말한다.『열반경』에서는 보살이 버려야 할 신견(身見), 변견(邊見), 사견(邪見), 계금취견(戒禁取見), 견취견(見取見) 등에서 62견이 나온다고 한다.

오직 능력이 뛰어난 사람[465]은 아직 그런 사람을 만나지 못했습니다.

통달하여 가지거나 버림이 없네.

    거인은 다시 30년을 의심해야 합니다.

오온의 법과

오온 속의 나와   거인이 속에 있으니 구출할 문이 없습니다.

밖으로 나타난 여러 가지 형상과   허공꽃을 보지 마십시오.[466]

하나 하나의 음성이 사람을 속입니다.

평등해서[467] 꿈과 환상과 같다는 것을

알아 한 개 반 개〔折半〕를 구해 얻었습니다.

범인 성인이라는 견해를 일으키지 않고

열반이라는 견해를 짓지 아니하네.

    또한 그런 사람을 아직 못 보았습니다.

양변[468]과 삼제(三際)[469]가 끊어져

항상 육근(六根)에 응하여 작용하되

작용한다는 생각을 일으키지 아니하며

일체 법을 분별하되

분별한다는 생각을 일으키지 아니하네.

겁화(劫火)[470]가 바다 밑을 태우며

---

465) 사량분별(思量分別)을 넘어선 사람이다.
466) 색상(色相)이 눈의 꽃〔眼花〕이다.
467) 살(殺)을 뜻한다.
468) 유무(有無)를 뜻한다.
469) 과거, 현재, 미래 혹은 유(有), 무(無), 중(中) 혹은 공(空), 가(假), 중(中)을 말한다.
470) 세계가 괴멸(壞滅)되는 괴겁시(壞劫時)에 일어나는 화재(火災). 이때에 일곱 개의 해가 하늘 위에 나타나 모든 바다가 말라 없어지고 모든 산이 타버리고 나아가 하늘 궁전과 범천까지 불타서 잿더미가 된다고 한다.(『아비달마구사

바람이 일어나 산이 서로 부딪히더라도
진실하고 항상하는 적멸의 즐거움은
열반의 모양이 이와 같네.
내가 지금 억지로 말하여
그대로 하여금 삿된 견해를 버리게 하느니
   다만 거인이 즐겨 버리지 않습니다.
그대가 말을 따라 알음알이를 내지 않으면
   거인은 기억하십시오.
그대가 조금 안다고 허락하겠네. 다만 이 조금도 얻지 못했습니다.471)

지도(志道)가 게송을 듣고 홀연히 크게 깨달았습니다.472) 갈등473)이 적지 않습니다. 다만 이 한 가닥으로 이어진 이야기가 문득 바로 분명하게 거인에게 지시해 보이는 손가락입니다. 거인이 이것을 보고, 오히려 경전과 논장에서 말한 것이며, 고인의 공안을 지시한 것이라고 말하여, 만약 더욱 이 같은 견해를 짓는다면 지옥에 들어가기를 쏜살 같이 할 것입니다.

祖師ㅣ到遮裡하야 不行臨濟德山用事하시고 遂放些氣息하야 還佗云호대 汝是釋子어늘 何習外道斷常邪見하야 而議最上乘法고 據汝所

    론(阿毘達磨俱舍論)』 권제12)
471) 여기서 '소(消)'는 '가(可)'와 같다. 이 문장은 조금도 얻을 것이 없음을 뜻한다. 그런데 이 조금[只遮少分]이라는 말을 지도(志道)는 조금 알지만 여거인(汝居仁)은 조금도 알지 못한다는 뜻으로 보는 기존의 해석은 아주 잘못된 설명이다.
472) 종보본(宗寶本)『단경(壇經)』.
473) 본분사 입장에서 보면 깨달음도 갈등이다.

解컨댄 卽色身外에 別有法身이며 離生滅하고 求於寂滅이로다 又推涅
槃常樂하야 言有身受者인댄 斯乃執吝生死하야 耽着世樂이로다 汝今
當知하라 佛이 爲一切迷人이 認五蘊和合하야 爲自體相하고 分別一切
法으로 爲外塵相하야 好生惡死로 念念遷流하며 不知夢幻虛假하야 枉
受輪回하며 以常樂涅槃으로 飜爲苦相하야 終日馳求일새 佛愍此故로
乃示涅槃眞樂은 刹那에 無有生相하고 刹那에 無有滅相하야 更無生
滅可滅이라하시니 到此請着眼睛 是則寂滅이 現前이라 當現前時하야
亦無現前之量이라사 乃謂常樂이니 此樂은 無有受者하며 亦無有不受
者어니 猶較些子 豈有一體五用之名이며 何況更言涅槃이 禁伏諸法하
야 令永不生이리요 此乃謗佛毀法이니 居仁亦有一分子 聽吾偈하라 曰
分疎不下

　　　無上大涅槃이　　圓明常寂照어늘
　　　凡愚謂之死하고　外道執爲斷하며
　　　諸求二乘人은　　目以爲無作하나니
　　　盡屬情所計라　　六十二見本이니라
　　　妄立虛假名이어니 何爲眞實義리요 居仁要見實處 但看此一句子
　　　唯有過量人은　　未見其人 通達無取捨하야 居仁更疑三十年
　　　以知五蘊法과　　及以蘊中我와 居仁在裡 許求出無門
　　　外現衆色像과　　莫眼花 一一音聲相이 賺殺人
　　　平等如夢幻하야　救得一半 不起凡聖見하고
　　　不作涅槃解하며　亦未見其人 二邊三際斷하야
　　　常應諸根用호대　而不起用想하며
　　　分別一切法호대　不起分別想하나니
　　　劫火燒海底하며　風鼓山相擊이라도
　　　眞常寂滅樂은　　涅槃相如是라

吾今强言說하야 令汝捨邪見하노니 只是居仁不肯捨
汝勿隨言解하면 居仁記取 許汝知少分하리라 只遮少分也不消得

志道가 聞偈하고 忽然大悟하니 葛藤不少 只遮一絡索이 便是直截
分明指示居仁底指頭子也니라 居仁이 見此코 若道猶是經論所說이며
尙指古人公案이라하야 若尙作如此見인댄 入地獄이 如箭射하리라

【요지】

　단견(斷見)과 상견(常見)에 빠지지 말고 서둘러 화두 공부를 해 나갈 것을 가르쳤다. 일생동안 공자와 맹자, 장자, 제자백가, 고금 역사 등의 책을 공부하는 것은 묵은 종이만 뚫는 것과 같아서, 남의 보배를 헤아리지만 자기에게는 한 푼도 없는 일이라고 했다. 이해타산(利害打算) 앞에서는 지식이나 영리함, 평생 읽은 글자조차도 아무 능력을 발휘하지 못한다는 점을 지적하고 더욱이 부귀를 누리는 사람들 가운데 마음을 돌려 본분사를 궁구하는 사람이 보기 드문 것을 안타깝게 생각했다.

　다만 '마른 똥 막대기'라는 화두를 참구하여 깨달아야지 문자로 증명하고 주해를 일삼지 말라고 했다. 의정을 타파하면 생사심이 끊어지고 번뇌견(煩惱見)은 물론 불견(佛見), 법견(法見)도 저절로 버리게 됨을 말했다. 그리고 화두를 참구하여 일체의 마음이 끊어질 때 공(空)에 떨어질까 두려워 말라고 했다. 경전이나 논장, 고인의 공안을 빌리지 않고 단멸(斷滅)과 부단멸(不斷滅)을 분명하게 쪼개 보여 달라는 여거인(呂居仁)의 요구가 외도의 견해로서 잘못되었음을 설명했다.

　화두 위에서 의심을 타파하면 천만 가지 의심이 타파되지만, 화두를 버리고 문자와 경전의 가르침, 고인 공안, 일상 번뇌 가운데서 의심을 일으키면 모두 삿된 마군(魔軍)의 무리가 될 뿐이라고 했다. 화두 드는

곳에서 알려고 하지 말고, 알음알이로 헤아리지 말고, 주의(注意)하여 헤아릴 수 없는 곳에 나아가 의심하면, 소뿔 속에 들어간 쥐가 넘어지고 끊어지는 것과 같이 깨치게 된다고 말했다.

　육조 스님이 지도선사(志道禪師)에게 대답한 내용을 가지고 마지막으로 충고했다. 지도 선사는 색신은 무상하며 법신은 영원하다고 보아 색신과 법신을 둘로 나누는 입장에서 '생멸이 멸하면 적멸이 즐거움이다.'라고 한 말을 이해할 수 없다고 했다. 육조 스님은 '열반의 즐거움은 찰나에 생긴다는 상(相)도 없고, 찰나에 없어진다는 상(相)도 없어서 생멸이 가히 멸할 것이 없다.'고 하신 부처님의 말씀을 인용하여 대답했다. 적멸이 앞에 나타날 때 나타난다는 생각이 없어야 상락(常樂)이 된다고 하고 이 즐거움을 받는 사람도 없고 받지 않는 사람도 없다고 말했다.

　여기에 게송을 끌어와 결론을 삼았다. 대열반을 범부는 죽었다고 하고 외도는 단멸했다고 하고 이승(二乘)은 작용이 없다고 한다는 것이다. 그러나 뛰어난 사람은 취하거나 버림이 없어서 오온과 나와 외부의 갖가지 존재 등이 평등하여 몽환(夢幻)과 같다는 것을 안다고 했다. 또한 뛰어난 사람은 범부와 성인, 열반, 양변, 삼제 등의 이원론을 극복하고 살활자재(殺活自在)하여 진실하고 항상하는 적멸의 즐거움을 누리게 되는데, 이것이 바로 열반이라고 하였다.

34. 여사인 거인에게 답함 (2)

받아 보니, 일상에 공부하기를 그치지 않는다고 했습니다. 공부가 익숙해지면 문빗장[474]을 쳐서 열게 될 것입니다. 이른바 공부라는 것은 세상의 번뇌하는 마음을 '마른 똥 막대기'에 돌이켜 의심하여, 분별심이 작용하지 않기를 흙이나 나무로 만든 인형과 같게 하는 것입니다. 혼미하고 어지러워 코끝을 잡을 수 없다는 것을 아는 때가 문득 이 좋은 소식입니다. 공에 떨어질까 두려워하지 말며, 또한 앞을 생각하고 뒤를 계산하여 언제 깨달음을 얻을까 바라지 마십시오.

만약 이런 마음을 가지고 있으면, 곧 사도(邪道)에 떨어질 것입니다. 부처님께서 이르시기를 "이 법은 헤아리고 분별하여 능히 알 수 있는 것이 아니다."[475]라고 하셨습니다. 헤아리면 바로 재앙이 생길 것입니다. 헤아리고 분별하여 능히 알지 못함을 아는 사람은 누구입니까? 다만 이 여거인이니 다시는 머리를 돌리고 생각을 굴리지 마십시오.

전에 융례(隆禮)에게 답한 편지에 선병(禪病)을 다 말했습니다. 모든 부처와 모든 조사가 아울러 한 법도 사람들에게 준 것이 없고,[476]

---

474) 조사(祖師) 관문(關門)을 말한다.
475) 『묘법연화경(妙法蓮華經)』 권제1(卷第一)
476) 『경덕전등록(景德傳燈錄)』 권제15(卷第十五)

다만 본인으로 하여금 스스로 믿고 스스로 긍정하며, 스스로 보며 스스로 깨닫게 했을 뿐입니다. 만약 남의 입에서 나온 말을 취해 온다면 사람을 그르치게 할까 두렵습니다.

答呂舍人 居仁

承호니 日用에 不輟做工夫라하니 工夫熟則撞發關捩子矣리라 所謂 工夫者는 思量世間塵勞底心을 回在乾屎橛上하야 令情識不行호미 如土木偶人相似니라 覺得昏怛하는 沒巴鼻可把捉時ㅣ便是好消息也니 莫怕落空하며 亦莫思前算後하야 幾時得悟어다

若存此心이면 便落邪道하리라 佛이 云是法은 非思量分別之所能解라하시니 解着하면 卽禍生하리라 知得思量分別不能解者ㅣ是誰오 只是簡呂居仁이니 便不得回頭轉腦也어다

前此答隆禮書에 說盡禪病矣라 諸佛諸祖가 並無一法與人하고 只要當人으로 自信自肯하며 自見自悟耳니라 若只取他人口頭說底인댄 恐誤人일까하노라

이 일은 결단코 말의 상(相)을 떠나 있으며, 마음의 반연(攀緣)하는 상(相)을 떠나 있으며, 문자의 상(相)를 떠나 있습니다.477) 모든 상(相)을 떠나 있다는 것을 아는 사람도 또한 다만 여거인이며, 그가 죽은 뒤에 단멸하거나 단멸하지 않음을 의심하는 사람도 또한 다만 이 여거인이며, 바로 끊어서 지시해 주기를 요구하는 사람도 또한 다만 이 여거인입니다. 일상의 하루 가운데 혹 성내기도 하며, 기뻐하기

---

477) 『기신론(起信論)』

도 하며, 혹 헤아리기도 하며, 혹 분별하기도 하며, 혹 혼침(昏沈)[478]
하기도 하며, 혹 도거(掉擧)[479]하기도 하는 사람이 모두 다만 이 여거
인입니다. 다만 이 여거인이 갖가지 기특한 변화를 능히 지으며, 모든
부처와 조사와 함께 적멸대해탈광명해(寂滅大解脫光明海)에 같이 놀
아서, 세간과 출세간의 일을 성취할 수 있지만, 다만 이 여거인의 믿
음이 미치지 못할 뿐입니다. 만약 믿음이 미친다면, 청컨대 이 말[註
脚]을 의지하여 삼매(三昧)에 들어가십시오.[480] 홀연히 삼매로부터
일어나서 어머니께서 낳아 주신 콧구멍을 잃어버리면[481] 문득 깨달
을 것입니다.

　此事는 決定離言說相하며 離心緣相하며 離文字相하나니 能知離諸
相者도 亦只是呂居仁이며 疑他死後에 斷滅不斷滅도 亦只是呂居仁이
며 求直截指示者도 亦只是呂居仁이며 日用二六時中에 或瞋或喜하며
或思量或分別하며 或昏沈或掉擧도 皆只是呂居仁이니 只遮呂居仁이
能作種種奇特變化하며 能與諸佛諸祖로 同游寂滅大解脫光明海中하
야 成就世間出世間事언만은 只是呂居仁이 信不及耳이니라 若信得及
인댄 請依此註脚하야 入是三昧어다 忽然從三昧起하야 失却孃生鼻孔
하면 便是徹頭也리라

---

478) 아무 생각 없는 데 빠져 있는 것을 말한다.
479) 사량분별(思量分別)하는 것을 말한다.
480) 본분사 입장에서 보면 이 편지 전체가 군더더기의 주각이지만 이것을 의지
　　하여 깨달아 가라는 말이다.
481) 콧구멍[鼻孔]은 식심(識心)이고 실각(失脚)은 타파한다는 뜻으로서, 식심
　　(識心)을 일시에 쳐서 없앤다는 말이다.

【요지】

　거인(居仁)으로 하여금 스스로 사량분별심을 돌이켜 화두 위에 옮겨 가서 참구(參究)하게 했다. 공부한다는 것은 세상 번뇌를 돌려 '마른 똥 막대기' 위에 의심을 일으켜 분별심이 작용하지 않기를 흙이나 나무로 만든 인형과 같게 하는 것이라고 했다. 이렇게 하여 코끝을 잡을 수 없을 때가 문득 좋은 소식이니, 이때 공에 떨어질까 두려워하지 말라고 가르쳤다. 선(禪)에서는 부처나 조사가 하나의 법도 전해 줄 수 없고 다만 본인으로 하여금 스스로 믿고 긍정하며, 스스로 보며 깨닫게 할 뿐이라고 했다.

　이 일이 언어(言語)와 반연(攀緣)과 문자(文字)와 같은 모든 상(相)을 떠나 있음을 아는 사람도 여거인이며, 죽은 뒤 단멸과 단멸하지 않음을 의심하는 사람, 바로 끊어 지시해 주기를 바라는 사람, 하루 중에 혹 성내고 기뻐하며, 헤아리고 분별하며, 혼미하고 어지럽기도 한 사람이 다 이 여거인이라고 했다. 이러한 여거인은 본래 기특한 변화를 할 수 있고 적멸대해탈광명해(寂滅大解脫光明海)에 부처나 조사와 함께 놀 수 있는데, 다만 여거인의 믿음이 미치지 못할 뿐이라고 했다. 믿음이 미쳐서 삼매에 들어가고 홀연히 삼매에서 일어나 콧구멍을 잃어버리면, 문득 깨닫게 된다고 말했다.

35. 여사인 거인에게 답함[482] (3)

그대 아우 자육(子育)이 지나다가 편지를 주기에 읽어보고 기쁘고 위로(慰勞)되는 것을 알았습니다. 무상이 신속하여 백년 세월이 번갯불과 같으므로 곧 죽을 때가 도래할 것입니다. '마른 똥 막대기'는 어떠합니까? 코끝이 없고 재미가 없어서 마음이 답답함을 아는 때가 문득 이 좋은 소식입니다. 첫째 화두를 드는 데서 알아맞히려 하지 말며, 또 일없는 궤짝 속에 머물러 있지 말며, 들 때에 문득 있다가 들지 않을 때에 문득 없게 하지 마십시오. 다만 세간 진로를 사량하는 마음을 가져다가 돌이켜 간시궐(乾屎橛) 위에 놓고 의심해 오고 의심해 감에 어떻게 할 수 없어서 기량이 갑자기 다하면 문득 저절로 깨닫게 될 것입니다. 마음을 가지고 깨닫기를 기다리지 마십시오. 만약 마음을 가지고 깨닫기를 기다리면 영원히 깨달을 수 없을 것입니다.

앞서 융례(隆禮)에게 답한 편지에 조대가(措大家)의 병통을 다 말했는데, 받아 보니 다만 좌우(座右)에 두었다고 했습니다. 만약 이 말대로 공부를 하면 비록 철저히 깨닫지는 못하더라도 역시 사(邪)와 정(正)을 분간하여 삿된 마군(魔軍)의 장애를 받지 않을 수 있으며, 또한 반야의 종자를 깊이 심게 될 것입니다. 비록 금생에 깨닫지 못한다

---

482) 대혜 스님은 이 편지를 쓸 당시 형주(衡州)에 있었다.

하더라도 다음 생에 태어남에 뚜렷이 수용하되 또한 힘을 허비하지 않으며, 또한 악업에 끌려가지 아니하고, 죽을 때에 또한 업을 지배할 수 있을 것이거늘 하물며 한 생각이 서로 상응함에 있어서이겠습니까? 날마다 절대로 다른 일을 헤아리지 말고, 단지 '마른 똥 막대기'를 의심하되, 어느 때에 깨달을 것인가를 묻지 말기를 지극히 빌고 지극히 빕니다.

又

　令第子育의 經由出所賜教하야 讀之호니 喜慰를 可知로라 無常이 迅速하야 百歲光陰이 如電閃일새 便是收因結果底時節이 到來也라 乾屎橛은 如何오 覺得沒巴鼻無滋味하야 肚裡悶時ㅣ 便是好底消息也니 第一에 不得向擧起處承當하며 又不得颺在無事匣裡하며 不得擧時에 便有라가 不擧時에 便無也하고 但將思量世間塵勞底心하야 回在乾屎橛上하야 思量來思量去에 無處奈何하야 伎倆이 忽然盡하면 便自悟也리니 不得將心等悟어다 若將心等悟하면 永劫에 不能得悟也리라
　前此答隆禮書에 說盡揣大家病痛矣러니 承호니 只置在座右라하니 若依此做工夫하면 雖未悟徹이라도 亦能分別邪正하야 不爲邪魔의 所障이며 亦種得般若種子深하리니 縱今生不了라도 來生出頭에 現成受用호대 亦不費力하며 亦不被惡業의 奪將去하고 臨命終時에 亦能轉業이온 況一念相應耶아 逐日에 千萬不要思量別事하고 但只思量乾屎橛호대 莫問幾時悟를 至禱至禱하노라

깨달을 때는 또한 시절이 없으며, 또한 무리를 놀라게 하고 대중을 동요시키지 않습니다. 바로 고요해서 저절로 부처와 조사를 의심하지

아니하며, 생사(生死)를 의심하지 않을 것입니다. 의심하지 않는 경지에 이른 것이 곧 부처의 경지입니다. 부처의 경지에서는 본래 의심이 없어서 깨달음도 없고 미혹함도 없으며, 사는 것도 없고 죽는 것도 없으며, 있는 것도 없고 없는 것도 없으며, 열반도 없고 반야도 없으며, 부처도 없고 중생도 없으며, 또한 이렇게 말하는 사람도 없으며, 이 말도 또한 수용하지 않으며, 또한 수용하지 않는 사람도 없으며, 또한 수용하지 않음을 아는 사람도 없으며 또한 이렇게 수용하지 않음을 말하는 사람도 없습니다.

거인이 이와 같이483) 믿는다면 부처도 또한 이와 같으며, 조사도 또한 이와 같으며, 깨달음도 또한 다만 이와 같으며, 미혹함도 또한 다만 이와 같으며, 의심도 또한 이와 같으며, 사는 것도 또한 이와 같으며, 죽는 것도 다만 이와 같으며, 일상의 번뇌도 또한 이와 같으며, 죽은 뒤에 단멸한다거나 단멸하지 않는다는 것도 또한 다만 이와 같으며, 조정에서 벼슬을 하는 것484)도 또한 다만 이와 같으며, 별궁의 조용한 곳에 있는 것도 또한 다만 이와 같으며, 경산(徑山)에서 1천7백 대중이 둘러싸고 있는 것485)도 또한 다만 이와 같으며, 귀양 가서486) 형주에 있는 것도 또한 다만 이와 같으니, 거인은 도리어 믿습니까? 믿어도 또한 이와 같으며, 믿지 않아도 또한 다만 이와 같으니, 필경 어떠합니까? 이와 같은 것을 이와 같다고 한 이와 같은

---

483) 향상부정(向上否定)하는 본분[常分]을 가리킨 것이다.
484) 조정에서 벼슬을 하거나[在朝廷], 조용한 별궁에 있는 것[宮觀在靜處]은 거인(居仁)의 일을 지칭하는 것이다.
485) 경산(徑山)에서 많은 대중에게 둘러싸여 있는 것과 형주에 귀양 가 있는 것은 대혜 스님 자신의 일이다.
486) 편관(編管)은 '이름을 죄인의 명부[罪管]에 올린다'는 말로 여기서는 귀양살이 가는 것[謫居]을 뜻한다.

것도 또한 다만 이와 같습니다.

　悟時ㅣ 亦無時節하며 亦不驚群動衆하고 卽時怗怗地하야 自然不疑佛不疑祖하며 不疑生不疑死하리니 得到不疑之地ㅣ便是佛地也니라 佛地上에는 本無疑라 無悟無迷하며 無生無死하며 無有無無하며 無涅槃無般若하며 無佛無衆生하며 亦無恁麼說者하며 此語도 亦不受하며 亦無不受者하며 亦無知不受者하며 亦無恁麼說不受者니
　居仁이 如是信得及인댄 佛亦只如是며 祖亦只如是며 悟亦只如是며 迷亦只如是며 疑亦只如是며 生亦只如是며 死亦只如是며 日用塵勞中도 亦只如是며 死後에 斷滅不斷滅도 亦只如是며 在朝廷하야 作從官도 亦只如是며 宮觀在靜處도 亦只如是며 住徑山하야 一千七百衆이 圍繞도 亦只如是며 編管在衡州도 亦只如是니 居仁은 還信得及麼아 信得及도 亦只如是며 信不及도 亦只如是니 畢竟如何오 如是를 如是라한 如是도 亦只如是니라

【요지】

　알음알이를 짓지 말고 다만 화두 참구할 것〔看話頭〕을 가르쳤다. 화두를 드는 데서 알아맞히려 하거나, 일없이 궤짝 속에 머물러 있거나, 들 때는 있고 들지 않을 때는 없게 하지 말아야 한다고 충고했다. 코끝이 없고 재미가 없어서 마음이 답답함을 알 때가 좋은 소식이니, 마음을 가지고 깨닫기를 기다려서는 안 된다고 말했다. 의심하고 의심하여 어떻게 할 수 없어서 기량이 갑자기 다하면, 문득 깨닫게 된다고 했다. 절대로 다른 일을 헤아리지 말고 '마른 똥 막대기'를 의심하되, 언제 깨달을 것인가를 묻지 말라고 했다.
　부처의 경지에서는 일체 의심이 없어서 미오(迷悟), 생사(生死), 유무

(有無), 열반(涅槃)과 반야(般若), 부처와 중생, 이렇게 말하는 사람, 받지 않는 사람, 받지 않음을 아는 사람이 다 없다고 했다. 거인이 이것을 믿는다면 부처도 또한 이와 같으며 조사(祖師), 미오(迷悟), 의심[疑], 생사(生死), 일상의 번뇌, 사후 단멸(斷滅)과 부단멸(不斷滅), 조정에서의 벼슬, 궁관(宮觀)의 고요한 곳에 있는 것, 경산(徑山)에서 1,700 대중에게 둘러싸여 있는 것, 형주에 귀양 가 있는 것도 다 이와 같다고 했다. 거인이 믿는 것, 믿지 않는 것도 또한 이와 같으니, 이와 같은 것을 이와 같다고 한 이와 같은 것도 또한 이와 같다고 결론을 내렸다.

36. 왕장원 성석487)에게 답함 (1)

당신은 젊은 나이에 자립하여 문득 모든 사람의 윗자리에 있었으되488) 부귀에 구애받지 않았으니, 백겁천생(百劫千生)의 원력이 아니었다면, 어찌 여기에 이를 수 있었겠습니까? 또 이 일대사(一大事)에 간절해서 생각생각 물러나지 않으며, 결정적 믿음을 가지고 결정적 의지를 갖추었으니, 어찌 얕은 사람이 이렇게 할 수 있겠습니까?

부처님께서 이르시기를 "오직 이 한 가지 일489)이 진실이고 나머지 둘은 진실이 아니다."490)라고 하셨습니다. 청컨대 채찍을 가하여 소홀히 하지 마십시오. 세상일도 다만 이것이라491) 옛 성인이 어찌 말하지 않았겠습니까? "아침에 도를 들으면 저녁에 죽어도 좋다."492)

---

487) 이름이 응진(應辰)이고 자(字)가 성석(聖錫)이다. 왕장원은 진사 갑과에 급제하여 벼슬이 이부상서(吏部尙書)에 이르렀고, 시호(諡號)는 문정(文定)이다. 이 편지는 소흥(紹興) 갑자년(甲子年)에 대혜 스님이 형주에서 답한 글이다.
488) 과거 시험에 장원(壯元)하여 높은 벼슬에 오른 것을 말한다.
489) 위에서 말한 일대사인연(一大事因緣)을 뜻한다.
490) 이승〔二乘: 聲聞乘・緣覺乘〕과 삼승〔三乘: 二乘에 菩薩乘을 더한 것〕의 둘을 말한다.(『묘법연화경(妙法蓮華經)』 권제1)
491) 세간 밖에 따로 불법(佛法)이 있는 것이 아니라 세간(世間)과 불법(佛法)이 하나라는 사실을 말한다.
492) 『논어(論語)』 이인편(里仁篇)에 나오는 공자의 말이다. 주자(朱子)는 이 부분을 주석(註釋)하기를 "도는 사물의 당연한 이치이니, 진실로 도를 들으면 사는 것이 순리에 맞고, 죽는 것이 편안해서 다시는 한스러움을 남기지 않는

고 했습니다. 알지 못하겠습니다. 들은 것은 이 무슨 도(道)입니까? 본분자리에 이르러서는 눈 깜빡임도 허용하지 않으니,493) 다시 '우리 도는 하나로 꿰어 간다.'는 말을 인용해 와서는 안 됩니다.494)

모름지기 스스로 믿고 스스로 깨달아야 합니다. 말로 하는 것은 끝내 근거가 없는 것입니다. 스스로 보고 스스로 깨달으며 스스로 믿어야 합니다. 말로 표현하지 못하며, 모양으로 드러내지 못하는 것은 도리어 방해가 되지 않지만, 다만 말로 흉내 내고 모양으로 흉내 내더라도 도리어 보지 못하고 깨닫지 못할까 두렵습니다.

부처님께서는 "(이런 사람을) 지목하여 증상만인(增上慢人)495)이며, 또한 반야를 비방하는 사람이며, 또한 큰 거짓말을 하는 사람이며, 또한 부처의 지혜 생명을 끊는 사람이다."라고 말씀하셨습니다. 또 "일천 부처가 세상에 나오더라도 참회가 통할 수 없다."고 하셨습니다. 만약 '개는 불성이 없다'는 화두를 뚫으면, 이러한 말들도 도리어 거짓말이 될 것입니다. 그러나 지금 곧 거짓말이라는 생각은 하지 마십시오.

答汪狀元 聖錫

左右ㅣ 妙年에 自立하야 便在一切人의 頂顬上호대 不爲富貴의 所籠羅하니 非百劫千生에 願力所持면 焉能致是리오 又能切切於此一大

다.(道者 事物當然之理 苟得聞之則生順死安 無復遺恨矣)"고 설명했다.
493) 본분자리에서는 아주 작은 분별 식심도 용납하지 않는다는 말이다.
494) 이 부분의 '도(道)'도 비록 '아침에 도를 들으면〔朝聞道〕'의 '도'와 같지만, 스스로 말없이 알고 마음으로 통하지〔默識心通〕 아니하고, 다만 구설(口舌)을 일삼아서 이것저것 끌어와서 안배(按配)하려는 것은 옳지 않다는 말이다.
495) 깨닫지 못했으면서 깨달았다고 속이며 법과 사람을 가볍게 보는 사람을 말한다.

事하야 念念不退轉하며 有決定信하고 具決定志하니 此豈淺丈夫의 所能이리요 老瞿曇이 云唯此一事實이요 餘二則非眞이라하니 請着鞭하야 不可忽어다 世間事는 只遮是라 先聖이 豈不云乎아 朝聞道하고 夕死可矣라하니 不知聞底는 是何道오 到遮裏하야 不容眨眼이니 不可更引吾道一以貫之去也니라

須自信自悟니 說得底는 終是無憑據라 自見得自悟得하며 自信得及了하고 說不得形容不出은 却不妨이어니와 只怕說得似形容得似라도 却不見却不悟者니라

老瞿曇이 指爲增上慢人이며 亦謂之謗般若人이며 亦謂之大妄語人이며 亦謂之斷佛慧命人이라 千佛이 出世하야도 不通懺悔라하시니라 若透得狗子無佛性話하면 遮般說話는 却成妄語矣리라 而今에 不可便作妄語會어다

얼마 전 여거인의 두 편지를 받아 보니, 편지 가운데 다 이르기를 "여름에 융례에게 답한 편지를 항상 옆에 두고 깨달음 얻기를 기약한다."고 했습니다. 또한 들으니 일찍이 기록하여 당신에게 드렸다고 하니, 근세의 귀공자로서 그와 같은 사람은 우담발화(優曇鉢花)가 한 번 나타나는 것과 같습니다.496) 지난번 산에서497) 매번 당신과 함께 이런 이야기를 할 때 당신의 눈동자가 안정됨을 보았습니다. 99분(分)

---

496) 우담발화(優曇鉢花)는 신령하다고 하여 영서화(靈瑞花)라고도 하는데, 3천 년에 한번 나타난다고 한다. 대혜 스님이 융례(隆禮)에게 한 답서(答書)에서 거인(居仁)의 견해를 외도와 다르지 않다고 배척했으나, 거인이 싫어하거나 시기하지 않고 달게 스스로 경계를 삼고 열심히 공부하기 때문에 그를 우담발화에 비유하여 칭찬했다.
497) 경신년(庚申年) 대혜가 경산(徑山)에 있을 때에 왕장원이 그의 스승인 장구성(張九成, 無垢居士)과 함께 와서 도를 물었던 일을 말한다.

을 알고 있으나 다만 한 번 '와!' 하는 것이 부족할 뿐입니다. 만약 한 번 '와!' 하게 되면 유교가 곧 불교이고 불교가 곧 유교이며, 출세간이 곧 세간이고 세간이 곧 출세간이며, 범부가 곧 성인이고 성인이 곧 범부이며, 내가 곧 너이고 네가 곧 나이며, 하늘이 곧 땅이고 땅이 곧 하늘이며, 파도가 곧 물이고 물이 곧 파도입니다.

우유와 우락(牛酪)을 섞어서 한 맛을 만들며, 금으로 된 병, 접시, 비녀, 팔찌를 녹여 하나의 금으로 만드는 것은 내가 하고 아니 하고에 있고, 다른 사람에게 있지 않습니다. 이런 경지에 이르면 (모든 것이) 내 지휘를 따르게 되어 이른바 나는 법왕이 되어서 법에 자유자재하게 될 것입니다.[498] 득실(得失)과 시비(是非)에 어찌 걸리고 장애 받음이 있겠습니까? 이것은 억지로 그렇게 하는 것이 아니라 법이 이와 같기 때문입니다.

呂居仁의 比連收兩書호니 書中에 皆云夏中에 答隆禮書를 常置座右하야 以得으로 爲期라하며 又聞嘗錄呈左右라하니 近世貴公子로 似渠者는 如優曇鉢花ㅣ時一現耳니라 頃在山頭하야 每與公으로 說遮般話할새 見公의 眼目定動호니 領覽得九分九釐요 只欠囝地一下爾라 若得囝地一下了하면 儒卽釋며 釋卽儒며 僧卽俗이며 俗卽僧이며 凡卽聖이며 聖卽凡이며 我卽爾며 爾卽我며 天卽地며 地卽天이며 波卽水며 水卽波라

酥酪醍醐를 攪成一味하며 缾盤釵釧을 鎔成一金이 在我不在人이리니 得到遮箇田地하면 由我指揮라 所謂我爲法王하야 於法에 自在니 得失是非에 焉有罣礙리요 不是强爲라 法如是故也니라

---

498) 『묘법연화경(妙法蓮華經)』 권제2(卷第二)

이런 경계는 무구노자(無垢老子)를 제외하고[499] 다른 사람이 어찌 완전히 믿으며, 비록 믿지만 어떻게 손안에 넣겠습니까? 당신은 이미 믿고 이미 엿보았으며, 이미 삿된 것과 바른 것을 분간하였으나, 다만 손에 넣지 못했을 뿐입니다. 손에 넣을 때에는 늙고 젊음을 분별하지 않으며, 지혜롭고 어리석음에 있지 않아서, 범천의 자리를 가지고 바로 보통 사람에게 주는 것이고, 다시 계급과 단계가 없습니다. 영가스님이 말한 "한 번 뛰어 바로 여래의 지위에 들어간다."[500]는 것이 이것입니다. 다만 자세히 들어야 합니다. 결단코 속이지 않습니다.

此箇境界는 除無垢老子하고 他人이 如何信得及이며 縱信得及이나 如何得入手리요 左右가 已信得及하며 已覷得見하며 已能分別是邪是正호대 但未得入手耳라 得入手時에는 不分老少하며 不在智愚라 如將梵位하야 直授凡庸이요 更無階級次第니 永嘉所謂一超에 直入如來地ㅣ是也라 但相聽하라 決不相誤니라

【요지】

힘써 스스로 믿고 다만 스스로 깨달아야 한다고 가르쳤다. 스스로 궁

---

499) 무구노자는 장구성(張九成)의 도호(道號)인데 그가 이미 도를 깨달았기 때문에 이렇게 일컬었다. 그는 항상 '잣나무 화두〔栢樹子話〕'를 들었으나 오랫동안 깨닫지 못하다가 그 후 소민(蘇民)의 어느 농막에 머물던 날 저녁, 화장실에 가다가 개구리 우는 소리를 듣고 활연대오(豁然大悟)했다. 그는 깨닫고 나서 "봄날 저녁 한 개구리 소리여, 하늘과 땅이 한 집안인 것을 쳐서 깨뜨렸네! 정히 이러할 때에 그 누가 알 것인가? 고갯마루에서 다리가 아팠던 현사(玄沙) 스님이 있었네.(春天日夜一聲蛙 撞破乾坤共一家 正恁麼時誰會得 嶺頭胼痛有玄沙)"라는 오도송(悟道頌)을 남겼다.

500) 『증도가(證道歌)』

정하고 깨닫는 것이 중요한데, 만약 스스로 깨닫지 못하고 다만 설법해 주기를 요구하여 '하나로 관통한다(一以貫之)'는 것과 같은 말을 인용하여 일대사(一大事)를 증명하려고 하면, 이는 반야(般若)를 비방하는 사람이라고 했다.

 자립하여 높은 벼슬에 올랐으나, 부귀에 구애(拘礙)받지 않고 일대사(一大事)에 간절해서 결정적 믿음과 의지를 갖춘 왕장원(汪狀元)을 먼저 칭찬했다. 깨닫지 못했으면서 깨달았다고 하며, 반야를 비방하고 큰 거짓말을 하며, 부처님의 지혜 생명을 끊는 사람을 증상만인(增上慢人)이라고 했다. '개는 불성이 없다'는 화두를 뚫으면, 이 화두도 문득 거짓말이 된다고 했다.

 왕장원이 99분(分)의 공부를 성취했으나, 한 번 '와!' 하는 것이 부족한데, '와!' 하고 완전히 깨닫게 되면 유교와 불교가 하나가 되고, 세간과 출세간, 범부와 성인, 나와 너, 하늘과 땅, 파도와 물이 각각 하나가 될 것이라고 말했다. 이런 경지에 이르면 모든 것이 내 지휘를 따르고 나는 법왕이 되어 법에 자유자재하게 된다고 했다. 왕장원은 이미 믿고 보아 사(邪)와 정(正)을 분간할 수는 있으나, 다만 (깨달음을) 손에 넣지 못했다고 했다. 깨달음에는 늙음과 젊음〔老少〕, 어리석음과 지혜로움〔愚智〕, 계급(階級)과 차제(次第)가 없다고 하면서, 공부에 매진할 것을 권장했다.

37. 왕장원 성석에게 답함 (2)

"제가 모든 인연을 쉬고 일상에 다만 이와 같이 번뇌하는 생각이 없다."501)고 하니, 당신 입장에서 무엇이 부족하겠습니까? 세간에서는 천 가지 만 가지가 풍족했다고 말할 만합니다. 진실로 출세간의 이 문중에서 몸을 날려 한번 던지면 어찌 허리에 십만 관의 돈을 차고 학을 타고 양주에 오르는 데 그칠 뿐이겠습니까?502) 옛날 문공(文公) 양대년(楊大年)503)이 서른 살에 광혜연공(廣慧璉公) 스님을 만나서

---

501) 진(軫)은 수레 뒤에 가로댄 나무인데 여기서는 '움직인다'는 뜻으로 사용됐다.
502) 『태평광기(太平廣記)』에 어떤 네 사람이 각기 자기의 소원을 말했는데, 한 사람은 허리에 십만 관을 차기를 원하여 부를 탐냈고, 다른 한 사람은 학을 타고 하늘에 오르기를 원해서 오래 살기를 탐냈고, 또 다른 한 사람은 양주(楊州) 고을 군수가 되기를 원하여 귀하게 되는 것을 탐냈고, 나머지 한 사람은 허리에 십만 관을 차고 학을 타고 양주로 가기를 원하여 세 사람의 소원을 한꺼번에 다 얻기를 탐냈다. 여기에 이 내용을 인용해 온 것은 어떤 세속적 성취도 이에 견줄 수 없을 정도로 깨달음의 가치가 높다는 것을 나타내기 위해서이다.
503) 북송(北宋) 진종(眞宗) 때 사람이다. 이름은 억(億)이고 자(字)는 대년(大年)이고 시호는 문공(文公)이다. 처음 광혜사(廣惠寺) 원련선사(元璉禪師)를 알현하고 밤에 대화를 나누는 중에 그가 선사에게 묻기를 "두 마리의 큰 호랑이가 서로 치고 싸울 때에는 어떻게 합니까?" 하니, 선사가 손으로 코를 끌어당기는 자세를 취하고 말하기를 "이 짐승이 다시 뛰는구나!"라고 했다. 그가 이 말에 활연대오(豁然大悟)하고 "팔각의 소반이 공중에 달리고, 금털 사자가 변하여 개가 되었도다! 몸을 북두 가운데 숨기고자 생각하거든 응당 남쪽 별 뒤에 합장하라.(八角磨盤空裡中 金毛獅子變作狗 擬欲藏身北斗中 應須合掌南辰後)"는 오도송(悟道頌)을 지었다. 깨달은 재가거사(在家居士)를 예로

가슴에 막힌 물건을 제거하고504) 그 이후로부터는 조정에 있거나 마을에 살거나 시종 한결같이 공명(功名)에 끌림을 당하지 않았으며, 부귀(富貴)에 끌림을 당하지 않았습니다. 그러나 또한 일부러 부귀와 공명을 가볍게 여긴 것이 아니라 도가 있는 곳에 법이 이와 같기 때문이었습니다.

조주 스님이 이르기를 "모든 사람은 하루의 시간에 부림을 당하지만, 나는 하루 시간을 부린다."505)고 하였습니다. 이 노장의 이 말씀도 억지로 그러한 것이 아니라 또한 법이 이와 같기 때문이었습니다.

又

某가 萬緣을 休罷하고 日用에 只如此無煩軫念이라하니 左右分上에 欠小箇甚麼오 在世界上하야 可謂千足萬足이라 苟能於此箇門中에 飜身一擲하면 何止腰纏十萬貫하고 騎鶴上楊州而已哉아 昔에 楊文公大年이 三十歲에 見廣慧璉公하야 除去礙膺之物하고 自是已後로 在朝廷居田里에 始終一節을 不爲功名의 所移하며 不爲富貴의 所奪호대 亦非有意輕功名富貴라 道之所在에 法如是故也라

趙州云諸人은 被十二時使어니와 老僧은 使得十二時라하니 此老此說이 非是强爲라 亦法如是故也니라

> 대개 배우고 도 닦는 것이 한 가지인데 지금 학자들은 가끔 인의예

끌어와 깨달음의 위대함을 증명한 것이다.
504) 크게 깨닫는 것〔大悟〕을 말한다.
505) 조주 스님이 120세를 살았는데 사람들이 묻기를 "하루 12시를 어떻게 마음을 씁니까?(問十二時中如何用心)" 하니 위와 같이 대답했다.(『조주록(趙州錄)』)

지신(仁義禮智信)506)으로 배움을 삼고, 격물(格物)507), 충서(忠恕)508), 일이관지(一以貫之)의 종류로 도를 삼습니다. 다만 수수께끼 놀이를 하는 것509)과 같으며, 또 여러 소경들이 코끼리를 더듬어 각기 다른 말을 하는 것510)과 같습니다.

부처님께서 이르지 않으셨습니까? "알음알이로 여래원각(如來圓覺)의 경지를 헤아리면, 반딧불을 가지고 수미산을 태우는 것과 같다."511)고 말입니다. 살고 죽으며 재앙을 받고 복을 받을 때에 모두 힘을 쓰지 못하는 것은 대개 이 때문입니다. 양자(楊子)512)가 이르기를 "배운다는 것은 본성을 닦는 것이니, 본성이 곧 도다."라고 했으며, 부처님께서 이르시기를 "본성이 위없는 도를 이룬다."513)고 하셨습니다. 규봉이 이르기를 "옳은 일을 하는 것은 마음을 깨닫는 것이고, 옳지 않는

---

506) 이것을 오상(五常)이라고 한다.
507) 격물(格物)의 격(格)은 궁구(窮究)한다는 말이고, 물(物)은 사물의 이치〔物理〕이니 합쳐 보면 '사물의 이치를 궁구한다'는 말이다. 왕양명(王陽明)은 물격(物格)이라는 말을 사용하여 유학자들과 의견을 달리했다.
508) 충성은 자기의 최선을 다하는 것〔盡己之謂忠〕이고, 용서는 자기의 입장을 미루어 남을 이해하는 것〔推己及人謂恕〕이다.
509) 박미자(博謎子)의 박(博)은 놀이, 미자(謎子)는 은어(隱語, 수수께끼)를 뜻하여, 합쳐 보면 '은어(수수께끼)놀이를 하다'라는 뜻이다. 지금 학(學)과 도(道)에 각각 집착하여 사람들로 하여금 알지 못하게 하는 것이 은어(수수께끼)를 말하는 사람들이 다른 사람들로 하여금 그 말을 이해하지 못하게 하는 것과 같다는 뜻으로 사용했다.
510) 코끼리의 꼬리를 잡은 사람은 코끼리를 빗자루 같다고 하고, 상아를 잡은 사람은 뿔 같다고 하고, 코를 잡은 사람은 큰 동아줄 같다고 하여 코끼리의 전체를 알지 못하듯이, 여기서는 법을 제대로 알지 못하는 것을 말한다.
511) 『원각경(圓覺經)』
512) 양자(楊子 B.C.53-A.D.18)의 이름은 웅(雄)이고 자는 자운(子雲)이며 전한(前漢)의 유학자(儒學者)다. 인간의 성(性)에 관하여 선(善)과 악(惡)이 섞여 있다는 성선악혼설(性善惡混說)을 주장하였다. 그래서 선한 것을 닦으면 선인(善人)이 되고, 악한 것을 닦으면 악인(惡人)이 된다고 하였다.
513) 『능엄경(楞嚴經)』 권제6(卷第六)

일을 하는 것은 마음을 어지럽히는 것이다. 어지럽히는 것은 망령된 생각에서 연유하여 죽음에 임박하면 업에 끌림을 받거니와, 깨닫는 것은 망령된 생각에 연유하지 않아서 업을 부릴 수 있다."514)고 했습니다. 이른바 의(義)라는 것은 의리(義理)의 의(義)고, 인의(仁義)의 의(義)가 아니라515)고 했습니다. 지금 보니 저 노인516)도 또한 허공을 쪼개어 둘로 만드는 것을 아직 면하지 못했습니다.

 大率爲學爲道ㅣ一也어늘 而今學者는 往往에 以仁義禮智信으로 爲學하고 以格物忠恕一以貫之之類로 爲道하야 只管如博謎子相似하며 又如衆盲이 摸象에 各說異端이라
 釋不云乎아 以思惟心으로 測度如來圓覺境界하면 如取螢火하야 燒須彌山이라하시니 臨生死禍福之際하야 都不得力은 盖由此也니라 楊子云學子所以修性이니 性卽道也라하며 黃面老子云性成無上道라하며 圭峯云作有義事는 是惺悟心이요 作無義事는 是狂亂心이니 狂亂은 由情念이라 臨終에 被業牽이어니와 惺悟는 不由情이라 臨終에 能轉業하나니 所謂義者는 是義理之義요 非仁義之義라하니 而今看來에 遮老子도 亦未免析虛空爲兩處로다

 인(仁)은 성품(性稟)의 인이고, 의(義)는 성품의 의고, 예(禮)는 성품의 예고, 지(智)는 성품의 지고, 신(信)은 성품의 신입니다. 의리(義理)의 의도 또한 성품입니다. 옳지 않은 일517)을 하는 것은 곧 이 본성을

---

514) 규봉(圭峰)의 『원인론(原人論)』에 나오는 문장이다.
515) 『경덕전등록(景德傳燈錄)』 권제13(卷第十三)
516) 규봉선사(圭峰禪師)
517) 사량분별(思量分別)에서 하는 일이다.

배반하는 것이고, 옳은 일518)을 하는 것은 곧 이 본성을 따르는 것입니다. 그러나 따르고 배반하는 것은 사람에게 있고 성품에 있지 않으며, 인의예지신(仁義禮智信)은 성품에 있고 사람에게 있지 않습니다. 사람은 지혜롭고 어리석음이 있을지언정 성품은 곧 그런 것이 없습니다. 만약 인의예지신이 어진 사람에게만 있고 어리석은 사람에게 없다면 성인의 도는 선택(選擇)하고 취사(取捨)함이 있게 됩니다. 하늘이 비를 내리는데 땅을 가려서 내린다고 하는 것과 같을 것입니다.

그런 까닭으로 이르기를 '인의예지신(仁義禮智信)은 성품에 있고 사람에게 있지 않으며, 어질거나 어리석으며 따르거나 배반하는 것은 사람에게 있고 성품에 있지 않다.'고 합니다. 양자(楊子)가 본성을 닦는다고 한 것은 성품은 또한 닦을 수가 없으니, 또한 따르거나 배반하며 어질거나 어리석을 뿐입니다. 규봉이 말한 깨닫고 광란함이 이것이며, 조주가 이른 12시를 부린다는 것과 12시의 부림을 받는다는 것이 이것입니다. 만약 인의예지신의 성품이 일어나는 자리를 알면 격물(格物), 충서(忠恕), 일이관지(一以貫之)도 그 가운데 있습니다. 승조 법사519)가 이르기를 "능히 하늘이 되고[能天] 능히 사람이 되는 [能人]520) 자가 어찌 하늘과 사람의 소능(所能)521)이 되겠는가?"522)

---

518) 일체 사량분별이 끊어진 자리에서 하는 일이다.
519) 승조법사(僧肇法師)는 위진 남북조 때의 승려, 구마라집의 4대 제자 중 한 사람으로 『조론(肇論)』을 지었다.
520) 자유자재(自由自在)하는 것을 말한다.
521) 부림과 구속을 받는 것을 말한다.
522) 사람은 모난 데 살면 모나고, 둥근 데 머물면 둥글며, 하늘에 있어서는 하늘이 되고, 사람에 처해서는 사람이 된다. 원래부터 능히 하늘이 되고 능히 사람이 되는 자가 어찌 하늘과 사람의 소능(所能)이 되겠는가?(至人居方而方 止圓而圓 在天而天 處人而人 原夫能天能人者 豈天人之所能哉 『조론(肇論)』)

하였습니다. 그러므로 말하자면 배우고 도 닦는 것은 하나입니다.

    仁乃性之仁이요 義乃性之義요 禮乃性之禮요 智乃性之智요 信乃性之信이라 義理之義도 亦性也니 作無義事는 卽背此性이요 作有義事는 卽順此性이나 然이나 順背는 在人이요 不在性也며 仁義禮智信은 在性이요 不在人也라 人有智愚언정 性卽無也니 若仁義禮智信이 在賢而不在愚則聖人之道ㅣ 有揀擇取捨矣라 如天降雨에 擇地而下矣니
    所以로 云仁義禮智信은 在性而不在人也며 賢愚順背는 在人而不在性也라하노라 楊子所謂修性은 性亦不可修니 亦順背賢愚而已며 圭峯의 所謂惺悟狂亂이 是也며 趙州所謂使得十二時와 被十二時使ㅣ 是也라 若識得仁義禮智信之性起處則格物忠恕一以貫之도 在其中矣라 肇法師云能天能人者는 豈天人之所能哉리요하니 所以로 云爲學爲道는 一也라하노라

    대개 성인이 가르침을 베풂에 이름을 구하지 않고 공(功)을 자랑하지 않는 것은 꽃나무에 봄이 오는 것과 같습니다.[523] 이 성품을 갖추고 있는 것은 시절 인연이 도래하면, 각각 서로 알지 못하나 그 근성을 따라서 크고 작고 모나고 둥글고 길고 짧은 것과 혹 푸르고 혹 누른 것과 혹 붉고 혹 푸른 것과 혹 악취 나고 혹 향기 나는 것이 동시에 작용합니다.[524] 봄이 능히 크게 하고 작게 하며, 모나게 하고

---

[523] 배우는 사람이 스스로 긍정하고 깨닫는 것을 말한다. 즉 스승의 가르침과 바깥 인연을 빌리지만, 스스로 도를 깨달아 들어가는 것을 일컫는다.
[524] 시절 인연을 나타낸 고인의 시에 "붉은 복숭 꽃이 3월에 터지고, 누른 국화는 9월에 피네. 뿌리가 땅에 내려, 각기 스스로 때가 오기를 기다리네.(紅桃三月綻 黃菊九秋開 一般根得地 各自待時來)"라는 시가 있다.

둥글게 하며, 길게 하고 짧게 하며, 파랗게 하고 누르게 하며, 붉게 하고 푸르게 하며, 악취 나게 하고 향기 나게 하는 것이 아닙니다. 이것은 다 본래 가진 성품이 연(緣)을 만나서 일어난 것일 뿐입니다. 백장이 이르기를 "불성의 뜻을 알려고 한다면, 마땅히 시절인연을 보라."525)고 하였습니다. 시절이 만약 이르면 그 이치가 저절로 드러난다는 것입니다. 또 양사(讓師)가 마사(馬師)에게 말하기를 "네가 마음 법문을 배우는 것은 종자를 심는 것과 같고, 내가 법요(法要)를 말하는 것은 저 하늘의 은택(恩澤)에 비유된다. 너의 인연이 합치됐기 때문에 당연히 그 도를 보게 됐다."526)고 하셨습니다. 그 때문에 성인이 가르침을 베푸는 것은 명성을 구하고 공명을 자랑하는 것이 아니라고 말합니다. 다만 배우는 사람들로 하여금 성품을 보고 도를 이루게 할 뿐입니다. 무구노자가 이르기를 "도가 한 겨자에 있으면 한 겨자가 귀중하고, 도가 천하에 있으면 천하가 귀중하다."527)고 한 것이 이것입니다.

　大率聖人이 設教에 不求名不伐功이 如春行花木하나니 具此性者는 時節因緣이 到來하면 各各不相知나 隨其根性하야 大小方圓長短과 或青或黃과 或紅或綠과 或臭或香이 同時發作하나니 非春이 能大能小하며 能方能圓하며 能長能短하며 能青能黃하며 能紅能綠하며 能臭能香이요 此皆本有之性이 遇緣而發耳니라 百丈云欲識佛性義인댄 當觀時節因緣이라하니 時節이 若至면 其理自彰이라하며 又讓師ㅣ謂馬

---

525) 『선림승보전(禪林僧寶傳)』 서(序), 권제4(卷第四)
526) 『경덕전등록(景德傳燈錄)』 권제5(卷第五)
527) 도(道)가 모든 존재의 원리이기 때문에 그 도를 가진 모든 존재는 귀하다는 말이다. 여기서 도는 실체가 없는 연기(緣起)를 말한다.

師曰汝學心地法門은 如下種子요 我說法要는 譬彼天澤이라 汝緣이 合故로 當見其道라하니 所以云聖人設教ㅣ 不求名不伐功이라 只令學者로 見性成道而已니 無垢老子ㅣ 云道在一芥子則一芥子重하고 道在天下則天下重이 是也라

　당신은 일찍이 무구당(無垢堂)에는 올라갔으나, 그 방에는 아직 들어가지 못했으니,528) 겉만 보고 그 속은 보지 못했습니다. 백년의 세월이 다만 한 찰나이니, 찰나 사이에 깨달으면 위에서 말한 것과 같은 것은 다 진실한 뜻이 아닙니다. 그러나 이미 깨닫고 나서 이것을 진실이라고 하는 것도 또한 나에게 있으며, 진실이 아니라고 하는 것도 또한 나에게 있습니다. 이것은 물위의 조롱박이 사람이 움직이지 않더라도 항상 자유롭게 있다가 건드리면 곧 움직이며, 누르면 곧 구르는 것과 같습니다. 그 굴러 움직이는 것은 억지로 그렇게 하는 것이 아니라, 또한 법이 이와 같기 때문입니다.

　당신이 조주의 '개는 불성이 없다'는 화두를 드는 것은, 사람이 도둑을 잡는데 이미 숨은 곳은 알지만 다만 아직 잡지 못한 것과 같을 뿐입니다. 청컨대 완전히 정신을 차려 잠깐도 끊어짐이 없게 하십시오. 때때로 행주좌와(行住坐臥)하는 곳과 책을 읽는 곳과 인의예지신(仁義禮智信)을 닦는 곳과 존장을 시봉하는 곳과 학자를 인도하여 가르치는 곳과 죽을 먹고 밥을 먹는 곳에서 그것과 겨루어 다가가면, 홀연히 포대529)를 잃게 될 것입니다. 다시 무슨 말을 하겠습니까?

---

528) 이미 정대(正大)하고 고명(高明)한 경지에는 나아갔으나, 특별히 정미(精微)하고 심오(深奧)한 지경에는 아직 깊이 들어가지 못한 것을 말한다.
529) 식심(識心)이니, 분별을 일삼는 알음알이를 말한다.

左右ㅣ 嘗升無垢之堂호대 而未入其室하니 見表而未見其裏라 百歲光陰이 只在一刹那間이니 刹那間에 悟去하면 如上所說者ㅣ 皆非實義니라 然이나 旣悟了하야는 以爲實이라도 亦在我며 以爲非實이라도 亦在我니 如水上葫蘆하야 無人動着하야도 常蕩蕩地하야 觸着便動하며 捺着便轉하야 轆轆地함이 非是强爲라 亦法如是故也니라

趙州狗子無佛性話를 左右ㅣ 如人이 捕賊에 已知窩盤處나 但未捉着耳니 請快着精彩하야 不得有少間斷하고 時時向行住坐臥處와 看讀書史處와 修仁義禮智信處와 侍奉尊長處와 提誨學者處와 喫粥喫飯處하야 與之厮崖하면 忽然打失布袋하리니 夫復何言이리오

【요지】

일상생활 가운데서 화두를 참구하여 꿰뚫을 것〔透得〕을 말했다. 몸을 한번 돌이키면(=깨달음), 허리에 십만 관을 차고 학을 타고 양주에 오르는 것에 견줄 수 없을 정도로 좋다는 것을 말했다. 광혜연공(廣慧璉公) 스님을 만나 깨달음을 얻은 양대년(楊大年)이 부귀공명(富貴功名)에 구속되지 않은 것과 조주 스님이 시간을 부려서 장수(長壽)한 사실을 그 예로 들었다.

배우고 도 닦는 것이 한 가지인데, 이를 둘로 나누고 있는 지금 학자들을 비판했다. "알음알이로 여래원각 경지를 헤아리면, 반딧불을 가지고 수미산을 태우는 것과 같다."고 하신 부처님의 말씀을 인용하여 알음알이를 경계했다. 유교에서 말하는 인의예지신(仁義禮智信)은 별개의 그 무엇이 아니고, 모두 성품(性稟)의 인의예지신이라고 했다. 그리고 어질거나 어리석으며, 따르거나 배반하는 것은 사람에게 있지 성품에 있지 않다고 했다. 인의예지신의 성품이 일어나는 자리를 알면 격물(格物), 충서(忠恕), 일이관지(一以貫之)도 그 가운데 있음을 알게 된다고 했다.

성인이 가르침을 베푸는 것은 이름과 공명을 구하기 위함이 아니라, 사람들이 성품을 보고 도를 이룰 수 있도록 연(緣)을 제공하기 위함이라고 했다. 이는 꽃나무에 봄이 오면, 나무가 근성을 따라 크고 작고 모나고 둥글게 작용하지만, 봄이 능히 그렇게 하는 것이 아니고 본래 가진 성품이 연(緣)을 만나서 그렇게 되는 것과 같다는 것이다. 왕장원의 경지를, 마루에는 올랐으나 방안에는 아직 들어가지 못하여, 겉만 보고 속을 아직 보지 못한 정도에 머물러 있는 것으로 평가했다. 이어서 물위에 떠있는 조롱박의 예를 가지고 와서 깨달음의 세계를 보여줌으로써, 자연스럽게 깨달음의 경지로 나가게 도왔다. 행주좌와(行住坐臥)하고, 책 읽고, 인의예지신(仁義禮智信)을 닦고, 존장을 시봉하는 등 일체 상황에서 끊어짐 없이 화두를 들면 홀연히 깨닫게 될 것이라고 말했다.

38. 종직각530)에게 답함

편지를 보니, '인연을 만나 날로 차별 경계와 교섭하되 일찍이 불법(佛法) 가운데 있지 않음이 없다.'고 하며, '일상생활 가운데 개는 불성이 없다〔狗子無佛性〕는 화두(話頭)로 감정의 티끌을 없앤다.'고 했습니다. 만약 이와 같이 공부를 하면 마침내 깨닫지 못할까 걱정입니다.

청컨대 바로〔脚跟下〕 비추어 돌아보십시오. 차별 경계는 어느 곳으로부터 일어납니까? 활동하며 생활하는 사이에 어떻게 '개는 불성이 없다'는 화두로 감정의 티끌을 없애며, 능히 감정의 티끌을 없앨 줄 아는 사람은 또 누구입니까? 부처님께서 이르지 않으셨습니까? "중생이 전도(顚倒)되어 자기를 미혹하고 사물을 쫓아간다."531)고 말입니다. 사물은 본래 자성(自性)이 없는데 자기를 미혹한 사람이 스스로 쫓아갈 뿐이며, 경계는 본래 차별이 없는데 자기를 미혹한 사람이 스스로 차별을 만들 뿐입니다.

이미 날로 차별 경계를 교섭하고 또 불법 가운데 있다고 하니, 이미 불법 가운데 있으면 차별 경계가 아니고, 이미 차별 경계 가운데 있다면 불법이 아닙니다. 하나를 잡으면 하나를 놓으니 무슨 깨달을 기약이 있겠습니까?

---

530) 이름은 급(及)이고 직각(直閣)은 그의 관직 이름이다.
531) 『능엄경(楞嚴經)』, 『정법안장(正法眼藏)』 권제상(卷第上)

答宗直閣

示諭호대 應緣에 日涉差別境界호대 未嘗不在佛法中이라하며 又於日用動容之間에 以狗子無佛性話로 破除情塵이라하니 若作如是工夫인댄 恐卒未得悟入일까하노라

請於脚跟下에 照顧하라 差別境界는 從甚麼處起오 動容周旋之間에 如何以狗子無佛性話로 破除情塵이며 能知破除情塵者는 又是何誰오 佛不云乎아 衆生이 顚倒하야 迷己逐物이라하시니 物은 本無自性커늘 迷己者가 自逐之耳며 境界는 本無差別커늘 迷己者가 自差別耳이니라

旣曰涉差別境界라하고 又在佛法中이라하니 旣在佛法中이면 卽非差別境界요 旣在差別境界中이면 則非佛法矣라 拈一放一이어니 有甚了期이리요

광액도아(廣額屠兒)가 열반회상에서 백정 칼을 내려놓고 바로 그 자리에서 성불했으니532) 어찌 많은 사량 분별이 있었겠습니까? 일상생활에서 인연을 만나 겨우 차별 경계와 교섭함을 느끼거든 다만 차별 경계에 나아가 구자무불성(狗子無佛性)의 화두를 들어야 합니다. 티끌을 제거한다는 생각도 하지 말며, 감정의 티끌이라는 생각도 하지 말며, 차별 경계라는 생각도 하지 말며, 불법이라는 생각도 하지 말고, 다만 구자무불성(狗子無佛性)의 화두를 들어야 합니다.

다만 '개는 불성이 없다〔狗子無佛性〕'는 화두를 들지언정, 또한 마음을 가지고 깨달음을 기다리지 마십시오. 만약 마음을 가지고 깨달음을 기다리면, 경계도 차별이며, 불법도 차별이며, 감정 티끌도 차별

---
532) 『대열반경(大涅槃經)』 권제19(卷第十九)

이며, 구자무불성(狗子無佛性)의 화두도 차별이며, 끊어지는 자리도 차별이며, 끊어지지 않는 자리도 차별이며, 감정 티끌이 심신을 미혹하고 어지럽힘을 만나서 안락하지 않는 곳도 차별이며, 능히 허다한 차별을 아는 것도 또한 차별입니다. 만약 이 병을 없애려고 한다면, 단지 무자(無字) 화두를 보며, 단지 광액도아가 백정 칼을 내려놓고 이르기를 "나도 일천 부처 가운데 한 사람이다."라고 한 것을 보아야 합니다. 이것이 '실제인가? 허망한가?' 하여, 만약 '허망하다, 실제다.' 하는 알음알이를 짓게 되면, 또 차별 경계에 떨어지게 될 것입니다. 한 칼에 두 동강을 내어서 뒤도 생각하지 않고, 앞도 생각하지 않는 것만 같지 못합니다. 뒤를 생각하고 앞을 생각하면, 또 차별이 생길 것입니다.

廣額屠兒ㅣ 在涅槃會上하야 放下屠刀하고 立地便成佛하니 豈有許多忉忉怛怛來리요 日用應緣處에 纔覺涉差別境界時어든 但只就差別處하야 擧狗子無佛性話언정 不用作破除想하며 不用作情塵想하며 不用作差別想하며 不用作佛法想하고 但只看狗子無佛性話니라

但只擧箇無字언정 亦不用存心等悟어다 若存心等悟則境界也差別이며 佛法也差別이며 情塵也差別이며 狗子無佛性話也差別이며 間斷處也差別이며 無間斷處也差別이며 遭情塵이 惑亂身心하야 不安樂處也差別이며 能知許多差別底도 亦差別이니 若要除此病인댄 但只看箇無字하며 但只看廣額屠兒가 放下屠刀云我是千佛一數어다 是實是虛아하야 若作虛實商量인댄 又打入差別境界上去也리라 不如一刀兩段하야 不得念後思前이니 念後思前則又差別矣리라

현사 스님이 이르기를 "이 일은 한계 지을 수 없는 것이라 마음 길이 끊어져서, 꾸밀 수 없다. 본래 참으로 고요하여, 움직이고 쓰고 말하고 웃는 어느 곳에나 밝게 통달하여 다시 부족함이 없다. 지금 사람들은 그 가운데 도리를 깨닫지 못하고, 망령되게 스스로 일을 만나고 티끌을 만나서, 곳곳에 오염되며 낱낱이 얽힌다. 그래서 비록 깨닫더라도 티끌 경계가 어지러우며 명상(名相)이 실답지 못하다.[533] 문득 헤아려 마음을 엉기게 하며, 생각을 수렴하고 일을 거두어 빈 데(空)로 돌아가려 해서, 눈을 감아 눈동자를 감추고, 있는 것을 따라 생각이 일어나면 자주 제거하며, 미세한 생각이 조금 일어나면 곧 막고 누른다. 이와 같은 견해를 가진 사람은 공에 떨어진 외도이며, 혼이 흩어지지 않은 죽은 사람이다. 아득하고 막막하여 느낌도 없고 아는 것도 없으니, 자기 귀를 막고 요령을 훔쳐서 한갓 스스로를 속인다."고 하였습니다.

당신이 보낸 편지에서 말한 것은 다 이 현사 스님께서 꾸짖은 병통이며, 잘못된 묵조선(默照禪)이 사람을 파묻어 버리는 구덩이니, 몰라서는 안 됩니다.

玄沙云此事는 限約不得이라 心思路絶하야 不因莊嚴이라 本來眞靜하야 動用語笑에 隨處明了하야 更無欠少어늘 今時人은 不悟箇中道理하고 妄自涉事涉塵하야 處處染着하며 頭頭繫絆하나니 縱悟則塵境이 紛紜하며 名相이 不實이라 便擬凝心斂念하고 攝事歸空호려하야 閉目

---

[533] 사물의 이름과 모양이 실체가 없다는 것을 알지 못하고 그것에 집착해 있는 것, 다시 말하자면 경계가 연기(緣起)로 된 줄을 모르고 실체라고 보고 이름과 모양에 집착하는 것을 말한다.

藏睛하고 隨有念起하야 旋旋破除하며 細想이 纔生이어든 卽便遏捺하나니 如此見解는 卽是落空亡底外道며 魂不散底死人이라 溟溟漠漠하야 無覺無知니 塞耳偸鈴이라 徒自欺誑이라하니

左右來書云云이 盡是玄沙所訶底病이며 黙照邪師의 埋人底坑子라 不可不知也니라

　화두를 들 때에 허다한 기량을 모두 쓰지 말고 다만 일상생활 사이에 끊어짐이 없게 하며, 기쁘고 성나고, 슬프고 즐거운 곳에서 분별을 일으키지 마십시오. 화두를 들고 오고 들고 가며, 화두를 보아 오고 보아 감에 이치의 길이 없어지고 재미가 없어서 마음이 답답함을 아는 때가 문득 이 본인의 목숨을 버릴 곳이니, 기억하고 기억하십시오. 이런 경계를 만나서 문득 물러나지 마십시오. 이 경계가 정히 부처가 되고 조사가 되는 소식인데 지금 묵조선을 하는 잘못된 무리들은 다만 말없는 것을 지극한 이치로 삼아, 한 생각 일어나기 전의 일534)로 여기며, 또한 공겁(空劫) 이전의 일535)로 여깁니다. 깨닫는 문이 있음을 믿지 아니하여 깨달음을 속임으로 여기며, 깨달음을 제2두(第二頭)536)로 여기며, 깨달음을 방편의 말로 여기며, 깨달음을 사람 인도하는 말로 여깁니다. 이와 같은 무리는 남을 속이고 자기를 속이며, 남을 그르치고 자기를 그르치는 것입니다. 또한 알지 않을 수 없습니다.

---

534) 위음불(威音佛) 이전(以前)을 말하는데, 여기서 위(威)는 위의(威儀)의 위(威)로서 색(色)이고 음(音)은 소리〔聲〕이다. 곧 성색(聲色)이 일어나기 이전 최초를 말한다.
535) 한 생각 일어나기 이전의 일이다.
536) 수단(手段)을 말한다.

擧話時에 都不用作許多伎倆하고 但行住坐臥處에 勿令間斷하며 喜怒哀樂處에 莫生分別하라 擧來擧去하며 看來看去에 覺得沒理路沒滋味하야 心頭熱悶時ㅣ便是當人의 放身命處也니라 記取記取어다 莫見如此境界하고 便退心이니 如此境界ㅣ正是成佛作祖底消息也어늘 而今默照邪師輩는 只以無言無說로 爲極則하야 喚作威音那畔事하며 亦喚作空劫已前事하고 不信有悟門하야 以悟로 爲誑하고 以悟로 爲第二頭하며 以悟로 爲方便語하며 以悟로 爲接引之詞라하니라 如此之徒는 謾人自謾이며 誤人自誤라 亦不可不知니라

일상의 생활 가운데 차별 경계를 만나서 힘 덜림을 아는 때가 문득 힘을 얻는 곳이니, 힘을 얻는 곳이 힘이 지극히 덜리는 곳입니다. 만약 조금이라도 억지로 지탱하면, 결단코 이것은 잘못된 무리의 법이고 부처님의 법이 아닙니다. 다만 장구하고 원대한 마음을 판단해 가지고 구자무불성(狗子無佛性)의 화두(話頭)와 더불어 다가가십시오. 다가오고 다가감에 마음이 갈 곳이 없다가 홀연히 꿈속에서 깨어나는 것과 같으며, 연꽃이 피는 것과 같으며, 구름을 헤치고 태양을 보는 것과 같게 될 것입니다. 이러한 때에 이르면 저절로 한 조각[537]을 이룰 것입니다.

다만 일상의 일곱 번 엎어지고 여덟 번 넘어지는 곳에서 다만 무자(無字)를 볼지언정, 깨닫고 깨닫지 못함과 철저하고 철저하지 못함을 상관하지 마십시오. 삼세(三世)의 모든 부처님들께서는 다만 이 일 없는 사람이셨으며, 모든 역대 조사들께서도 또한 다만 이 일 없는

---

537) 완성된 은산철벽(銀山鐵壁), 타성일편(打成一片), 살(殺) 자리를 말한다.

사람이셨습니다. 고덕538)이 이르기를 "다만 일 속에서 일 없음을 통달하며, 색깔을 보고 소리를 들음에 귀머거리를 쓰지 않는다."539)고 하였습니다. 또 고덕540)이 이르기를 "어리석은 사람은 경계를 없애고 마음은 없애지 않으며, 지혜로운 사람은 마음을 없애고 경계는 없애지 않는다."541)고 하였습니다. 모든 곳에 무심(無心)하면 갖가지 차별 경계가 저절로 없어질 것입니다.

日用四威儀中에 涉差別境界하야 覺得省力時ㅣ便是得力處也니 得力處는 極省力이라 若用一毫毛나 氣力支撐하면 定是邪法이요 非佛法也니 但辨取長遠心하야 與狗子無佛性話로 厮崖어다 崖來崖去에 心無所之라가 忽然如睡夢覺하며 如蓮花開하며 如披雲見日하리니 到恁麼時하면 自然成一片矣리라

但日用七顚八倒處에 只看箇無字언정 莫管悟不悟와 徹不徹이어다 三世諸佛이 只是箇無事人이며 諸代祖師도 亦只是箇無事人이라 古德이 云但於事上에 通無事하며 見色聞聲에 不用聾이라하시며 又古德이 云愚人은 除境不亡心하고 智者는 亡心不除境이라하니 於一切處에 無心則種種差別境界自無矣리라

그런데 지금 사대부가 많이 급한 마음으로 문득 선(禪)을 알고자

---

538) 용아거둔(龍牙居遁, 835-923). 당말(唐末) 스님. 14세에 출가하여 제방을 편력하다가 동산양개(洞山良价)에게 참학하여 그의 법을 이었다. 뒤에 담주(潭州) 용아산(龍牙山)에 머물렀다.
539) 맹롱(盲聾)이라고 해야 하지만 7자〔見色開聲不用聾〕를 하나의 글귀로 했기 때문에 맹자(盲字)를 생략했다.(『선림승보전(禪林僧寶傳)』 권제9)
540) 황벽희운(黃蘗希運)선사이다.
541) 『전심법요(傳心法要)』

하여 경전의 가르침과 조사의 말씀 가운데에서 널리 헤아리고 말하여 분명함을 얻으려고 합니다. 다만 분명한 자리가 도리어 분명하지 않은 일임을 알지 못한 것입니다. 만약 무자(無字)를 뚫으면 분명하고 분명하지 않음을 사람들에게 묻지 않게 될 것입니다. 제가 사대부로 하여금 둔한 사람이 되도록 하는 것은 문득 이 도리입니다. 둔한 사람이 장원을 하는 것은 또한 미워하지 않거니와 다만 백지를 제출할까 두려울 뿐입니다.542) 한번 웃습니다.

而今士大夫가 多是急性으로 便要會禪하야 於經敎上과 及祖師言句中에 博量하야 要說得分曉하나니 殊不知分曉處가 却是不分曉底事로다 若透得箇無字하면 分曉不分曉를 不着問人矣라 老漢이 敎士大夫로 放敎鈍은 便是遮箇道理也라 作鈍牓狀元은 亦不惡어니와 只怕拖白耳이라 一笑하노라

【요지】
일체 망상을 피우지 말고 무자(無字) 화두를 참구할 것을 권했다. 차별 경계를 만나되 불법 가운데 있으며 화두로 티끌을 씻는다는 것이 잘못되었음을 지적했다. 오직 '개는 불성이 없다'는 화두를 들어야지 화두로 감정의 티끌을 제거한다거나, 차별 경계다 불법이다 하는 생각을 하지 말라고 했다. 이것이 다 마음을 가지고 깨달음을 기다리는 것이기

---

542) 당나라 문종(文宗) 때에 묘진향(苗晉鄕)이 시험관〔考官〕이 되어 장석(張奭)을 장원으로 뽑았는데, 석(奭)은 장의(張倚)의 아들로 본래 공부를 하지 않은 사람이었다. 물의(物議)가 일어나자 문종 임금이 직접 시험을 보여 시를 짓게 했는데, 그는 붓을 잡고 하루 종일 한 글자도 쓰지 못하므로 당시 사람들이 그를 타백(拖白: 백지를 제출하는 사람)이라고 말했다.

때문이라는 것이다.

　마음을 엉기게 하고 생각을 수렴하며, 일을 거두어 눈을 감고, 생각이 일어나면 곧 억누른다는 견해는 공에 떨어진 외도와 혼이 흩어지지 않은 죽은 사람과 자기 귀를 막고 방울을 훔치며, 자기를 속이는 사람의 것으로서 묵조선(默照禪)의 병통이라고 했다. 기쁘거나 성나며, 슬프거나 즐거운 데서 분별을 일으키지 말고 화두만 들어, 이치의 길이 끊어지고 재미가 없어져서, 마음이 답답함을 아는 때가 바로 자기 목숨을 버리는 곳이라고 가르쳤다.

　일상생활 차별 경계를 만나 힘 덜림을 아는 때가 곧 힘을 얻는 곳인데, 조금이라도 억지로 지탱하면 잘못된 무리의 법이라고 했다. 오래고 원대한 마음으로 '개는 불성이 없다'는 화두와 더불어 다가가라고 했다. 그렇게 해야 마음이 갈 곳이 없다가, 꿈을 깨고, 연꽃이 피고, 구름을 걷고 태양을 보는 것과 같이 된다고 했다. 어떤 일이 있어도 무자(無字)만 보아야지 깨닫거나 깨닫지 못함, 철저하거나 철저하지 못함을 상관하지 말라고 했다. 무심(無心)하면 일체의 경계가 저절로 없어지기 때문이라는 것이다.

　지금 사대부가 급한 마음으로 선(禪)을 알고자 하여 경전의 가르침이나 조사의 말씀을 헤아리고 말하여 밝히고자 하지만 불가능하기 때문에 무자(無字)를 뚫으라고 했다. 무자(無字)를 뚫으면 분명하거나 분명하지 않음을 남에게 묻지 않고도 알게 된다는 것이다.

39. 이참정 태발543)에게 답함

보인 편지에 '화엄중중법계(華嚴重重法界)544)가 결단코 빈말이 아니다.'라고 했습니다. 이미 빈말이 아니라면 반드시 분부하는 자리가 있으며, 반드시 스스로 긍정하는 자리가 있다는 것인데, 여기까지 읽고는 오랫동안 감탄했습니다. 사대부가 평소 배운 것이 생사(生死)와 화복(禍福)의 사이에 임하여 손발이 다 드러나는 경우545)가 열 가운데 여덟 아홉입니다. 그 일 처리하는 것을 살펴보건대 세 집 사는 시골에 일 덜어버린 사람546)이 부귀와 빈천에 마음을 골몰하지 않는 것만 같지 못합니다. 이것으로 비교하건대 지혜가 어리석음만 같지 못하고 귀함이 천함만 같지 못한 것이 많습니다. 무슨 까닭입니까? 생사와 화복이 앞에 나타나면, 그때에는 거짓을 용납하지 않기 때문

---

543) 이름은 광(光)이고 자(字)는 태발(泰發)이고 호(號)는 강월(江月)이다.
544) 화엄사법계(華嚴四法界) 가운데 네 번째 사사무애법계(事事無碍法界) 안에는 열 개의 현문(玄門)이 열려 있는데 그 문 하나하나에 다시 열 개의 문이 열려 있어서 중중무진문(重重無盡門)이라고 한다. 이법계(理法界)는 역관(逆觀), 사법계(事法界)는 순관(順觀)이며, 이사무애(理事無碍)는 쌍차(雙遮), 사사무애(事事無碍)는 쌍조(雙照)로 설명할 수도 있다.
545) 악한 일을 많이 한 사람은 죽을 때 손발이 떨리고 어지러우나, 착한 일을 많이 한 사람은 죽을 때에 손발이 평온하고 안정되는 것을 말한다.
546) 이런 사람은 배고프면 밥 먹고 추우면 옷 입으며, 해가 뜨면 밭 갈고 해가 지면 쉴 뿐 분수에 넘치는 욕심을 부리지 않는다. 그러나 이런 사람들이 유무에 떨어져 수행하는 사람보다는 낫다는 것이지 도를 성취했다는 말은 아니다.

입니다.

答李叅政 泰發

　示諭호대 華嚴重重法界ㅣ斷非虛語라하니 旣非虛語인댄 必有分付處며 必有自肯處라 讀至此하야 嗟歎久之호라 士大夫ㅣ平昔所學이 臨生死禍福之際하야 手足俱露者ㅣ十常八九라 考其行事컨대 不如三家村裏省事漢의 富貴貧賤이 不能汨其心이라 以是較之컨대 智不如愚하고 貴不如賤者多矣로다 何以故요 生死禍福이 現前하면 那時에 不容僞故也니라

　당신은 평소 배운 것이 이미 일상사(日常事)에 나타났으니, 화복의 즈음에 임하여 정제된 금이 불에 들어가서 더욱 밝게 빛을 발하는 것과 같을 것입니다. 또 화엄중중법계(華嚴重重法界)가 결코 빈말이 아님을 안다면, 정히 다른 물건이라는 생각을 하지 않을 것입니다. 그 나머지 일곱 번 넘어지고 여덟 번 엎어짐에, 혹 역경계(逆境界) 혹 순경계(順境界)와 혹 바르고 혹 전도된 것도 또한 다른 물건이 아닙니다. 원컨대 당신은 항상 이렇게 관(觀)을 하십시오. 나도 또한 그 가운데 있으니, 다른 날 적막한 물가547)에서 상종(相從)하여 내세548)의 부처님 인연549)을 맺어서 중중법계를 성취하여 그 일을 실제로 하면 어찌 작은 도움뿐이겠습니까? 다시 설명을 드리니 지금의

---

547) 유무를 초월한 출세간의 공간을 말한다.
548) 한 번의 생〔一生〕에 그치지 않는 여러 생(生), 곧 세세생생(世世生生)을 의미한다.
549) 향(香)은 널리 훈습(薰習)하는 덕이 있고, 불은 어둠을 물리치는 공이 있으니, 여기서는 불법(佛法)을 가르치고 배우는 사제 간의 인연을 말한다.

이 한 줄기 이야기가 우언(寓言)550)으로 사물을 지시한 것이라는 알음알이를 짓지 마십시오. 한 번 웃습니다.

　大参相公은 平昔所學이 已見於行事하니 臨禍福之際하야 如精金ㅣ入火에 愈見明耀하리며 又決定知華嚴重重法界ㅣ斷非虛語則定不作他物想矣라 其餘七顚八倒에 或逆或順과 或正或邪도 亦非他物이니 願公은 常作此觀하라 妙喜도 亦在其中이니 異日에 相從於寂寞之濱하야 結當當來世香火因緣하야 成就重重法界하야 以實其事면 豈小補哉리요 更須下箇注脚하노니 卽今遮一絡索을 切忌作寓言指物會어다 一笑하노라

【요지】
　생사(生死)와 화복(禍福)에 임하여 사대부는 평소 살림살이가 십중팔구(十中八九) 다 드러나서, 차라리 부귀빈천(富貴貧賤)에 구애되지 않고 욕심 없이 살아가는 작은 시골 사람만도 못하다고 전제했다. 화엄중중법계를 이해하여, 역순 경계와 바르거나 전도된 것이 모두 자기와 다른 물건이 아니라고 관(觀)할 것을 권했다. 대혜 스님 스스로 '나도 그 가운데 있다.'고 하며, 함께 부처님 인연을 맺어 중중법계를 성취하자고 했다.

---

550) 다른 사물에 비겨 의견이나 교훈을 은연중에 나타내는 말이다.

40. 증종승 천은551)에게 답함

당신은 타고난 자질이 도에 가깝고 몸과 마음이 청정하여 장애를 일으키는 다른 조건이 없습니다. 다만 이런 수준을 누가 미칠 수 있겠습니까? 또 일상생활에 제가 보여드린 중요한 것으로 항상 이끌어 간다고 했습니다. 한 생각에 상응하여 천 가지를 통달하고 백 가지를 감당해야 문득 옳다고 말하지 마십시오. 이번 생에 철저하지 못하더라도 다만 이렇게 죽는 날에 다가가면, 염라대왕도 또한 모름지기 뒤로 3천리를 물러나야 비로소 옳을 것이니 무슨 까닭입니까? 생각 생각이 반야 가운데 있어서 다른 생각이 없고 사이에 끊어짐이 없기 때문입니다. 다만 도가류(道家流)가 망상심(妄想心)으로 생각을 하여도 날이 오래고 달이 깊어지면, 오히려 능히 공을 이루어 지수화풍(地水火風)의 부림을 받지 않거든, 하물며 온전한 생각이 반야 가운데 있다면 죽는 날에 어찌 업을 마음대로 할 수 없겠습니까?552) 지금 많은 사람들이 얻을 것이 있다는 마음을 가지고 도를 배우니, 이것은 망상 없는 가운데 진짜 망상입니다. 다만 놓아버리고 자유자재(自由自在)하십시오. 그러나 지나치게 급하게 하지 말며, 지나치게 더디게

---

551) 이름은 기(幾)고 자(字)는 천은(天隱), 종승(宗承)은 관직 이름이다.
552) 도가류(道家類)와 같은 열등한 외도를 예로 들어 선(禪)의 수승(殊勝)함을 드러냈다.

하지 말아야 합니다. 다만 이렇게 공부해 가면 한없는 마음의 힘을 덜 것입니다.

答曾宗丞 天隱

左右ㅣ 天資近道하고 身心淸淨하야 無他緣作障하니 只遮一段을 誰人能及이리요 又能行住坐臥에 以老僧所示省要處로 時時提撕라하니 休說一念相應하야 千了百當하야사 便是라하라 此生에 打未徹이라도 只恁麼崖到臘月三十日하면 閻家老子ㅣ 也須倒退三千里하야사 始得이니 何以故요 爲念念在般若中하야 無異念無間斷故라 只如道家流ㅣ 以妄心存想하야도 日久月深하면 尙能成功하야 不爲地水火風의 所使어든 況全念이 住在般若中이면 臘月三十日에 豈不能轉業耶아 而今人이 多是將有所得心하야 學道하나니 此是無妄想中에 眞妄想也라 但放敎自在어다 然이나 不得太緊하며 不得太緩이니 只恁麼做工夫하면 省無限心力하리라

당신이 생소한 곳은 이미 익숙하고 익숙한 곳은 이미 생소해졌다면, 하루 가운데 저절로 마음 작용을 끊고 생각을 없애거나, 마음을 가지고 전일(專一)하게 유지하지 않게 될 것입니다. 비록 뚫어서 벗어나지는 못했으나, 모든 마군과 외도가 이미 그 틈을 엿볼 수 없습니다. 또한 스스로 모든 마군과 외도와 더불어 한 손으로 함께 하고, 한 눈으로 같이 하여 그들의 일을 성취하되, 그들의 술수(術數)에 떨어지지 않을 수 있을 것입니다. 오직 당신 한 분에게 이것을 말해 줄 수 있습니다. 나머지 사람들은 다만 당신의 행동과 같을 수 없을 뿐만 아니라, 또한 반드시 믿지 않을 것입니다. 다만 화두를 들고 보

아 오고 보아 감에 코끝이 없고 재미가 없어서 마음이 답답함을 아는 때에 정히 좋게 힘을 쓸지언정, 절대로 그들은 따라 가지 마십시오. 다만 이 답답한 자리가 문득 이 부처가 되고 조사가 되어, 앉아서 천하 모든 사람의 혀를 끊는 자리553)입니다. 소홀히 하지 말고 소홀히 하지 마십시오.

左右ㅣ生處란 已熟하고 熟處란 已生이면 十二時中에 自然不着枯心忘懷하며 將心管帶矣라 雖未透脫이나 諸魔外道ㅣ已不能伺其便이요 亦自能與諸魔外道로 共一手同一眼하야 成就彼事호대 而不墮其數矣리라 除公一人에는 可以語此어니와 餘人은 非但不能如公行履라 亦未必信得及也니라 但於話頭上에 看하야 看來看去에 覺得沒巴鼻沒滋味하야 心頭悶時에 正好着力이언정 切忌隨他去어다 只這迷悶ㅣ便是成佛作祖하야 坐斷天下人舌頭處也니 不可忽不可忽이어다

【요지】
　빠른 효과를 얻으려 하지 말고 화두만 열심히 참구할 것을 가르쳤다. 한 생각이 상응하여 천만 가지를 통달하고 승당해야 옳다고만 하지 말라 했다. 꾸준히 공부해 가면 죽는 날에 염라대왕이 뒤로 물러나는 것은 생각 생각이 반야 가운데 있어서 다른 생각이 없으며 사이에 끊어짐이 없기 때문이라고 했다. 얻을 것이 있다는 마음을 가지고 도를 배우는 것은 망상이라고 지적하면서 다만 놓아 버리고 자유자재할 것을 권했다. 지나치게 급하거나 더디게 하지 않으면 마음의 힘을 덜게 될 것이라고

---

553) 도를 얻은 사람은 양극단을 초월했기 때문에 일체 모든 불조(佛祖)의 방편설(方便說)을 앉아서 끊는다.

말했다.

    생소한 곳이 익숙해지고 익숙한 곳이 생소해지면, 억지로 생각을 없애거나 생각을 유지하지 않아도 된다고 했다. 완전히 깨닫지는 못했으나 마군과 외도가 엿볼 수 없으며, 그들과 손을 잡고 그들의 일을 성취해도, 그들의 술수(術數)에 넘어 가지 않는다고 했다. 화두를 들되 코끝이 없고 재미가 없어서, 마음이 답답함을 알 때에 좋게 힘을 쓰라고 했다. 답답한 자리가 곧 부처와 조사가 되고 천하 사람의 혀를 끊는 자리이기 때문이라는 것이다.

41. 왕교수554) 대수에게 답함

　알지 못하겠습니다. 당신은 이별한 뒤에 일상에 어떻게 공부합니까? 만약 일찍이 사량분별(思量分別)에 재미를 얻거나, 경전의 가르침 가운데서 재미를 얻거나, 조사의 말에서 재미를 얻거나, 눈으로 보고 귀로 듣는 곳에서 재미를 얻거나, 발을 들어 걸음을 옮기는 곳에서 재미를 얻거나, 마음으로 생각하고 뜻으로 상상하는 곳에서 재미를 얻으면 도무지 일을 이룰 수 없을 것입니다. 만약 바로 쉬기를 원한다면, 응당 종전의 재미 얻던 곳을 도무지 관여하지 말고, 도리어 잡을 수 없는 곳과 재미없는 곳에 가서 시험 삼아 뜻을 붙여 보십시오. 만약 뜻을 붙일 수 없으며 잡을 수 없다면, 자루를 잡을 수 없는 것을 더욱 알아서, 이치555)의 길과 뜻556)의 길에 마음이 모두 작용하지 아니함이 흙과 나무와 기왓장과 돌과 같음을 느낄 때에 공에 떨어질까 두려워하지 마십시오. 이것이 본인의 신명(身命)557)을 버려야 할 곳입니다. 소홀히 하지 말며, 소홀히 하지 마십시오.

　총명하고 영리한 사람은 총명에 장애를 많이 받기 때문에 도의 눈

---

554) 교수(敎授)는 오경(五經)을 가르치는 관직 이름이다.
555) 사물이나 현상의 원리를 말한다.
556) 원리에 의하여 나타난 사물이나 현상을 말한다.
557) 사량 분별(思量分別)하는 중생심(衆生心)을 말한다.

이 열리지 못하고 하는 일마다 걸리게 됩니다. 중생들은 시작 없는 때로부터 분별심558)의 부림을 받아 생사에 유랑하여 자재(自在)함을 얻지 못했습니다. 과연 생사를 벗어나서 쾌활한 사람이 되고자 한다면 모름지기 한 칼에 두 동강을 내어서 분별심의 길을 끊어 버려야 바야흐로 조금 상응함이 있게 될 것입니다. 그러므로 영가 스님이 이르기를 "진리의 재산을 손상하고, 공덕을 없애는 것은 이 분별심(分別心)에 연유하지 않음이 없다."559)고 하니, 어찌 사람을 속이겠습니까?

答王教授 大授

不識커라 左右ㅣ別後에 日用如何做工夫오 若是曾於理性上에 得滋味어나 經敎中에 得滋味어나 祖師言句上에 得滋味어나 眼見耳聞處에 得滋味어나 擧足動步處에 得滋味어나 心思意想處에 得滋味하면 都不濟事하리라 若要直下休歇인댄 應是從前得滋味處하야 都莫管他하고 却去沒撈摸處와 沒滋味處하야 試着意看하라 若着意不得하며 撈摸不得인댄 轉覺得沒欄柄可把捉하야 理路義路에 心意識이 都不行호미 如土木瓦石相似時에 莫怕落空이어다 此是當人의 放身命處니 不可忽不可忽어다

聰明靈利人은 多被聰明의 所障일새 以故로 道眼이 不開하야 觸途成滯하나니 衆生이 無始時來로 爲心意識의 所使하야 流浪生死하야 不得自在라 果欲出生死하야 作快活漢인댄 須是一刀兩段하야 絶却心意識路頭하야사 方有少分相應하리라 故로 永嘉ㅣ云損法財滅功德은 莫不由玆心意識이라하시니 豈欺人哉리오

---

558) 심의식(心意識)을 말한다.
559) 『증도가(證道歌)』

요즈음 보내온 편지를 보니, 그 안의 여러 가지 공부 방향〔趣向〕이 다 제가 평소에 꾸짖은 병통입니다. 이런 일을 알아서 생각 밖에 버려두고 또한 코끝 없는 곳과 만질 수 없는 곳과 재미가 없는 곳을 향하여 시험 삼아 공부하되, 어떤 스님이 조주 스님에게 묻기를 "개도 도리어 불성이 있습니까?" 하니, 조주가 이르기를 "없다."고 한 화두를 보십시오.

평소에 총명한 사람은 겨우 법문하는 것을 듣고는 문득 분별심으로 알며, 널리 헤아리고 증거를 끌어와서 말하여, 분부할 곳을 두려고 합니다. 다만 증거 끌어옴을 용납하지 않으며, 널리 헤아림을 용납하지 않으며, 분별심으로 알아차림을 용납하지 않는다는 것을 알지 못합니다. 비록 증거를 끌어오며, 널리 헤아리며, 알아채더라도 다 해골 이전의 분별심의 일입니다. 생사의 언덕에 결단코 힘을 얻지 못할 것입니다. 지금 넓은 천하(天下)에 선사(禪師)다, 장로(長老)다, 하는 사람들이 알아서 분명하다는 것560)은 당신의 편지 가운데 써서 보낸 소식을 넘어서지 않을 뿐입니다. 그 나머지 갖가지 삿된 견해는 말하지 않겠습니다.

頃蒙惠敎호니 其中種種趣向이 皆某平昔의 所訶底病이라 知是般事하야는 颺在腦後하고 且向沒巴鼻處와 沒撈摸處와 沒滋味處하야 試做工夫看호대 如僧이 問趙州호대 狗子도 還有佛性也無잇가 州云無어다
尋常에 聰明人은 纔聞擧起하고 便以心意識으로 領會하며 博量引證하야 要說得有分付處하나니 殊不知不容引證하며 不容博量하며 不容以心意識으로 領會로다 縱引證得하며 博量得하며 領會得이라도 盡

---

560) 알음알이로 법을 이해하여 헤아리는 것을 말한다.

是髑髏前情識邊事라 生死岸頭에 定不得力하리니 而今普天之下에 喚作禪師長老者ㅣ 會得分曉底는 不出左右書中에 寫來底消息耳라 其餘種種邪解는 不在言也로다

　밀수좌(密首座)561)는 내가 그와 더불어 같이 평보융(平普融) 스님의 회상에 서로 모였을 때562) 다 평보융 스님의 가르침을 얻어서 그가 스스로 안락함을 삼았습니다. 그러나 공부한 바가 또한 당신의 편지 가운데 보인 소식을 벗어나지 않았습니다. 지금 비로소 잘못을 알고 별도로 안락처(安樂處)를 얻고서야, 바야흐로 제가 조금도 속이지 않았다는 것을 알았습니다. 지금 특별히 가서 서로 보게 하니, 일 없을 때에 시험 삼아 그로 하여금 토로하게 하여, 당신의 뜻과 계합(契合)하는가를 살펴보십시오.

　여든 살의 늙은이가 과거장에 들어가는 것은 참으로 정성(精誠)스러운 일이라 어린아이 장난이 아닙니다. 만약 생사가 도래함에 힘을 얻지 못한다면 비록 말하는 것이 분명하고, 화회(和會)하여 낙처(落處)가 있으며,563) 증거를 끌어와서 다르지 않더라도 다 귀신 집에서 살 계획을 세우는 것이라, 모두 나에게는 조금도 상관이 없습니다. 선문(禪門)의 갖가지 차별되는 다른 견해는 오직 법을 아는 사람만이

---

561) 도겸(道謙, 1089-1163), 중국 송나라 스님. 법호는 밀암(密庵), 대혜 스님의 제자로 대혜의 『종문무고(宗門武庫)』를 편집했다.
562) 북송(北宋) 휘종(徽宗) 선화(宣和) 임인년(壬寅年,1122년)에 대혜 스님이 평보융(平普融) 스님의 회하(會下)에 있을 때 밀수좌(密首座)도 거기에 함께 있었다. 평보융(平普融) 스님이 죽고 사리가 나와서 방안에 두었는데, 이것이 변화하여 피가 되었다. 대혜 스님은 이것이 삿된 공부라는 것을 알고, 드디어 바른 가르침〔正宗〕으로 돌아왔다.
563) 이해하여 법의 핵심 내용을 아는 것을 말한다.

두려워합니다. 큰 법을 밝히지 못한 사람은 가끔 병을 약으로 삼으니,564) 알지 않을 수 없습니다.

　密首座는 某與渠로 同在平普融會中하야 相聚호니 盡得普融要領하야 渠自以爲安樂이나 然이나 所造者ㅣ 亦不出左右書中消息이러니 今始知非하야 別得箇安樂處코사 方知某의 無秋毫相欺러라 今特令去相見하노니 無事時어든 試令渠로 吐露看하라 還契得左右意否아
　八十翁翁이 入場屋은 眞誠이라 不是小兒戱니라 若生死到來에 不得力이면 縱說得分曉하며 和會得有下落하며 引證得無差別이라도 盡是鬼家活計라 都不干我一星事니라 禪門種種差別異解는 唯識法者懼라 大法不明者는 往往에 多以病爲藥하나니 不可不知니라

【요지】
　분별심〔心意識〕을 끊어버리고 다만 무자(無字) 화두를 볼 것을 가르쳤다. 성품을 다스리는 것이나 경전의 가르침, 조사의 말, 눈으로 보고 귀로 듣는 곳, 걸음을 옮기는 곳, 마음으로 생각하고 뜻으로 상상하는 곳 등에서 재미를 얻으면 일을 이룰 수 없다고 했다. 바로 쉬고자 하면 재미있는 곳을 관여하지 말고 도리어 만질 수 없는 곳과 재미없는 곳에 나아가 무자(無字) 화두를 보라고 했다. 그리고 또한 이치와 뜻의 길에 마음이 작용하지 않음이 흙이나 나무, 기왓장, 돌과 같음을 느낄 때에 공(空)에 떨어질까 두려워하지 말라고 했다. 생사를 벗어나 쾌활한 사람이 되고자 하면, 한 칼에 두 동강을 내어 분별심의 길을 끊어야 조금 상응함이 있게 된다고 덧붙였다.

---

564) 방편을 법으로 착각하는 것을 말한다.

증거를 끌어오고, 널리 헤아리고 알아차리며, 말하는 것이 분명하더라도 잘못된 분별심의 일이기 때문에 결코 생사의 언덕에서 힘을 얻을 수 없다고 충고했다.

42. 유시랑 계고565)에게 답함 (1)

보내 온 편지에 '죽을 날이 이미 이르렀다.'고 했습니다. 요컨대 일상에 이와 같이 관찰하면 세간의 번뇌하는 마음이 저절로 녹아 없어질 것입니다.566) 번뇌의 마음이 이미 녹아 없어졌다면, 내일이 그 이전 맹춘(孟春)과 같이 여전히 추울 것입니다.567) 고덕568)이 이르기를 "불성을 알려고 한다면, 마땅히 시절 인연을 보라."569)고 했습니다. 이 시절은 부처님께서 세상을 벗어나 성불하셔서, 금강좌에 앉아 마군(魔軍)을 항복받고, 법륜을 굴려 중생을 구제하시며, 열반에 드시는 시절입니다.570) 해공거사(解空居士)가 이른바 납월 삼십일571)의 시절과 더불어 다른 것도 없고 특별한 것도 없습니다. 이 속에 이르러서는

---

565) 이름은 잠(岑)이고 자(字)는 계고(季高)이고 호(號)는 해공거사(解空居士)다.
566) 무상(無常)함의 지극(至極)한 것이 죽음이라는 것을 보고 열심히 공부하면 번뇌가 녹아 없어질 것이라는 뜻이다.
567) 그전과 같이 다만 '옛사람[舊時人]'이기 때문에, 깨달을 것 없음을 깨닫는 것은 맹춘(孟春)이 여전히 추운 것과 같다는 말이다.
568) 백장회해(百丈懷海, 749-814). 당대(唐代) 스님으로 속성은 왕씨(王氏)다. 마조도일(馬祖道一)에게 참구하여 인가를 받았다. 백장청규(百丈淸規)로 선원청규(禪苑淸規)의 개창자가 되었다. 제자로 황벽희운(黃檗希運), 위산영우(潙山靈祐)가 있다.
569) 『선림승보전(禪林僧寶傳)』 '서(序)' 권제4(卷第四)
570) 출가, 성불, 교화, 열반의 모든 과정이 유무를 초월하여 자유자재하는 시절이다.
571) 깨달음을 말한다.

다만 이와 같이 보아야 합니다. 이렇게 보는 것을 이름하여 정관(正觀)572)이라 하고 이와 달리 보는 것은 이름하여 사관(邪觀)573)이라고 합니다. 사(邪)와 정(正)을 분간하지 못하면, 다른 시절을 따라 변천함을 면하지 못할 것입니다. 시절을 따르지 않음을 얻고자 한다면, 다만 일시에 내려놓아서574) 내려놓을 수 없는 곳까지 내려놓으면, 이 말도 또한 받아들이지 않게 될 것입니다. 여전히 다만 이 해공거사(解空居士)이고 다시 다른 사람이 아닙니다.

答劉侍郎 季高
　示諭호대 臘月三十日이 已到라하니 要之컨대 日用에 當如是觀察則 世間塵勞之心이 自然銷殞矣라 塵勞之心이 旣銷殞則來日이 依前孟春猶寒矣리라 古德이 云欲識佛性義인댄 當觀時節因緣이라하니 此箇時節은 乃是黃面老子의 出世成佛하사 坐金剛座하야 降伏魔軍하고 轉法輪度衆生하며 入涅槃底時節이니 與解空의 所謂臘月三十日時節로 無異無別이라 到遮裏하야 只如是觀이니 以此觀者는 名爲正觀이요 異此觀者는 名爲邪觀이라 邪正을 未分이면 未免隨他時節遷變하리니 要得不隨時節인댄 但一時放下着하야 放到不可放處하면 此語도 亦不受라 依前只是解空居士요 更不是別人이니라

【요지】
　범부(凡夫)와 성인(聖人)의 시절이 둘이 아니니, 다만 이와 같이 볼

---

572) 유무를 초월한 입장에서 보는 것이다.
573) 유무에 떨어져서 보는 것이다.
574) 유무를 초월한다는 말이다.

것을 가르쳤다. 먼저 '불성을 알려고 한다면, 마땅히 시절 인연을 보라.'는 고덕의 말을 제시했다. 여기서 이 '시절'은 부처님께서 출가하시고, 마침내 성불하셔서 마군(魔軍)을 항복받고, 법륜을 굴려 중생을 건지며, 열반에 든 시절이며, 유무를 초월하여 자유자재하는 시절로서 해공거사(解空居士)의 깨닫는 시절인연과 다르지 않다고 했다. 이렇게 보는 것이 정관(正觀)이고, 이와 다르게 보는 것이 사관(邪觀)인데, 정사(正邪)를 분간하지 못하면 다른 시절을 따라 변천함을 면하지 못할 것이라고 했다. 다른 시절을 따르지 않으려면, 일시에 내려놓을 수 없는 곳까지 다 내려놓으라고 충고했다.

43. 유시랑 계고에게 답함 (2)

우리 부처, 위대하신 성인께서 능히 일체의 형상을 비우셔서 만법의 지혜를 이루셨으나, 정해진 업575)을 없앨 수는 없으셨습니다. 그런데 하물며 번뇌에 묶인 범부이겠습니까? 거사는 이미 이 가운데 사람입니다. 아마 또한 이 삼매에 들어갈 것입니다. 옛날 어떤 스님이 한 선지식에게 묻기를 "세계가 이렇게 더우니 알지 못하겠습니다. 어디로 피해야 합니까?" 하니, 노스님이 대답하기를 "가마솥 끓는 물과 화로 숯불 속으로 피한다."576)고 했습니다. 묻기를 "가마솥 끓는 물과 화로 숯불 속으로 어떻게 피합니까?" 하니, 대답하기를 "모든 고통이 도달할 수 없다."577)고 했습니다. 원컨대 거사는 일상생활 가운데 다만 이와 같이 공부하여 노스님의 말을 소홀히 여기지 마십시오. 이것이 나의 효험 있는 약 처방입니다. 거사와 더불어 이 도가 서로

---

575) 『인과경(因果經)』에 세존께서 인행(因行)을 닦을 때에 바늘로 이[虱]를 찌르고, 또 나쁜 음식을 남에게 주었으므로, 이 인연으로 성도(成道)한 뒤에 등창이 나고 말먹이를 드시는 두 가지 어려움을 겪으셨다. 두 가지 어려움을 겪으셨으나, 이것이 연기현상이고 실체가 없다는 것을 분명히 아셨기 때문에 인과를 받아도 받음 없이 받으셔서 중생들이 인과를 받는 것과는 달랐다.
576) 어떤 게송(偈頌)에 '겁화(劫火)가 타올라 호말(毫末)이 다하더라도, 격렬한 바람이 부니 시원해서 좋다.(劫火洞然毫末盡 毗嵐風起好承凉)'고 한 것과 의미가 통한다. 일체 분별심을 초월한 자리를 뜻한다.
577) 『경덕전등록(景德傳燈錄)』 권제20(卷第二十)

맞지 않고, 이 마음을 서로 알지 못한다면 또한 즐겨 쉽게 전수하지 못할 것입니다. 다만 한 생각이 상응하는 초탕(草湯)578)을 쓸지언정 다시 다른 약을 쓰지 마십시오. 만약 다른 약을 쓴다면 사람을 미치게 〔發狂〕할 것이니, 알지 않을 수 없습니다.

又

 吾佛大聖人이 能空一切相하사 成萬法智하사대 而不能卽滅定業이온 況縛地凡夫耶따녀 居士는 旣是箇中人이라 想亦入是三昧리라 昔에 有僧이 問一老宿호대 世界ㅣ恁麽熱하니 未審커라 向甚麽處回避닛고 老宿이 曰向鑊湯爐炭裏하야 回避니라 曰只如鑊湯爐炭裏에 作麽生回避닛고 曰衆苦不能到라하니 願居士는 日用四威儀中에 只如此做工夫하야 老宿之言을 不可忽이어다 此是妙喜의 得効底藥方이라 非與居士로 此道相契하며 此心相知인댄 亦不肯容易傳授하리니 只用一念相應草湯下언정 更不用別湯使어다 若用別湯使인댄 令人發狂하리니 不可不知也니라

 한 생각이 상응하는 초탕은 다른 것을 구하지 않고, 또한 다만 거사의 생활 가운데서 밝은 곳은 밝기를 해와 같이 하고, 검은 곳은 검기를 옻과 같이 하는 데에 달려 있습니다. 만약 손 가는 대로 잡아 와서 본지풍광(本地風光)으로 한번 비추면, 그릇된 것이 있지 않아서 또한 능히 사람을 죽이며 또한 능히 사람을 살릴 수 있을 것입니다.579)

---

578) 화탕노탄(火湯爐炭)이라고 표현한다. 한 생각을 본분자리에 계합하게 하는 약을 말한다.
579) 문수보살(文殊菩薩)이 하루는 선재동자(善財童子)에게 약을 캐 오게 하면서 말하기를 '약초 아닌 것을 캐어 오라.' 하니, 선재가 말하기를 '산중에 약초

그러므로 부처와 조사께서는 항상 이런 즐거움으로 가마솥의 끓는 물과 화로의 숯불 속을 향하여 고뇌하는 중생의 살고 죽는 큰 병을 치료하셨으므로, '위대한 의왕이라 부른다.'580)고 했습니다. 알지 못하겠습니다. 거사께서는 도리어 믿습니까? 만약 '나는 스스로 부자(父子) 간에도 전할 수 없는 묘방(妙方)을 가지고 있어서, 가마솥의 끓는 물과 화로의 숯불 속으로 피하는 묘한 기술을 쓰지 않겠다.'고 말씀하신다면, 도리어 거사께서 보시하기를 바랍니다.581)

一念相應草는 不用他求라 亦只在居士의 四威儀中에 明處는 明如日하고 黑處는 黑似漆이니 若信手拈來하야 以本地風光으로 一照하면 無有錯者하야 亦能殺人하며 亦能活人하리라 故로 佛祖ㅣ 常以此藥으로 向鑊湯爐炭裡하야 醫苦惱衆生의 生死大病일새 號大醫王이라하니 不識커라 居士는 還信得及否아 若言我는 自有父子不傳之妙方이라 不用向鑊湯爐炭裡回避底妙術인댄 却望居士의 布施也하노라

【요지】
한 생각이 상응하는 초탕(草湯)을 가지고 생사(生死)의 병을 치료하라

아닌 것이 없습니다.'라고 했다. 문수보살이 말하기를 '그 약초를 캐어 오라.' 하니, 선재가 땅에서 한 줄기 풀을 주어 드렸는데, 문수보살이 이것을 대중에게 보이며 말하기를 '이 약은 능히 사람을 살리기도 하고 또한 능히 사람을 죽이기도 한다.'고 했다.
580) 부처님 당시 기바(耆婆)라는 의술(醫術)에 밝은 의원이 있었는데 부처님께서 말씀하시기를 '너는 외의(外醫)가 되어 몸의 병을 다스리지만, 나는 내의(內醫)가 되어 마음 병을 고친다.'고 하셨다.
581) 확탕노탄(鑊湯爐炭)을 사용하여 부스럼을 일으키는 것을 용납하지 않는 가르침이 있으면 일러달라는 말이다.

고 했다. 어떤 스님이 '세계가 이렇게 더우니 어디로 피해야 합니까?' 하니, 노스님이 '가마솥 끓는 물과 화로 숯불 속으로 피한다.'고 했다. 다시 그 스님이 '그 속으로 어떻게 피합니까?' 하니, 대답하기를 '일체 고통이 도달할 수 없다.'고 한 이야기를 소개하면서 일상생활 속에서 이같이 공부할 것을 충고했다. 이것이 바로 효험 있는 약 처방, 한 생각이 상응하는 초탕(草湯)이기 때문이라는 것이다.

    그 약은 별다른 곳에서 구하는 것이 아니라, 생활 가운데 밝은 곳은 밝기를 해 같이 하고 검은 곳은 검기를 옻칠 같이 하는 것이 바로 그 약이라고 했다. 그래서 손 가는 대로 잡아와서 본지풍광(本地風光)으로 비추면 그릇된 것이 없고, 능히 사람을 죽이거나 살릴 수 있다고 했다. 그러나 능히 이와 같이 하더라도 부스럼을 일으키는 것이기 때문에 부스럼을 일으키지 않는 더 나은 약이 있으면 보시하라고 했다.

44. 이랑중 사표에게 답함

사대부가 이 도를 배우는데 총명하지 못한 것을 근심하지 아니하고 총명한 것을 근심할 뿐이며, 아는 것 없는 것을 근심하지 아니하고 너무 많이 아는 것을 근심할 뿐입니다. 그러므로 항상 업식(業識) 앞 한 걸음을 행하여 본래(本來)의 쾌활(快活)하고 자유자재(自由自在)한 소식을 잊어버리게 되었습니다.582) 사견(邪見)을 가진 첫째 무리583)는 보고 듣고 느끼고 아는 것을 자기로 삼으며, 있는 그대로 인식한 경계584)를 마음 법문으로 삼습니다. 사견을 가진 둘째 무리585)는 업식(業識)을 희롱하여 육근(六根)과 육식(六識)586)을 (그 자리로) 알며, 입을 까불어587) 현묘(玄妙)한 이치를 말합니다. 그 중에 심한 사람은 발광(發狂)하는 데까지 이르러, 말을 아끼지 않고 오랑캐 말과 중국말로 동을 가리키기도 하고 서를 긋기도 합니다. 사견을 가진 셋째 무리588)는 묵묵히 비추어 말 없음과 비고 고요한 것으로 귀신 굴 속에

---

582) 업식을 가지고 가기 때문에 쾌활함을 얻지 못한다.
583) 견문각지(見聞覺知)를 본래 자기로 보아서 상견(常見)을 가진 사람을 말한다.
584) 전오식(前五識: 眼識, 耳識, 鼻識, 舌識, 身識)으로 다만 보고, 듣고, 냄새 맡고, 맛보고, 촉감하는 때를 말한다.
585) 사량분별을 본래 자기로 보아서 상견(常見)을 가진 사람을 말한다.
586) 업식(業識)은 문 밖이고 실내가 아니기 때문에 '문두호구(門頭戶口)'라고 했다.
587) '두 조각의 가죽을 까분다'는 말은 입으로 말하는 것을 뜻한다.

빠져 있으면서 궁극적 안락(安樂)을 추구합니다. 그 나머지 갖가지 잘못된 견해는 말하지 않아도 알 수 있을 것입니다.

충밀(冲密) 등이 돌아와서 준 편지를 읽어보고 기쁘고 위로됨은 말할 수 없었습니다. 다시는 세상일을 펴서 말하지 아니하고, 다만 도를 향하는 당신의 용맹한 의지 때문에 문득 갈등선(葛藤禪)에 들어가겠습니다.589) 선(禪)은 덕산 스님과 임제 스님이 다르지 않고, 법안종과 조동종이 다르지 않습니다.590) 다만 학자들은 광대하고 결정적 뜻이 없고, 선지식도 또한 광대하고 융통한 법문이 없는 까닭에, 들어가는 것이 차별이 있게 되었습니다. 그러나 궁극에 돌아가는 곳은 아울러 이와 같이 차별이 없습니다.

答李郞中 似表

士大夫ㅣ 學此道호대 不患不聰明하고 患太聰明耳며 不患無知見하고 患知見太多耳니라 故로 常行識前一步하고 昧却脚跟下의 快活自在底消息하나니 邪見之上者는 和會見聞覺知하야 爲自己하며 以現量境界로 爲心地法門하고 下者는 弄業識하야 認門頭戶口하며 簸兩片皮하야 談玄說妙하며 甚者는 至於發狂하야 下勒字數하고 胡言漢語로 指東畫西하며 下下者는 以默照無言과 空空寂寂으로 在鬼窟裡着到하야 求究竟安樂하며 其餘種種邪解ㅣ 不在言而可知也로다

冲密等이 歸에 領所賜敎하야 讀之호니 喜慰는 不可言이로다 更不

---

588) 단견(斷見)에 빠져서 안락을 삼는 사람이다.
589) 이 편지 아래 부분에서 말하고자 한 것을 지칭한다. 갈등선(葛藤禪)이라는 말 자체는 본각의 입장에서 보면 이런 구구한 설명이 다 군더더기이기 때문에 한 말이다.
590) 덕산(德山)의 몽둥이〔棒〕와 임제(臨濟)의 고함〔喝〕, 법안종(法眼宗)의 체용(體用), 조동종(曹洞宗)의 정편(正偏)이 다른 이치가 없으나, 학자들이 깨달아 들어가는 문이 같지 않을 뿐이다.

復敍世諦相酬酢하고 只以左右向道勇猛之志로 便入葛藤禪하노니 無德山臨濟之殊와 法眼曺洞之異언만은 但學者ㅣ 無廣大決定志而師家도 亦無廣大融通法門故로 所入이 差別이나 究竟歸宿處는 並無如許差別也니라

편지를 보내어 저591)에게 공부의 지름길을 글로 가르쳐 달라고 했습니다. 다만 공부의 지름길 가르쳐 주기를 요구하는 이 한 생각이 일찍이 머리를 숙여 아교풀 단지 속에 들어가는 것과 같습니다. 다시 눈 위에 서리를 더할592) 수는 없습니다. 비록 그러하나 질문에 대답이 없을 수는 없습니다. 청컨대 당신은 혹 평소 모든 경전과 화두를 보거나, 혹 사람들이 화두를 들고 가르쳐 준 것으로 인해서 얻은, 재미있고 즐거운 것을 모두 가져다가 일시에 내려놓으십시오. 옛날 같이 백 가지를 알지 못하고, 백 가지를 이해하지 못하기를 세 살 먹은 아이와 같이 되어 감각은 있으나 작용하지 않거든, 도리어 공부 지름길을 가르쳐 주기를 요구하는 이 한 생각이 일어나기 전을 향하여 보십시오. 보아 오고 보아 감에 점점 코끝이 없으며, 마음이 더욱 편안하지 않을 때를 알아서, 반드시 놓아 느슨하게 하지 마십시오. 이 속은 앉아서 모든 성인의 이마를 끊는 자리입니다.593) 가끔 도를 배우는 사람들이 많이 이 속에서 물러나 버립니다. 당신께서 만약 믿음

---

591) 묘희(妙喜)는 대혜 스님의 여러 호(號) 가운데 하나다. 운문(雲門)에 있을 때에는 운문이라 하고 경산(徑山)에 있을 때에는 경산이라 했는데, 거처하는 장소의 이름을 사용하지 않을 때에는 가끔 묘희(妙喜)라는 호(號)를 사용하기도 했다.
592) 본래 부처인데 거기에 가르침을 더 요구하는 것을 말한다.
593) 부처도 법도 없는 살(殺)자리를 말한다.

이 도달했다면, 다만 공부 지름길을 구하는 마음 일으키기 전을 향하여 보십시오. 보아 오고 보아 감에 홀연히 꿈을 깨게 될 것이니, 이것은 그릇된 일이 아닙니다. 이것은 제가 평소에 지어서 힘을 얻은 공부입니다. 당신에게 결정적 뜻이 있다는 것을 알기 때문에, 진흙을 묻히고 물에 젖으면서594) 이 한바탕 패궐(敗闕)595)을 드립니다. 이 밖에 별도로 지시할 것이 없습니다. 만약 지시할 것이 있다면 공부의 지름길이 아닙니다.

示諭호대 欲妙喜因書하야 指示徑要處라하니 只遮求指示徑要底一念이 早是剌頭入膠盆了也라 不可更向雪上加霜이라 雖然이나 有問에 不可無答이니 請左右는 都將平昔에 或自經敎話頭어나 或因人擧覺指示得滋味歡喜處하야 一時放下하고 依前百不知百不會호대 如三歲孩兒相似하야 有性識而未行커는 却向未起求徑要底一念子前頭하야 看하라 看來看去에 覺得轉沒巴鼻하야 方寸에 轉不寧怗時에 不得放緩이어다 遮裡ㅣ 是坐斷千聖의 頂顙處라 往往學道人이 多向遮裡하야 打退了하나니 左右ㅣ 若信得及인댄 只向未起求徑要指示一念前하야 看하라 看來看去에 忽然睡夢覺하리니 不是差事라 此是妙喜平昔에 做底得力工夫니 知公의 有決定志故로 拖泥帶水하야 納遮一場敗闕하노니 此外에 別無可指示라 若有可指示면 則不徑要矣라

---

594) 선가(禪家)에서 바로 끊어서 신속하게 지시해 주거나 주관과 객관이 벌어진 상태에서 이러 저러 길게 설명하는 것을 모두 이렇게 말한다. 달리 '진흙에 들어가고 물에 들어간다(入泥入水)', '진흙과 하나가 되고 물과 합한다(和泥和水)'라고 표현하기도 한다.
595) 갈등선(葛藤禪)과 같은 뜻이다.

【요지】

　앞에 한 생각 일어나기 이전을 힘써 볼 것을 말했다. 도를 배우는데 총명하고 아는 것이 많은 것이 더 문제라고 했다. 총명하고 아는 것이 많을수록 업식(業識)에 따라 행동하여 본래 쾌활하고 자유자재한 소식을 잊어버리기 쉽기 때문이라고 했다. 보고 듣는 것을 자기로 알며, 업식을 희롱하며, 발광하며, 묵조선의 고요한 것으로 구경 안락을 추구하는 사람이 모두 다 잘못되었음을 지적했다. 그리고 이랑중의 도를 향한 용맹한 의지 때문에 갈등선을 베풀겠다고 했다.

　우선 경전 가르침이나 화두, 재미있고 즐거운 것 등을 일시에 내려놓으라고 했다. 그렇게 하고 나서, 공부 지름길을 가르쳐 주기를 원하는 한 생각이 일어나기 전을 향해 보라고 했다. 마음이 편안하지 않을 때도 느슨하게 하지 말라고 했다.

45. 이보문 무가596)에게 답함

전번에 편지를 받아 보니, 근성이 미련하여 힘써 닦아 지니되 끝내 깨달아 초월하는 자리를 얻지 못했다고 했습니다. 옛날 쌍경(雙徑)에서597) 부계신(富季申)이 질문했던 것과 이 질문이 꼭 같습니다. 능히 미련함을 아는 사람은 결단코 미련하지 않으니, 다시 어디를 향하여 깨달아 초월할 곳을 구합니까? 사대부는 이 도를 배우되, 도리어 미련함을 빌려야 도에 들어갈 수 있습니다. 만약 미련함에 집착하여 스스로 이르기를 '나는 그럴 능력이 없다.'고 한다면, 미련의 마군(魔軍)에 잡힐 것입니다.

대개 평소에 식견(識見)이 많아서 증득(證得)하여 깨닫고자 하는 마음이 앞에서 장애하기 때문에 자기의 바른 식견이 나타나지 않습니다. 이 장애(障碍)도 또한 밖에서 온 것이 아니며, 또한 별다른 일이 아닙니다. 다만 능히 미련함을 아는 주인공일 뿐입니다. 그러므로 서암화상(瑞巖和尙)이 평소 방장실 안에서 스스로 부르기를 "주인공아!" 하고, 스스로 대답하기를 "예."라고 했습니다. "깨어 있어라." 하고, 또 스스로 대답하기를 "예."라고 했으며, 다른 때 후일에 "남의

---

596) 이름은 초(楚)고 자는 무가(茂嘉)이다. 보문각(寶文閣) 학사(學士)를 지냈기 때문에 '보문'이라는 칭호를 사용했다.
597) 경산(徑山)을 쌍경(雙徑)이라 하는데, 절이 쌍경에 있기 때문이다.

속임을 받지 말라."598) 하고 또 스스로 대답하기를 "예, 예."599)라고 했습니다. 옛부터 이와 같은 모범(模範)이 있어 왔으니, 어쨌든 이 속을 향하여 이것이 무엇인가를 잡아 보십시오. 또한 잡는 사람도 다른 사람이 아니고, 다만 이 미련함을 아는 사람일 뿐입니다. 능히 혼돈함을 아는 사람도 또한 별다른 사람이 아니라, 문득 이보문(李寶文)의 본래 그 자리입니다. 이것이 묘희(妙喜)가 그 병에 맞게 주는 약입니다. 부득이하여 대략 거사를 위하여 집에 돌아가 편안히 앉을 수 있는 길을 가르칠 뿐입니다.

만약 문득 결단코 죽은 언어를 가지고 참으로 본래자리라고 부른다면 이는 분별심을 자기로 여기는 것이라 더욱 교섭함이 없게 될 것입니다. 그러므로 장사화상(長沙和尙)이 이르기를 "도를 배우는 사람이 진실을 알지 못하는 것은 다만 종전의 분별심만 알기 때문이다. (분별심이) 무량겁의 긴 세월에 생사의 근본인데, 어리석은 사람들은 본래인(本來人)이다."600)라고 했습니다. 앞에서 말한 미련함을 빌려 들어간다는 것이 이것입니다. 단지 이 미련함을 능히 아는 사람은 필경 이 누구인가를 보아야 합니다. 이 속을 향하여 볼지언정 깨달아 초월하기를 추구하지 말아야 합니다. 보아 오고 보아 감에 홀연히 웃을 것입니다. 이 밖에 말할 것이 없습니다.

---

598) 어떤 게송에 '옛날에는 있는 데서 살아서 항상 있다는 사람의 속임을 받았더니, 지금은 없는 데서 살아서 항상 없다는 사람의 속임을 받네(昔向有中生 恒被有人欺 今向無中生 恒被無人欺).'라고 했다.
599) 『오등회원(五燈會元)』 권제7(卷第七)
600) 『경덕전등록(景德傳燈錄)』 권제10(卷第十)

答李寶文 茂嘉

　　向承示諭호니 根性이 昏鈍하야 而黽勉修持호대 終不得超悟之方이라하니 某ㅣ頃在雙徑하야 答富季申所問이 正與此問으로 同이라 能知昏鈍者는 決定不昏鈍이니 更欲向甚處하야 求超悟리요 士大夫ㅣ學此道호대 不須借昏鈍而入이라 若執昏鈍하야 自謂我無分하면 則爲昏鈍魔의 所攝矣리라

　　盖平昔에 知見이 多하야 以求證悟之心이 在前作障故로 自己正知見이 不能現前이나 此障도 亦非外來며 亦非別事라 只是箇ㅣ能知昏鈍底主人公耳니 故로 瑞巖和尙이 居常在丈室中하야 自喚云主人公아 又自應云諾다 惺惺着하라 又自應云諾다 他時後日에 莫受人謾하라 又自應云諾諾이라하니 古來에 幸有恁麼牓樣인댄 謾向遮裡하야 提撕看是箇甚麼어다 只遮提撕底도 亦不是別人이라 只是遮能知昏鈍者耳며 能知昏鈍者도 亦不是別人이라 便是李寶文의 本命元辰也니 此是妙喜의 應病與藥이라 不得已略爲居士하야 指箇歸家穩坐底路頭而已로라

　　若便認定死語하야 眞箇喚作本命元辰則是認識神하야 爲自己라 轉沒交涉矣이라 故로 長沙和尙이 云學道之人不識眞은 只爲從前認識神이니 無量劫來生死本이어늘 癡人은 喚作本來人이라하니 前所云借昏鈍而入이 是也라 但只看能知是昏鈍底는 畢竟是箇甚麼오 只向遮裡하야 看이언정 不用求超悟니 看來看去에 忽地大悟去矣라 此外에 無可言者니라

【요지】

　　혼둔(昏鈍)을 빌려 오히려 둔함을 아는 사람을 돌이켜 비추어 보라고 가르쳤다. 미련함을 아는 사람은 결코 미련하지 않다는 것이다. 오히려

식견(識見)이 많아서 깨닫고자 하는 마음이 장애하기 때문에 바른 식견이 나타나지 않는다고 했다. 자기 스스로를 불러 자신을 끊임없이 일깨웠던 서암화상(瑞巖和尙)의 예를 들면서 미련함을 아는 사람, 혼둔함을 아는 사람이 다 이보문(李寶文)의 본래 자리임을 돌이켜 보아야 한다고 가르쳤다. 도 배우는 사람이 진실을 알지 못하는 것은 분별심만 알기 때문이라는 장사화상(長沙和尙)의 말을 인용하여 깨달아 초월하기를 추구하지 말고 다만 자기를 돌아볼 것을 가르쳤다.

46. 향시랑 백공에게 답함

보인 편지에 "깨달음과 깨닫지 못함, 꿈과 생시가 하나인가?"라고 물었습니다. 이것은 한 조각의 인연입니다. 부처님께서 말씀하시기를 "너는 반연(攀緣)하는 마음으로 법을 듣기 때문에 이 법도 또한 반연(攀緣)이다."601)라고 하시고, "(구경에) 도달한 사람은 꿈이 없다."602)고 하셨으니, '있다, 없다'의 없음이 아닙니다. 말하자면 꿈과 꿈 아닌 것이 하나일 뿐입니다. 이렇게 보면 부처님께서 금북을 꿈꾸신 것603)과 고종이 부열(傅說)을 꿈에 얻은 것604)과 공자가 꿈에 두 기둥 사이에서 제사 드린 것605)을 두고 또한 '꿈이다, 꿈 아니다'라는 알음알이를 짓지 마십시오.

---

601) 반연하는 마음으로 이것을 보면, 꿈과 생시를 실체로 알아 둘로 보이기 때문이다.(『능엄경(楞嚴經)』권제2)
602) 꿈과 생시를 다 실체가 없다고 보기 때문에 꿈이 없다고 말했다.
603) 부처님께서 열반에 드실 때에 금으로 된 북을 하늘에 달아 놓은 꿈을 꾸셨다. 부처님 당시에 설법을 할 때에는 북을 달았는데, 꿈에 북을 하늘에 달아 능히 칠 수가 없었으니, 이는 부처님이 더 이상 설법을 하지 않고 열반에 드시게 됨을 뜻한다.(『금광명최승왕경(金光明最勝王經)』권제2)
604) 은나라 고종이 은나라를 부흥시키기 위하여 고민하여 삼년을 말하지 않다가 어느 날 밤 꿈에 성인을 얻었는데 이름이 '부열(傅說)'이었다.
605) 『공자가어(孔子家語)』에서 공자는 '내가 전번 밤 꿈에 두 기둥 사이에 제사를 드렸으니 내가 장차 죽을 것이다.'라고 하고 칠일 동안 아프다가 돌아가셨다. 공자는 본래 은나라 사람이었기 때문에 은나라 일을 꿈꾸고 죽었다. 이러한 이야기들은 다 꿈과 생시가 한결 같다는 것을 나타낸 예들이다.

도리어 세상을 보건대 오히려 꿈속의 일과 같다606)고 하니, 가르침 가운데 분명히 밝혀 놓은 글이 있습니다. 오직 꿈은 전체가 망상인데 중생이 전도(顚倒)되어 일상 눈앞의 일을 실제라고 생각하고, 다만 전체가 꿈인 줄을 알지 못합니다. 그 가운데서 다시 허망한 분별심을 내어 망상심(妄想心)으로 생각을 묶어서, 분별심이 어지럽게 나는 것을 실제의 꿈이라고 생각합니다. 다만 이것은 꿈속에서 꿈을 이야기하는 것이며 전도된 가운데 또 전도된 것임을 알지 못한 것입니다.

答向侍郞 伯恭

示諭호대 悟與未悟와 夢與覺ㅣ一가하니 一段因緣이로다 黃面老子ㅣ云汝以緣心으로 聽法일새 此法도 緣心이라하시고 謂至人은 無夢이라하시니 非有無之無라 謂夢與非夢이 一而已니 以是觀之則佛夢金鼓와 高宗이 夢得說과 孔子夢奠兩楹을 亦不可作夢與非夢解어다 却來觀世間컨댄 猶如夢中事라하니 敎中에 自有明文이라 唯夢은 乃全妄想也어늘 而衆生이 顚倒하야 以日用目前境界로 爲實하고 殊不知全體是夢할새 而於其中에 復生虛妄分別하야 以想心繫念하야 神識紛飛로 爲實夢하나니 殊不知正是夢中說夢이며 顚倒中에 又顚倒로다

그러므로 부처님께서 대자비(大慈悲)와 노파심(老婆心)이 간절하셔서, 다 일체 세계 모든 안립해(安立海)607)에 들어가셔서, 하나하나의 먼지 가운데에서 몽자재(夢自在) 법문으로 세계의 수많은 중생이 삿된 선정에 머무는 것을 깨우치셔서, 바른 선정의 세계에 들어가게

---

606) 『능엄경(楞嚴經)』 권제10(卷第十)
607) 안심입명(安心立命)해 있는 공간을 말한다.

하셨습니다.608) 이것은 역시 전도된 중생에게 널리 눈앞의 실제 있는 경계를 안립해(安立海)로 삼아 하여금 꿈과 꿈 아님이 다 환상이라는 것, 전체 꿈이 실제이며 전체 실제가 꿈이라서, 가질 수도 없고 버릴 수도 없다는 것을 깨닫게 함을 보인 것입니다. 깨달은 사람은 꿈이 없다는 뜻이 이와 같을 뿐입니다.

故로 佛이 大慈悲老婆心切하사 悉能遍入一切法界諸安立海의 所有微塵하사 於一一塵中에 以夢自在法門으로 開悟世界海微塵數衆生이 住邪定者하사 入正定聚케하시니 此亦普示顚倒衆生하야 以目前實有底境界로 爲安立海하사 令悟夢與非夢이 悉皆是幻則全夢是實이며 全實是夢이라 不可取不可捨니 至人無夢之義ㅣ如是而已니라

보내 온 편지의 물음이 제가 서른여섯 살 때609)에 의심했던 것이라 읽고 모르는 사이에 가려운 곳을 긁어주었습니다. 또한 이것으로 원오(圓悟) 스님께 물으니, 다만 손으로 가리키며 말하기를 "그만두고 그만두어라. 망상을 쉬고 망상을 쉬어라."고 하였습니다. 제가 다시 말하기를 "저는 잠자지 않을 때에는 부처님께서 칭찬하신 것은 의지하여 실천하고, 부처님께서 꾸짖으신 것은 감히 어기지 아니하였습니다. 종전에 의지하던 스승610)과 스스로 하는 공부에서 얻은 자질구레한 것도 깨어 있을 때에는 모두 수용하였습니다.611) 그러나 침상에

---

608) 『대방광불화엄경(大方廣佛華嚴經)』 권제6(卷第六)
609) 송(宋)나라 휘종(徽宗) 선화(宣和) 6년(1124년) 대혜(大慧) 스님 36세 때다.
610) 보봉(寶峯), 담당(湛堂), 태미(太微) 등 여러 스승이다.
611) 깨어 의식이 있을 때에는 제대로 공부를 했다는 말이다.

올라가 반쯤 깨 있을 때에는, 이미 주재(主宰)를 짓지 못하여, 꿈에 금은보화(金銀寶貨)를 얻으면 기쁘기가 한이 없었고, 꿈에 어떤 사람이·칼이나 몽둥이로 서로 핍박하거나 모든 악(惡)한 경계를 만나면 두려워 떨었습니다.612) 스스로 생각해 보건대 이 몸이 오히려 있어도 다만 잠들었을 때 이미 주인공이 되지 못하는데, 하물며 지수화풍(地水火風)이 흩어지고 다만 여러 고통이 성하게 일어나면, 어찌 윤회를 받지 않겠습니까?"라고 했습니다. 이 속에 이르러서 바야흐로 처음 바쁘게 공부를 했습니다.

來書見問이 乃是某의 三十六歲時에 所疑라 讀之코 不覺抓着痒處로다 亦嘗以此로 問圓悟禪師호니 但以手로 指曰住住하고 休妄想休妄想하라하야늘 某ㅣ 復曰如某ㅣ 未睡着時에는 佛所讚者는 依而行之하고 佛所訶者는 不敢違犯하며 從前依師와 及自做工夫의 零碎所得者도 惺惺時에는 都得受用이라가 及乎上牀하야 半惺半覺時에 已作主宰不得하야 夢見得金寶則夢中에 歡喜無限하고 夢見被人이 以刀杖相逼커나 及諸惡境界則夢中에 怡怖惶恐하나니 自念此身이 尙存하야도 只是睡着에 已作主宰不得이온 況地水火風이 分散하고 衆苦熾然이면 如何得不被回換이리오 到遮裡하야는 方始着忙호이다

선사(先師)가 또 말하기를 "네가 말한 허다한 망상이 끊어지는 때를 기다려야 너는 저절로 자나깨나 한결같은 곳에 이를 것이다."613)라고 했습니다. 처음 듣고는 또한 믿지 못해서 매일 내가 돌아보니,

---

612) 반쯤 깨어 있을 때나 꿈속에서는 공부를 지속하지 못했던 것을 말한다.
613) 『능엄경(楞嚴經)』 권제10(卷第十)

자고 깨는 것이 분명히 두 조각이었습니다. 어떻게 감히 큰 입을 열어서 선(禪)을 말할 수 있었겠습니까? 오직 부처님께서 말씀하신 "자나 깨나 한결같다."는 것이 거짓말이라면 나의 이 병을 제거할 필요가 없겠지만, 부처님 말씀이 과연 사람을 속이지 않는다면 이는 내가 통달하지 못한 것이라고 생각했습니다. 뒤에 선사(先師)가 "모든 부처님의 출신처에 따뜻한 바람이 남쪽으로부터 불어온다."614)고 한 말을 듣고, 홀연히 가슴에 막힌 물건을 제거하고서야,615) 바야흐로 부처님의 말씀이 참된 말씀이며, 진실한 말씀이며, 한결같은 말씀이며, 속이지 않는 말씀이며,616) 거짓 없는 말씀이며, 사람을 속이지 않는 참다운 대자비(大慈悲)라, 몸을 가루로 만들어 목숨을 없애도 갚을 수 없음을 알았습니다.

先師ㅣ 又曰待汝說底許多妄想絶時에사 汝ㅣ 自到寤寐恒一處也리라하야늘 初聞코 亦未之信하야 每日에 我自顧호대 寤與寐로 分明作兩段커늘 如何敢開大口하야 說禪이리요 除非佛說寤寐恒一이 是妄語則 我此病을 不須除어니와 佛語ㅣ 果不欺人인댄 乃是我自未了로다하더니 後因聞先師ㅣ 擧諸佛出身處에 薰風이 自南來하고 忽然去却礙膺之物코사 方知黃面老子의 所說이 是眞語實語며 如語不誑語며 不妄語不欺人이신 眞大慈悲라 粉身沒命하야도 不可報호라

---

614) 『대혜어록(大慧語錄)』 권제17(卷第十七)
615) 대혜 스님이 언하(言下)에 크게 깨달은 것을 말하는데, 선화(宣和) 7년(1125년) 대혜(大慧) 스님 나이 37세 때였다.
616) 『금강경(金剛經)』

가슴에 막힌 물건을 이미 제거하고 바야흐로 꿈꿀 때가 문득 깨어 있을 때이며, 깨어 있을 때가 문득 꿈꿀 때임을 알아서, 부처님께서 말씀하신 "자나깨나 한결같다."는 말씀을 바야흐로 알게 되었습니다. 이러한 도리는 끌어내어 사람에게 보여 줄 수도 없고 말해 줄 수도 없는 것이니, 꿈속 경계를 취할 수도 없고 버릴 수도 없는 것과 같습니다.

　받아 보니 저에게 묻기를 '깨닫기 이전과 깨달은 이후에 다른 점이 있습니까? 다른 점이 없습니까?' 하시니, 저도 모르게 실제에 의거하여 말씀을 드립니다. 보내 온 편지를 자세히 보니 글자마다 지극한 정성이 들어 있어 선(禪)을 질문하는 것이 아니며, 또한 힐난(詰難)함을 보이지 않았기 때문에 옛날 의심하던 것으로 말씀드림을 면하지 못합니다. 원컨대 거사께서는 시험 삼아 넌지시 "모든 있는 것을 비우되 간절히 모든 없는 것을 실제로 삼지 말기를 바란다."617)는 방거사(龐居士)의 말을 끌어오십시오. 먼저 눈앞의 일상 경계가 꿈이라는 생각을 한 뒤에, 도리어 꿈 가운데의 일을 가지고 눈앞에 끌어오면, 부처님의 금북 꿈과 고종의 부열을 얻은 꿈과 공자의 두 기둥 사이에서 제사 지낸 꿈이 결단코 꿈이 아닐 것입니다.

　礙膺之物을 既除하며 方知夢時便是寤時底며 寤時便是夢時底라 佛言寤寐恒一을 方始自知리니 遮般道理는 拈出呈似人不得이며 說與人不得이라 如夢中境界하야 取不得捨不得이니라 承호니 問妙喜호대 於未悟已前과 已悟之後에 有異無異아할새 不覺에 依實供通하노라 子細

---

617) 유무(有無)가 한결같고 꿈과 생시가 한결같다는 말과 같다.

讀來敎호니 字字至誠이라 不是問禪이며 亦非見詰故로 不免以昔時所
疑處로 吐露하노니 願居士는 試將老龐語로 謾提撕但願空諸所有언정
切勿實諸所無호되 先以目前日用境界로 作夢會了然後에 却將夢中底
하야 移來目前則佛金鼓와 高宗得說과 孔子奠兩楹이 決不是夢矣리라

【요지】
　　꿈과 생시가 한결같다는 도리를 참구하도록 권했다. 꿈과 꿈 아님이
다 환상이라는 것을 알면 모든 꿈이 실제이고 모든 실제가 꿈이기 때문
에 가질 수도 없고 버릴 수도 없게 된다고 했다. 깨달은 사람〔至人〕은
꿈이 없다는 뜻이 바로 이것을 두고 이른다고 했다.
　　그런데 대혜 스님 스스로가 깨어 있을 때에는 부처님의 가르침에 어
긋나지 않았는데 잠자리에서 반쯤 깨어 있을 때에 이미 주재(主宰)가 되
지 못했고, 꿈에 금은보배를 얻으면 한없이 기쁘고, 누가 칼이나 몽둥이
로 핍박하거나 험악(險惡)한 경계를 만나면 두려워 떨었다고 했다. 여기
에 대혜 스님은 잠들었을 때도 주인공이 되지 못하는데 죽을 때 고통이
성하게 일어나면 어찌 윤회를 면할 수 있겠는가?라고 철저히 반성하고,
공부를 바쁘게 했던 자기 경험을 소개했다.
　　자고 깨는 것이 분명히 두 조각으로 나누어질 때에는 자나깨나 한결
같다는 부처님의 말씀을 믿지 못했었는데 '모든 부처님의 출신처에 따뜻
한 바람이 남쪽으로부터 불어온다.'는 선사(先師)의 말 아래, 가슴에 막
힌 물건을 제거하고 나서는 부처님의 말씀이 참되고 진실하여 거짓이
없다는 것을 알았다고 말했다.
　　모든 있는 것을 비우되 모든 없는 것을 실제로 삼지 말라는 말을 가져
와서, 꿈이 꿈이 아니며 생시가 생시가 아니며, 꿈이 생시고 생시가 꿈이
라는 것을 알라고 했다.

47. 진교수 부경에게 답함

이 도의 적막함이 오늘보다 더 심한 때가 없었습니다. 삿된 스승의 설법이 악차취(惡叉聚) 풀[618]처럼 많고, 각기 스스로 말하기를 위없는 도를 얻었다고 하며, 함께 그릇된 주장을 부르짖으며, 어리석은 범부를 현혹하고 있습니다. 그런 까닭에 제가 항상 여기에 이를 갈아 목숨을 아끼지 않고 부지(扶持)하고자 하여, 밝은 종자[619]로 하여금 우리 집안에 본분사가 있음을 알게 하여, 잘못된 견해의 그물에 떨어지지 않게 하겠습니다. 만일 중생계 가운데서 부처님 종자가 끊어지지 않는다면, 역시 부처님의 음덕[620]을 헛되이 받은 것이 아닐 것입니다. 이른바 이 깊은 마음을 가지고 모든 중생을 받드는 일[621]이 부처님의 은혜에 보답하는 것이 됩니다.[622] 그러나 이 또한 때를 알지 못하고[623] 역량을 헤아리지 못하는 일[624]입니다. 당신은 이미 그

---

618) 한 가지에 씨가 세 개씩 달리는 풀인데 여기서는 삿된 스승의 설법이 번성하고 많다는 것을 비유했다.
619) 반야(般若)를 발명(發明)한 사람을 가리킨다.
620) 부처님의 천수(天壽)가 100세인데 79세에 열반하시고 21년을 남겨서 중생들에게 음덕으로 주어서 이를 수용하게 했다고 본다.
621) 진찰(塵刹) 가운데의 여래(如來), 혹은 진찰과 같이 많은 여래를 받든다는 말이다.
622) 『능엄경(楞嚴經)』 권제3(卷第三)
623) 불법(佛法)을 유포하기 어려운 상황을 말한다.
624) 삿된 스승들이 번성하고 대혜 스님 자신은 다만 한 사람이라서, 한 사람이

가운데 사람이라 그 가운데 일을 말하지 않을 수 없으므로, 붓으로 알지 못하는 사이에 여기에 이르렀을 뿐입니다.

答陳敎授 阜卿
　此道寂寥호니 無出今日이라 邪師說法이 如惡叉聚하야 各各自謂得無上道라하고 咸唱邪說하야 幻惑凡愚故로 某每每切齒於此하야 不惜身命하고 欲扶持之하야 使光明種子로 知有吾家本分事하야 不墮邪見網中하노니 萬一得衆生界中에 佛種不斷이면 亦不虛受黃面老子覆蔭하나라 所謂將此深心奉塵刹이 是則名爲報佛恩이라 然이나 亦是不知時不量力之一事也로다 左右는 旣是箇中人이라 不得不說箇中事일새 因筆하야 不覺及此耳로라

【요지】
　신명(身命)을 아끼지 않고 불법(佛法)을 지키고 유통(流通)시켜야 한다는 주장을 했다. 악차취(惡叉聚)처럼 많은 삿된 스승들이 스스로 위없는 도를 얻었다고 하고 그릇된 주장을 하여 어리석은 범부들을 현혹하고 있기 때문에 우리 집안에 본분사가 있음을 알게 하여 잘못된 견해에 빠지지 않게 해야 한다고 말했다. 중생계 가운데서 부처님 종자가 끊어지지 않게 하겠다는 깊은 마음을 가지고 중생을 받드는 일이 부처님의 은혜에 보답하는 일이라고 했다.

다수를 대적하기 어려운 것을 말했으나, 대혜 스님이 겸손을 표현한 것으로 볼 수도 있다.

48. 임판원 소첨에게 답함

편지에, 한 마디 말을 얻으려고 신도인(信道人)625)과 더불어 공부를 한다고 하니, 이미 『원각경(圓覺經)』을 보았다면 경전 가운데 어찌 한 마디 말에 그칠 뿐이겠습니까? 모든 위대한 보살이 각기 자기의 의심나는 곳을 따라서 질문하거늘 세존께서 의심하는 것에 근거하여 일일이 분명하게 분석하신 대단(大段)의 내용이 명백합니다. 전에 드린 바의 화두도 또한 그 가운데 있습니다.626)

경전에 이르기를 "항상 허망(虛妄)한 생각을 일으키지 말며, 모든 망상을 또한 쉬어 없애려 하지 말며, 망상 경계에 머물러 통달해 알려고 하지 말며, 이 말이 가장 친절합니다. 통달해 아는 것이 없는 데에서 진실을 판별하지 말라."627)고 했습니다. 제가 옛날 운문암에 있을 때에 일찍이 이것을 읊어 말하기를 "연꽃잎은 둥글둥글 둥근 것이 거울과 같고, 마름은 뾰족뾰족 뾰족한 것이 송곳과 같네. 바람이 버들강아지를 흔드니 털 공이 달아나고, 빗방울이 배꽃에 떨어지니 나비가 나네."628)라고 했습니다. 다만 이 말을 가지고 위에 놓아두고, 도리어

---

625) 도를 믿는 사람 또는 임판원의 아내이다.
626) 경전의 뜻을 깨달으면 또한 이전에 보여준 화두를 깨닫는 것과 같기 때문에 그 가운데 있다고 했다.
627) 『원각경(圓覺經)』「청정혜보살장(淸淨慧菩薩章)」
628) 『오등회원(五燈會元)』권제5(卷第五)

경문을 가지고 아래에 옮겨오면 게송이 곧 이 경전이고 경전이 곧 이 게송입니다. 시험 삼아 이와 같이 공부를 할지언정, 깨달았다 깨닫지 못했다는 것을 상관하지 마십시오. 마음이 급하고 바쁘게 하지 말며, 또한 놓아서 느슨하게 하지 말아야 합니다. 거문고 줄을 고르는 법과 같이 하여 긴장과 이완을 적당하게 하면 곡조가 저절로 이루어질 것입니다. 돌아가 다만 충밀 스님 측의 사람들과 더불어 서로 친하여 서로 절차탁마(切磋琢磨)하면, 도업을 판단하지 못할 것이 없을 것입니다. 빌고 빕니다.

答林判院 少瞻

示諭호대 求一語하야 與信道人으로 做工夫하야 旣看圓覺經인댄 經中에 豈止一語而已哉아 諸大菩薩이 各隨自所疑處하야 發問커늘 世尊이 據所疑하야 一一分明剖析하신 大段이 分曉하며 前所給話頭도 亦在其中矣라

經에 云居一切時하야 不起妄念하며 於諸妄想에 亦不息滅하며 住妄想境하야 不加了知하며 此語最親切 於無了知에 不辨眞實이라호니 老漢이 昔居雲門庵時에 嘗頌之曰-荷葉은 團團團似鏡이요 菱角은 尖尖尖似錐라 風吹柳絮毛毬走하고 雨打梨花蛺蝶飛라호니 但將此語하야 放在上面하고 却將經文하야 移來下面하면 頌却是經이요 經却是頌이라 試如此做工夫看이언정 莫管悟不悟어다 心頭休熱忙하며 亦不可放緩이니 如調絃之法하야 緊緩을 得其所則曲調自成矣리라 歸去하야 但與冲輩로 相親하야 遞相琢磨하면 道業을 無有不辨者리니 祝祝하노라

【요지】

　교학에서도 선지(禪旨)를 참구해야 한다는 주장을 했다. '언제나 허망한 생각을 일으키지 말며, 모든 망상을 쉬어 없애려 하지 말며, 망상의 경계에 머물러 통달해 앎을 더하려 하지 말며, 통달하여 아는 것이 없는 데서 진실을 판별하지 말라.'는 『원각경』의 구절에 대응하여 대혜 스님은 자기가 읊은 게송인 '연꽃잎은 둥글둥글 둥근 것이 거울과 같고, 마름은 뾰족뾰족 뾰족한 것이 송곳과 같네. 바람이 버들강아지를 흔드니 털공이 달아나고, 빗방울이 배꽃 잎에 떨어지니 나비가 나네.'를 소개했다. 게송이 곧 경전이고 경전이 곧 게송이라고 하여, 경전과 게송을 하나로 볼 수 있는 입장에서 공부할 일이지, 깨닫고 깨닫지 못한 것을 상관하지 말라고 했다. 급하고 바쁘게 하지 말며, 방치하여 느리게 하지도 말라고 덧붙였다.

49. 황지현 자여에게 답함

편지를 받고, 이 일대사인연을 위하여 힘쓰고 있음을 알았습니다. 대장부의 짓고 행동하는 것이 마땅히 이와 같아야 할 뿐입니다. 무상이 신속하고 나고 죽는 일이 큽니다. 하루를 지나면 하루의 좋은 일을 허비한 것이니, 두렵고 두렵습니다. 당신께서는 나이가 바야흐로 한창인지라[629] 정히 일을 하되 좋고 나쁜 것을 알지 못할 때에 능히 이 마음을 돌려 위없는 보리를 배우니, 이 사람은 세상에서 가장 수용하기 어려운 영리한 인물입니다. 오탁(五濁)의 세상 가운데서 무슨 기특한 일이 이 인연 같은 것보다 더 낫겠습니까?

신체가 건강할 때 마음을 돌리면, 늙음에 임박하여 마음을 돌리는 것보다 그 역량(力量)이 백천만 배나 좋을 것입니다. 제가 개인적으로 당신을 위하여 기뻐합니다. 이전에 써 간 이 법어를 일찍이 때때로 보고 있습니까? 제일 먼저 기억하되, 마음을 일으키고 생각을 움직여 매우 바쁜 마음으로 급하게 깨닫기를 바라지 마십시오. 조금이라도 이런 생각을 하면 그 생각이 길을 막아서 영원히 깨달음을 얻지 못할 것입니다.

---

[629] 여기서 정(鼎)은 '바야흐로'라는 뜻으로 쓰여서 '정성(鼎盛)'이라고 하면 '바야흐로 한창이다'라는 말이 된다.

答黃知縣 子餘

收書코 知爲此一大事因緣하야 甚力호라 大丈夫漢의 所作所爲ㅣ 當如是耳라 無常이 迅速하고 生死事大하니 過了一日하면 則銷了一日 好事라 可畏可畏니라 左右ㅣ 春秋鼎盛이라 正是作業호대 不識好惡時에 能回此心하야 學無上菩提하니 此是世界上第一等難容靈利漢이라 五濁界中에 有甚麼奇特事ㅣ 過如此段因緣이리요

趁色力强健早回頭하면 以臨老回頭로 其力量이 勝百千萬億倍라 老漢이 私爲左右喜하노라 前此寫去法語를 曾時時覰看否아 第一記取호대 不得起心動念하야 肚裡熱忙으로 急要悟어다 纔作此念하면 則被此念의 塞斷路頭하야 永不能得悟矣리라

　조사가 말하기를 "집착하면 법도를 잃어서 반드시 잘못된 길로 들어가고, 놓아버리면 자연스러워서 본래자리에서 가고 머무는 것이 없게 된다."630)고 했습니다. 이것은 조사가 심장과 쓸개를 내보여 사람을 위한 자리입니다. 다만 일상의 힘을 소비하는 곳에서 공부를 하지 말아야 합니다. 이 집안에서는 힘 소비하는 것을 용납하지 않습니다.

　제가 항상 사람을 위하여 이 화두를 말하되, 힘을 얻는 곳이 이 힘을 더는 곳이며 힘을 더는 곳이 이 힘을 얻는 곳이라고 했습니다. 만약 한 생각이라도 희망하는 마음을 일으켜서 깨달아 들어갈 곳을 구한다면, 사람이 자기 집안에 앉아서 도리어 다른 사람에게 물어 자기 있는 곳을 알려고 하는 것과 다르지 않습니다. 다만 생사(生死) 두 글자만 잡아 뾰족한 코 위에 붙여 두어서,631) 반드시 잊지 말고

---

630) 억지로 급하게 하면 병이 되지만, 자연스럽게 하면 약이 된다는 말이다.(『신심명(信心銘)』)

때때로 화두를 잡으십시오. 잡아 오고 잡아 가면 생소한 곳은 저절로 익숙해지고 익숙한 곳은 저절로 생소해질 것입니다. 이 말은 이미 공상도인632)에게 준 편지에 써 놓았습니다. 청컨대 이 편지와 함께 바꾸어서 한번 보게 되면 문득 통달할 것입니다.

祖師云執之失度하면 必入邪路하고 放之自然하면 體無去住라하니 此乃祖師의 吐心吐膽爲人處也라 但日用費力處에 莫要做니 此箇門中은 不容費力이라
老漢이 常爲人說此話호대 得力處ㅣ乃是省力處며 省力處ㅣ乃是得力處라하노니 若起一念希望心하야 求悟入處하면 大似人在自家堂屋裡坐하야 却問他人覓住處無異라 但把生死兩字하야 怙在鼻尖兒上하야 不要忘了하고 時時提撕話頭어다 提來提去하면 生處란 自熟하고 熟處란 自生矣러니 此語는 已寫在空相道人書中이라 請同此書로 互換一看하면 便了得也리라

【요지】
　신체가 건강할 때 화두를 열심히 참구할 것을 권했다. 무상이 신속하고 나고 죽는 일이 크다고 하고, 하루를 지나면 하루의 좋은 일을 허비한 것이라고 전제했다. 신체가 건강할 때 마음을 돌리면, 늘그막에 마음을 돌리는 것보다 역량(力量)이 백천만 배나 좋다고 말했다. 그러나 마음을 일으켜 바쁜 생각으로 급하게 깨닫기를 바라지 말라고 충고했다. '집착하면 법도를 잃어 잘못된 길로 가고, 놓아 자연스럽게 하면 본래 자리에

---

631) 몸을 바르게 하고 단정히 앉아 코끝을 내려다보는 것을 말한다.
632) 황지현의 처인데 대혜 스님으로부터 법을 얻었기 때문에 이 법호를 받았다.

서 가고 머무는 것이 없게 된다.'는 조사의 말을 인용하여 일상에 힘 소비하는 공부를 하지 말라고 했다.

　일상생활 속에서 힘 얻는 곳이 힘 더는 곳이며, 힘 더는 곳이 힘 얻는 곳이라고 하면서, 조금이라도 희망하는 마음으로 깨달아 들어가기를 구하면, 이것은 마치 어떤 사람이 자기 집안에 앉아 있으면서 도리어 다른 사람에게 자기가 어디 있는지를 물어서 알려는 것과 같다고 지적했다. 다만 생사(生死) 두 글자만 코끝 위에 붙여두고 화두를 잡으라고 했다. 잡아 오고 잡아 가면 생소한 곳이 익숙해지고 익숙한 곳이 저절로 생소해질 것이기 때문이라고 했다.

50. 엄교수 자경에게 답함

진실로 의심 없는 경지에 도달한 사람은 순수한 쇠로 만들고 생철을 주조하여 이루어진 것과 같아서, 바로 넉넉히 무수한 성인이 나와서 한량없이 빼어난 경계를 나타내더라도 이를 보아도 보지 않은 것과 같습니다. 하물며 여기에 기특하다거나 빼어나다는 도리(道理)를 짓겠습니까? 옛날 약산 스님이 좌선을 하는데 석두 스님이 묻기를 "그대는 여기에서 무엇을 하는가?" 하니, 약산 스님이 이르기를 "아무 것도 하지 않습니다."라고 했습니다. 석두 스님이 이르기를 "그렇다면 한가하게 앉아 있는 것이네." 하니, 약산 스님이 이르기를 "한가하게 앉아 있는 것도 하는 것입니다."라고 하니, 석두가 이를 긍정했습니다.[633]

옛사람을 보건대 한가하게 앉아 있음에 그[634]를 어찌할 수 없었습니다. 지금 도를 배우는 선비는 많이 한가하게 앉는 곳에 머물러 있습니다. 요즈음 총림에 콧구멍 없는 무리를 일러 묵조(默照)라고 말한 것이 이것입니다.[635] 또 한 무리는 발이 원래 땅에 닿지도 않으면서 감각[識心]의 그림자만을 알고 한결같이 발광을 해서 더불어 평상의

---

633) 『경덕전등록(景德傳燈錄)』 권제14(卷第十四)
634) 약산(藥山) 스님을 말한다.
635) 단견(斷見)을 타파했다.

말이라 하니, 다 선(禪)을 알지 못한 것입니다.636) 이와 같은 사람들은 업식(業識)을 근본 자리라고 하니, 다시 함께 본분사를 말할 수 없습니다.

答嚴敎授 子卿

　眞實到不疑之地者는 如渾鋼打就하며 生鐵鑄成하야 直饒千聖이 出頭來하야 現無量殊勝境界라도 見之亦如不見이온 況於此에 作奇特殊勝道理耶아 昔에 藥山이 坐禪次에 石頭問子在遮裡하야 作甚麼오 藥山이 云一物도 不爲니이다 石頭가 云恁麼則閒坐也로다 藥山이 云閒坐則爲也니이다 石頭가 然之하시니

　看他古人건댄 一箇閒坐도 也奈何他不得이어늘 今時學道之士는 多在閒坐處打住하나니 近日叢林無鼻孔輩謂之黙照者ㅣ是也라 又有一種은 脚跟이 元不曾點地면서 認得箇門頭戶口光影하야 一向狂發하야 與說平常話하나니 不得盡作禪會了로다 似遮般底는 喚業識하야 作本命元辰이라 更是不可與語本分事也니라

보지 못했습니까? 운문 대사가 말하기를 "빛을 뚫어 벗어나지 못하는 것에 두 가지 병이 있다. 일체처에 밝지 아니하여 바로 앞에 물건이 있는 것이 이 하나이고,637) 또 일체법이 비어 있음을 뚫더라도 은은히 어떤 물건이 있는 것과 같은 것이 또한 빛을 뚫지 못한 것이다.638) 또 법신에도 두 가지 병이 있다. 법신에 도달하고도 법에 대한

---

636) 상견(常見)을 타파했다.
637) 일체법이 있다는 데에 머물러 있는 것을 말한다.
638) 일체법이 비었다는 데에 머물러 있는 것을 말한다.

집착을 없애 버리지 못하여 자기의 견해가 오히려 있어 법신의 주변에 앉아 있는 것이 이 하나이고,639) 넉넉히 법신을 뚫더라도 놓아 지나가면 곧 옳지 않으니 자세히 점검하건대 무슨 기운이 있겠는가? 하면 이것이 병이다."640)라고 하셨습니다.641)

지금 실법을 배우는 사람은 법신을 뚫는 것을 지극한 이치로 삼으나 운문 스님은 도리어 이것을 병으로 여겼습니다. 알지 못하겠습니다. 법신을 뚫고 나서는 합당히 어찌합니까? 이 속에 이르러서는 사람이 물을 마심에 차고 따뜻함을 저절로 아는 것과 같아서 다른 사람에게 묻지 않아도 되는데 다른 사람에게 묻는다면 재앙이 됩니다.

그러므로 이르기를 '진실로 의심 없는 경지에 도달한 사람은 순수한 쇠로 만들어졌으며 생철을 주조하여 완성된 것과 같다.'는 것이 이것입니다. 사람이 밥을 먹고 배가 부를 때에 다시 남에게 내가 배가 부른지 부르지 않은지를 묻지 않는 것과 같습니다.

不見가 雲門大師ㅣ 有言하사대 光不透脫이 有兩般病하니 一切處에 不明하야 現前有物이 是一이요 又透得一切法空이나 隱隱地似有箇物 相似호미 亦是光不透脫이니라 又法身에도 亦有兩般病하니 得到法身하야도 爲法執不忘하야 己見이 猶存하야 坐在法身邊이 是一이요 直饒透得法身去라도 放過하면 卽不可라 子細檢點來건대 有甚麽氣息이리요하면 是病이라하야늘

而今에 學實法者는 以透過法身으로 爲極致하고 而雲門은 返以爲病하니 不知透過法身了하야는 合作麽生고 到遮裡하야는 如人이 飮水

---

639) 대기원응(大機圓應)에 집착하는 것을 말한다.
640) 대용직절(大用直截)해서 자유자재하지 못하는 병을 말한다.
641) 『운문록(雲門錄)』 권제중(卷第中)

에 冷煖自知라 不着問別人이니 問別人則禍事也니라
　所以로 云眞實到不疑之地者는 如渾鋼打就하며 生鐵鑄成이 是也라 如人이 喫飯飽時에 不可更問人我飽未飽니라

　옛날에 황벽이 백장에게 묻기를 "옛날부터 고인(古人)은 무슨 법을 사람들에게 보여주었습니까?" 하니, 백장이 다만 눌러 앉아 있었습니다. 황벽이 이르기를 "후대 자손들에게 무엇을 가지고 전해 주시겠습니까?" 하니, 백장이 옷을 털고 문득 일어나며 이르기를 "내가 너를 그 사람이라고 말할 뻔했구나!"642)라고 했습니다. 이것이 문득 사람을 위하는 본보기입니다.

　다만 스스로 믿는 곳을 향하여 보십시오. 도리어 스스로 믿는 소식이 끊어졌습니까? 만약 스스로 믿는 소식이 끊어졌다면 저절로 다른 사람의 입을 빌려서 판단하지 않을 것입니다. 임제 스님이 이르기를 "네가 만약 생각생각 달리고 추구하는 마음을 쉰다면, 부처님과 더불어 다르지 않다."643)고 했으니 사람을 속이는 말이 아닙니다. 칠지보살(七地菩薩)이 부처님의 지혜를 구하는 마음이 만족되지 않은 까닭에 이를 번뇌라고 이릅니다. 바로 안배할 수 없는 곳에서는 한 작은 바깥 생각도 붙일 수 없습니다.

　昔에 黃檗이 問百丈호대 從上古人이 以何法으로 示人이닛고 百丈이 只據坐어늘 黃檗이 云後代兒孫은 將何傳授닛고 百丈이 拂衣便起云

---

642) 『오등회원(五燈會元)』 권제4(卷第四)
643) 『임제록(臨濟錄)』

我將謂汝是箇人일러니라하시니 遮箇便是爲人底樣子也라
　但向自信處看하라 還得自信底消息이 絶也未아 若自信底消息이
絶則自然不取他人口頭辦矣리라 臨濟ㅣ云汝若歇得念念馳求心하면
與釋迦老子로 不別이라하시니 不是欺人이니라 第七地菩薩이 求佛智
心이 未滿足故로 謂之煩惱라하니 直是無爾安排處에 着一星兒外에는
料不得이니라

　몇 년 전 허 거사가 식심(識心)을 알아 얻고서 편지를 가져 와 견해를 보이며 이르기를 "일상생활 가운데 텅 비어 넓고 넓어서 한 물건도 대치함이 없고 나서야, 바야흐로 삼계의 모든 법이 원래 없음을 알고, 바로 안락하고 즐거워 바야흐로 내려놓을 수 있었다."644)고 하였습니다. 그 때문에 게송을 보여 주었습니다.645)

　　깨끗한 곳을 생각하지 말라.
　　깨끗한 곳이 사람을 다치게 한다네.
　　쾌활한 곳을 생각하지 말라.
　　쾌활한 곳이 사람을 미치게 한다네.
　　물이 그릇에 따라
　　모나고 둥글고, 짧고 길게 되는 것 같으니
　　내려놓고, 내려놓지 못한 것을
　　청컨대 자세히 헤아리게나.

---

644) 다만 제팔식(第八識)의 깊고 한가한 경계만 지키는 것을 말한다.
645) 엄교수의 견해가 허 거사의 견해와 같기 때문에 허 거사에게 답했던 같은 게송으로 엄교수에게 답했다.

삼계와 모든 법이

아무 것도 없는 곳으로[646] 돌아가는 것이 아닐세.

만약 다만 그러하다면

이 일은 크게 어긋날 것이네.

그 때문에 허 거사에게 알려주었습니다. 가친(家親)이 재앙을 만들었습니다.[647] 모든 성인과 같은 눈을 열지언정 모름지기 자주 빌고 빌지 마십시오.[648] 우연히 아침에 일어나니 조금 서늘했는데, 그대가 처음 조금 알았을 때 아마도 이런 빛 그림자일까 의심하여, 드디어 종래에 의심하던 공안[649]을 가지고 비추어 보고서야, 바야흐로 조주 스님의 패궐처를 보았다고 한 것을 문득 기억하고, 알지 못하는 사이에 붓을 펴서 갈등 쓰기를 이와 같이 합니다.

數年前에 有箇許居士ㅣ 認得箇門頭戶口하고 將書來呈見解云日用中에 空豁豁地하야 無一物作對待코사 方知三界萬法이 一切元無하야 直是安樂快活이라 放得下라하야늘 因示之以偈曰

莫戀淨潔處하라 淨處使人傷이니라
莫戀快活處하라 快活이 使人狂이니라
如水之任器하야 隨方圓短長이니

---

646) 하유향(何有鄕)은 『장자(莊子)』에 나오는 표현으로 '아무것도 없다'는 뜻이다.
647) 수행하는 사람이 깨달은 자리에 집착하면 도리어 병이 된다. 깨달은 자리를 아버지[家親]에 비유했는데, 깨달음에 집착하여 살활(殺活)에 자유자재하지 못하여 병이 되기 때문에 '재앙(災殃)'이 된다고 말했다.
648) 다만 스스로 맑은 눈을 가져야 남에게 물을 필요가 없다는 말이다.
649) 대혜 스님에게 보여드린, 엄교수가 평소 의심하던 공안을 말한다.

放下不放下를　更請細思量하라
三界與萬法이　匪歸何有鄕이니
若只便恁麼하면　此事大乖張이라

爲報許居士하노라 家親이 作禍殃이라 豁開千聖眼이언정 不須頻禱禳이니라 偶晨起稍凉커늘 驀然記得子卿道友ㅣ 初得箇入頭時에 尙疑恐是光影일까하야 遂將從來所疑公案拑照하야사 方見趙州老漢의 敗闕處라하고 不覺에 信筆하야 著藤如許하노라

【요지】
　의심할 것 없는 경지에 도달한 사람은 생철로 주조된 것과 같아서 무수한 성인이 대단한 경지를 나타내더라도 기특하다거나 빼어나다고 생각하지 않는다고 했다. 한가하게 앉는 데만 머물러 있어서 단견(斷見)에 빠진 콧구멍 없는 묵조의 무리, 식심의 그림자를 알아서 발광하여 상견(常見)에 빠진 무리는 선을 알지 못한다고 했다.
　운문 스님이 지적한 병통 네 가지를 제시했다. 빛을 뚫지 못하는 두 가지 병이 있는데 하나는 일체처에 밝지 아니하여 나타난 것에 집착하는 것, 다른 하나는 일체법이 비었음을 뚫어도 어떤 물건이 있는 것과 같다고 보는 것이 이것이다. 법신에 두 가지 병이 있는데 법신에 도달했으나 법에 대한 집착을 버리지 못하는 것, 법신을 뚫어서 살활에 자유자재하지 못하는 것이 이것이다.
　황벽 스님이 백장 스님에게 묻기를 '옛 사람이 무슨 법으로 사람들을 가르칩니까?' 하니, 백장이 말없이 가만히 앉아 있었다. 황벽이 다시 '후대 자손들에게 무엇을 전해주겠습니까?' 하니, 백장이 옷을 털고 일어나며 '내가 너를 그 사람이라 말할 뻔했구나!'라고 말했다. 이것이 바로

사람을 위하는 본보기라고 설명했다. 스스로 믿는 소식이 끊어지면 남의 말을 따라 판단하지 않는다는 것이다. 추구하는 마음을 쉬면, 부처와 다르지 않게 된다는 임제 스님의 말을 가지고 확신을 심어주었다.

깨끗한 곳은 사람을 다치게 하고, 쾌활한 곳은 사람을 미치게 만들기 때문에 다 내려놓되, 내려놓지 못한 것이 있으면 자세히 헤아려 보라고 게송으로 교시했다.

51. 장시랑[650] 자소에게 답함

당신은 스스로 얻은, 곧바로 해탈한 곳[651]으로 지극한 이치를 삼고, 겨우 이치를 따라 진흙에 들어가고 물에 젖으며 사람 위하는 것을 보고 문득 쓸어 없애며, 하여금 자취를 소멸하고자 합니다. 제가 편집한 『정법안장(正法眼藏)』을 보고 문득 말하기를 "임제 아래에 몇몇 스님은 아주 훌륭한데 어찌하여 수록해 넣지 않았습니까?" 하며, "충국사와 같은 분은 의리선을 말하여 남녀(男女)를 그릇되게 했으니, 결단코 깎아 삭제해야 한다."고 하였습니다. 당신은 도를 보는 것이 이와 같이 자세하여 충국사의 노파선 말하는 것을 좋아하지 아니하고, 정결한 곳에 앉아 다만 부싯돌불과 번갯불과 같은 본분사만 사랑합니다. 이 외에 다른 도리는 조금도[652] 용납하지 않으니 참으로 애석할 뿐입니다.[653]

그러므로 저는 힘을 다해 주장합니다. 만약 법성이 너그럽지 않고 파도가 넓지 않으며, 불법의 지견을 없애지 못하고 생사의 명근(命根)

---

650) 이름은 구성(九成)이고 자(字)는 자소(子韶), 호(號)는 무구거사(無垢居士)다. 대혜 스님에게서 법을 받았다.
651) 부싯돌 치고 번갯불 번쩍이는 이치를 한 순간에 깨닫는 상근기(上根機) 공부를 말한다.
652) 일성(一星)은 조그마한 것이라는 뜻으로 일점(一點)이라는 말과 같다.
653) 그 견해가 너무 치우친 것을 책망한 말이다.

도 끊지 못한다면, 감히 이와 같이 사지(四肢)를 땅에 붙여 진흙에 들어가고 물에 들어가 사람을 위하지 못할 것입니다.654)

答張侍郎 子韶

左右ㅣ 以自所得瞥脫處로 爲極則하고 纔見涉理路하야 入泥入水로 爲人底코는 便欲掃除하야 使滅蹤跡하며 見某所集正法眼藏하고 便云臨濟下에 有數箇庵主는 好機鋒이어늘 何不收入고하며 如忠國師는 說義理禪하야 敎壞人家男女라 決定可刪이라하니 左右ㅣ 見道如此諦當하야 而不喜忠國師의 說老婆禪하고 坐在淨淨潔潔處하야 只愛擊石火閃電光의 一着子하고 此外에 不容一星兒別道理하니 眞可惜耳로다 故로 某는 盡力主張하노라 若法性이 不寬하고 波瀾이 不濶하며 佛法知見이 不亡하고 生死命根을 不斷則不敢如此四楞着地하여 入泥入水爲人하리라

　대개 중생의 능력이 같지 아니하므로 위로부터 모든 조사들은 각기 방편을 베풀어서 중생의 능력에 맞추며, 그 능력에 따라 교화했습니다. 그러므로 장사(長沙) 잠대충(岑大蟲)655)이 말하기를 "내가 만약 한결같이 종지(宗旨)만 드러내어 선양한다면 법당 앞에 풀이 한 자나 될 것이니, 사람들을 고용하여 집을 보게 해야 비로소 옳을 것이다."656)

---

654) 충국사(忠國師)의 노파선을 칭찬한 말이다.
655) 남전선사(南泉禪師)의 제자 경잠선사(景岑禪師)를 말한다. 앙산(仰山) 스님이 달을 구경하면서 이르기를 '사람마다 다 한 개의 달을 가지고 있으나 제대로 쓰지를 못한다.'고 하니, 장사(長沙)가 말하기를 '흡사 당신이 쓰는 것과 같이 한다.'고 했다. 앙산이 말하기를 '어떻게 쓰는가?' 하니, 장사가 앙산을 차서 넘어뜨렸다. 앙산이 이르기를 '바로 대충과 같다.'고 하였는데, 이로부터 그를 잠대충(岑大虫)이라고 불렀다. 여기서 대충은 호랑이를 말한다.

라고 하였습니다. 이미 교화하는 길에 있어서 남에게 종사라고 불린다면 모름지기 중생의 능력에 맞게 설법을 해야 합니다. 부싯돌불과 번갯불의 본분사(本分事)는 그만한 능력을 가진 사람이라야 바야흐로 깨달을 수 있습니다. 능력이 맞지 않는 곳에 이를 사용하면 싹을 뽑아 올리는 것657)과 같습니다.

제가 어찌 곧바로 해탈한 한 방망이로 문득 일곱 번 뚫고 여덟 번 구멍 내는 것이 이 성질 급한 사람의 일임을 알지 못하겠습니까? 『정법안장(正法眼藏)』658)을 편집한 까닭은 문파의 종류659)를 나누지 않고 운문, 임제, 조동, 위앙, 법안종을 묻지 아니하고, 다만 바른 앎과 바른 견해를 가지고 있으면서 사람으로 하여금 깨달아 들어가게 했던 인물들을 다 수록하기 위해서였습니다. 충국사(忠國師)와 대주(大珠) 두 노스님의 선이 여러 가지 체제를 잘 갖추고 있다는 것을 보았기 때문에 수록하여 한 무리의 사람을 구제하려 했습니다.

盖衆生의 根器不同故로 從上諸祖ㅣ 各立門戶施設하야 備衆生機하

---

656) 『경덕전등록(景德傳燈錄)』 권제10(卷第十)
657) 싹이 빨리 자라지 않는 것을 고민하던 송나라 사람이 싹을 뽑아 올리고 집에 돌아와 말하기를 '오늘 나는 피곤하다. 내가 싹 자라는 것을 도왔다.(今日病矣 子助苗長矣)'고 하기에 그 아들이 쫓아가 보니 싹이 이미 다 말라 있었다는 고사를 말한다.〔『맹자(孟子)』, 공손추장구상(公孫丑章句上)〕
658) 소흥(紹興)17년(年) 형주에 있을 때 여러 스님들과 더불어 문답한 고금의 어구(語句)를 시자(侍者)인 충밀(冲密)과 혜연(惠然) 등이 모아서 책을 만들었는데, 대혜 스님이 『정법안장』이라고 이름을 붙였다.
659) 각 문파의 종류와 성격을 간단히 들어보면 운문종(雲門宗)은 고고(孤高)하고, 임제종(臨濟宗)은 통쾌(痛快)하고, 조동종(曹洞宗)은 세밀(細密)하고, 위앙종(潙仰宗)은 지음(知音)하고, 법안종(法眼宗)은 간엄(簡嚴)하다. 달리 말하자면 운문종(雲門宗)은 절단(截斷)을 쓰고, 임제종(臨濟宗)은 기용(機用)을 쓰고, 조동종(曹洞宗)은 향상(向上)을 쓰며, 위앙종(潙仰宗)은 체용(體用)을 쓰며, 법안종(法眼宗)은 유심(唯心)을 쓴다.

며 隨機攝化하나니 故로 長沙岑大蟲이 有言호되 我若一向에 擧揚宗敎인댄 法堂前에 須草深一長하리니 倩人看院하야사 始得다하니 旣落在遮行戶裡하야 被人喚作宗師인댄 須備衆生機說法이라 如擊石火閃電光一着子는 是遮般根器라사 方承當得이니 根器不是處에 用之則揠苗矣니라 某ㅣ 豈不曉瞥脫一椎에 便七穿八穴이 是性燥리요만은 所以集正法眼藏은 不分門類하며 不問雲門臨濟曹洞潙仰法眼宗하고 但有正知正見하야 可以令人悟入者를 皆收之하며 見忠國師大珠二老宿호니 禪備衆體故로 收하야 以救此一類根器者호라

　당신의 편지에 이르기를 '결단코 삭제해야 한다.'고 했습니다. 당신의 뜻을 보건대, 『정법안장』에 모든 집안을 다 제외하고 다만 당신의 견해와 같은 사람만 수록해야 바야흐로 옳다고 했습니다. 만약 그렇다면 당신 스스로 책 한 권을 편집하여 능력이 큰 사람을 교화하는 것은 어찌 옳지 않겠습니까? 반드시 저를 당신의 뜻을 따르게 할 필요는 없습니다. 만약 충국사가 진흙을 묻히고 물을 적시는 노파선을 말하여 문득 후손이 끊어졌다고 말한다면, 암두(巖頭),660) 목주(睦州),661) 오구(烏臼),662) 분양무업(汾陽無業),663) 진주보화(鎭州普化),664) 정상좌

---

660) 암두전활(巖頭全豁, 828-887). 당대(唐代) 스님. 속성은 가씨(柯氏). 앙산혜적(仰山慧寂)에게 참학한 다음 덕산선감(德山宣鑑)의 법을 이어받았다.
661) 목주도명(睦州道明, 생몰 연대 미상). 당대(唐代) 스님. 속성은 진씨(陳氏). 진존숙(陳尊宿), 진포혜(陳蒲鞋)라고도 한다. 황벽희운(黃檗希運)의 제자다.
662) 오구화상(烏口和尙, 생몰 연대 미상), 마조도일(馬祖道一)의 법손.『벽암록(碧巖錄)』'제75칙 오구굴봉(烏口屈棒)'에 선문답이 소개되어 있다.
663) 분양무업(汾陽無業)이 아니라 분주무업(汾州無業, 760-821)이다. 당대(唐代) 스님. 속성은 두씨(杜氏). 개원사(開元寺)의 지본선사(志本禪師)에게 수학하고 뒤에 마조도일에게 배우고 심인(心印)을 받았다.
664) 진주보화(鎭州普化, ?-861). 당대(唐代) 스님. 마조도일(馬祖道一) 문하. 임

(定上座),665) 운봉열(雲峰悅),666) 법창우(法昌遇)667) 등의 모든 원로는 후손이 땅에 가득해야 하는데 지금 또한 적막하여 크게 교화함이 없습니다. 이 모든 분들이 어찌 진흙을 묻히고 물에 젖으며 노파선을 말했다고 하겠습니까? 그러나 저는 국사를 주장하고 당신은 (국사를) 제외하더라도 처음부터 서로 방해되지 않을 것입니다.668)

左右書來云決定可刪이라하니 觀公之意컨댄 正法眼藏에 盡去除諸家門戶하고 只收似公見解者라사 方是니 若爾則公이 自集一書하야 化大根器者ㅣ 有何不可리요 不必須敎妙喜로 隨公意去之니라 若謂忠國師ㅣ 說挓泥帶水老婆禪이라하야 便絶後則如巖頭睦州 烏臼 汾陽無業 鎭州普化 定上座 雲峰悅 法昌遇 諸大老는 合兒孫이 滿地어늘 今亦寂然하야 無王化者하니 諸公이 豈是挓泥帶水로 說老婆禪乎아 然이나 妙喜는 主張國師하고 無垢는 破除라도 初不相妨也리라

【요지】
높고 수승한 것만 중시하는 장시랑의 견해를 비판했다. 장시랑은 한 순간에 벗어나는 것만 지극한 이치로 여기면서 교화를 위하여 진흙에

제(臨濟)를 도와 교화에 힘썼다. 스스로 입적을 예고하고 전신탈거(全身脫去)하는 이적을 보였다.
665) 정상좌(定上座, 생몰 연대 미상). 당말(唐末) 스님. 임제의현(臨濟義玄)의 법을 이어받았다.
666) 운봉문열(雲峰文悅, 998-1062). 임제 문하 8세손.『운봉열선사어록(雲峰悅禪師語錄)』2권이 전한다.
667) 법창의우(法昌倚遇, 1005-1081). 송대(宋代) 스님. 속성은 임씨(林氏). 북선지현(北禪智賢)의 법을 이었다.
668) 대혜 스님은 사람을 위하여 넣기를 주장했고 장시랑은 법을 위하여 없애고자 했다.

들어가고 물에 젖는 내용을 쓸어 없애고자 했다. 이런 관점에서 대혜 스님이 편집한 『정법안장(正法眼藏)』안에 들어 있는 노파선을 말한 충국사는 삭제하고, 임제 스님의 훌륭한 제자를 넣어야 한다고 굳이 주장하는 장시랑의 견해를 대혜 스님은 애석하다고 말했다.

모든 조사들은 중생들의 능력에 따라 각기 다른 방편을 베풀어 교화했다는 점을 환기시키면서, 만약 그만한 근기가 되지 않는 사람을 전광석화(電光石火)의 본분사로만 가르치면, 이삭을 인위적으로 뽑아 올려 도리어 농사를 망치는 일과 다름이 없다고 말했다. 특별한 문파를 가리지 않고 사람들을 깨우쳐 주었던 인물을 다 수록했는데 충국사나 대주도선(禪)에 대한 체제를 잘 보여주고 있어서 수록했다고 말했다.

물론 능력이 큰 사람〔大根機人〕을 교화하는 데에 장승상의 생각도 일리가 있기 때문에 본인의 주장대로 별도의 책을 편집해도 좋다고 긍정했다. 그러나 충국사가 노파선을 말하여 후손이 끊어졌다는 장승상의 주장에 대하여는, 노파선을 말하지 않고 고준한 법문만 사용했던 여러 선지식, 즉 암두(巖頭), 목주(睦州), 오구(烏臼), 분양무업(汾陽無業), 진주보화(鎭州普化), 정상좌(定上座), 운봉열(雲峰悅), 법창우(法昌遇)와 같은 스님들도 후손이 별로 없었고 크게 교화도 하지 못했던 예를 들어 장승상의 주장이 근거 없음을 말했다. 중생을 교화함에 그 근기에 맞게 법을 써야 한다는 점을 강조한 글이다.

52. 서현모669) 치산에게 답함

당신이 저에게 자주 편지를 보내니, 아마도 물암소670)를 조복(調伏)받고 다만 원숭이671) 죽이기를 원하는 것 같습니다. 이 일은 오랫동안 총림을 편력하여 많은 선지식을 참례하는 데에 있지 않고, 다만 일언일구(一言一句) 아래에 바로 끊어서 깨닫고, 둘러 가지 않는 것이 귀합니다. 실제에 의거하여 논의하자면, 사이에 털끝도 용납하지 않습니다.

부득이 하여 바로 끊었다고 말해도 이미 굽은 것이며, 깨달았다고 말해도 이미 어긋나 지나간 것인데, 하물며 가지를 잡고 덩굴을 끌어서 경전과 가르침을 거론하며, 이치와 일을 설명하여 구경의 진리를 얻겠습니까?

고덕(古德)672)이 이르기를 "다만 가는 털이 있더라도 곧 티끌이다."673)라고 하였습니다. 아직 물암소를 조복 받지 못하고, 원숭이를 죽이지 못했다면, 비록 무수한 도리를 말하더라도 아울러 나에게는

---

669) 현모(顯謨)는 벼슬 이름인데 현모각(顯謨閣)의 학사(學士)를 말한다. 이름은 임(林)이고 자(字)는 치산(稚山)이다.
670) 제팔식(第八識)이다. 그 체(體)가 본래 진실하여 항복받으면 착한 소가 될 수 있기 때문에 '조복(調伏)받는다'고 말했다.
671) 제육식(第六識)이다. 이것은 영원히 끊어야 하기 때문에 '죽인다'고 표현했다.
672) 보지화상(寶誌和尙)이다.
673) 『경덕전등록(景德傳燈錄)』 권제29(卷第二十九)

조금도 상관이 없는 것입니다.

答徐顯模 稚山

左右ㅣ 頻寄聲할새 妙喜ㅣ 想只是要調伏水牯牛하고 但殺遮獼猴子耳로라 此事는 不在久歷叢林하야 飽叅知識이요 只貴於一言一句下에 直截承當하야 不打之遶爾니 據實而論컨댄 間不容髮이니라

不得已하야 說簡直截이라도 已是紆曲了也며 說簡承當이라도 已是蹉過了也온 況復牽枝引蔓하야 擧經擧敎하며 說理說事하야 欲究竟耶아

古德이 云但有纖毫라도 卽是塵이라하니 水牯牛를 未調伏하며 獼猴子ㅣ 未死인댄 縱說得恒沙道理라도 並不干我一星兒事니라

그러나 말하고 말하지 않는 것도 또한 바깥일이 아닙니다. 보지 못했습니까? 강서 노숙(江西老宿)674)이 말하기를 "말하더라도 또한 너의 마음이며, 말을 못하더라도 또한 너의 마음이다."675)라고 했습니다. 결단코 바로 끊어서 짊어지고 가려 한다면, 부처와 조사 보기를 살아 있는 원수 보듯이 해야676) 바야흐로 조금 서로 상응함이 있게 될 것입니다.

이와 같이 공부하여 날이 오래고 달이 깊어지면, 마음을 일으켜 깨달음을 구하지 않더라도 물암소가 저절로 조복되고 원숭이가 저절로 죽을 것이니, 기억해 가지고 기억해 가지십시오. 다만 평소에 분별심

---

674) 마조(馬祖) 스님이다.
675) 『마조록(馬祖錄)』
676) 불견(佛見), 법견(法見)이 다 정식(情識)이기 때문이다.

이, 머물려 해도 할 수 없는 곳과 얻으려 해도 얻을 수 없는 곳과 놓으려 해도 놓을 수 없는 곳을 향하여, 스님이 운문에게 묻기를 "어떤 것이 부처입니까?" 하니, 운문이 대답하기를 "마른 똥 막대기다."677)라는 화두를 보십시오. 볼 때에 평소의 총명과 영리함을 써서 알음알이를 내지 말아야 합니다. 마음을 헤아려 생각하면, 십만 팔천 리도 오히려 더 먼 것이 아닐 것입니다. 생각하지 아니하고 비교하지 아니하며, 마음을 헤아리지 아니함이 문득 옳은 것입니까? 돌(咄)! 다시 이것이678) 무엇입니까? 또한 이 일을 버려둡니다.679)

　然이나 說得說不得도 亦非外邊事니라 不見가 江西老宿이 有言호대 說得이라도 亦是汝心이요 說不得이라도 亦是汝心이라하시니 決欲直截擔荷ㄴ댄 見佛見祖를 如生冤家하야사 方有少分相應하리라
　如此做工夫하야 日久月深하면 不着起心求悟하야도 水牯牛ㅣ 自調伏하며 獼猴子ㅣ 自死矣리니 記取記取어다 但向平昔에 心意識이 湊泊不得處와 取不得處와 捨不得處하야 看箇話頭호대 僧이 問雲門호대 如何是佛이닛고 門이 云乾屎橛이어다 看時에 不用將平昔의 聰明靈利하야 思量卜度이니 擬心思量하면 十萬八千이 未是遠이리라 莫是不思量不計較不擬心이 便是麽아 咄 更是箇ㅣ甚麽오 且置是事하노라

【요지】
사량분별(思量分別)을 하지 말고 화두를 참구할 것을 가르쳤다. 물암

---

677) 『운문록(雲門錄)』
678) 앞에서 부정한 내용을 뜻한다.
679) 진실한 도리는 말로 할 수 없기 때문에 버려둔다고 했다.

소〔제8식〕를 조복 받고, 원숭이〔제6식〕를 죽이는 것은 오랫동안 총림을 편력하고 선지식을 참례하는 데에 있지 않고, 다만 일언일구(一言一句) 아래 바로 끊어 깨달아서 둘러 가지 않는 것이 귀하다고 했다. 실제에 의거하면 '끊는다, 깨닫는다' 하는 것도 굽고 어긋난 것이라고 했다. 경전의 가르침을 거론하고 이치와 일을 설명하는 것으로는 구경의 진리를 더욱 얻을 수 없다고 말했다.

바로 끊어 짊어지고 가려면 부처와 조사를 원수 같이 보아야 조금 상응함이 있게 될 것이라고 했다. 평소 분별심을 머물게 할 수도, 얻을 수도, 놓을 수도 없는 곳을 향하여 운문 스님의 '마른 똥 막대기'를 보라고 했다. 여기에 총명과 영리함을 사용하여 알음알이를 내지 말라고 덧붙였다.

53. 양교수 언후에게 답함

당신은 강직한 가운데서 도리어 헤아리기 어려운 부드러운 법을 가지고, 한 마디의 말 아래서 천백 가지를 통달하여 깨달았습니다. 이 일은 빼어나고 훌륭한 것입니다. 만약 간혹 강직한 가운데 격발(激發)하여 몇 사람680)을 얻지 못했다면, 불법이 어찌 오늘날이 있겠습니까? 반야의 근성이 있지 않았다면, 능히 이와 같지 못했을 것이니, 훌륭하고 좋은 일입니다. 편지에 보이기를, 내년 봄과 여름 사이에 밑바닥 없는 배를 타고, 구멍 없는 피리를 불며, 다함없는 공양을 베풀고, 남이 없는 말〔無生話〕을 말하여, 다함 없고 시작 없는, 있지도 않고 없지도 않은 코끝을 통달하기를 바란다고 하였습니다.

다만 청컨대 와서 이 면목 없는 사람681)과 더불어 상량(商量)하면 정히 이 말을 그르치지 않을 것입니다. 또 받아 보니, 도호(道號)를 요구했습니다. 정히 서로 오염시키는 일이지만, '쾌연거사(快然居士)'라고 하십시오. 그러므로 진정노인(眞淨老人)이 이르기를 "시원한 대도(大道)는 다만 눈앞에 있어서 네거리〔十字〕에서 종횡함에 헤아리고 오래 머문다."682)고 했으니 문득 이 뜻입니다. 저는 다만 장사에 오래

---

680) 백락천(白樂天), 소동파(蘇東坡)와 같은 사람을 말한다.
681) 대혜 스님이 스스로를 지칭한 말인데, 본분에 돌아가 주관과 객관을 초월한 사람이라는 뜻으로 이렇게 말했다.

머물 계획을 가지고 있습니다.(683) 당신이 다른 날에 여기에 오신다면 자리가 적막하지 않을 것입니다.

答楊敎授 彥候

　　左右ㅣ 强項中에 却有不可思議底柔和하야 致一言之下에 千了百當하니 此事殊勝이로다 若不問於强項中에 打發得幾人이면 佛法이 豈有今日이리요 非有般若根性이면 則不能如是리니 盛事盛事로다 示諭호대 欲來年春夏間에 棹無底般하고 吹無孔笛하며 施無盡供하고 說無生話하야 要了無窮無始하며 不有不無巴鼻라하니

　　但請來與遮無面目漢으로 商量하면 定不錯了遮話하리라 又承호니 需道號라할새 政欲相塗糊로니 可稱快然居士라하라 故로 眞淨老人이 云快然大道ㅣ 只在目前하야 縱橫十字에 擬而留連이라하니 便是此義也라 某ㅣ 只在長沙하야 作久住計로니 左右ㅣ 他日에 果從此來則林下가 不寂寞也리라

【요지】

　　먼저 깨달은 것을 칭찬하고 뒤에 서로 상종(相從)할 것을 청했다. 높은 벼슬을 하면서 헤아리기 어려운 법을 한 마디의 말 아래 통달한 것은

---

682) 세상에 나가 교화하느라 고향에 돌아오는 것을 잊어버렸다는 말이다. 유련(留連)이라는 말은 놀기에 팔려서 객지에 오래 머무는 것을 말하는데, 강물의 흐름을 거슬러 올라가서 돌아오는 것을 잊는 것을 '유(留)'라 하고, 강물의 흐름을 따라 내려가서 돌아오기를 잊는 것을 '련(連)'이라고 한다.(『고존숙어록(古尊宿語錄)』 권제42)
683) 소흥(紹興) 25년(1155년) 12월에 대혜 스님이 귀양처에서 석방되고, 그 이듬해 정월에 매양(梅陽)으로 옮겨 갈 때에 장승상이 장사(長沙)에 있으면서 국태부인(國太夫人)의 명령을 따라서, 대혜 스님을 그 집에 맞이하여 여름 동안 공양을 하려고 했기 때문에 그렇게 말했다.

빼어난 일이라고 칭찬했다. 도호(道號)를 요구한 것은 서로 오염시키는 일이지만 네거리〔十字街頭〕에서 종횡무진(縱橫無盡) 쾌활하게 중생을 제도하라는 의미로 쾌연거사(快然居士)라는 호를 주었다. 끝으로 장사에 오래 머물 계획을 가지고 있으니, 찾아오면 자리가 적막하지 않을 것이라고 초청했다.

54. 누추밀[684] 중훈에게 답함 (1)

　알지 못하겠습니다. 이별한 뒤에 일상생활에서 바깥 경계에 빼앗김을 받습니까? 책상에 쌓인 글을 보고 능히 제쳐 둡니까? 대상과 서로 만날 때에 능히 자유자재하게 행동합니까? 고요한 곳에 머물면서 망상을 합니까? 일을 체득하여 궁구함에 잡념이 없습니까? 그러므로 부처님께서 말씀하시기를 "마음으로 망령되게 과거법을 취하지 말고, 또한 미래 일에 탐내어 집착하지 말며, 현재에도 머무는 곳을 두지 말고, 삼세가 다 비었음을 통달하라."[685]고 하셨습니다.

　과거 일의 혹 선하고 악한 것을 생각하지 말아야 합니다. 생각하면 도에 장애가 될 것입니다. 미래의 일을 계교하지 말아야 합니다. 계교하면 광란하게 될 것입니다. 현재의 일이 앞에 오거든 혹 거슬리고 혹 좋더라도 또한 집착하지 말아야 합니다. 집착하면 마음을 어지럽게 할 것입니다.

答樓樞密 仲暈
　不識커라 別後日用應緣處에 不被外境所奪否아 視堆案之文하야 能撥置否아 與物相遇時에 能動轉否아 住寂靜處하야 不妄想否아 體

---

684) 이름은 소(炤)이고 자(字)는 중휘(仲暈)이다.
685) 『대방광불화엄경(大方廣佛華嚴經)』 권제28(卷第二十八)

究簡事에 無雜念否아 故로 黃面老子有言호대 心不妄取過去法하고 亦不貪着未來事하며 不於現在有所住하고 了達三世悉空寂이라하시니라

過去事에 或善或惡을 不須思量이니 思量則障道矣리라 未來事를 不須計較니 計較則狂亂矣리라 現在事到面前커든 或逆或順에 亦不須着意니 着意則擾方寸矣리라

다만 일체시에 인연을 따라 맞게 대응하면 자연스럽게 이 도리와 하나가 될 것입니다. 역경계는 다스리기 쉽지만 순경계는 다스리기가 어렵습니다. 나의 뜻에 거슬리는 것은 다만 하나의 참을 인(忍)자를 사용하여 정히 조금만 살피면 문득 지나가지만, 순경계는 바로 회피할 곳이 없습니다. 자석이 쇠와 서로 짝이 되어 피차가 알지 못하는 사이에 합쳐져 한 덩어리가 되는 것과 같습니다.[686] 무정물(無情物)도 오히려 이러하거든 하물며 현재 무명[687]의 몸으로 이 속에 있으면서 살아날 계획을 짓는 사람이겠습니까?

이런 경계를 만나서 만약 지혜가 없으면, 느끼고 알지 못하는 사이에 그 경계의 그물에 끌려 들어가게 될 것입니다. 도리어 이 속을 향하고서 나오기를 구한다면 또한 어렵지 않겠습니까? 그러므로 성인이 말씀하시기를 "세간에 들어가서 세간을 남김없이 벗어난다."[688]고 함이 문득 이 도리입니다.

---

686) 『인천보감(人天寶鑑)』
687) 살생(殺生), 절도(竊盜), 음행(淫行)의 세 가지 가운데 음행이 가장 중심이 된다.
688) 세간 일을 만남에 실체가 없다고 알아 자유자재하는 것을 말한다.(『고존숙어록(古尊宿語錄)』 권제40)

但一切臨時하야 隨緣酬酢하면 自然合着遮箇道理하리라 逆境界는 易打어니와 順境界는 難打니 逆我意者는 只消一箇忍字하야 定省少時하면 便過了어니와 順境界는 直是無爾回避處니 如磁石이 與鐵相偶하야 彼此不覺에 合作一處하나니 無情之物도 尙爾온 況現行無明의 全身이 在裡許하야 作活計者야따녀

當此境界하야 若無智慧면 不覺不知에 被他引入羅網하리니 却向裡許하야 要求出路ㅣ 不亦難乎아 所以로 先聖이 云入得世間하야 出世無餘라함이 便是ㅣ 遮箇道理也라

근세 한 무리가 있어서 수행하는 데 방편을 잃은 사람들이 가끔 현행 무명을 잘못 알아 세간에 들어 간 것으로 삼고, 문득 출세간법을 가지고 억지로 어긋나게 안배하여 세간을 남김없이 벗어난 일로 여기니 슬프지 않습니까? 오직 숙세에 서원을 둔 사람들은 곧 제때 알아서 타파하며, 주인이 되어 그것에 끌려가지 않습니다. 그러므로 정명이 말하기를 "부처님께서 증상만인(增上慢人)을 위해서는 음란함과 성냄과 어리석음 떠나는 것이 해탈임을 말씀하시지만, 만약 증상만(增上慢)이 없는 사람이라면 부처님께서는 음란함과 성냄과 어리석음의 성품 자체가 곧 해탈이라고 말씀하신다."[689]고 했습니다.

만약 이 허물을 모면하고자 한다면, 역순 경계 가운데 일어나고 사라진다는 상이 없어야 비로소 증상만(增上慢)의 이름을 떠날 수 있습니다. 이렇게 해야 바야흐로 세간 안에서 역량을 가진 사람이라고 말할 수 있습니다. 이미 위에서 말한 것은 모두 저의 평소 경험해

---

689) 『유마힐소설경(維摩詰所說經)』 권중(卷中)

지내온 것입니다. 곧 지금 생활에도 이와 같이 수행하고 있습니다.

원컨대 당신은 몸이 건강한 때에 또한 삼매에 들어가십시오. 이 외에 때때로 조주 무자로 잡아끌어서 오래오래 순수하고 익숙해지면 자연스럽게 무심하여 칠통(漆桶)을 타파하게 될 것입니다. 문득 이것이 철두철미한 자리입니다.

近世有一種이 修行에 失方便者ㅣ 往往에 認現行無明하야 爲入世間하고 便將出世間法하야 强差排作出世無餘之事하니 可不悲乎아 除宿有誓願하나니 卽時識得破하며 作得主하야 不被他牽引이라 故로 淨名이 有言호대 佛爲增上慢人하야 說離淫怒痴라사 爲解脫耳어니와 若無增上慢者ㄴ댄 佛說淫怒痴性이 卽是解脫이라하나니 若免得此過ㄴ댄 於逆順境界中에 無起滅相하야사 始離得增上慢名字니 恁麼라사 方可作入得世間하야 謂之有力量漢이라 已上所說은 都是妙喜의 平昔經歷過底니 卽今日用에 亦如此修行하노라

願公은 趁色力强健하야 亦入是三昧하라 此外에 時時以趙州無字로 提撕하야 久久純熟하면 自然無心하야 打破漆桶하리니 便是徹頭處也니라

【요지】

세간과 출세간, 형상 있는 것과 형상 없는 것 등의 일체 삼라만상(森羅萬象)이 실체가 없이 연기로 존재하기 때문에 세간에 들어가서 세간을 남김없이 벗어날 수 있다. 이런 관점에서 세간에 들어가서 세간을 남김없이 벗어나야 한다는 것을 말했다.

바깥 경계에 빼앗김을 받는가? 책상 위의 글을 제쳐 두는가? 대상과

만날 때 능동적으로 처리하는가? 고요한 곳에서 망상을 하지 않는가? 일을 궁구하는 데 잡념이 없는가? 평소 자기 점검의 기준을 이렇게 제시했다. '마음으로 과거(過去) 법도 취하지 말며, 미래 일에도 집착하지 말며, 현재에도 머물지 말고 삼세가 다 비었음을 통달하라.'고 하신 부처님의 말씀을 인용하여 과거, 현재, 미래의 삼세에 걸리지 말 것을 가르쳤다.

일체시에 인연을 따라 맞게 대응하면, 저절로 도리와 하나가 될 것이라고 했다. 나의 뜻을 거스르는 역경계(逆境界)는 참을 인자(忍字)를 사용하면 이길 수 있으나, 나의 뜻에 맞는 순경계(順境界)는 자석이 쇠를 끌어 당겨 한 덩어리가 되듯이 지혜가 없으면 회피하기 어렵다고 일깨웠다.

현행 무명을 세간, 이를 벗어나는 것을 출세간으로 분리하는 것은 잘못이라고 지적했다. 부처님께서는 증상만인(增上慢人)에게는 음란함, 성냄, 어리석음을 떠나는 것이 해탈이라 말씀해 주시고, 증상만이 없는 사람에게는 음란함, 성냄, 어리석음의 성품 자체가 곧 해탈이라고 말씀해 주신다는 정명의 말을 인용했다. 만약 이런 허물을 벗어나 증상만의 이름을 떠나려고 한다면, 역순 경계에 일어나고 사라진다는 상이 없어야 한다고 말했다.

마지막으로 몸이 건강할 때 삼매에 들어가라고 했다. 조주 무자를 오래 잡아끌어 순수하고 익숙하게 되면, 저절로 무심(無心)하게 되어 칠통(漆桶)을 타파하게 될 것이라고 충고했다.

55. 누추밀 중훈에게 답함 (2)

일용 공부에 대하여 앞의 편지에서 이미 갈등이 적지 않았습니다. 단지 옛[690]을 의지하여 변동하지 아니하고, 대상물이 옴에 더불어 수작(酬酌)하면, 자연히 물아일여(物我一如)가 될 것입니다. 고덕[691]이 말하기를 "놓고 비워서, 그 가고 머무는 데에 맡겨서, 마음을 고요히 하여, 그 원류(源流)[692]를 깨닫는다. 증득함을 말하자면 사람에게 보일 수 없고, 이치를 말하자면 증득하지 않으면 통달하지 못한다."[693]고 하였습니다. 스스로 증득한 곳은 잡아내어 남에게 보이려 해도 할 수 없습니다. 오직 친히 증득한 사람이라야 간략하게 눈앞에 조금만 드러내도 피차에 묵묵히 서로 계합할 것입니다.

又

日用工夫를 前書에 已葛藤不少호니 但只依舊不變不動하야 物來則與之酬酌하면 自然物我一如矣리라 古德이 云放曠任其去住하야 靜鑑覺其源流니 語證則不可示人이어니와 說理則非證이면 不了라하니

---

690) 실체가 없는 본분자리를 말한다.
691) 청량국사(淸凉國師)를 말한다.
692) 물아일여(物我一如)의 '원류(源流)'인데 원(源)은 자기 마음[自心]이고, 유(流)는 연을 따르는 것[隨緣]이다.
693) 『경덕전등록(景德傳燈錄)』 권제30(卷第三十)

自證自得處는 拈出呈似人不得이라 唯親證親得者라사 略露目前些子
하야 彼此에 便黙黙相契矣리라

　보인 편지에 '이로부터 남의 속임을 받지 않는다.'고 하니, 공부를
그릇되게 하지 않았습니다. 대개(大概)694)의 뜻을 이미 바르게 하고
칼자루를 이미 얻었으니, 소를 잘 기르는 사람처럼 고삐를 항상 손안
에 두면 어찌 남의 곡식밭을 범하겠습니까?695) 홀연히 고삐를 놓아서
콧구멍 잡을 곳이 없으면, 풀밭에 종횡하는 데에 일임하게 될 것입니
다.696) 자명노인(茲明老人)은 말하기를 "사방으로 놓아 두어 막지 아
니하고 팔면으로 구속하지 않아서 임의대로 다니니, 거두고자 하면
다만 고삐를 없애는 데 있다."697)고 했습니다. 능히 이와 같을 수 없
다면 고삐를 굳게 잡아서, 또 순하게 만져주고 젖어들게 해야 합니다.
공부가 이미 익숙하면 자연히 뜻을 써서 막지 않게 될 것입니다. 공부
는 급하게 해서는 안 되니 급하게 하면 조급하게 움직이게 됩니다.
또 느슨하게 해도 안 되니 느슨하게 하면 혼침하고 어지럽게 됩니다.
생각을 없애거나 생각을 붙이면 다 잘못 지나가게 될 것입니다. 비유
하자면 칼을 휘둘러 허공에 던짐에 미치고 미치지 못함을 논할 것이
없는 것과 같습니다.698)

---

694) 대체의 경개(梗槪)를 말한다.
695) 대기원응(大機圓應)을 말한다.
696) 대용직절(大用直截)을 말한다.
697) 『선림승보전(禪林僧寶傳)』 권제21(卷第二十一)
698) 유무 양변에 떨어져서 하는 행위는 본분자리와 아무 상관이 없다는 것을
　　　말한다.

示諭호니 自此로 不被人謾이라하니 不錯用工夫矣로다 大槪를 已正하고 欄柄을 已得인댄 如善牧牛者하야 索頭를 常在手中이면 爭得犯人苗稼리요 驀地放却索頭하야 鼻孔에 無撈摸處하면 平田淺草에 一任縱橫하리라 慈明老人의 所謂四方放去休攔遏하고 八面無拘任意遊라 要收只在索頭撥이라하니 未能如是인댄 當緊把索頭하야 且與順摩將淹浸이니 工夫旣熟이면 自然不着用意堤防矣리라 工夫는 不可急이니 急則躁動이니라 又不可緩이니 緩則昏怛矣니라 忘懷着意俱蹉過니 譬如揮劒擲空에 莫論及之不及이니라

옛날에 엄양존자(嚴陽尊者)가 조주 스님에게 묻기를 "한 물건도 가져오지 않은 때에 어떠합니까?" 하니, 조주가 대답하기를 "놓아라."라고 했습니다. 엄양 존자가 말하기를 "한 물건도 이미 가지고 오지 않았는데 무엇을 놓습니까?" 하니, 조주가 대답하기를 "내려놓지 않으려면 둘러메고 가거라."라고 했습니다. 엄양 존자가 이 말에서 크게 깨달았습니다.[699]

또 어떤 스님[700]이 고덕[701]에게 묻기를 "제가 어찌 할 수 없을 때에 어떻게 합니까?" 하니, 고덕이 말하기를 "나도 또한 어찌 할 수 없다."고 했습니다. 어떤 스님이 말하기를 "저는 배우는 과정에 있기 때문에 어찌할 수 없습니다만 화상은 큰 선지식인데 무엇 때문에 또한 어찌 할 수 없습니까?"라고 하니, 고덕이 대답하기를 "내가 만약

---

699) 『원오심요(圓悟心要)』 권제상(卷第上)
700) 운개지원(雲蓋志元, 생몰 연대 미상)으로 당대(唐代) 스님이다. 석상경저(石霜慶諸)에게 참학하고 그의 법을 이었다.
701) 석상경저(石霜慶諸, 807-888)다. 당대(唐代) 스님으로 속성은 진씨(陳氏)다. 도오원지(道吾圓智)에게 참학하고 그의 법을 이었다.

어찌 할 수 있다면 문득 도리어 너의 이 어찌 못하는 것을 잡아낼 것이다."라고 했습니다. 어떤 스님이 그 말에 크게 깨달으니, 두 스님의 깨달은 자리가 곧 누추밀(樓樞密)의 혼미한 자리이며, 누추밀의 의심하는 자리가 두 스님이 질문한 자리입니다.702) 법은 분별을 따라 생기고 도리어 분별을 따라 사라지니,703) 모든 분별법을 소멸하면 이 법은 나고 없어지는 것이 없습니다.

보내 온 편지를 자세히 보니, 병이 이미 다 사라졌고 별다른 징후704)도 또한 생기지 않았습니다. 큰 조각705)이 서로 가까우니 또한 점점 힘을 덜 것입니다. 청컨대 다만 힘을 더는 곳에 나아가 놓고 넓게 하면, 홀연히 졸지에 타파되고 갑자기 끊어지게 될 것입니다. 꾸준히 힘쓰십시오.

昔에 嚴陽尊者ㅣ問趙州호대 一物도 不將來時如何닛고 州云放下着하라 嚴陽ㅣ云一物도 旣不將來어니 放下箇甚麼닛고 州云放不下인댄 擔取去하라 嚴陽이 於言下에 大悟하며

又有僧이 問古德호대 學人이 奈何不得時ㅣ如何닛고 古德이 云老僧도 亦奈何不得이로다 僧이 云學人은 在學地故로 是奈何不得이어니와 和尚은 是大善知識이라 爲甚麼하야 亦奈何不得이닛고 古德이 云我若奈何得則便拈却爾의 遮不奈何리라 僧이 於言下에 大悟하니 二僧悟處ㅣ 卽是樓樞密의 迷處며 樓樞密의 疑處가 卽是二僧問處라 法從分別生하야 還從分別滅이니 滅諸分別法하면 是法無生滅이니라

細觀來書호니 病已去盡하고 別證候도 亦不生矣라 大段이 相近하니

---

702) 깨달음과 미혹함이 같다는 말이다.
703) 『금강삼매경(金剛三昧經)』의 게문(偈文)이다.
704) 여기서 '증(證)'은 '증(症)'과 같다.
705) 타성일편(打成一片)을 말한다.

亦漸省力矣라 請只就省力處하야 放教蕩蕩地하면 忽然啐地破爆地斷
便了하리니 千萬勉之어다

【요지】
　소리와 색깔에 떨어지지 말고 화두를 참구하라고 했다. 일용 공부에서
옛을 의지하여 변함없이 오는 대상과 수작하면, 저절로 물아일여(物我一
如)가 된다고 했다. 화두를 소고삐 잡듯이 손안에 두면 남의 곡식을 범하
지 않을 것이고, 홀연히 고삐를 놓아 콧구멍 잡을 곳이 없어지면 풀밭에
종횡하는 데 일임하게 된다고 말했다. 공부를 급하게 하면 조급해지고,
느슨하게 하면 혼침(昏沈)하고 어지럽게 된다는 점을 경계했다. 생각을
없애지도 말고, 생각을 붙이지도 말고 공부를 자연스럽게 하라고 했다.
　엄양 존자가 '한 물건도 가져오지 않을 때 어떠합니까?' 하니, 조주 스
님 '놓아라.'고 했다. 엄양 존자가 '한 물건도 가지고 오지 않았는데 무엇
을 놓습니까?' 하니, 조수 스님이 '둘러메고 가라.'고 했는데 엄양 존자가
이 말에 크게 깨달았다.
　어떤 스님이 고덕에게 묻기를 '제가 어찌 할 수 없을 때 어떻게 합니
까?' 하니, 고덕이 '나도 어찌 할 수 없다.'고 했다. 어떤 스님이 '화상은
큰 선지식인데 무엇 때문에 어찌 할 수 없습니까?' 하니, 고덕이 '내가
어찌 한다면 문득 너의 어찌 못하는 것을 잡아낼 것이다.'라고 했는데
그 스님은 이 말에 크게 깨달았다.
　법은 분별에 따라 생기고 분별을 따라 사라지기 때문에, 분별을 소
멸하면 법은 나고 없어지는 것이 없게 된다고 엄양 존자와 어떤 스님
의 예를 들어 말했다. 힘 더는 곳에 나아가 놓아서 넓게 하면, 홀연히
타파되어 끊어지게 될 것이라고 하며 힘쓰라는 당부를 덧붙였다.

56. 조태위706) 공현에게 답함

제가 비록 나이가 들어가지만707) 감히 힘쓰지 않을 수 없어 힘써 이 일로 스님들과 더불어 격동하여 분발하게 합니다. 하루 식사 뒤에 번호패를 발급하여 일백 명의 스님을 차례대로 방에 들어오게 하니, 그 사이에 천명(天命)을 등진 사람은 낚시에 걸려 올라왔고708) 또한 사람을 무는 사자 같은 사람709)도 있었습니다. 이러한 선법(禪法)의 기쁨을 즐거움으로 삼아 다만 권태로움을 알지 못하니, 또한 조물(造物)이 어여삐 봐주신 것입니다.

당신은 복과 지혜가 모두 온전하여 날로 임금 옆에 있으되, 이 일단 대사인연(一段大事因緣)에 뜻을 두니 참으로 불가사의한 일입니다. 부처님께서 말씀하시기를 "세력이 있는데 쓰지 않기 어렵고, 부귀한 사람이 도 배우기 어렵다."710)고 하셨습니다. 백겁 천생의 긴 세월에 일찍이 선지식을 받들어 섬겨서 반야 종자를 깊이 심지 않았다면, 어찌 이와 같이 믿음이 미치겠습니까? 다만 이 믿음이 미치는 곳이 문득

---

706) 이름은 훈(勛)이고, 자(字)는 공현(功顯)이다.
707) 이때 대혜 스님의 나이가 69세였다.
708) '생명을 등진 고기가 낚시에 걸려 올라온다.'는 것은 조사의 덕화에 의해 생명을 돌보지 않고 열심히 공부하여 깨닫는 사람을 비유한 말이다.
709) 이미 깨달아서 조사와 겨루는 사람이다.
710) 『사십이장경(四十二章經)』에 스무 가지의 행하기 어려운 일을 열거했는데 여기서는 그 가운데 다만 두 가지만 인용했다.

부처가 되고 조사가 되는 바탕입니다. 원컨대 당신은 다만 믿음이 미치는 곳을 향하여 엿보아 잡기를 오래오래 하기만 하면 자연히 뚫고 벗어날 것입니다. 그러나 첫째로 생각을 붙여 안배(按排)해서 뚫어서 벗어날 곳을 찾지 마십시오. 만약 생각을 붙이면 어긋나 지나쳐 갈 것입니다.

答曺太尉 功顯
　　某ㅣ雖年運而往矣나 不敢不勉强하야 力以此事로 與衲子輩激揚하노니 一日粥後에 發牌子하야 輪一百人入室호니 間有負命者는 上鉤來하고 亦有咬人獅子러라 以此法喜禪悅로 爲樂일새 殊不覺倦호니 亦造物이 見憐耳이로다
　　左右는 福慧兩全하야 日在至尊之側이로대 而留意此段大事因緣하니 眞不可思議事로다 釋迦老子ㅣ曰有勢不臨難이요 豪貴學道難이라 하였거늘 非百劫千生에 曾承事善知識하야 種得般若種子深이면 焉能如是信得及이리요 只遮信得及處ㅣ便是成佛作祖底基本也라 願公은 只向信得及處하야 覷捕久久하면 自透脫矣리라 然이나 第一에 不得着意安排하야 覓透脫處어다 若着意則蹉過也리라

　부처님께서 또 말씀하시기를 "부처님의 도(道)를 헤아릴 수 없는데 누가 부처를 헤아릴 수 있겠는가?"[711]라고 하셨습니다. 또 부처님께서 문수사리 보살에게 물어 말씀하시기를 "너는 헤아릴 수 없는 삼매에 들어갔느냐?" 하시니, 문수보살이 말씀드리기를 "그렇지 않습니

---

711) 『대방광불화엄경(大方廣佛華嚴經)』 권제23(卷第二十三)

다. 세존이시여, 제가 바로 헤아릴 수 없는 존재라 이 마음이 헤아리는 것을 볼 수 없거늘 무엇을 말하여 헤아릴 수 없는 삼매에 들어간다고 하겠습니까? 제가 처음 마음을 내어서 이런 선정에 들어가고자 했으나 지금 생각해 보니 실제로 마음에 생각 없는 것이 삼매에 들어간 것입니다. 사람이 활쏘기를 배움에 오래 익히면 정교해져서 뒤에 비록 무심하더라도 오래 익혔기 때문에 화살을 쏘면 다 적중합니다. 저 역시 이와 같아서 처음에는 헤아릴 수 없는 삼매에 들어가고자 하여 마음을 한 대상에 묶어 두었었습니다. 만약 오래 익혀 성취하면, 다시는 마음에 생각이 없어져서 항상 선정과 함께 합니다."712)라고 하였습니다. 부처님과 조사의 수용한 자리가 다르지 않습니다.

釋迦老子ㅣ 又曰佛道不思議라 誰能思議佛이리오하시며 又佛이 問文殊師利曰汝入不思議三昧耶아 文殊曰弗也니다 世尊하 我卽不思議라 不見是心이 能思議者어늘 云何而言入不思議三昧리닛고 我初發心하야 欲入是定이나 如今思惟호니 實無心想而入三昧니다 如人學射에 久習則巧하야 後雖無心이나 以久習故로 箭發皆中인닷 我亦如是하야 初學不思議三昧일새 繫心一緣이어니와 若久習成就하면 更無心想이라 常與定俱라하시니 佛與祖師의 所受用處가 無二無別이어늘

근년 총림에 한 무리의 삿된 선이 있어서 눈을 감고 입을 삐쭉이 다물고 앉아713) 망상을 하면서 불가사의(不可思議)한 일이라고 말합니다. 또한 위음왕불〔威音那畔〕 저쪽 공겁(空劫) 이전의 일이라고 말

---

712) 『종경록(宗鏡錄)』 권제45(卷第四十五)
713) 노(盧)는 어조사이고 도(都)는 거(居)의 뜻이다.

하여 조금 입만 열면 문득 지금에 떨어졌다고 부릅니다. 또한 근본상의 일이라고 말하며, 또한 깨끗함이 지극하여 빛이 통(通)한다714)고 말하여, 깨닫는 것을 두 번째라고 하며, 깨닫는 것을 지엽적인 일이라고 합니다.

대개 그들은 처음 시작할 때부터 문득 잘못되었으나, 또한 잘못됐음을 알지 못합니다. 깨닫는 것을 건립하는 것이라고 하여, 이미 스스로 깨닫는 문이 없다고 하고, 또한 깨달음이 있는 것을 믿지 않습니다. 이러한 사람들은 대반야를 비방하고 부처님의 지혜의 명줄을 끊어서, 천불(千佛)이 세상에 나와도 참회가 통할 수 없다고 하겠습니다.

당신은 사람을 시험하는 눈을 갖춘 지 오래입니다. 이와 같은 무리는 사자의 가죽을 입고 여우715) 울음소리를 내는 것이니 반드시 알아야 합니다. 제가 당신과 더불어 대면하여 논의하지 않았으나, 이 마음은 이미 묵묵히 서로 일치한 지가 여러 해가 되었습니다. 앞에 답한 편지가 매우 예절을 갖추지 못했으므로 지금 오로지 법공선인(法空禪人)을 보내서 대신 공경을 드리는 까닭에 선사유삼매(善思惟三昧)716)에 들어갈 겨를이 없고, 다만 이렇게 손과 마음을 따라 알지 못하는 사이에 갈등함이 이와 같습니다. 오로지 불민(不敏)함을 사례할 뿐입니다.

近年叢林에 有一種邪禪이 以閉目藏睛한 鶖盧都地로 作妄想하야 謂之不思議事라하며 亦謂之威音那畔空劫已前事라하야 纔開口에 便

---

714) 『능엄경(楞嚴經)』 권제6(卷第六)
715) 색깔이 청황(靑黃)으로 개와 같고 밤에 무리를 지어 다니며 우는데, 그 소리가 이리와 같다. 몸은 작고 꼬리는 크며 나무에 잘 올라간다.
716) 주객미분(主客未分)의 상태에서 사유하는 삼매(三昧)이다.

喚作落今時라하며 亦謂之根本上事라하며 亦謂之淨極光通達이라하야 以悟로 爲落在第二頭라하며 以悟로 爲枝葉邊事라하나니

蓋渠ㅣ初發步時에 便錯了호대 亦不知是錯하고 以悟로 爲建立이라하야 旣自無悟門이라 亦不信有悟者하나니 遮般底는 謂之謗大般若하야 斷佛慧命이라 千佛出世라도 不通懺悔라

左右ㅣ具驗人眼이 久矣라 似此等輩는 披却師子皮하고 作野干鳴이라 不可不知니라 某ㅣ與左右로 雖未承顔接論이나 此心은 已默默相契ㅣ多年矣라 前此答字를 極不如禮일새 今專遣法空禪人하야 代往致敬故로 不暇入善思唯三昧하고 只恁麼信手信意하야 不覺에 葛藤如許하야 聊謝不敏而已로다

【요지】

먼저 여러 스님들을 격발(激發)하고 제도하는 기쁨으로 살아가는 대혜 스님 자신의 생활을 소개했다. 이어서 '세력이 있는데 쓰지 않기 어렵고, 부귀한데 도 배우기 어렵다.'는 부처님 말씀을 인용하여 높은 벼슬에 있으면서 도를 배우는 조태위를 훌륭하다고 칭찬했다. 믿음을 가지고 오래 엿보아 가면 자연히 뚫어서 벗어날 것이라고 격려하면서, 생각을 붙여 안배하고 벗어날 곳을 찾지 말라고 가르쳤다.

다음은 부처님과 문수보살의 대화를 소개했다. 부처님께서 '불도(佛道)는 헤아릴 수 없는데 누가 부처를 헤아릴 수 있겠는가?'라고 하시며, 문수보살에게 물으시기를 '너는 삼매에 들어갔는가?' 하니, 문수보살이 '제가 바로 헤아릴 수 없는 존재인데 무엇을 헤아릴 수 없는 삼매에 들어간다고 하겠습니까? 생각 없는 것이 삼매에 들어간 것입니다.'라고 했다. 이 예화(例話)를 들어서 부처님과 조사의 수용한 자리가 같다는 점을 보였다.

끝으로 근년의 삿된 선에서는 입 다물고 망상하는 것을 공겁 이전의 일이라고 하고 깨닫는 것을 지엽적인 일이라고 하는데, 이것은 반야를 비방하고 부처님의 지혜 명줄을 끊는 것이기 때문에 일천 부처님께서 세상에 나오셔도 참회가 통할 수 없다고 경계했다.

57. 영시랑[717] 무실에게 답함 (1)

받아 보니, '마음으로 이 일단대사인연(一段大事因緣)을 궁구하고자 한다.'고 했습니다. 이미 마음을 판단했다면 첫째로 급하게 하지 마십시오. 급하게 하면 더욱 더디게 될 것입니다. 또한 느리게 하지 마십시오. 느리게 하면 게을러지게 될 것입니다. 거문고 줄을 고르는 것과 같아서 긴장과 이완을 알맞게 해야 바야흐로 곡조를 이루게 될 것입니다. 다만 일상생활의 인연을 따르는 곳을 향하여 때때로 엿보아 잡기를 '내가 능히 사람과 더불어 시비곡직(是非曲直)을 결단하는 것은 누구의 은혜를 받은 것이며, 필경에 어느 곳으로부터 흘러나오는가?'라고 하십시오. 엿보아 잡아 오고 엿보아 잡아 가면, 평소의 생소한 곳은 저절로 익숙해질 것입니다. 생소한 곳이 이미 익숙해지면 익숙한 곳이 저절로 생소해질 것입니다.

무엇이 익숙한 곳입니까? 오음(五陰),[718] 육입(六入),[719] 십이처(十二處),[720] 십팔계(十八界),[721] 이십오유(二十五有)[722]에 무명 업식(無

---

717) 이름은 응(凝)이고 자(字)는 무실(茂實)이다.
718) 우리의 존재를 구성하는 색(色), 수(受), 상(想), 행(行), 식(識)의 다섯 가지 요소로 오온(五蘊) 혹은 오취온(五取蘊)이라고도 한다.
719) 안(眼), 이(耳), 비(鼻), 설(舌), 신(身), 의(意)의 육근(六根), 혹은 색(色), 성(聲), 향(香), 미(味), 촉(觸), 법(法)의 육경(六境)을 말하는데 육처(六處)라고도 한다. 전자를 내육입(內六入), 후자를 외육입(外六入)이라고 하는데 12연기 가운데 육입은 내육입이다.

明業識)723)으로 헤아리고 비교하는 마음724)이 주야로 작용하되 야생마가 잠시도 쉬지 않는 것과 같은 것이 이것입니다. 이 한 꾸러미가 사람으로 하여금 생사에 유랑하게 하며,725) 사람으로 하여금 좋지 못한 일을 하게 합니다.726) 이 한 꾸러미가 이미 생소해지면, 보리열반(菩提涅槃)과 진여불성(眞如佛性)이 문득 앞에 나타날 것입니다. 앞에 나타날 때에 또한 앞에 나타났다는 생각이 없습니다.

答榮侍郞 茂實

承호니 留心欲究此一段大事因緣이라하니 旣辦此心인댄 第一에 不要急이니 急則轉遲矣리라 又不得緩이니 緩則急憻矣리라 如調琴之法하야 緊緩을 要得中하야사 方成曲調니 但向日用應緣處하야 時時覻捕호대 我遮能與人으로 決斷是非曲直底는 承誰恩力이며 畢竟에 從甚麽處하야 流出고 覻捕來覻捕去하면 平昔에 生處路頭는 自熟하리니 生處旣熟則熟處自生矣리라

那箇是熟處오 五陰六入과 十二處十八界와 二十五有ㅣ 無明業識

---

720) 십이입(十二入)이라고도 하는데, 앞의 주에서 설명한 육근과 육경을 합하여 십이처(十二處)라고 한다.
721) 육근과 육경에, 양자가 만나서 만드는 안식(眼識), 이식(耳識), 비식(鼻識), 설식(舌識), 신식(身識), 의식(意識) 등 육식(六識)을 합한 18가지를 말한다.
722) 여기서 유(有)는 존재라는 뜻이다. 중생이 나서 변하고, 죽어서 변하는 미(迷)의 존재를 25종으로 나눈 것이다. 구체적으로 보면 지옥, 아귀, 축생, 수라의 사악취(四惡趣), 남섬부주, 동승신주, 서우화주, 북구로주의 사주(四洲), 사천왕, 도리천, 야마천, 도솔천, 화락천, 타와자재천의 육욕천(六欲天), 초선천, 범왕천, 제2선천, 제3선천, 제4선천, 무상천, 5나함천의 색계(色界), 공무변처천, 실무변처천, 무소유처천, 비상비비상처천의 무색계(無色界)의 25가지를 말한다. 이를 삼계육도(三界六道)라고 줄여 말하기도 한다.
723) 근본식(根本識)을 말한다.
724) 지말식(枝末識)을 말한다.
725) 있다 · 없다 등 양극단으로 사고하거나 과보를 받는 것을 말한다.
726) 업을 짓는 것을 말한다.

으로 思量計較인 心識이 晝夜熠熠호대 如野馬하야 無暫停息底ㅣ是라 遮一絡索이 使得人으로 流浪生死하며 使得人으로 做不好事ㅣ니 遮一絡索이 旣生則菩提涅槃과 眞如佛性이 便現前矣리라 當現前時하야 亦無現前之量이니

  그러므로 고덕이 계합하여 증득하고 문득 해설하기를 "눈에 반응할 때에는 천 개의 해와 같아서 모든 물건이 그림자와 본질을 벗어날 수 없고, 귀에 반응할 때에는 깊은 골짜기와 같아서 크고 작은 소리가 들리지 않음이 없다."727)고 했습니다. 이와 같은 일은 다른 데서 구함을 빌리지 않으며, 남의 힘을 빌리지 않는 것이라서 자연히 인연에 호응하는 곳을 향하여 활발발(活鱍鱍)할 것입니다. 이와 같지 아니하면 세간의 번뇌를 헤아리는 이 마음을 가지고 사량분별(思量分別)이 미치지 못하는 곳728)에 돌이켜 두어서 시험 삼아 헤아려 보십시오. 어떤 것이 사량 분별이 미치지 못하는 곳입니까?
  어떤 스님이 조주에게 묻기를 "개도 도리어 불성이 있습니까?" 하니, 조주가 대답하기를 "없다."고 했습니다. 다만 이 한 글자에 무슨 기량이 있겠습니까? 청컨대 안배하여 보며 비교해 보십시오. 헤아리고 비교하고 안배하는 것은 홀연히 놓을 자리가 없습니다. 다만 속이 답답하며 마음이 번거로움을 느낄 때가 정히 좋은 시절입니다. 제8식이 차례로 작용하지 않으니729) 이와 같은 것을 아는 때에 놓아버리지

---

727) 도(道)가 크게 드러나서 있는 그대로 정확하게 보는 것을 말한다.(『황룡어록(黃龍語錄)』 권제6)
728) 화두(話頭)를 말한다.
729) 『원각경(圓覺經)』'제3보안장(第三普眼章)'에 본래 갖추어진 대원각(大圓覺)

말고 다만 이 무자(無字) 위에 나아가 잡아 가십시오. 잡아 오고 잡아 가면 생소한 곳은 저절로 익숙해지고 익숙한 곳은 저절로 생소해질 것입니다.

故로 古德이 契證得了에 便解道호대 應眼時에는 若千日하야 萬象이 不能逃影質하고 應耳時에는 若幽谷하야 大小音聲이 無不足이라하니 如此等事는 不假他求며 不借他力이라 自然向應緣處하야 活鱍鱍地니라 未得如此인댄 且將這思量世間塵勞底心하야 回在思量不及處하야 試思量看호대 那箇是思量不及處오
僧이 問趙州호대 狗子도 還有佛性也無잇가 州云無라하니 只這一字에 儘爾有甚麼伎倆이리요 請安排看하며 請計較看하라 思量計較安排는 無處可以頓放이니 只覺得肚裡悶하며 心頭煩惱時ㅣ正是好底時節이니 第八識이 相次不行矣라 覺得如此時에 莫要放却하고 只就這無字上하야 提撕어다 提撕來提撕去하면 生處란 自熟하고 熟處란 自生矣리라

근년 이래로 총림 가운데 한 무리가 삿된 주장을 부르짖어 종사가 된 사람이 있어서 학자에게 일러 말하기를 "단지 반드시 고요함을 지키기만 하라."고 합니다. 지키는 사람은 이 누구이며 고요한 것은

의 자성이 원만하고 밝기 때문에 8식부터 6식에 이르는 모든 심의식(心意識)이 청정하다는 것을 다음과 같이 표현하고 있다. "원각이 원만하고 밝은 까닭에 나타나는 마음이 청정하고, 마음이 청정한 까닭에 티끌을 보는 것이 청정하며, 보는 것이 청정한 까닭에 눈이 청정하며, … 중략 … 이와 같이 코, 혀, 몸, 뜻〔鼻舌身意〕도 또한 이와 같다(覺圓明故 顯心淸淨 心淸淨故 見塵淸淨 見淸淨故 眼根淸淨 … 中略 … 如是乃至鼻舌身意 亦復如是)."라고 했다.

무슨 물건인지를 알지 못하고, 도리어 고요한 것이 이 기본이라고 말합니다. 도리어 깨달음이 있음을 믿지 아니하고, 말하기를 "깨달음은 이 지엽이다."라고 합니다. 다시 어떤 스님이 앙산(仰山) 스님에게 묻기를 "지금 사람이 도리어 깨달음을 빌립니까?" 하니, 앙산 스님이 말하기를 "깨달음은 없지 않으나, 제2구에 떨어져 있음을 어찌하겠는가?"730)라고 한 것을 끌어옵니다. 어리석은 사람 면전에는 꿈을 말할 수 없습니다. 다시 고요한 법이 실재한다는 알음알이를 내어, 깨달음을 제2구에 떨어지는 것이라고 말합니다.731)

다만 위산(潙山) 스님이 학자를 경각시킨 말이 바로 매우 절실하여 "지극한 이치를 연구하는 것은 깨달음을 법칙으로 삼는 것이다."라고 한 말을 알지 못합니다. 이 말은 또 어디를 향하여 낙착(落着)합니까?732) 가히 위산 스님이 뒷사람을 의심하고 그릇되게 해서, 제2구에 떨어지게 하려던 것이 아닙니다.

近年以來로 叢林中에 有一種이 唱邪說하야 爲宗師者ㅣ 謂學者曰但只管守靜하라하나니 不知守者는 是何人이며 靜者는 是何物고 却言靜底는 是基本이라하고 却不信有悟底하야 謂悟底는 是枝葉이라하며 更引僧이 問仰山曰 今時人이 還假悟也無잇가 仰山曰 悟則不無나 爭奈落在二頭아하나니 痴人面前에 不得說夢이라 便作實法會하야 謂悟是落第二頭라하고

---

730) 본분 자리에서 보면 깨닫고 증득한다는 것이 다 방편이기 때문에 제2두라고 말했다.(『경덕전등록(景德傳燈錄)』 권제11)
731) 묵조선의 무리들은 상대적 고요를 실제로 알아서 깨달음을 제2두로 삼은 것이다.
732) '낙착(落着)'이라는 말은 '일을 끝맺는 것'을 뜻한다. 이 문장은 '말의 근본적인 뜻이 무엇인가?'라는 의미다.

殊不知潙山의 自有警覺學者之言이 直是痛切이로다 曰硏窮至理는
以悟爲則이라하시니 此語는 又向甚處着고 不可潙山이 疑誤後人하야
要敎落在第二頭也리라

　조합사(曹閤使)가 또한 마음을 이 일에 두었습니다. 그러나 삿된 무리의 그르침을 받을까 걱정이 되어, 전번에 또한 이 편지와 같이 어지럽게 글을 써 보냈습니다. 또한 그의 총명한 식견이 다 크게 뛰어난 면이 있기 때문에 결단코 방편의 말을 잘못 알아서 실제의 법이라는 생각에 이르지는 않겠으나 다만 제가 그와 더불어 만나지 못했기 때문에 사적으로 근심하고 지나치게 생각했습니다.733) 듣건대 당신이 또한 그와 더불어 도우(道友)라고 하므로 붓으로 알지 못하는 사이에 갈등합니다. 일없이 서로 만날 때에 시험 삼아 그에게 물어서 편지를 한번 받아 보십시오. 바야흐로 제가 서로 기약한 것이 눈에 있지 않아서, 피차 서로 의기투합한 것이 또 권세와 이익을 위한 교제가 아님을 알 것입니다. 종이 한 장을 다 쓰고 또 한 장을 더하여 모양과 자취734)를 일삼을 겨를이 없었습니다.

　曹閤使가 亦留心此事호대 恐其被邪師輩의 所誤일새 比에 亦如此
書하야 切切怛怛寫與호니 亦公의 聰明識見이 皆有大過人處라 決不
到錯認方便語하야 作實法會언만은 但某ㅣ未得與之目擊일새 私憂過
計耳니라 聞老居士亦ㅣ與之是道友라할새 因筆하야 不覺葛藤하노니

---

733) 조공(曹公)이 삿된 스승의 그르침을 받지는 않았으나, 앞의 편지에 어지럽게
　　　글을 쓴 것은 사적으로 근심하고 지나치게 계교한 것이라는 말이다.
734) 여기서 형적(形迹)은 편지에서 차리는 예절을 말한다.

無事相見時이든 試問渠하야 取書一看하면 方知妙喜相期ㅣ不在眼底라 彼此氣義相投又非勢利之交리라 寫了一紙코 紙盡커늘 又添一紙하야 不暇更事形跡호라

  이 편지735)도 또한 앞의 편지736)와 같이 공부하는 사람에게 당부하는 것입니다. 절대로 '노노대대737)가 어떤 이유 때문에 이와 같이 어지럽게 말이 많습니까?' 라고 말하지 마십시오.738) 만약 이와 같이 말하면 좋은 일이 앞에 있으나 결단코 놓치고 지나갈 것입니다.739) 쓸 때에 비록 경솔한 것 같으나, 의기와 정감이 서로 투합하여 또한 알지 못하는 사이에 편지를 씁니다. 진실로 당신이 저를 믿으므로 문득 편지를 쓰게740) 되었습니다.

  일상생활 하는 곳에서 문득 이 법문을 널리 베풀어서, 어진 이를 구하여 천하를 편안하게 하려는 훌륭한 임금의 뜻에 보답을 한다면, 참으로 그 알아주는 바를 저버리지 않는 것입니다.741) 원컨대 모든 것을 견디고 참아서, 시종 다만 오늘과 같이 지어 나가면 부처님의 법과 세상의 법이 한 덩어리가 될 것입니다. 전쟁도 하고 밭 갈기도 하며742) 오래오래 순수하고 익숙해지면, 한 번에 두 가지를 얻게 될

---

735) 영시랑(榮侍郞)의 이 편지를 말한다.
736) 바로 앞 조태위(曹太尉)의 편지를 말한다.
737) 점잖은 사람이라는 뜻으로 여기서는 대혜 스님 자신을 말한다.
738) 영시랑이 편지 가운데서 대혜 스님에게 "왜 이와 같이 어지럽게 말하십니까?"라고 했기 때문에, 이 말에 의거하여 도리어 책망한 것이다.
739) 만약 이와 같이 말한다면, 병을 보고 약을 주는 대혜 스님의 편지가 면전에 있어도, 알지 못하고 지나친다는 말이다.
740) 여기서 '주사(做事)'는 편지 답장을 쓰는 것을 말한다.
741) 영시랑 본인의 어짊을 알아주는 임금의 은혜를 등지지 않는다는 말이다.

것이니, 이 어찌 허리에 십만 관을 두르고 학을 타고 양주에 오르는 것이 아니겠습니까?

　此書도 亦如是前書하야 託是箇中人일새 故로 日切不可道老老大大ㅣ着甚來由오하라 若如此則好事ㅣ在面前이어늘 定放過矣리라 寫時에 雖似率易나 然이나 亦機感相投라 亦不覺書在紙上이로니 荷公信得妙喜及일새 便把做事하노라
　日用應緣處에 便恢張此箇法門하야 以報聖主의 求賢安天下之意하면 眞不負其所知也리라 願種種堪忍하야 始終에 只如今日做將去하면 佛法世法을 打作一片하리라 且戰且耕하야 久久純熟하면 一擧而兩得之하리니 豈非腰纏十萬貫하고 騎鶴上楊州乎아

【요지】
　긴장(緊張)과 이완(弛緩) 사이에 중도를 얻어 삿된 견해에 빠지지 말 것을 충고했다. 공부를 급하게 하면 더욱 더디게 되고 느리게 하면 게으러지게 된다고 지적했다. '내가 사람들과 시비곡직(是非曲直)을 가리는 것은 누구의 은혜를 입은 것이며, 어느 곳으로부터 흘러나오는가?'를 엿보아 잡아 오고 잡아 가면 보리열반(菩提涅槃)과 진여불성(眞如佛性)과 같은 생소한 곳은 익숙해지고, 업식(業識)으로 항상 헤아리던 익숙한 곳은 생소해질 것이라고 말했다.
　계합하여 증득하면 눈에 반응할 때에는 천 개의 해와 같아서 일체가 벗어날 수 없고, 귀에 반응할 때에는 깊은 골짜기와 같아서 크고 작은 소리를 다 듣는다고 고인은 해설했다. 이런 일들은 다른 데서 구하지

---
742) 『한사(漢史)』에 조충국(趙充國)이 말한, '일 없을 때는 밭을 갈고, 일 있을 때에는 전쟁을 한다.'는 것이 이것이다.

않으며 남에게 묻지 않고 자연히 대상에 호응하여 활발발(活鱍鱍)하게 된다고 했다.

　이와 같지 아니하다면, 사량분별(思量分別)이 미치지 못하는 화두에 마음을 돌이켜 두라고 했다. 조주 무자(無字)를 드는데 속이 답답하고 마음이 번거로울 때가 좋은 시절이라고 했다. 8식이 작용하지 않는 것을 알 때 무자(無字)를 놓지 말고 잡아 가면, 저절로 생소한 곳은 익숙해지고 익숙한 곳은 생소해진다고 말했다.

　고요한 것을 기본이라고 하고, 그 고요함만 지키라고 하며, 깨달음은 지엽이라고 말하는 삿된 무리의 문제점을 상기시켰다. '깨달음이 없지는 않으나 제2구에 떨어져 있다.'고 방편으로 말한 앙산 스님의 말을 이들이 오해했다는 것을 앙산 스님의 스승인 위산 스님의 말을 인용하여 지적했다. 위산 스님은 '지극한 이치를 연구하는 것은 깨달음을 법칙으로 삼는 것이다.'라고 했다.

　끝으로 대혜 스님은 이 법문을 널리 베풀어 임금의 뜻에 보답하는 것이 그를 알아 준 임금의 은혜를 저버리지 않는 것이라고 충고했다. 견디고 참아서 오늘 같이 지어 나가면, 불법(佛法)과 세법(世法)이 한 덩어리가 될 것이라고 말했다.

58. 영시랑 무실에게 답함 (2)

편지에 보이되, 늙어서까지 벼슬한다〔鐘鳴漏盡〕743)는 기롱(譏弄)744)을 듣는 것은 위로는 임금을 위하여 충성을 다하고, 아래로는 백성을 편안하게 하기 위한 것이라고 했습니다. 자연히 알아주는 사람이 있을 것입니다. 원컨대 당신은 모든 일을 굳게 참되 역순 경계를 만나 정히 좋게 힘을 붙이십시오. 이른바 이 깊은 마음을 가지고 수많은 중생을 받드는 이것이 이른바 나라의 은혜를 갚는 것입니다.745)

평소에 도를 배우는 것은 다만 역순 경계 가운데 수용하고자 하는 것입니다. 역순 경계가 앞에 나타남에 고뇌하게 되면 평소 일찍이 이 가운데를 향하여 마음을 쓰지 않은 것과 크게 같습니다. 조사가 말하기를 "경계가 좋고 나쁜 것이 없거늘 좋고 나쁜 것이 마음에서 일어나니, 마음이 만약 억지로 분별하지 않으면, 허망한 감정이 어디

---

743) 원래는 때를 알리는 종이 울리고, 물시계의 물이 다 샌다는 말로 밤이 자꾸 깊어가는 것을 뜻한다. 여기서 더 나아가 노쇠(老衰)하여 남은 수명이 얼마 되지 않음을 의미하게 되었다. 위 문장의 문맥에서는 후자의 뜻으로 사용되었다.
744) 이것은 다른 사람들이 늙어서까지 벼슬하는 영시랑을 기롱하는 것을 뜻한다. 『위지(魏志)』에 전예(田豫)가 벼슬자리를 피하여 말하기를 "나이 일흔에 그칠 줄을 모르고 새벽종이 울리고 물시계가 다하도록 밤에 다니며 쉬지 않는 것은 죄인이다."라고 하여 병을 핑계하여 벼슬에 나가지 않았다고 한다.
745) 『능엄경(楞嚴經)』 권제3(卷第三)

에서 일어나겠는가? 허망한 감정이 이미 일어나지 않으면, 진실한 마음이 두루 알려지게 된다."746)고 하였습니다. 청컨대 역순 경계 가운데 항상 이렇게 보아서 오래오래 하면 자연히 고뇌를 하지 않을 것입니다. 고뇌가 이미 일어나지 않으면, 마왕(魔王)을 몰아내어 호법선신(護法善神)을 만들게 될 것입니다.

又

　示諭호대 鐘鳴漏盡之譏는 爲君上盡誠而下安百姓이라 自有聞絃賞音者리라 願公은 凡事를 堅忍호대 當逆順境하야 政好着力이어다 所謂 將此深心奉塵刹이 是則名爲報國恩이라
　平昔에 學道는 只要逆順界中에 受用이니 逆順現前에 而生苦惱면 大似平昔에 不曾向箇中用心이니라 祖師가 曰境緣이 無好醜어늘 好醜 | 起於心하나니 心若不强名하면 妄情이 從何起요 妄情이 旣不起면 眞心이 任遍知라하니 請於逆順境中에 常作是觀則久久하면 自不生苦惱요 苦惱 | 旣不生則可以驅魔王하야 作護法善神矣라

전에 '노노대대가 무슨 이유 때문에 이와 같이 말이 많습니까?'라고 했던 말이 오히려 귀에 남아 있는데 어찌 잊었겠습니까? 불성의 뜻을 알려고 한다면 마땅히 시절 인연을 보라747)고 하였습니다. 거사는 이전 10여 년간 스스로 한가한 시절이 있었거니와 지금은 벼슬이 손에 있어 문득 바쁜 시절입니다. 마땅히 한가한 때는 누가 한가했으며,

---

746) 이 게송은 4조 도신 선사가 우두(牛頭) 스님에게 준 것이다.(『경덕전등록(景德傳燈錄)』 권제4)
747) 「서(序)」, 『선림승보전(禪林僧寶傳)』 권제4(卷第四)

바쁜 때는 누가 바쁜가를 생각하여, 모름지기 바쁜 때에 도리어 한가한 때의 도리가 있으며, 한가한 때에 도리어 바쁜 때의 도리가 있음을 믿어야 합니다. 정히 바쁜 가운데 있어서 마땅히 주상(主上)이 공을 기용한 뜻을 체득하여 잠시도 잊어서는 안 되며, 스스로 경계하고 스스로 살펴서 어떻게 갚을까 하십시오. 만약 항상 이런 생각을 하면 물 끓는 가마솥, 뜨거운 화로, 칼산 위에서도 또한 모름지기 앞을 향하여 갈 것이거든, 하물며 눈앞의 작은 역순 경계 정도이겠습니까?

당신과 더불어 이 도로써 서로 계합하므로 인정을 두지 않고 다 깨끗하게 토로합니다.

前此老老大大ㅣ着甚來由之說이 言猶在耳어니 豈忘之耶아 欲識佛性義인댄 當觀時節因緣이라하니 以居士ㅣ前十餘載間에 自有閑底時節이어니와 今日은 仕權이 在手라 便有忙底時節이니 當念閑時는 是誰閑이며 忙時는 是誰忙고하야 須信忙時에 却有閑時道理하며 閑時에 却有忙時道理니 政在忙中하야 當體主上起公之意하야 頃刻에 不可暫忘하고 自警自察하야 何以報之오하라 若常作是念則鑊湯爐炭刀山劒樹上에도 亦須着向前이온 況目前些小逆順境界耶따녀

與公으로 以此道相契일새 故不留情하고 盡淨吐路하노라

【요지】
역순 경계에 떨어지지 말고 한가하거나 바쁜 가운데 한결같이 공부할 것을 당부했다. 평소에 도를 배우는 것은 역순 경계에 수용하고자 하는 것인데, 역순 경계에 고뇌하게 되면 평소 도를 향하는 마음을 쓰지 않은 것과 같다는 것이다. '경계는 좋고 나쁜 것이 없는데, 좋고 나쁜 것이

마음에서 일어나니, 억지로 분별만 하지 않으면, 허망한 감정이 일어나지 않고 마음이 진실하게 된다.'는 4조 도신 선사의 말을 인용하여, 역순 경계에 항상 이렇게 보기를 오래오래 하면 저절로 고뇌하지 않을 것이라고 말했다.

불성의 뜻을 알려고 하면 시절인연을 보라고 전제하고, 한가하거나 바쁜 것은 이 누구인가를 생각하며, 바쁠 때에 한가한 도리가 있고, 한가한 때에 바쁜 도리가 있음을 믿으라고 말했다. 주상(主上)이 당신을 기용한 뜻을 알아서 잊지 말며, 스스로 경계하고 살펴 은혜 갚을 것을 생각하면, 물 끓는 가마솥, 뜨거운 화로, 칼산 위에서도 앞을 향해 나갈 수 있을 것이라고 했다.

59. 황문사[748] 절부에게 답함

허다한 갈등의 편지를 받고, 문득 이와 같이 잡아 희롱하리라는 것은 뜻하지 못했습니다. 바로 희롱해 옴이 활발발(活鱍鱍)하여 참으로 스스로 증득한 사람입니다. 가히 기쁘고 기쁩니다. 단지 이와 같다면, 사람들이 '벼슬아치들은 본분에 의거하지 아니하고 어지럽게 떠든다.[749]'는 말을 하도록 두십시오. 그 집에도 자연히 통하는 사람이 있어 좋아할 것입니다.[750] 오직 이 일찍이 증득하여 깨달은 사람이라야 바야흐로 알게 됩니다. 만약 소리나 듣는 무리들[751]이라면, 그가 거북을 뚫고 기와를 깨는 데[752]에 맡겨 두십시오.

다시 여래선과 조사선을 비판한다면, 좋게 다 나의 주장자를 맞을 것입니다. 또 말씀하십시오. 이것이 상입니까? 벌입니까? 제방(諸方)에서 다시 30년을 의심하는 데에 일임하겠습니다.[753]

---

748) 이름은 언(彦)이고 자(字)는 절부(節夫)고 호(號)는 묘덕(妙德)이다. 문사(門司)는 관직 이름이다.
749) 임금을 섬기고 백성을 다스리는 사대부의 본분에 의거하지 아니하고 불교 도리를 어지럽게 말하는 것을 뜻한다.
750) 『경덕전등록(景德傳燈錄)』 권제29(卷第二十九)
751) 점치는 사람이 남의 말을 따라 달려가는 것과 같은 것이다.
752) 모두 점치는 일을 말하는데 『장자(莊子)』에 나온다. 여기서는 '헤아리다', '시비하다'는 뜻이다.
753) 삼구(三句: 殺, 活, 殺活同時)를 투득(透得)하라는 뜻이다.

答黃門司 節夫

收書와 並許多葛藤하고 不意便解如此拈弄호라 直是弄得來活鱍鱍地라 眞是自證自得者니 可喜可喜로다 但只如此면 從敎人道호대 遮官人이 不依本分하고 亂說亂道어다 他家에 自有通人愛리라 除是曾證曾悟者라사 方知니 若是聽響之流인댄 一任他의 鑽龜打瓦리라

更批判得如來禪祖師禪인댄 好儞喫得妙喜拄杖也리니 且道하라 是 賞伊아 罰伊아 一任諸方에 便疑三十年하노라

【요지】

불법(佛法)을 공부하는 사람인 황문사에 대하여 사람들이 비판하면 그대로 맡겨 두라고 했다. 자연히 통하는 사람이 있어 좋아할 것이고 깨달은 사람이라야 알기 때문이라는 것이다. 여래선과 조사선을 비판하면 주장자로 때릴 것인데, 이것이 상(賞)인가 벌(罰)인가를 묻고 다시 30년을 의심하라고 했다.

60. 손지현에게 답함[754]

　수정(修整)한 『금강경』을 보여주기에 다행히 따라서 한 번 기뻐했습니다. 근래 사대부가 즐겨 당신과 같이 마음을 불경〔內典〕에 두는 사람은 진실로 드뭅니다. 뜻을 얻지 못했다면 능히 이와 같이 믿음이 충만하지 못했을 것입니다. 경전(經典)을 보는 안목을 갖추지 못했다면 능히 경전 가운데 깊고 오묘한 뜻을 헤아리지 못했을 것입니다. 참으로 불 가운데 연꽃입니다.

　자세히 음미하기를 오래했더니, 의심이 없지 아니합니다. 당신께서는 "모든 성인 같은 스승〔聖師〕들의 번역이 진실을 잃고 근본을 빠뜨려 어지럽히고, 문구를 증감하여 부처님의 뜻을 위배했다."고 비방했습니다. 또 말하기를 "처음 가지고 외우면서부터 곧 그 잘못된 것을 깨닫고 정본(定本)을 구하여 잘못된 것을 시정하고자 하였습니다. 그러나 허위(虛僞)를 익힌 지 이미 오래라 일률적으로 부화뇌동(附和雷同)했더니, 서울〔京師〕의 장본(藏本)을 얻고서는 비로소 의거할 것이 있었다."고 하였습니다. "다시 천친(天親)과 무착(無着)의 논(論)과 게송(偈頌)[755]을 상고하니, 그 뜻이 일치하여 드디어 녹아서

---

754) 이 글은 소흥(紹興) 28년 대혜 스님이 임금의 뜻에 따라 경산(徑山)에 다시 머물 때의 답장이다.
755) 『금강경(金剛經)』 '무단무멸분(無斷無滅分)'에서는 묘유지상(妙有之相)을

의심이 없어졌다."고 하였습니다. 또 "장수(長水)와 고산(孤山) 두 스승은 다 글귀만 의지하여 뜻을 어겼다."고 하니, 알지 못하겠습니다. 당신이 감히 이와 같이 비판한다면, 정히 육조(六朝) 때에 번역한 범본(梵本)756)을 자세히 보아 모든 스승의 번역 착오를 다 확인해야 바야흐로 얼음 녹듯이 의심이 없어질 것입니다. 이미 범본이 없는데 문득 억측으로 성인의 뜻을 삭제하려고 하면757) 또 원인(原因)을 부르고 과보(果報)를 가져와 부처님의 가르침을 훼방하는 것이 됩니다. 무간지옥(無間地獄)에 떨어질 것은 논하지 않겠습니다.

 법을 아는 사람이 보면 당신이 모든 스승의 허물을 점검하는 것 같아서 도리어 당신에게 허물이 돌아갈까 두렵습니다.

 밝히기 위하여 '불(不)'자를 두었는데, 천친(天親)의 논(論)에 '불(不)'자를 없앤 것은 경전 가운데 '상성취(相成就)'를 결단코 있다는 상〔定有之相〕으로 보기 때문에 그 있다는 상(相)을 타파하려고 그렇게 한 것이다. 있다는 것을 타파하면 '묘유(妙有)'가 되어 곧 지금의 뜻과 같게 된다. 지금의 경전은 '상구족(相具足)'의 '상(相)'자가 바로 묘유(妙有)를 나타내기 때문에 '불(不)'자를 사용했다. 무착(無着)의 논(論)에는 이 문장을 위로 '법신을 섭취한다.'는 말에 소속을 시켜서, '상성취(相成就)'하는 것을 인(因)으로 삼아 보리를 얻으려는 집착을 타파하여 진공(眞空)을 나타내는 것이기 때문에 '불(不)'자가 없다. 진공(眞空)과 묘유(妙有)는 서로 버리고 떠날 수 없으니, '불(不)'자가 있거나 없거나 각기 그 뜻을 따라 보는 것이 옳다.
756) 후진(後秦)의 구마라집(鳩摩羅什)과 후위(後魏)의 보리유지(菩提流支)는 『천친론(天親論)』 3권을 번역했고, 진(秦)나라 때 진제(眞諦)와 수(隋)나라 때 급다(笈多)는 『무착론(無著論)』 2권을 번역했고, 당(唐) 나라 현장(玄奬)과 일조(日照)는 『공덕시론(功德施論)』을 번역했고, 대주의정(大周義淨)은 『천친론(天親論)』을 다시 번역했다.
757) 대혜 스님은 '법신비상분(法身非相分)'은 진공(眞空)의 대체(大體)를 밝힌 것이고, '무단무멸분(無斷無滅分)'은 묘유(妙有)의 연기하는 대용(大用)을 밝힌 것으로 보았는데, 손지현은 진공묘유(眞空妙有)의 뜻을 알지 못했기 때문에 억지로 절목(節目)을 만들어 상(相)을 떠난 치우친 공(空)으로 나갔다는 것이다.

答孫知縣

蒙호니 以所修金剛經으로 相示일새 幸得隨喜一徧호라 近世士大夫ㅣ肯如左右하야 留心內典者ㅣ實爲希有로다 不得意趣則不能如是信得及하며 不具看經眼則不能窺測經中深妙之義하리니 眞火中蓮也로다

詳味久之호니 不能無疑耳로라 左右ㅣ詆諸聖師의 翻譯失眞而汨亂本眞하고 文句增減하야 違背佛意라하며 又云自始持誦으로 卽悟其非하고 欲求定本하야 是正舛差언만은 而習僞已久라 雷同一律이러니 曁得京師藏本하야 始有據依라하며 復考繹天親無着論頌호니 其義脗合하야 遂泮然無疑라하며 又以長水孤山二師는 皆依句而違義라하니 不識커라 左右ㅣ敢如此批判則定詳見六朝所譯梵本하야 盡得諸師翻譯錯謬하야사 方始泮然無疑어늘 旣無梵本하고 便以臆見으로 刊削聖意則且未論招因帶果하야 毁謗聖敎로 墮無間獄하고

恐有識者見之면 却如左右ㅣ檢點諸師之過하야 還着於本人矣일까 하노라

고인(古人)이 말하기를 '사귄 지 얼마 되지 않았는데 자기 깊은 속내를 말하는 것은 허물을 불러오는 길이다.'라고 했습니다. 제가 당신과 더불어 본래 평생 알지 못했는데, 당신은 이 경전을 가지고 인증(認證)해 줄 것을 요구하여 세상에 유포하고 중생계 가운데 부처 종자를 심으려고 하니, 이것은 가장 좋은 일입니다. 또 저를 그 가운데 사람이라고 하여, 그 가운데 소식으로 본분의 일로 서로 기약하고자 하므로, 감히 말씀드리지 않을 수 없습니다.

옛날 청량국사(淸凉國師)가 『화엄경소(華嚴經疏)』를 지을 때 번역

한 사람의 잘못을 바로잡고자 하되 범본(梵本)을 얻지 못하여 다만 이것을 경전 말미에 썼습니다. '불불사의법품(佛不思意法品)' 가운데에 이른바 '일체의 부처님〔一切佛〕께서 가없는 몸을 가지셔서 색상(色相)이 맑고 깨끗하여 널리 온갖 중생 속에 들어가되 오염되지 않는 것과 같다.'758)고 했습니다. 청량(淸凉)이 다만 말하기를 "불불사의법품 상권 제3엽(上卷第三葉)의 제십행(第十行)에 '일체 모든 부처〔一切諸佛〕'로 되어 있는데, 구본(舊本)에는 '제(諸)'자가 탈락되었다."고만 하였습니다. 그 나머지 경전본의 탈락된 것에도 다 경전 말미에 주를 달았습니다.759) 청량(淸凉)도 또한 '성인 같은 스승〔聖師〕'이라 능히 첨가해 넣거나 삭제해 없애지 못할 것은 없었으나, 다만 경전의 말미에 이렇게 쓴 것은 법을 아는 사람이 두려워하기 때문입니다.

경전 가운데 '대유리보(大琉璃寶)'가 있는데 청량이 말하기를 '아마 '폐유리(吠琉璃)'를 구본(舊本)에 잘못 베꼈을 것이다.'라고 하면서도 또한 감히 고치지 않고 다만 이와 같이 경전의 말미에 주를 달았을 뿐입니다.

古人이 有言호대 交淺而言深者는 招尤之道也라하니 某與左右로 素昧平生이라 左右ㅣ 以此經으로 求認證하야 欲流布萬世하야 於衆生界中에 種佛種子하니 此是第一等好事而又以某로 爲簡中人이라하야 以簡中消息으로 相期於形器之外일새 故로 不敢不上稟하노라
 昔에 淸凉國師ㅣ 造華嚴疏할새 欲正譯師舛訛호대 而不得梵本하야 但書之于經尾而已니 如佛不思議法品中에 所謂一切佛이 有無邊際

---

758) 『대방광불화엄경(大方廣佛華嚴經)』 권제30(卷第三十).
759) 경전의 내용은 함부로 고칠 수 없음을 말한 것이다.

身하사 色相이 淸淨하야 普入諸趣호대 而無染着이라하야늘 淸凉이 但
云佛不思議法品上卷第三葉第十行에 一切諸佛이어늘 舊脫諸字라하
고 其餘經本脫落에도 皆注之于經尾하시니 淸凉도 亦聖師也라 非不能
添入及減削이언만은 止敢書之于經尾者는 識法者懼也니라
　又經中에 有大琉璃寶어늘 淸凉이 曰恐是吠琉璃를 舊本에 錯寫라
호대 亦不敢改하고 亦只如此히 注之經尾耳며

　육조(六朝) 때 번역을 했던 모든 스승도 다 얕은 지식의 선비가 아니었습니다. 번역의 현장에는 말을 번역하는 사람이 있었으며, 뜻을 번역하는 사람, 윤문(潤文)을 하는 사람, 범어(梵語)를 고증(考證)하는 사람, 뜻을 수정(修整)하는 사람, 중국어와 범어를 서로 대교(對校)하는 사람이 있었습니다. 그런데 당신은 오히려 성인(聖人)의 뜻을 잘못 번역했다고 합니다. 당신은 범본(梵本)을 얻지 못하고 문득 망령되게 삭제하여, 도리어 후인으로 하여금 진리를 믿게 하려 합니다. 또한 어렵지 않겠습니까?
　장수(長水) 스님을 평론하기를 '글귀에만 의지하고 뜻을 위반했다.'고 하니, 범본의 증거가 없는데 어찌 문득 결정하여 그를 잘못했다고 하겠습니까? 그분은 비록 강의를 하는 사람이지만 강의하는 다른 분들과 같지 않았습니다. 일찍이 낭야광조선사(瑯琊廣照禪師)를 참례하여 낭야(瑯琊) 스님에게, 『수능엄(首楞嚴)』가운데 부루나(富樓那)가 부처님께 여쭈되 "청정(淸淨)하여 본래 그러한데 어찌하여 산하대지(山河大地)가 홀연히 생겼습니까?"[760] 하는 뜻을 청해 물었는데, 낭야

---

760) 『능엄경(楞嚴經)』 권제4(卷第四)

스님께서 드디어 소리를 질러 이르시기를 "청정하여 본래 그러한데 어찌하여 산하대지가 홀연히 생겼습니까?"라고 하였습니다. 장수 스님이 이 말에 바로 크게 깨닫고 뒤에 바야흐로 옷깃을 헤치고 스스로 좌주(座主)761)라고 일컬으셨습니다. 대개 좌주는 많이 줄을 찾고 먹만 헤아리므로, 당신은 이른바 글귀를 의지하고 뜻을 의지하지 않는다고 했습니다. 그러나 장수 스님은 식견이 없는 사람이 아니며, 또한 줄을 찾고 먹이나 헤아리는 사람이 아닙니다.

六朝翻譯諸師도 非皆淺識之士라 翻譯場에 有譯語者하며 有譯義者하며 有潤文者하며 有證梵語者하며 有正義者하며 有唐梵相校者어늘 而左右ㅣ 尙以爲錯譯聖意라하니 左右ㅣ 旣不得梵本하고 便妄加刊削하야 却要後世人으로 諦信이 不亦難乎아
如論長水依句而違義라하니 無梵本證커늘 如何便決定하야 以其爲非리요 此公은 雖是講人이나 與他講人으로 不同하니 嘗叅瑯琊廣照禪師하야 因請益瑯琊호대 首楞嚴中에 富樓那問佛호대 淸淨本然커니 云何忽生山河大地之義한대 瑯琊ㅣ 遂抗聲云淸淨本然커늘 云何忽生山河大地오하니 長水ㅣ 於言下에 大悟하고 後方披襟하야 自稱座主하니 蓋座主는 多是尋行數墨일새 左右ㅣ 所謂依句而不依義라하니 長水는 非無見識이며 亦非尋行數墨者니라

'상(相) 구족함을 쓰지 않았기 때문에 아뇩보리(阿耨菩提)를 얻었는가?'라는 『금강경』의 문장이 분명하여, 이 글이 지극히 알기 쉬운데, 이로부터 당신이 기이함을 구하는 것이 지나쳐 다른 견해를 세우려

---

761) 강주(講主)를 뜻한다.

하여 사람들에게 자기를 따르기를 요구할 뿐입니다. 무착이 논장(論藏)762)에서 이르기를 "당연히 법신으로 여래를 보고 상구족(相具足)으로써 보는 것이 아니기 때문이다. 만약에 그렇다면 여래를 비록 상(相)을 갖춘 것으로 보지 않지만, 응당 상(相)을 갖춘 것으로 인(因)을 삼아 아뇩보리(阿耨菩提)를 얻었다고 하는 것은 이런 집착을 떠나게 하기 위한 까닭이다. 경전763)에서 이르기를 '수보리야, 너의 생각에는 어떠하냐? 여래가 상(相)을 성취함으로써 아뇩보리(阿耨菩提)를 얻었는가?764) 수보리야, 이런 생각을 하지 말라.'는 등의 말은 그 뜻이 상(相)을 갖춘 체(體)는 보리가 아니며, 또 상(相) 갖춘 것을 원인(原因)으로 삼지 않음을 밝힌 것이니, 상(相)은 색(色)의 자성(自性)이기 때문이다."라는 말을 당신은 인용해 왔습니다.

이 논(論)의 단락이 분명한데 스스로 당신께서 그릇된 견해를 가졌을 뿐입니다. 색(色)은 상(相)의 연기(緣起)765)이고, 상(相)은 이 법계의 연기(法界緣起)입니다. 양나라 소명태자(昭明太子)766)가 말하기를 "여래가 상(相) 갖춤을 쓰지 않기 때문에 아뇩보리(阿耨菩提)를 얻었

---

762) 위(魏)나라 때 번역된 경문을 말한다. 위나라 번역본이 다만 의심을 막으려고 상성취(相成就)로써 보리(菩提)를 얻는 것이 아니라고 했으나, 실제는 연기대용(緣起大用)으로 주장을 삼았기 때문에 『무착론(無着論)』은 진공묘유(眞空妙有)를 말했다. 취법(就法)과 의심을 막는 것〔遮疑〕이 비록 다르나, 근본 뜻을 들어 보면 진공묘유(眞空妙有)이다. 손지현은 이 뜻을 모르고, 저 논(論)과 이 논(論)을 함께 같은 뜻으로 보아 '불(不)'자를 삭제하려고 하니, 이것이 그릇된 견해라는 것이다.
763) 위나라 때 번역된 경전 『금강경(金剛經)』이다.
764) 『금강경(金剛經)』 라집본(羅什本).
765) 상(相)은 32상(相)이고 색(色)은 80종호(種好)인데, 80종호(種好)가 32상(相)을 따라서 일어나기 때문이다. 그러하다면 이 속의 뜻은 다만 연기(緣起)가 위주가 된다는 것을 밝힌 것이다.
766) 이름은 통(統)이다. 다섯 살에 오경(五經)을 통달하고 『문선(文選)』을 지었다.

다는 이런 생각을 하지 말라."고 한 구절을 32분(分) 가운데 '무단무멸분(無斷無滅分)'의 내용으로 삼은 것은, 수보리가 상(相)을 구족함을 쓰지 않았다고 하면 연기가 소멸할까봐 두려워해서 입니다. 대개 수보리는 처음 어머니 태(胎) 안에서 곧 공적(空寂)함을 알아서 많이 연기의 상에 머물지 않았기 때문입니다.

不以具足相故로 得阿耨菩提의 經文大段이 分明하야 此文이 至淺至近이어늘 自是左右ㅣ 求奇太過하야 要立異解하야 求人從己耳니라 左右ㅣ 引無着論云以法身으로 應見如來요 非以相具足故라하니 若爾인댄 如來를 雖不應以相具足으로 見이나 應相具足으로 爲因하야 得阿耨菩提라할새 爲離此着故로 經에 言須菩提아 於意云何오 如來를 可以相成就로 得阿耨菩提아 須菩提아 莫作是念等者는 此義ㅣ 相具足은 體非菩提며 又不以相具足으로 爲因也니 以相은 是色의 自性故라

此論大段이 分明커늘 自是左右ㅣ 見錯解爾라 色은 是相의 緣起요 相은 是法界緣起니 梁昭明太子ㅣ 莫作是念호대 如來不以具足相故로 得阿耨菩提를 三十二分中에 以此分으로 爲無斷無滅分은 恐須菩提ㅣ 以具足相則緣起滅矣니 盖須菩提ㅣ 初在母胎知空寂하야 多不住緣起相일새니라

끝에 『공덕시보살론(功德施菩薩論)』을 인용하되 "뒤에 상(相)이 성취된 것이 진실로 있다면, 이 상(相)이 사라질 때에 곧 단멸(斷滅)이라고 이름하게 될 것이다. 어찌하여 그러한가? 생기는 것이 있기 때문에 단멸(斷滅)함이 있는 것이다."[767]라고 하였습니다. 또 사람들이 알

---

767) 『금강반야바라밀경파취착불괴가명론(金剛般若波羅蜜經破取著不壞假名論)』 권하

지 못할까 걱정하여 이르기를 "어찌하여 그러한가? 일체의 법이 남이 없는 성품이기 때문에 단견(斷見)과 상견(常見)의 두 가지 변견(邊見)을 멀리 떠나니, 두 가지 변견(邊見)을 떠나는 것이 이 법계의 상이다."768)라고 했습니다. 성(性)을 말하지 않고 상(相)을 말한 것은 법계는 성(性)의 연기인 까닭을 말한 것입니다. 상(相)이 법계 연기이기 때문에 성(性)을 말하지 않고 상(相)을 말했습니다. 양나라 소명 태자가 말한 '단멸(斷滅)이 없다.'는 것이 이것입니다.

이 단락의 뜻이 더욱 분명한데 또 당신은 기이함을 구하는 것이 너무 지나쳐 억지로 절목(節目)을 만들어내는 것일 뿐입니다. 만약 『금강경』을 삭제한다면, 모든 경전을 보는 사람마다 각각 자기 생각대로 억측하여 모두 삭제하게 될 것입니다.

後引功德施菩薩論호대 末後에 若相成就ㅣ是眞實有인댄 此相이 滅時에 卽名爲斷이니 何以故요 以生故로 有斷이니라 又怕人不會하야 又云何以故요 一切法이 是無生性일새 所以로 遠離斷常二邊이니 遠離二邊은 是法界相이라 不說性而言相은 謂法界는 是性之緣起故也요 相是法界緣起故로 不說性而言相이라 梁昭明의 所謂無斷無滅이 是也라하니

此段이 更分明커늘 又是左右ㅣ求奇太過하야 强生節目爾이니라 若金剛經을 可以刊削則一大藏敎를 凡有看者ㅣ各隨臆解하야 都可刊削也니라

---

768) 『금강반야바라밀경파취착불괴가명론(金剛般若波羅密經破取著不壞假名論)』 권하

한퇴지(韓退之) 같은 사람도 『논어』 가운데 '화(畫)'자를 지적하여 논하기를 '주(晝)'자로 하고 구본의 잘못이라고 말했습니다.769) 한퇴지의 식견으로 곧바로 고칠 수 있으나, 다만 이와 같이 글 가운데 논의를 두는 것은 왜 그러했겠습니까? 또 법을 아는 사람이 두려워할 뿐입니다. 규봉종밀 선사가 『원각경소(圓覺經疏)』를 지을 때에 『원각경』에 이해하는 곳이 있어야 바야흐로 감히 붓을 내렸습니다. 『원각경』 가운데 '일체 중생이 다 원각을 증득했다.'라고 했는데, 규봉이 '증(證)'자를 '구(具)'자로 하고 말하기를 '번역하는 사람의 잘못이다.'라고 했으나770) 범본(梵本)을 보지 못했기 때문에 또한 다만 이와 같이 『원각경론소(圓覺經論疏)』 가운데 의논(議論)해 두고 감히 문득 경전을 고치지 않았습니다. 그러나 뒤에 늑담진정화상(泐潭眞淨和尙)이 『개증론(皆證論)』을 지어, 그 안에서 규봉 선사를 심하게 꾸짖어 말하기를 '파계한 범부, 비린내 나는 놈'이라고 하였습니다. 만약 일체 중생이 다 원각을 갖추었으나 증득하지 않는다면, 짐승은 영원히 짐승이 되고 아귀(餓鬼)는 영원히 아귀가 되어, 모든 시방세계가 다 이 구멍 없는 쇠몽둥771)이라, 다시 한 사람도 진심(眞心)을 내어 근원(根源)으로 돌아가지 못하며,772) 범부도 또한 해탈을 추구하지 못할 것입니다. 어찌하여 그렇습니까? 일체 중생도 다 이미 원각(圓覺)을 갖추었으나, 또한 모름지기 증득함을 구할 수 없기 때문이라고

---

769) 『논어(論語)』 「공야장편(公冶長篇)」에 '재여가 낮잠을 자거늘 공자가 말하기를(宰予晝寢 孔子曰)'이라는 글에서 한퇴지(韓退之)가 '화침(畫寢)'은 '주침(晝寢)'의 잘못임을 알면서도 경전의 본문을 바로 고치지 않고 다만 설명만 덧붙였다는 것을 말한다.
770) 『원각경대소(圓覺經大疏)』 권중지4(卷中之四)
771) 변통성이 없는 것을 말한다.
772) 『능엄경(楞嚴經)』 권제9(卷第九)

했습니다.

 如韓退之ㅣ指論語中畫字하야 爲畫字하고 謂舊本差錯이라하니 以退之之見識으로 便可改了어늘 而只如此論在書中은 何也오 亦是識法者ㅣ懼爾니라 圭峰密禪師가 造圓覺疏鈔할새 密이 於圓覺에 有證悟處코사 方敢下筆하니 以圓覺經中에 一切衆生이 皆證圓覺이라하야늘 圭峰改證爲具하고 謂譯者之訛라호대 而不見梵本일새 亦只如此論在疏中하고 不敢便改正經也러니 後來에 泐潭眞淨和尙이 撰皆證論호대 論內에 痛罵圭峰하야 謂之破凡夫臊臭漢이라 若一切衆生이 皆具圓覺而不證者인댄 畜生은 永作畜生하고 餓鬼는 永作餓鬼하야 盡十方世界都盧是箇無孔鐵鎚라 更無一人도 發眞歸元이며 凡夫도 亦不須求解脫이니 何以故오 一切衆生이 皆已具圓覺이라 亦不須求證故라하니라

 당신은 서울의 경전을 옳게 생각하여 드디어 서울 판본으로 근거를 삼았습니다. 만약 서울 판본 같은 것도 외주부(外州府)에서 들여온 것이고, 경산(徑山)의 두 가지 장경 같은 것도 다 조정(朝廷)의 전성기에 도착한 것이고, 역시 외주부의 경생(經生)들이 베껴 쓴 것입니다. 만일 잘못이 있으면 또 도리어 어떻게 고치겠습니까? 당신이 만약 인아(人我)가 없어서 정히 저의 말을 지극한 정성으로 여긴다면, 반드시 고금의 큰 잘못에 빠지지 않을 것입니다. 만약 자기의 견해를 옳게 여겨 결단코 고쳐서 모든 사람들의 침 뱉고 꾸짖음을 받으려 한다면, 삭제하여 간행하는 데에 맡겨두겠습니다.

 저도 또한 다만 따라서 기뻐하고 찬탄할 뿐입니다. 당신이 이미

사람을 보내서 경전(經典)으로 인가(印可)를 구하므로, 비록 서로 알지 못하나, 법으로 친하게 되었기 때문에, 알지 못하는 사이에 걱정이 되어 서로 (뜻을) 거스르게 되었습니다. 당신의 지성(至誠)을 보았기 때문에 다시 인정(人情)을 두지 않습니다.

　左右 ㅣ 以京師藏經本으로 爲是하야 遂以京本으로 爲據어니와 若京師藏本은 從外州府納入이며 如徑山兩藏經도 皆是朝廷全盛時에 着到요 亦是外州府經生所寫어늘 萬一有錯이면 又却如何改正이리요 左右 ㅣ 若無人我하야 定以妙喜之言으로 爲至誠이면 不必泥在古今一大錯上이어니와 若執己見爲是하야 決欲改削하야 要一切人唾罵인댄 一任刊削印行하노라

　妙喜도 也只得隨喜讚歎而已리라 公이 旣得得遣人하야 以經으로 求印可일새 雖不相識이나 以法爲親故로 不覺에 忉忉怛怛하야 相觸忤로니 見公至誠이라 所以로 更不留情하노라

　당신이 결단코 불교의 가르침을 궁구하고 깊은 뜻을 알고자 한다면 마땅히 유명한 강사(講師)를 찾아서 한결같은 마음으로 더불어 자세하게 참고하여 철두철미(徹頭徹尾)하게 공부해야 합니다. 첫째로 마음을 부처님 가르침에 두어야 합니다. 만약 무상(無常)이 신속하고 생사의 일이 큰데 아직 이 일을 밝히지 못했다면, 마땅히 한결같은 마음과 한결같은 뜻으로, 능히 사람의 생사 굴택(生死窟宅)을 타파해 주는 한 본분작가(本分作家)를 찾아서 그와 더불어 죽을 각오로 공부를 하십시오. 홀연히 칠통(漆桶)을 타파한다면 문득 이것이 철두철미

한 자리가 될 것입니다.

만약 다만 이야기 거리로 말하되, 나는 여러 책을 널리 다 보아서 통달하지 않은 것이 없으며, 선도 알고 교도 알며, 또 능히 앞서 번역에 참가한 모든 강사들이 이르지 못한 곳을 점검하여 본인 스스로 능력이 있으며, 본인 스스로 이해했음을 드러낸다면, 삼교(三敎)의 성인을 모두 점검하는 것입니다. 다시 남의 인가를 받은 뒤에 시행할 필요가 없을 것입니다. 어떠하고 어떠합니까?

左右ㅣ決欲窮敎乘造奧義인댄 當尋一名行講師하야 一心一意로 與之叅詳하야 敎徹頭徹尾하야 一等是留心敎網也며 若以無常이 迅速하고 生死事大己事不明이라하면 當一心一意로 尋一本分作家ㅣ能破人生死窠窟者하야 與伊로 着死工夫厮崖하야 忽然打破漆桶하면 便是徹頭處也리라

若只是要資談柄道호대 我는 博極群書하야 無不通達하며 禪我也會하고 敎我也會하며 又能檢點得前輩諸譯主講師不到處하야 逞我能我解則三敎聖人을 都可檢點이라 亦不必更求人印可然後에 放行也러니 如何如何오

【요지】

경문(經文)을 삭제하려는 손지현의 주장을 선(禪)의 입장에서 논파(論破)했다. 『금강경(金剛經)』 '무단무멸분(無斷無滅分)'에는 '수보리야, 네가 만약 이렇게 생각하되, 여래(如來)가 상(相)을 구족(具足)하지 않았기 때문에 아뇩다라삼먁삼보리(阿耨多羅三藐菩提)를 얻었는가? 수보리야, 이렇게 생각하되 여래가 상을 구족하지 않았기 때문에 아뇩다라삼먁삼

보리를 얻은 것이 아니라고 말하지 말라.'라는 글이 나온다. 둘 가운데 앞 문장에서 손지현은 '불(不)'자를 제거해야 한다고 주장했다. 그 근거로 서울의 장본(藏本), 천친(天親)과 무착(無着)의 논설과 게송을 들었다. 그러면서 장수(長水), 고산(孤山) 스님의 역량이 부족함을 제시했다.

여기에 대하여 대혜 스님은 그가 범본을 얻어서 확인하지 못했다는 점, 서울의 장본도 외주부(外州府)의 경생(經生)들이 베낀 것이라는 점을 들어서 '불(不)'자의 삭제를 반대했다. 그리고 경전(經典)에 대한 신중한 태도를 보였던 청량국사, 규봉종밀, 한퇴지 등 역대 인물을 들어서 함부로 경전의 글자를 삭제하려는 손지현의 태도를 비판했다.

그리고 『금강경』을 번역하던 육조 당시의 엄정한 번역 체제, 예를 들면 말을 번역하는 사람, 뜻을 번역하는 사람, 윤문(潤文)하는 사람, 범어(梵語)를 고증(考證)하는 사람, 뜻을 수정(修整)하는 사람, 중국어와 범어를 서로 대교(對校)하는 사람이 있었기 때문에 번역의 오류가 있을 수 없다는 점을 강조했다. 장수(長水) 스님은 글귀에만 의지하여 뜻을 어긴 사람이 아니라 낭야광조선사(瑯琊廣照禪師)를 참례하고 크게 깨달은 선지식이라는 점을 들어서 손지현의 비판이 잘못 되었음을 지적했다.

이상에서 대혜 스님은 앞의 '불(不)'자를 제거해서는 안 될 외적 이유를 들었다면, 상을 구족하지 않음으로써 아뇩보리를 얻기도 하고, 상을 구족함으로써 아뇩보리를 얻기도 한다는 살활(殺活)의 관점에서 '불(不)'자가 반드시 있어야 할 경전 내적 이유를 설명했다.

요즈음 입수된 범본(梵本) 『금강경』에 의하면 손지현의 주장대로 '불(不)'자가 없다. 그래서 '불(不)'자를 삭제해야 한다는 손지현의 주장이 타당성을 가질 수도 있다. 그러나 경전을 선적(禪的)으로 이해하는 길을 열어 보였다는 차원에서 대혜 스님의 반론이 여전히 유효하다고 할 수 있다.

61. 장사인 장원에게 답함

　당신이 결단코 이 일을 끝까지 궁구(窮究)하고자 하거든, 다만 항상 마음을 텅 비우고 넓게 해서 경계가 옴에 곧 호응하십시오. 사람이 활쏘기를 오래오래 배워서 표적을 맞히게 되는 것과 같아질 것입니다. 보지 못했습니까? 달마 스님께서 이조(二祖) 혜가 스님에게 말하기를 "네가 다만 밖으로 모든 연(緣)을 쉬고, 안으로 마음에 헐떡임이 없어서, 마음이 장벽과 같아져야, 도에 들어갈 수 있다."773)고 했습니다. 지금 사람은 겨우 이 말을 듣고 문득 잘못 생각하여 완고하게 의식 없는 자리를 향하여 굳게 스스로를 막고 눌러서 마음이 장벽과 같이 되어 가기를 바랍니다. 조사774)가 말하기를 "잘못 알고 있으니, 어찌 일찍이 방편을 이해하겠는가?"775)라는 것입니다.

　암두(巖頭) 스님이 말하기를 "겨우 이러하면 문득 이러하지 않으니, 옳은 것도 또한 없애며 그른 것도 없앤다."776)고 했습니다. 이것이 문득 밖으로 모든 인연을 쉬고 안으로 헐떡임을 없애는 방법입니다. 비록 졸지에 꺾고 갑자기 타파하지는 못하더라도 또한 말에 휘둘

---

773) 『경덕전등록(景德傳燈錄)』 권제3(卷第三)
774) 육조(六祖) 스님이다.
775) 『경덕전등록(景德傳燈錄)』 권제5(卷第五)
776) 『어선어록(御選語錄)』 권제15(卷第十五)

리지는 않게 될 것입니다.

答張舍人 狀元

左右ㅣ 決欲究竟此事인댄 但常令方寸으로 虛豁豁地하야 物來卽應하면 如人學射에 久久中的矣리라 不見가 達磨ㅣ 謂二祖曰汝但外息諸緣하고 內心無喘하야 心如墻壁이라사 可以入道라하야늘 如今人은 纔聞此說하고 便差排하야 向頑然無知處하야 硬自遏捺하야 要得心如墻壁去하나니 祖師의 所謂錯認何曾解方便者也라

巖頭ㅣ 云纔恁麽면 便不恁麽니 是句도 亦剗이며 非句도 亦剗이라하니 遮箇便是外息諸緣하고 內心無喘底樣子也라 縱未得啐地折爆地破라도 亦不被語言所轉矣리라

달을 보면 손가락 보는 것을 그만두고, 집에 돌아오면 노정(路程)을 묻지 않을 것입니다. 분별심을 타파하지 않으면, 마음의 불길이 치열할 것입니다. 정히 이러한 때를 만나서 단지 의심하는 화두를 잡아야 합니다. 어떤 스님이 조주 스님에게 묻기를 "개도 도리어 불성이 있습니까?" 하니, 조주 스님이 대답하기를 "없다."고 했습니다. 다만 잡아 의심할지언정 왼쪽으로 와도 옳지 않으며, 오른쪽으로 와도 옳지 않습니다.

또 마음을 가지고 깨닫기를 기다리지 말며, 또 들어 보이는 그 자리〔擧起處〕에서 깨달으려 하지 말며, 또 현묘한 앎을 짓지 말며, 또 있다 없다는 알음알이도 짓지 말며, 또 진실로 없다는 없음으로 헤아리지도 말며, 또 일없는 궤짝 속에 앉아 있지도 말며, 또 부싯돌불과

번갯불 치는 곳에서 알려고도 하지 마십시오. 바로 마음 쓸 곳이 없고 마음이 갈 곳이 없을 때에 공(空)에 떨어질까 두려워 말아야 합니다. 이 속이 문득 좋은 곳이라, 홀연히 늙은 쥐가 소뿔에 들어간 것과 같이 문득 넘어져 끊어짐을 만나게 될 것입니다.

見月休觀指하고 歸家罷問程이니 情識을 不破則心火熠熠地리니 正當恁麼時하야 但只以所疑底話頭로 提撕호대 如僧이 問趙州호대 狗子도 還有佛性也無잇가 州云無라하니 只管提撕擧覺이언정 左來也不是며 右來也不是라
　又不得將心等悟하며 又不得向擧起處承當하며 又不得作玄妙領略하며 又不得作有無商量하며 又不得作眞無之無로 卜度하며 又不得坐在無事匣裡하며 又不得向擊石火閃電光處하야 會이다 直得無所用心하야 心無所之時에 莫怕落空이니 遮裡便是好處라 驀然老鼠入牛角에 便見倒斷也리라

　이 일은 어렵지도 않고 쉽지도 않습니다. 오직 일찍이 반야의 종자 심기를 깊이 하며, 일찍이 시작 없는 광대겁의 옛적부터 참된 선지식을 받들어 섬겨 바른 지견을 익혀서 신령한 의식 속에 있는 사람은 경계에 부딪히고 연(緣)을 만나는 일상생활 가운데서, 축대돌이 맞고 맷돌이 서로 맞아 들어가는 것과 같고, 일만 사람의 무리 속에서도 자기 부모를 알아보는 것과 비슷합니다. 이런 때를 만나서는 사람에게 묻지 않아도, 자연히 구하고 찾는 마음이 달리고 어지럽지 않을 것입니다.
　운문 스님이 말하기를 "말할 때에 곧 있다가 말하지 않을 때에 없

게 하지 말며, 헤아릴 때에 문득 있다가 헤아리지 않을 때에 문득 없게 하지 말라."777)고 했습니다. 또 스스로 잡아 일으키며 말하기를 "또 말하라. 헤아리지 않을 때에는 이 무엇인가?"라고 했습니다. 또 사람들이 알지 못할까 걱정하여 스스로 말하기를 "다시 이 무엇인가?"라고 했습니다.

此事는 非難非易니 除是夙曾種得般若種智之深하며 曾於無始曠大劫來에 承事眞善知識하야 熏習得正知正見하야 在靈識中하느니는 觸境遇緣하야 於現行處에 築着磕着호대 如在萬人叢裡하야 認得自家父母相似하나니 當恁麽時하야 不着問人하야도 自然求覓底心이 不馳散矣리라
雲門이 云不可說時에 卽有라가 不說時에 便無也하며 不可商量時에 便有라가 不商量時에 便無也라하고 又自提起云且道하라 不商量時는 是箇甚麽오 又怕人不會하야 又自云更是甚麽오하니라

근년 이래로 선에도 여러 가지가 있습니다. 혹 일문일답(一問一答)을 하다가 뒤에 한 마디 더 많이 하는 것으로 선(禪)을 삼습니다. 혹 고인이 도에 들어간 인연을 가지고 여럿이 모여서 헤아려 말하기를 '이 속은 허망한 것이고 저 속은 실제한 것이며, 이 말은 유현(幽玄)하며 저 말은 오묘(奧妙)하다.'고 하여 혹 대신 답하고778) 혹 다르게 답하는779) 것으로 선(禪)을 삼습니다. 혹 눈으로 보고 귀로 듣는 것을 모아

---

777) 『고존숙어록(古尊宿語錄)』
778) 어떤 스님이 지위선사(智威禪師)에게 묻기를 "무엇이 진성연기(眞性緣起)입니까?" 하니, 시자인 현정(玄挺)이 "대덕(大德)의 한 생각 묻는 때가 진성연기(眞性緣起)입니다."라고 대신 대답한 것과 같은 것이다.
779) 어떤 스님이 성염선사(省念禪師)에게 묻기를 "어떤 것이 모든 부처의 출신

서, 삼계가 오직 마음이며 모든 법이 유식(唯識) 위에 있음을 선으로 삼습니다. 혹 말 없이 검은 산 귀신 굴 안에 앉아서 눈을 감고 있는 것을 태초 위음왕 부처님 저변과 부모가 낳기 전의 소식이라고 말하면서 또한 이르기를 "고요히 항상 비춘다."고 하여 선을 삼습니다.

이와 같은 무리는 오묘한 깨달음을 추구하지 않고 깨달음을 방편〔第二頭〕에 떨어져 있는 것이라 하며, 깨달음으로 사람을 속이는 것이라고 하며, 깨달음으로 건립(建立)하는 것이라고 합니다. 스스로 이미 일찍이 깨닫지 못하고 또한 깨달음이 있다는 것도 믿지 못합니다.

近年以來로 禪有多途라 或以一問一答이라가 末後에 多一句로 爲禪者하며 或以古人入道因緣으로 聚頭商搉云遮裡는 是虛요 那裡는 是實이며 遮語는 玄하고 那語는 妙라하야 或代或別로 爲禪者하며 或以眼見耳聞으로 和會하야 在三界唯心萬法唯識上하야 爲禪者하며 或以無言無說로 坐在黑山下鬼窟裡하야 閉眉合眼으로 謂之威音王那畔父母未生時消息이라하며 亦謂之黙而常照라하야 爲禪者니

如此等輩는 不求妙悟하고 以悟로 爲落在第二頭라하며 以悟로 爲誑謼人이라하며 以悟로 爲建立이라하나니 自旣不曾悟하고 亦不信有悟底로다

제가 항상 스님들에게 말하기를 "세간의 솜씨 좋은 기술도 만약 깨달음이 없으면 항상 그 오묘함을 얻지 못하는데, 하물며 생사를 벗

처(出身處)입니까?" 하니, 성염 선사가 "동산이 물위로 걸어간다."고 했는데, 원오선사(圓悟禪師)는 "훈풍이 남쪽에서 불어온다."고 다르게 대답한 것과 같은 것이다.

어나고자 하면서780) 다만 입으로 고요함만 말하여 문득 거두어들일 수 있겠는가?"라고 했습니다. 머리를 감싸고 동쪽으로 달리면서 서쪽 물건을 가지려는 것과 크게 같아서, 더욱 구하면 더욱 멀어지며, 더욱 급하게 하면 더욱 더디게 됩니다. 이런 무리는 불쌍한 자라고 이름〔命名〕하겠습니다. 교학(敎學) 가운데 대반야(大般若)를 비방하여 부처님의 지혜(智慧) 명근(命根)을 끊는 사람입니다. 비록 천불이 세상에 나오셔도 참회가 통할 수 없습니다. 비록 선인(善因)을 심으려 하나 도리어 악과(惡果)를 부릅니다. 차라리 이 몸을 부수어 먼지 가루를 만들더라도 끝내 불법(佛法)을 가지고 인정(人情)으로 쓰지 말아야 합니다. 결단코 생사를 대적하려면 모름지기 칠통(漆桶)을 타파해야 비로소 옳습니다. 삿된 스승의 순하게 어루만짐을 입어서 동과(冬瓜)로 된 도장781)을 가지고 도장을 찍어 문득 말하기를 "나는 천 가지를 통달하고 백 가지를 깨달았다."고 하는 것을 절실히 꺼립니다.

이와 같은 무리는 벼, 삼, 대나무, 갈대와 같이 많습니다. 당신은 총명하고 식견이 있으니, 반드시 이런 나쁜 해독을 받지 않을 것입니다. 또한 마음 씀의 간절함 때문에 빠른 효험을 구하다가 느끼고 알지 못하는 사이에 그에게 오염을 당할까 걱정이 되어 붓을 따라 갈등을 이와 같이 합니다. 눈 밝은 사람이 보면 한바탕 패궐(敗闕)이 될 것입니다. 꼭 저의 말을 자세히 들으십시오.

다만 조주 스님의 한 개의 '무(無)'자로 일상에 연(緣)을 만나는 자리에서 잡아, 그 사이에 끊어지지 않게 하십시오. 고덕이 말하기를 "지극한 이치를 궁구하는 것은 깨달음을 원칙으로 삼는다."고 했습니

---

780) 생사(生死)에 대적(對敵)하는 것을 말한다.
781) 허망함에 집착하여 실제를 삼는 것을 말한다.

다. 만약 설법하여 하늘 꽃이 어지럽게 떨어지더라도 깨닫지 못하면, 모두 이 어리석고 미쳐서 밖으로 달리는 것일 뿐이니, 힘써 소홀히 하지 마십시오.

妙喜ㅣ 常謂衲子輩하야 說호대 世間工巧技藝도 若無悟處면 尙不得其妙온 況欲脫生死而只以口頭說靜하야 便要收殺리요 大似埋頭向東走하면서 欲取西邊物이라 轉求轉遠하며 轉急轉遲하나니 此輩는 名爲可憐愍者라 敎中에 謂之謗大般若하야 斷佛慧命人이라 千佛이 出世라도 不通懺悔하나니 雖是善因이나 返招惡果니라 寧以此身으로 碎如微塵이언정 終不以佛法으로 當人情호라 決要敵生死인댄 須是打破遮漆桶하야사 始得다 切忌被邪師의 順摩挱하야 將冬瓜印子印定하야 便道我ㅣ 千了百當이니

如此之輩ㅣ 如稻麻竹葦로대 左右는 聰明有識見이라 必不受遮般惡毒이나 然이나 亦恐用心之切로 要求速效하야 不覺不知에 遭他染汚故로 信筆葛藤如許하노니 被明眼人의 覷見하면 一場敗闕이니라 千萬相聽하라

只以趙州의 一箇無字로 日用應緣處에 提撕하야 不要間斷이어다 古德이 有言하사대 硏窮至理는 以悟爲則이라하니 若說得天花亂墜라도 不悟면 總是癡狂外邊走耳니 勉之不可忽이어다

【요지】
보고 듣는데 떨어지지 말고 화두를 참구할 것을 말했다. 생사의 일을 끝까지 궁구하고자 하면 마음을 텅 비고 넓게 하여 오는 경계에 호응해 가라고 했다. 달마 스님께서 혜가 스님에게 말씀하신 '밖으로 모든 인연

을 쉬고 안으로 마음 헐떡임을 없애서 마음이 장벽 같아야 도에 들어갈 수 있다.'는 말이 방편설(方便說)임을 이해하라고 했다. '겨우 이러하면 이러하지 않으니, 옳은 것도 없애고 그른 것도 다 없앤다.'는 암두 스님의 말대로 하는 것이 마음의 헐떡임을 없애는 방법이라고 했다.

분별심을 극복하지 않으면 마음 불길이 치열하게 되는데, 바로 이때에 다만 조주 스님의 무(無)자 화두를 들 것을 강조했다. 여기에 몇 가지 중요한 경계(警戒)의 말을 덧붙였다. 마음을 가지고 깨닫기를 기다리지 말며, 화두를 드는 그 자리를 향해서 깨달으려 하지 말며, 현묘(玄妙)함을 지어서 다스리려 하지 말며, 있다 없다는 알음알이도 짓지 말며, 진실로 없다는 '없음'으로 헤아리지 말며, 일없는 궤짝 속에 앉아 있지 말며, 부싯돌불과 번갯불 치는 곳에서 알려고 하지 말라는 것 등이 그것이다. 그래서 마음 쓸 곳이 없어서 마음 갈 곳이 없을 때에 공(空)에 떨어질까 두려워하지 말라고 했다. 이 속이 문득 좋은 곳이라, 홀연히 늙은 쥐가 소뿔에 들어간 것과 같이, 엎어져 끊어짐을 만나게 될 것이라고 했다.

잘못된 선(禪)의 예를 몇 가지 들었다. 문답을 하는데 말을 한 마디 더 많이 하는 것, 고인(古人)이 도에 들어간 인연을 모아 헤아리는 것, 보고 듣는 것을 가지고 삼계가 마음이며 모든 법이 유식(唯識)에 있다고 하는 것, 일없이 검은 산 귀신 굴 안에 눈 감고 앉아 있는 것 등을 다 선(禪)으로 아는 것은 잘못이라고 했다. 깨달음을 추구하지 않고 깨달음을 방편에 떨어져 있는 것이라 하거나 사람을 속이는 것이라고 하고, 스스로 깨닫지도 못하고 깨달음이 있다는 것을 믿지도 못하는 것이 가장 큰 잘못이라고 지적했다.

세상의 사소한 기술도 깨달음이 있어야 오묘함을 얻을 수 있는데, 생사를 벗어나는 일에 깨달음이 없을 수 없다는 것이다. 결단코 생사를 대적하려면 반드시 칠통을 타파해야 옳고, 그러기 위해서는 조주 스님의 무자 화두를 끊어짐 없이 들어서 깨달아야 한다는 것을 강조했다.

62. 탕승상782) 진지에게 답함

승상께서는 이미 이 일대사인연(一大事因緣)에 마음을 두셨습니다. 사바세계〔缺減界〕는 허망하고 실체가 없어 혹 나쁜 것이나 혹 좋은 것이나 낱낱이 다 (마음이) 작용하는 시절입니다. 다만 마음을 텅 비우고 넓게 하여 일상의 마땅히 해야 할 일이라도 분수(分數)에 따라 없애고, 경계에 부딪치고 인연을 만남에 그때마다 화두를 잡을지언정 빠른 효과를 구하지 마십시오.

지극한 이치를 궁구하는 것은 깨달음을 법칙으로 삼습니다. 그러나 첫째로 마음을 두고 깨달음을 기다리지 마십시오. 만약 마음을 두고 깨달음을 기다리면, 기다리는 마음이 도안(道眼)에 장애(障碍)를 주어 더욱 급하게 하면 더욱 더디게 될 것입니다. 단지 화두를 잡다가 문득 잡은 자리에서 생사심(生死心)이 끊어지면, 이것이 집에 돌아와 편안히 앉아 쉬는 자리입니다. 이러한 자리에 이르게 되면, 자연히 고인의 갖가지 방편을 꿰뚫어서 여러 가지 분별심이 저절로 생겨나지 않을 것입니다.

---

782) 이름은 사퇴(思退)이고 자(字)는 진지(進之)다.

答湯丞相 進之

丞相이 旣存心此段大事因緣하니 缺減界中에 虛妄不實하야 或逆或順이 一一皆是發機時節이니 但常令方寸으로 虛豁豁地하야 日用合做底事라도 隨分撥遣하고 觸境逢緣에 時時以話頭로 提撕언정 莫求速效어다

研窮至理는 以悟爲則이라 然이나 第一에 不得存心等悟어다 若存心等悟則被所等之心의 障却道眼하야 轉急轉遲矣리라 但只提撕話頭라가 驀然向提撕處하야 生死心이 絶則是歸家穩坐之處라 得到恁麼處了하면 自然透得古人의 種種方便하야 種種異解ㅣ自不生矣리라

경전783)에서 이르기를 "마음의 생사를 끊어서 마음의 번뇌를 없애며, 마음의 때를 씻고 마음의 집착을 벗어난다."고 하였습니다. 집착한 곳에서 마음을 움직이게 하되,784) 움직이는 때를 만나서 또한 움직이는 이치가 없게 되면, 자연히 일마다 밝고 물건마다 나타날 것입니다. 일상 인연에 호응할 때에 혹 깨끗하거나 혹 더러운 것과 혹 즐겁거나 혹 성나는 것과 혹 좋거나 혹 나쁜 것이 구슬이 소반 위에서 굴러가는 것785)과 같아서, 건드리지 않아도 저절로 굴러갈 것입니다. 혹 이러한 시절에 이르러서는 잡아내어 남에게 보여 주려 해도 할 수 없습니다. 이것은 물을 마심에 차고 뜨거운 것을 저절로 아는 것과 같습니다. 남양충국사(南陽忠國師)가 말하기를 "법(法)에 얻은 것이

---

783) 『화엄경(華嚴經)』을 말한다.
784) 『대방광불화엄경(大方廣佛華嚴經)』 권제63(卷第六十三)
785) 일체 경계에 지배받지 않고 자유자재하는 것이다. 인위적으로 그렇게 하려고 해서 그런 것이 아니라, 저절로 그렇게 되는 것을 뜻한다.

있다고 말하면, 이것은 여우 울음소리다."786)라고 했습니다. 이 일은 푸른 하늘의 밝은 해와 같아서 한 번 보면 문득 보이니, 진실로 스스로 보아 얻은 것은 삿된 무리가 제멋대로 할 수 없는 것입니다.

　전날에 역시 일찍이 만나서 '이 일은 전수(傳授)해 줄 수 없다.'고 말했습니다. 겨우 기특(奇特)하고 현묘(玄妙)함이 있다고 말하면, 여섯 귀가 함께 도모할 수 없다는 말787)이 곧 서로 속이는 것입니다. 문득 좋게 끌어와서 얼굴에 침을 뱉어야 할 것입니다.

　敎中에 所謂絶心生死하야 伐心稠林하며 浣心垢濁하고 解心執着이라하니 於執着處에 使心動轉호대 當動轉時하야 亦無動轉底道理하면 自然頭頭上明하고 物物上顯하야 日用應緣處에 或淨或穢와 或喜或瞋과 或順或逆에 如珠走盤하야 不撥而自轉矣리라 得到遮箇時節하야는 拈出呈似人不得이니 如人이 飮水에 冷煖을 自知니라 南陽忠國師ㅣ 有言호대 說法有所得하면 是爲野干鳴이라하니 此事는 如靑天白日하야 一見便見이니 眞實自見得底는 邪師ㅣ 走作不得이라

---

786) 여기서 여우 울음소리는 '중생의 소리'를 뜻한다.(『경덕전등록(景德傳燈錄)』 권제5)
787) 늑담법회선사(泐潭法會禪師)가 마조(馬祖) 스님께 묻기를 '무엇이 조사께서 서쪽에서 온 뜻입니까?'라고 하니, 마조가 말하기를 '소리를 낮추고 가까이 오너라. 너에게 말해 주겠다.'라고 했다. 법회 선사가 가까이 갔는데, 마조 스님이 한번 후려갈기면서 말하기를 '여섯 귀가 함께 도모할 수 없다. 내일 오너라.'고 했다. 법회 선사가 다음날 법당에 들어가 이르기를 '화상께 말씀해 주시기를 청합니다.' 하니, 마조 스님이 또 이르기를 '또 가거라. 내가 상당(上堂)할 때를 기다려 나오너라. 너에게 증명해 주겠다.'라고 했다. 법회 선사가 이에 깨닫고 이르기를 '대중이 증명해 준 것에 감사드립니다.' 하고, 이에 법당을 한 바퀴 돌고 문득 가버렸다.(洪州泐潭法會禪師問馬祖 如何是西來祖師意 祖曰 低聲近前來 師便近前 祖打一摑云 六耳不同謀 來日來 師至來日猶入法堂云 請和尙道 祖云 且去 待老漢上堂時出來 與汝證明 師乃悟云 謝大衆證明 乃繞法堂一匝便去, 『경덕전등록(景德傳燈錄)』 권제6)

前日에 亦嘗面言호대 此事는 無傳授라 纔說有奇特玄妙면 六耳不同謀之說이라 卽是相欺便好拽住하야 劈面便唾니라

서생(書生)으로부터 재상이 되었으니, 이것은 세간에서는 가장 존귀한 일입니다. 그러나 만약 이 일 위를 향하여 통달하지 못하면, 곧 헛되이 남염부제(南閻浮提)를 한 번 왔다가 인과를 거둘 때에 한 몸에 악업만 가지고 돌아갈 것입니다. 경전 가운데 '어리석은 복〔癡福〕 짓는 것'[788]이 삼생(三生)의 원수(冤讐)라고 하니, 어찌하여 삼생의 원수입니까? 첫째는 평생 어리석은 복을 짓는다고 견성(見性)을 하지 못하기 때문입니다. 둘째는 어리석은 복을 받아도 부끄럼이 없어서 좋은 일을 하지 않고 한결같이 업보(業報)를 짓기 때문입니다. 셋째는 어리석은 복을 다 받아서 좋은 일을 하지 못하고 몸을 벗을 때에 지옥에 들어가기를 쏜살과 같이 하기 때문입니다. 사람 몸 받기 어렵고, 부처님 법 만나기 어려우니,[789] 이 몸을 금생(今生)에 제도하지 않으면, 다시 어느 생에 이 몸을 제도하겠습니까?

書生이 做到宰相하니 是는 世間法中에 最尊最貴者라 若不向此事上하야 了却하면 卽是虛來南閻浮提하야 打一遭라가 收因結果時에 帶得一身惡業去하리니 敎中에 說作癡福이 是第三生冤이라하니 何謂第三生冤고 第一生에 作癡福하고 不見性이요 第二生에 受癡福이나 無慚愧하야 不做好事하고 一向作業이요 第三生에 受癡福盡일새 不做好

---

788) 명예나 권세와 같은 세속의 물리적인 복을 말한다.
789) 『대집경(大集經)』 권제31(卷第三十一). 『불명경(佛名經)』 권제24(卷第二十四)

事라 脫却殼漏子時에 入地獄ㅣ如箭射니라 人身難得이요 佛法難逢이니 此身을 不向今生度하면 更向何生度此身리요

　이 가르침을 배우는 데는 모름지기 결정적인 의지가 있어야 합니다. 만약 결정적인 의지가 없으면, 소리 듣고 점을 치는 사람이, 다른 사람이 동쪽이라고 말하는 것을 듣고는 문득 그 사람을 따라 동쪽으로 달려가고, 서쪽이라고 말하면 문득 그 사람을 따라 서쪽으로 달려가는 것과 같습니다. 만약 결정적인 의지가 있으면, 잡아 머물고 주재(主宰)를 지을 수 있습니다.

　나융(懶融) 스님은 "설령 한 법이 열반보다 더 나은 것이 있다 하더라도 나는 말하되, 또한 꿈과 같고 환상과 같다 하겠다."790)라고 하였는데, 하물며 세상의 허망하고 진실하지 않은 법에, 다시 무슨 심정이 그것과 더불어 상관하겠습니까? 원컨대 당신께서는 이 의지를 굳게 하여 정진하는 것으로 결정적 뜻을 삼으면, 비록 세상의 유정(有情)들이 다 마왕(魔王)이 되어 와서 괴롭히고 어지럽히려 해도 그 틈을 얻지 못할 것입니다. 반야 위에서는 헛되이 버리는 공부가 없습니다.

　만약 화두를 면전에 두면, 비록 금생에 통달하지 못하더라도 역시 종자를 깊이 심어서 임종(臨終)할 때에 또한 업식(業識)에 끌려 악취(惡趣)에 떨어지지 않고, 몸을 바꾸어 나옴에 또한 나를 미혹하게 하지 못할 것입니다.791) 살피십시오.

---

790) 『경덕전등록(景德傳燈錄)』 권제4(卷第四)
791) 전생에 공부한 힘으로 금생에 수용하는 것이 어긋남이 없다는 말인데, 왕수인(王守仁)과 소동파(蘇東坡)와 같은 경우가 그 예다.

學此道인댄 須有決定志이니 若無決定志則如聽聲卜者가 見人說東하면 便隨人向東走하고 說西하면 便隨人向西走어니와 若有決定志則 把得住하며 作得主宰라

懶融의 所謂設有一法이 過於涅槃이라도 吾說亦如夢幻이온 況世間 虛幻不實之法에 更有甚麽心情이 與之打交涉也리요 願公은 堅此志하야 以得入手로 爲決定義則縱使大地有情으로 盡作魔王하야 欲來惱亂이라도 無有得其便處리니 般若上에는 無虛棄底工夫니라 若存心在上面이면 縱今生에 未了라도 亦種得種子深하야 臨命終時에 亦不被業識所牽하야 墮諸惡趣하고 換却殼漏子하면 轉頭來에 亦昧我底不得하리니 察之어다

【요지】

빠른 효험을 구하지 말고 화두를 열심히 참구하라고 가르쳤다. 사바세계의 역순(逆順) 경계(境界)는 다 작용하는 시절이니, 인연을 만나면 화두를 잡을 일이지 빠른 효과를 추구하지 말라고 했다. 이치를 궁구하는 것은 깨달음을 법칙으로 삼지만 마음을 두고 깨닫기를 기다리지 말라고 했다. 기다리는 마음은 도에 장애가 되고, 그런 마음으로 급하게 하면 더욱 더디게 되기 때문이라는 것이다. 화두를 잡은 자리에서 생사심(生死心)이 끊어지면, 이것이 집에 돌아와 편히 쉬는 자리인데, 여기에 이르면 고인 방편을 저절로 바로 알아 다른 견해를 가지지 않게 될 것이라고 했다.

집착하는 곳에서 마음을 움직이되 움직이는 때를 만나 움직이는 이치가 없게 되면, 낱낱이 밝고 드러나서, 일상 인연에 호응할 때 맑음과 더러움, 즐거움과 성남, 맞음과 거슬림이 소반 위의 구슬 같이 저절로 굴러갈 것이라고 했다. 이것은 물을 마심에 차고 더운 것을 저절로 아는 것과

같아서 남에게 보여줄 수 없고, 푸른 하늘의 해를 한 번 보면 문득 보이는 것과 같아서 삿된 스승이 얻을 수 없는 것이라고 했다. 여기에 혹 무슨 기특(奇特)하고 현묘(玄妙)함이 있다고 하면, 이것은 서로 속이는 일이라고 했다.

세간에서 재상(宰相) 되는 것이 귀한 일이지만 일대사인연을 통달하지 못하면 남염부제(南閻浮提)에 헛되이 한 번 왔다가 죽을 때에 악업만 가지고 돌아가게 된다고 했다. 치복(癡福)은 짓는다고 견성하지 못하며, 누린다고 업보를 지으며, 다 받아서 좋은 일을 하지 못하기 때문에 삼생(三生)의 원수라고 했다. 사람 몸 받아 부처님 법 만나기 어려운데 이 몸을 금생에 제도하지 않으면 다시 어느 생에 제도하겠는가? 라고 반문했다.

결정적 의지를 가지면 주인〔主宰〕을 지어 어떤 것에도 흔들리지 않을 수 있다고 했다. '열반보다 나은 것이 있어도 나는 꿈과 같고 환상과 같다 하겠다.'고 했던 나융(懶融) 스님의 말을 빌려 세상의 허망한 법에는 더욱 상관하지 말 것을 당부했다. 결정적 의지를 가지면 세상 유정이 모두 마왕이 되어 나를 괴롭히고 어지럽히려 해도 틈을 엿보지 못한다는 것이다. 화두를 면전에 두면 금생에 통달하지 못하더라도 임종할 때 업식(業識)에 끌려 악취(惡趣)에 떨어지지 않고, 다시 태어날 때 미혹하지 않을 것이라고 했다.

63. 번제형 무실에게 답함

편지에 보이기를 "불사(佛事)[792]는 능히 실행하되, 선어(禪語)는 알지 못합니다."라고 했는데, 능히 실행하는 것과 알지 못하는 것은 다른 것도 없고 같은 것도 없습니다. 다만 능히 실행하는 것이 곧 선어(禪語)임을 알아야 합니다. 선어는 이해하고 불사를 실행하지 못한다면, 사람이 물 속에 앉아서 목마르다고 부르짖으며, 밥 도시락 안에 앉아서 배고프다고 아우성치는 것과 무엇이 다르겠습니까? 마땅히 선어가 곧 불사이며, 불사가 곧 선어임을 알아야 합니다.

능히 실행하고 능히 아는 것은 사람에게 있고 법에 있지 않습니다. 만약 다시 이 속을 향하여 같은 것을 찾거나 다른 것을 찾는다면, 이것은 빈주먹 손가락 위에 무엇이 있다는 생각을 하는 것이며, 육근(六根)과 육경(六境)의 법 가운데서 헛되이 괴이한 것을 날조하는 것입니다.[793] 뒷걸음치면서 앞으로 가려는 것과 같아서 더욱 급하게 할수록 더욱 더디게 되며, 더욱 빠르게 할수록 더욱 느리게 되는 것과 같을 것입니다.

바로 끊어서 마음을 넓히려면, 다만 능하거나 능하지 못한 것

---

792) 여기서 불사(佛事)는 일상적으로 하는 예불하고 참회하며 공양드리는 일 등을 말한다.
793) 『증도가(證道歌)』

알거나 알지 못하는 것과 같거나 같지 않은 것과 다르거나 다르지 않은 것과 능히 이와 같이 헤아리거나 이와 같이 분별하는 것을 가져다가 다른 세상 밖으로 쓸어버리십시오. 도리어 쓸어버릴 수 없는 자리를 향하여 '이것이 있는가? 이것이 없는가? 이것이 같은가? 이것이 다른가?'를 보면794) 홀연히 온갖 생각이 끊어질 것입니다. 이러한 때를 만나서는 저절로 사람에게 묻지 않게 될 것입니다.

答樊提刑 茂實

示諭호대 能行佛事而不解禪語라하니 能與不解ㅣ無別無同이라 但知能行者ㅣ卽是禪語니 會禪語而不行佛事면 如人在水底坐하야 叫渴이며 飯籮裡坐하야 叫飢로 何異리요 當知禪語卽佛事며 佛事卽禪語라

能行能解는 在人이요 不在法이니 若更向箇裡하야 覓同覓別則是는 空拳指上에 生實解며 根境法中에 虛捏怪라 如却行而求前이니 轉急轉遲하며 轉速轉遠矣리라

要得徑截心地豁如인댄 但將能與不能과 解與不解와 同與不同과 別與不別과 能如是思量如是卜度者하야 掃向他方世界하고 却向不可掃處하야 看是有是無아 是同是別가하면 驀然心思意想絶하리니 當恁麼時하야는 自不着問人矣리라

【요지】

사량하고 분별하는 마음을 쓸어서 없애고 한결같이 화두를 참구하라고 했다. '불사(佛事)는 잘 하는데 선어(禪語)는 알지 못한다.'는 번제형의 말에 대하여 선어가 불사이고 불사가 곧 선어임을 알아야 한다고 말

---

794) 같은 것도 없고 다른 것도 없는 곳을 초월하여 참구하기를 권한 말이다.

했다. 능히 실행하고 능히 아는 것은 사람에게 있고 법에 있지 않은데도 이 속에서 같거나 다른 것을 찾는다면, 빈주먹을 보고 무엇이 있다는 생각을 하며, 육근(六根)·육경(六境) 가운데서 괴이한 것을 날조하는 것이라고 했다. 능하거나 능하지 못한 것, 알거나 알지 못하는 것, 같거나 같지 않은 것, 다르거나 다르지 않는 것, 이와 같이 헤아리거나 이와 같이 분별하는 것을 모두 세상 밖으로 쓸어버리고, 쓸어버릴 수 없는 자리를 향하여 보면 홀연히 생각이 끊어질 것이라고 했다.

64. 성천 규 화상795)에게 답함

이미 밖에서 보호하는 사람과 마음으로 서로 통함을 얻었다면, 스스로 살림살이를 버려두고 자주 스님들과 더불어 불사(佛事)를 지어라. 오래하고 오래하면 저절로 훌륭하게 될 것이다. 다시 바라건대 조실 방안에서 더불어 자세하게 할지언정, 인정을 용납하지 말며, 저들과 함께 풀에 떨어지지 말라.796) 바로 본분사(本分事)로써 보여 주어 저들로 하여금 스스로 깨닫고 스스로 터득하게 해야, 바야흐로 비로소 사람을 위하는 선지식의 방식이 될 것이다.797)

만약 저들이 머뭇거리고 의심하여 깨닫지 못하는 것을 보고, 문득 저들에게 설명을 해준다면, 다만 남의 눈을 멀게 할 뿐만 아니라 역시 자기의 본분 가르침도 잃게 될 것이다. 사람을 얻지 못하더라도798) 곧 조사들의 인연법이 다만 이와 같은 것이고, 만약 한 개나 반개799)

---

795) 대혜 스님의 제자다. 제자인 성천 규 화상, 손제자인 고산 체 장로에게 준 편지는 격에 맞게 하대어를 사용하여 번역하였다.
796) 사량분별(思量分別)에 떨어지지 말라는 말이다.
797) '체재(體裁)'는 사람의 몸[體]을 보고 옷을 짓는다[裁]는 말인데, 여기서는 중생의 근기에 따라 거기에 맞게 설법을 해 주는 것을 뜻한다.
798) 법을 깨닫는 사람을 얻지 못하는 것을 말한다.
799) 진(秦) 나라 임금 부견(付堅)이 진(晉)을 정벌하고 도안선사(道安禪師)와 습착치(習鑿齒)를 얻어서 돌아와 말하기를 '나는 십만 병사로 양양(襄陽)을 정벌하여 한 개와 반개를 얻었다'고 했다. 몸이 성한 도안 선사는 한 개이고 습착치는 한 쪽 다리를 절기 때문에 반개라고 말했다.

를 얻더라도 본분사에서는 또한 평상의 의지와 원력을 등지지 않을 것이다.

答聖泉珪 和尙

旣得外護者ㅣ 存心相照인댄 自可撥置人事하고 頻與衲子輩로 作佛事어다 久久하면 自殊勝하리라 更望室中에 與之子細언정 不得容人情하며 不得共伊로 落草하고 直似之以本分草料하야 敎伊로 自悟自得하야사 方始尊宿의 爲人體裁也라

若是見伊의 遲疑不薦하고 便與之下注脚하면 非但瞎却他眼이라 亦乃失却自家本分手端하리니 不得人이라도 卽是吾輩의 緣法이 只如此요 若得一箇半箇라도 本分底인댄 亦不負平昔志願也리라

【요지】

밖에서 보호해 주는 사람과 마음이 통하거든 살림살이를 버려두고 스님들을 제접하는 일에 힘쓰라고 했다. 조실 방에 앉아서 자세하게 하고, 인정을 용납하지 말며, 풀에 떨어지지 말고, 본분사(本分事)로 보여 스스로 깨닫고 터득하게 해야, 사람을 위하는 올바른 방식이 될 것이라고 했다. 머뭇거리고 의심하여 알아듣지 못한다고 설명을 해주면, 남의 눈을 멀게 하고 자기의 본분 가르침도 잃게 될 것이라고 경계했다. 조사의 인연법이 이와 같기 때문에 한 개나 반 개를 얻어도 본분사에서는 평소의 뜻과 원력을 등지지 않을 것이라고 했다.

65. 고산 체 장로800)에게 답함

특별 사자(使者)가 옴에 편지와 믿음의 향을 받고서, 법을 열고 출세하여 석문(石門)801)에서 도를 불러일으키며, 전승처(傳承處)802)를 잊지 않아서, 악장로(岳長老)를 위하여 향을 피우기에,803) 양기종파(楊岐宗派)804)를 이었음을 알았다. 이미 이 일을 이었다면, 모름지기 탁월해서 제접(提接)함에 철두철미하게 해야 한다. 평소 실제로 증득하고 깨달은 본분사로 방장실에 단정히 앉아 있되, 120근의 짐을 지고 외나무다리 위를 지나가는 것과 같이 해야 한다. 발을 헛디디고 손을 잘못 놀릴 때는 자기의 생명도 보존하지 못하거든 하물며 다시

---

800) 대혜 스님의 손제자(孫弟子)이다.
801) 한 개의 산 안에 흥성사(興聖寺)와 고산사(鼓山寺)라는 두 개의 절이 있었는데, 다 같이 이 석문을 출입문으로 사용했다.
802) 종파의 전승해 온 차례를 말한다.
803) 향을 피운다는 말은 그 스승[師宗]을 정한다는 말이다. 선가(禪家)에서 상당 설법(上堂說法)을 할 때에는 축원을 한다. 첫째로 나라를 위하여 축원하고, 둘째로 외호하는 단월(檀越, 施主)을 위하여 축원하고, 셋째로 법을 얻은 스승을 위하여 축원을 한다. 이것은 법을 전승해온 근원을 잊지 않기 위한 것이다.
804) 선사(先師) 가운데 덕이 있는 사람을 별도로 취해 오는 것은 무왕(武王)이 행사하는 가운데 후직(后稷)을 별도로 천거(薦擧)한 예와 같다. 양기파(楊岐派)의 계보를 보면 양기방회(楊岐方會)를 시작으로 하여 백운수단(白雲守端), 오조법연(五祖法演), 원오극근(圓悟克勤), 경산종고(徑山宗杲), 사악(思岳), 고산종체(鼓山宗逮)로 이어진다. 따라서 종체는 대혜(大慧) 스님의 손제자(孫弟子)가 된다.

사람들과 더불어 못과 말뚝을 뽑아서 남을 구제할 수 있겠는가?

고덕805)이 말하기를 "이 일은 여든 나이의 노인이 과거장에 들어가는 것이라 어찌 아이의 장난이겠는가?"806)라고 했으며, 또 고덕807)이 말하기를 "내가 만약 한결같이 근본 종지만 들어 보이면, 법당 앞에 풀이 한 자는 될 것이니,808) 모름지기 사람을 고용해서 집을 보게 해야 옳다."고 했다. 또 암두(巖頭) 스님이 매번 말하기를 "똥 누기 이전809)을 한번 보아야 문득 눈이 밝게 된다."810)고 했다.

안국사(晏國師)811)의 석문에 걸터앉지 말라는 글귀812)와 목주(睦州)의 현성공안(現成公案)이라 하더라도 너에게 30방을 주겠다는 것813)과 분양무업(汾陽無業)의 망상하지 말라는 것814)과 노조(魯祖)815)가 스님이 문에 들어오는 것을 보고 문득 몸을 돌려 벽을 향하여

---

805) 운거도응선사(雲居道膺禪師)를 말한다.
806) 『선림승보전(禪林僧寶傳)』 권제6(卷第六)
807) 장사경잠선사(長沙景岑禪師)를 말한다.
808) 『경덕전등록(景德傳燈錄)』 권제10(卷第十)
809) 알음알이가 일어나기 이전을 말한다.
810) '탁삭지(卓朔地)'는 높이 눈을 붙여 본다〔高着眼〕는 말로 '밝게 안다'는 뜻이다.
811) 흥성사(興聖寺)의 신안선사(神晏禪師)를 말한다. 사람을 만나면 곧 '석문에 걸터앉지 말라'고 말하니, '문을 벗어나지 말라'는 말이다.
812) 『경덕전등록(景德傳燈錄)』 권제18(卷第十八)
813) 목주(睦州)의 진존숙(陳尊宿)이 어떤 스님이라도 오는 것을 보면 곧 말하기를 '뚜렷이 이루어진 공안이라도 너에게 30 방망이를 주겠다.'고 하니, 뒷사람들이 그가 말한 것을 일컬어 '현성공안(現成公案)'이라고 했다.(『고존숙어록(古尊宿語錄)』 권제육(卷第六))
814) 『경덕전등록(景德傳燈錄)』 권제8(卷第八)
815) 노조(魯祖)는 산 이름인데 여기서는 보운선사(普雲禪師)를 말한다. 그는 '면벽송(面壁頌)'에서 '시비하여 말을 쉬지 않는 것이 푸른 봉우리에 단정히 앉아 있는 것과 어찌 같으리. 들 원숭이 울어도 찾을 수 없는 곳에, 그를 따라 꽃이 떨어져 물을 좇아 흘러간다.(是是非非言不休 爭如端坐碧峰頭 野猿啼唱無尋處 花落從他逐水流)'고 했다.

앉는 것 등에 대하여, 사람을 위할 때에, 마땅히 이러한 방법에 어둡지 말아야 바야흐로 위로부터의 종지(宗旨)를 잃지 않을 것이다.

答鼓山逮 長老

專使來에 收書와 並信香等하고 知開法出世하야 唱道於石門하며 不忘所從來하야 爲岳長老拈香하야 續楊岐宗派호라 旣已承當箇事인대 須卓卓地하야 做敎徹頭徹尾니 以平昔의 實證實悟底一着子로 端居丈室호대 如擔百二十斤擔子하고 從獨木橋上過니 脚蹉手跌時에 和自家性命도 不可保온 況復與人으로 抽釘拔楔하야 救濟他人耶아

古德이 云此事는 如八十翁翁이 入場屋이라 豈是兒戲리요하며 又古德이 云我若一向에 擧揚宗敎인댄 法堂前에 草深一丈하리니 須倩人看院하야사 始得다하며 巖頭每云向未扃已前一覷하야 便眼卓朔地라하며

晏國師의 不跨石門句와 睦州의 現成公案으로 放爾三十棒과 汾陽無業의 莫妄想과 魯祖의 凡見僧入門하고 便轉身面壁而坐를 爲人時에 當不昧這般體裁하야사 方不失從上宗旨耳리라

옛날에 위산 스님이 앙산 스님에게 말하기를 "법당(法幢)을 세워 한 곳에 종지를 수립하려고 하면 다섯 가지 인연이 갖추어져야 비로소 성취할 수 있다."고 했다. 다섯 가지 인연은 밖에서 수호하는 인연과 시주하는 사람의 인연과 납자(衲子)의 인연과 땅의 인연과 도의 인연이다. 듣건대 상대(霜臺)[816]의 조공(趙公)은 너를 청한 주인이고 치정사업(致政司業) 정공(鄭公)은 너를 보내서 사원에 들어가게 했으니, 두 분은 천하의 선비라, 이로써 보건대 너는 다섯 가지 조건이

---
816) 상대(霜臺)는 사헌부(司憲府)를 말한다.

조금 갖추어졌다.

매번 민중(閩中)에서 오는 납자들이 법석의 성대함을 칭찬하고 감탄하지 않음이 없었다. 시주가 향해 귀의하고 사대부가 밖에서 보호하며, 주지(住持)에게 마군(魔軍)의 장애가 없고 납자들이 운집한다고 하니, 체력이 건강할 때에 자주 납자들에게 이 일을 격동(激動)하고 발분(發奮)하게 하되 지도할 때817)에 모름지기 정신을 차려서 소홀하게 하지 말라.818)

근년에 일종의 부처님 법을 소매(小賣)로 파는 무리〔裨販之輩〕가 있어 도처에 한 무더기 한 짐의 선(禪) 비슷한 것〔相似禪〕을 배워서 가끔 종사(宗師)가 잠시 간과(看過)함에 드디어 헛소리를 이어서 서로 인가(認可)해 주며, 후인(後人)을 그르치고 속여서 바른 종지로 하여금 적막하게 하는 데 이르렀다. 마음으로 전하고 바로 가르치던 가풍(家風)이 거의 세상에서 사라지게 되었으니, 자세히 살피지 않을 수 없다.

昔에 潙山이 謂仰山曰建法幢立宗旨於一方인댄 五種緣備하야사 始得成就라하니 五種緣은 謂外護緣과 檀越緣과 衲子緣과 土地緣과 道緣이라 聞霜臺趙公은 是汝請主요 致政司業鄭公은 送汝入院하니 二公은 天下士라 以此觀之컨대 汝於五種緣이 稍備로다

每有衲子自閩中來者ㅣ無不稱歎法席之盛호대 檀越이 歸向하고 士大夫ㅣ外護하며 住持無魔障하고 衲子雲集이라하니 可以趁色力强

---

817) 윗사람이 아랫사람을 가르치는 것을 말한다.
818) '불득망로(不得莽鹵)'는 흐리멍덩하게 하지 말라는 말인데, 『장자(莊子)』에 '임금은 정치를 함에 흐리멍덩하게 하지 말아야 한다(君爲政勿莽鹵).'는 말이 보인다.

健時하야 頻與衲子로 激揚箇事호대 垂手之際에 須着精彩하야 不得莽鹵어다
　盖近年以來에 有一種禪販之輩하야 到處에 學得一堆一擔相似禪하야 往往宗師가 造次放過어든 遂至承虛接響하야 遞相印授하며 誤賺後人하야 致使正宗으로 淡泊하니 單傳直指之風이 幾掃地矣라 不可不子細니라

　오조(五祖) 노스님이 백운사(白雲寺)에 주석하고 있을 때 일찍이 영원화상(靈源和尙)에게 답한 편지에 말하기를 "금번 여름 모든 농장에서 곡식을 수확하지 못한 것은 걱정이 되지 않으나, 걱정이 되는 것은 한 집 수백 명의 스님들 가운데 여름 한 철에 한 사람도 '개가 불성이 없다'는 화두를 뚫지 못한 것이니, 부처님 법이 장차 사라질 것을 염려한다."라고 했으니, 너는 법을 주장하는 종사의 마음 씀씀이를 살펴보아라. 또 어찌 일찍이 재물의 많고 적음과 산문(山門)의 크고 작음으로 경중(輕重)을 삼으며, 살림살이의 작은 일로 긴급하고 절실함을 삼겠는가?
　이미 네가 머리를 내어서 선지식의 이름자를 이었다면, 마땅히 한결같이 본분사로 오는 사람을 접대하고, 소유한 창고의 재물과 곡식의 일은 인과(因果)와 일을 아는 사람에게 나누어주어서 소임을 나누고, 부서(局)를 정렬하여 맡기며, 때때로 큰 줄기만 잡아 처리하라. 절에 납자 받기를 반드시 많이 할 필요는 없으며, 일상에 먹는 음식은 항상 뒷사람에 여유가 있게 하면, 자연히 힘을 허비하지 않을 것이다.

五祖師翁이 住白雲時에 嘗答靈源和尙書云호대 今夏諸莊에 顆粒
不收는 不以爲憂어니와 其可憂者는 一堂數百衲子一夏에 無一人透得
箇狗子無佛性話라 恐佛法이 將滅耳라하니 汝看主法底宗師의 用心하
라 又何曾以産錢多少와 山門大小로 爲重輕하며 米鹽細務로 爲急切
來리요

汝旣出頭하야 承當箇善知識名字인댄 當一味以本分事로 接待方來
하고 所有庫司財穀은 分付知因識果知事하야 分司列局하야 令掌之하
고 時時提擧大綱하며 安僧은 不必多라 日用齊粥에 常敎後手有餘하면
自然不費力하리라

납자(衲子)가 조실방에 들어오거든 칼날 내리기819)를 요긴하게 할
지언정, 진흙을 묻히고 물에 젖게 하지 말아라. 설봉공선사(雪峰空禪
師)가 옛날에 운거산(雲居山) 운문암(雲門庵)에 서로 모였을 때,820)
나는 그가 스스로 속이지 않는, 불법 가운데 사람임을 알았다. 그러
므로 한결같이 본분사로 보았더니, 뒤에 다른 곳에서 깨쳐서 큰 법을
이미 밝히고, 지난 날 받았던 본분겸추(本分鉗鎚)를 일시에 수용하고
서야, 바야흐로 내가 부처님 법으로써 인정(人情)을 따르지 않았음을
알았다.

작년에 보낸 한 권의 어록을 얻어 보니, 잠시 잠깐 사이와 넘어지고

---

819) 설법(說法)하는 것을 말한다.
820) 운거산의 운문암에 모였다는 것은 대혜 스님이 건염(建炎) 3년 기유(己酉)에
  운거산(雲居山)에서 원오(圜悟) 스님을 시봉(侍奉)했는데, 원오 스님이 촉
  (蜀)으로 돌아가고 나서, 대혜 스님은 뒤에 옛날 운문언선사(雲門偃禪師)가
  거처하던 운거산 암자 터를 얻어 암자를 짓고 이름을 운문암(雲門庵)이라
  했다. 다음해 경술년에 거기에 이사를 가니 개선겸(開先謙)과 동림안(東林
  顔)과 설봉공(雪蓬空) 등 20여 인이 따랐던 일을 가리킨다.

엎어지는 때에도 임제종(臨濟宗)의 종지를 잃지 않았더구나. 지금 대중들에게 보내서 납자들과 더불어 보게 하고 노승821)이 붓을 잡고 후서(後序)를 써서 특별히 격발(激發)하여 본분 납자들로 하여금 장래에 설법하는 모범을 삼으려고 한다.

衲子ㅣ到室中커든 下刃要緊이언정 不得拖泥帶水니라 如雪峰空禪師ㅣ頃在雲居雲門커늘 相聚호니 老漢이 知渠不自欺라 是佛法中人故로 一味以本分鉗鎚로 似之러니 後來自在別處打發하야 大法을 旣明에 向所受過底鉗鎚로 一時得受用하야사 方知妙喜ㅣ不以佛法으로 當人情하고

去年에 送得一冊語錄來하니 造次顚沛에 不失臨濟宗旨러라 今送在衆寮中하야 與衲子輩로 看하고 老漢이 因掇筆書其後하야 特爲發揚하야 使本分衲子로 爲將來說法之式하노라

　만약 노승이 처음 그를 위하여 진흙을 묻히고 물에 젖으며 노파선(老婆禪)을 설파(說破)했다면, 눈이 열린 후에 반드시 의심할 나위 없이 나를 꾸짖었을 것이다. 그래서 고인822)이 말하기를 "나는 선사의 도덕을 귀중하게 여기지 않고 다만 선사께서 나에게 설파해 주지 않은 것823)을 귀중하게 여긴다. 만약 나를 위하여 설파해 주셨다면, 어

---

821) 대혜 스님 자신을 말한다.
822) 양개화상(良介和尙)을 말한다. 화상이 운암선사(雲岩禪師)의 기일(忌日)에 재(齋)를 베풀었더니 어떤 스님이 묻기를 '화상은 평소 남전(南泉)을 섬기면서 어찌하여 남전 스님을 잇지 않고 운암 선사를 위하여 재를 베풉니까?' 하는 질문에 대답을 했다.
823) '나에게 설파해 주지 않았다는 것'은 향엄선사(香嚴禪師)의 말이다. 향엄 선사가 처음 백장(百丈) 스님을 모실 때에 총명하고 영리했다. 여러 해를 모셨

찌 오늘이 있었겠는가?"824) 하니, 문득 이것이 그 도리다.825)

　조주 스님이 말하기를 "만약 나로 하여금 저들의 근기를 따라 사람을 대하게 하면, 3승(三乘) 12분교(十二分敎)826)로 그들을 제접(提接)했을 것이다. 나는 여기에 다만 본분사로 사람을 제접했는데, 만약 제접하여 얻지 않더라도 배우는 사람의 근성이 더디고 둔한 때문이니, 나의 일에 아무 관계가 없다."827)고 했다. 생각하고 생각하라.

若使老漢으로 初爲渠하야 拕泥帶水說老婆禪이런들 眼開後에 定罵

으나 그 뜻을 얻지 못했다. 백장 스님이 돌아가셔서 위산(潙山) 스님에 가니, 위산 스님이 이르기를 '듣건대 네가 백장 스님 밑에 있을 때에 한 가지를 물으면 열 가지를 대답하고, 열 가지를 물으면 백 가지를 대답한다고 했다. 이것은 분별심이 시킨 것이라 다만 생사(生死)의 근본이니, 부모님이 낳기 이전의 일을 시험 삼아 한 마디 일러 보라.'고 했다. 향엄 선사가 위산 스님의 이 질문을 받고 바로 아득하여 방으로 돌아와 평소 공부한 문자(文字)를 가지고 찾아보았으나, 한 글귀도 대답할 것이 없었다. 마침내 얻지 못하고 스스로 탄식하여 말하기를 '그림의 떡은 굶주림을 채울 수 없다.'고 하고, 여러 번 위산 스님에게 설파해주기를 빌었다. 위산이 말하기를 '내가 너를 위하여 설파하면 너는 다른 날에 반드시 나를 꾸짖을 것이다.'라 하고 끝내 설파해주지 않았다. 향엄 선사가 어찌 할 수 없어서 드디어 문자를 불로 다 태워버리고 말하기를 '쉬고 쉬리라. 이번 생에 부처님 법을 배우지 못하면 또한 스님들을 시봉하여 심신(心身)의 노역(勞役)이나 면하겠다.'고 하였다. 바로 남양충국사(南陽忠國師)의 처소에 가다가 돌아와서 한 암자에 머물렀다. 하루는 풀과 나무를 베다가 기왓장을 날려 대나무를 쳐서 소리가 남에 알지도 못하는 사이에 부모가 낳기 이전 콧구멍을 깨달으니, 어둠 속에서 등불을 얻은 것 같고 자식이 부모를 얻은 것과 같았다. 드디어 목욕하고 향을 사르고 멀리 위산 스님께 예배를 드리고 찬탄해 말하기를 '화상의 큰 자비는 은혜가 부모보다 크십니다! 당시에 만약 저를 위하여 설파해 주셨다면 어찌 오늘이 있었겠습니까?'라고 했다.
824) 『오등회원(五燈會元)』 권제13(卷第十三)
825) 본분사(本分事)를 보여서 그로 하여금 스스로 증득하고 스스로 깨닫게 한 것이다.
826) 부처님의 경문을 성격이나 형식으로 구분하여 12가지로 나눈 것으로 부처님 가르침 전체를 말한다.
827) 『고존숙어록(古尊宿語錄)』

我無疑라 所以로 古人이 云我不重先師道德하고 只重先師의 不爲我說破로니 若爲我說破런들 豈有今日이러요하니 便是遮箇道理也니라

趙州云若敎老僧으로 隨伊根機接人인댄 自有三乘十二分敎接他了也니 老僧遮裡는 只以本分事로 接人이요 若接不得이라도 自有學者의 根性이 遲鈍이라 不干老僧事라하니 思之思之어다

【요지】

양기종파(楊岐宗派)를 이었다면 제접함에 더욱 철두철미하게 해야 한다고 말했다. 실제 증득하고 깨달은 본분사로 방장실에 앉아 있되, 120근의 짐을 지고 외나무다리 위를 가는 것 같이 조심해야 한다는 것이다. 잘못하면 자기 생명을 보존하지 못함은 물론이고, 더욱 다른 사람의 못과 말뚝을 뽑아 구제해 주지 못할 것이기 때문이라는 것이다. 그리고 석문에 걸터앉지 않는다는 안국사(晏國師)의 글귀, 현성공안(現成公案)이라도 30방을 주겠다는 목주(睦州)의 말, 망상하지 말라는 분양무업(汾陽無業)의 말, 문에 들어오는 것을 보고 벽을 향하여 돌아앉는 노조(魯祖) 스님의 행동 등에 어둡지 않아야 종지(宗旨)를 잃지 않을 것이라고 했다.

위산 스님은 '종지를 수립하는 데 다섯 가지 인연이 갖추어져야 한다.'고 했는데, 대혜(大慧) 스님은 구체적으로 밖에서 보호하고, 시주하는 인연, 스님과 땅과 도의 인연을 말한다고 했다. 이런 기준에서 볼 때 고산 체 장로(鼓山逮長老)는 이미 모든 인연을 갖추었으니 건강할 때 이 일로 스님들을 격동(激動)하고 발분(發奮)하게 하되 정신을 차려서 흐리멍덩하게 하지 말라고 지시했다. 오조(五祖) 스님이 '무자 화두를 뚫지 못하여 부처님 법이 사라진다.'고 걱정했던 공부가 문제이지, 재물(財物)과 산문(山門), 살림살이의 크기는 문제가 아니라고 했다. 선지식의 이름

을 가졌기 때문에 한결같이 본분사로 사람을 대하고 다른 일들은 소임을 나누고 부서를 정하여 맡기라고 했다.

납자가 오거든 요긴하게 칼날을 내려야지 진흙을 묻히고 물에 젖지 않게 하라고 했다. 보내온 어록이 임제종(臨濟宗)의 종지를 얻었기 때문에 후서(後序)를 써서 설법의 모범으로 삼겠다고 했다. '선사의 도덕을 귀중하게 여기는 것이 아니라 설파해 주지 않은 것을 귀하게 여긴다.'는 고인의 말을 인용하여 노파선(老婆禪)을 설파하지 말라고 했다. '다만 본분사로 제접하여 깨친 사람을 얻지 못하더라도 이것은 배우는 사람의 근성이 더디고 둔하기 때문이니, 나와는 상관이 없다.'고 한 조주 스님의 말을 생각하라고 충고했다.

대혜보각선사서(大慧普覺禪師書) 종(終)

화두 찾아보기

개는(가) 불성이 없다 77, 121, 122, 159, 161, 168, 198, 227, 257, 269, 272, 273, 416

개도 (도리어) 불성이 있습니까? 없다. 113, 132, 137, 175, 290, 365, 393

구자무불성(狗子無佛性) 273, 274, 277

나도 일천 부처 가운데 한 사람이다 274

내려 놓으라 70

내려놓지 않으려면 둘러메고 가거라 354

놓아라 354

동산이 물위로 간다 34, 198

동쪽 마을에서 노새가 되고 서쪽 마을에서 말이 되었다 36

따뜻한 바람이 남쪽에서 불어오니 집에 서늘한 기운이 생긴다 35

뜰 앞의 잣나무 화두 78, 122, 198

마른 똥 막대기 198, 229, 231, 232, 233, 247, 251, 252, 342

말 있는 것과 말 없는 것이 칡이 나무를 의지한 것과 같다 35

망상하지 말라 413

무(無)자 183, 212, 274, 277, 279, 350, 366, 397

방하착(放下着) 42, 48, 56, 63, 77

배고프면 구리를 먹고 목마르면 쇳물을 마신다 37

삼 서 근 198

석문에 걸터앉지 말라 413

수미산(須彌山) 42, 48, 56, 63, 77

스님이 문에 들어오는 것을 보고 문득 몸을 돌려 벽을 향하여 앉는 것   413

이것이 무엇인가 179
죽비 화두 77
착한 것도 생각하지 말고 악한 것도 생각하지 말라. 꼭 이러한 때에는 무엇이 그대의 본래면목인가? 93
한 입에 서강의 물(西江水)을 다 마시다 77, 198
현성공안(現成公案)이라 하더라도 너에게 30방을 주겠다 413

찾아보기

(ㄱ)

가람신(伽藍神) 33
가풍(家風) 415
가피력(加被力) 48
간화선 29, 30
갈등(葛藤) 60, 95, 107, 125, 243, 302, 331, 352, 376
강서 노숙(江西老宿) 341
강서(江西) 58
개당 설법(開堂說法) 24
『개증론(皆證論)』 387
객관 192
거문고 줄 363
거착(擧着) 60
겁화(劫火) 242
격물(格物) 26, 264, 266
격발(激發) 85, 344
견성(見性) 403
견수좌(堅首座) 22
겸추(鉗鎚) 203
경계(境界) 50
경산(徑山) 36, 125, 157, 161, 180, 253, 388

경산사(徑山寺) 27, 37
경생(經生) 388
계교 56, 58, 60, 347
계합(契合) 43, 70, 89, 91, 164, 195, 223, 225, 291, 352, 365, 374
고산(孤山) 379
고산(鼓山) 92, 93
고슴도치 65
고종 310, 315
공(空) 58, 110, 116, 233, 247
공겁(空劫) 276, 359
『공덕시보살론(功德施菩薩論)』 385
공상도인 324
공안 97, 226, 243
공자(孔子) 27, 169, 170, 171, 229
관계 61
관려자(關捩子) 223
광겁(曠劫) 185
광대겁 394
광동(廣東) 26
광액도아(廣額屠兒) 120, 273, 274
광혜연공(廣慧璉公) 262
굉지선사(宏智禪師) 26

구경법(究竟法)　69, 143, 223
구경자재(究竟自在)　136
구업(口業)　112, 168, 214
구염(垢染)　63
국부인　185
궁구(窮究)　21, 219, 347, 363, 392, 397, 400
규봉(종밀)　170, 264, 266, 387
근경법(根境法)　131
『금강경』　378, 383
금강왕의 보검　60, 81
금강좌　294
금고기　209
금기(金器)　114
금나라　25
금북　310, 315
기롱(譏弄)　176, 372
기실(記室)　36
깨달음의 왕〔覺王〕　210

(ㄴ)

나융(懶融)　175, 178, 224, 404
낙처(落處)　291
남송　25
남악양화상(南岳讓和尙)　38
남양충국사(南陽忠國師)　401
남염부제(南閻浮提)　403
남전(南泉)　36, 129

납자(衲子)　414-417
낭야광조선사(瑯琊廣照禪師)　382
내전(內典)　167
노노대대　369, 373
노방(老龐)　65, 74
노조(魯祖)　413
노파선(老婆禪)　334, 337, 338, 418
노행자(盧行者)　147
노호　73
노화엄(老華嚴)　141
『논어』　387
누추밀(樓樞密)　355
늑담진정화상(泐潭眞淨和尙)　387
늙은 쥐　235
능인사(能仁寺)　26
능인선원(能仁禪院)　25

(ㄷ)

다라니문(陀羅尼門)　117
단견(斷見)　135, 240, 386
단멸(斷滅)　164, 234, 236, 237, 241, 248, 253, 385, 386
달마　128, 152, 159, 164, 165, 392
담담(湛湛)　76
담당문준(湛堂文準)　22, 23, 34
담연(湛然)　155, 157
담회(曇晦)　23
당체　136

대각(大覺)　210
대개(大槪)　353
대거사(大居士)　188
대광사본(大光寺本)　28, 29
대단(大段)　319
대량제(大兩制)　208
대반야(大般若)　360, 397
대법(大法)　90
대양원수좌(大陽元首座)　22
대열반(大涅槃)　110, 241
대유령　93
대주(大珠)　110, 336
대총지(大總持)　215
대해탈경계(大解脫境界)　197
『대혜법어(大慧法語)』　28, 29
『대혜보설(大慧普說)』　28
『대혜어록(大慧語錄)』　28
덕산　239, 302
덕홍각범(德洪覺範)　22
도가(道家)　82
도가류(道家流)　284
도거(掉擧)　122, 249
도겸선사(道謙禪師)　123, 185
도력(道力)　91
도명상좌(道明上座)　147
도심(道心)　72
도안(道眼)　400
도업(道業)　78, 320

도우(道友)　81
도첩　37
도호(道號)　344
독해(毒害)　66
동과(冬瓜)　397
동사섭(同事攝)　126
동산미선사(洞山微禪師)　22
동산혜운원(東山惠雲院)　33
동정(動靜)　30
두찬(杜撰)　104, 156, 161, 166, 171
득실시비(得失是非)　60
들여우　22

(ㅁ)

마군(魔軍)　48, 76, 83, 91, 110, 159, 188, 208, 210, 211, 226, 235, 251, 285, 294, 306, 415
마대사(馬大師)　104
마른 참선　123
마사(馬師)　268
마왕(魔王)　373, 404
마조　92
망상　82, 111, 130, 145, 167, 191, 192, 215, 284, 311, 312, 313, 319, 347, 359, 413
망상 전도(妄想顚倒)　113
망상심(妄想心)　284, 311
망어(妄語)　52

매양(梅陽) 37
매주(梅州) 26
맹자 229
명근(命根) 334, 397
명상(名相) 175, 224, 275
명월당(明月堂) 27, 37
목주(睦州) 337, 413
몽산도명선사(蒙山道明禪師) 93
몽자재(夢自在) 311
묘용 136
묘희(妙喜) 23, 307
무간업(無間業) 169
무간지옥(無間地獄) 379
무구노자(無垢老子) 260
무구당(無垢堂) 269
무단무멸분(無斷無滅分) 385
무량겁 307
무루지(無漏智) 177, 178
무명 업식(無明業識) 363
무명(無明) 167, 348
무상(無常) 179, 389
무심(無心) 175, 278, 350, 359
무자(無字) 207, 227
무정물(無情物) 348
무착(無着) 378, 384
묵조(墨照) 122, 125, 326
묵조선(默照禪) 30, 132, 275, 276
묵조정좌(默照靜坐) 143

문빗장 247
문수보살 49, 51, 358
물아일여(物我一如) 352
물암소 233, 340, 341
미래제(未來際) 88, 116
미륵대사 79
미륵보살 49, 51
미륵부처 59
민중(閩中) 209, 415
밀수좌(密首座) 291

(ㅂ)
바둑 148
바수반두(婆修盤頭) 176, 178
반야(般若) 46, 56, 82, 83, 148, 253, 257, 284, 357, 394
반연(攀緣) 82, 165, 248, 310
밝은 종자 317
방거사(龐居士) 141, 146, 159, 315
방소(方所) 67
방편(方便) 65, 68, 76, 99, 110, 121, 137, 165, 276, 335, 368, 396
백운사(白雲寺) 416
백장 268, 329
번뇌(煩惱) 51, 72, 130, 145, 148, 167, 219, 226, 297, 365
범본(梵本) 379, 381, 382, 387
범부 159

범성(凡聖) 63
범정(凡情) 99
법견(法見) 233
법계량(法界量) 198
법계연기(法界緣起) 384
법공선인(法空禪人) 360
법당(法幢) 414
법륜(法輪) 169, 187, 294
법문(法門) 50
법성(法性) 50, 334
법신(法身) 221, 238, 240, 327, 328, 384
법안종 302
법왕 259
법요(法要) 268
법운지(法雲地) 151
법인(法印) 162
법진번뇌(法塵煩惱) 198
법창우(法昌遇) 338
법희(法喜) 185
변견(邊見) 386
병통 275, 290
보각(普覺) 27, 38
보광(寶光) 27
보리(菩提) 51, 145
보리심 49
보리열반(菩提涅槃) 109, 364
보리좌(菩提座) 73

보살도(菩薩道) 187
보살사(菩薩事) 187
보왕 세계〔寶王刹〕 199
보융평선사(普融平禪師) 23
보학공(寶學公) 174
보현보살 51
복당(福唐) 123
본래면목(本來面目) 62, 93, 147
본래성불(本來成佛) 136
본분 85, 90
본분겸추(本分鉗鎚) 417
본분도리(本分道理) 102
본분사(本分事) 128, 231, 245, 317, 327, 334, 336, 410, 412, 417, 419
본분인연(本分因緣) 88
본분자리 56, 257
본분작가(本分作家) 389
본지풍광(本地風光) 43, 62, 194, 298
본체(本體) 136, 137, 156, 157
부계신(富季申) 25, 306
부루나(富樓那) 382
부열(傅說) 310, 315
부촉(咐囑) 25
부추(富樞) 125
북송 21, 33
북악(北岳) 21, 33
분별(分別) 50

찾아보기 429

분별법 355
분별심(分別心) 68, 74, 78, 104, 110, 118, 141, 289, 290, 307, 341, 393, 400
분양무업(汾陽無業) 337, 413
불견(佛見) 233
불교 259
불도(佛道) 137
불망념지(不忘念智) 51
불법(佛法) 23, 190, 272
불불사의법품(佛不思意法品) 381
불사(佛事) 407, 410
비로자나불 187
비로정상 81
비야(毗耶) 188

(ㅅ)

사견(邪見) 301
사관(邪觀) 295
사구(四句) 201
사대부 25, 28, 58, 136, 202, 231, 278, 301, 306, 378
사도(邪道) 247
사량(思量) 56, 58, 60, 167
사량계교(思量計較) 142
사량분별(思量分別) 113, 273, 288, 365
사리불 79

사바세계〔缺減界〕 400
사섭법(四攝法) 126
사야다(闍夜多) 176, 178
사위의(四威儀) 72, 99
삼계 330, 396
삼교(三敎) 390
삼구(三衢) 125
삼독(三毒) 51
삼매(三昧) 52, 116, 187, 249, 297, 350, 358, 359
삼생의 원수(寃讐) 403
삼승(三乘) 159, 419
삼제(三際) 242
삼천대천세계 51
삼취정계(三聚淨戒) 51
상견(常見) 135, 240, 386
상근기(上根機) 90, 215
상대(霜臺) 414
상락(常樂) 240
상락아정(常樂我淨) 171
상락열반(常樂涅槃) 240
상량(商量) 344
상지혜인(上智慧人) 215
색신(色身) 238, 240
생멸(生滅) 74, 240
생사 굴택(生死窟宅) 389
생사(生死) 48, 60, 61, 63, 69, 99, 102, 109, 110, 112, 120, 133, 137,

168, 179, 193, 208, 212, 232, 236,
240, 253, 281, 289-291, 307, 323
생사공안(生死公案) 167
생사심(生死心) 167, 232, 400
생사업(生死業) 110
생사일대사(生死一大事) 23, 28
생철 151, 326, 328
서강(西江) 198
서암화상(瑞巖和尙) 306
석가 152, 159
석두 179, 326
석문(石門) 412
석문자조(石門慈照) 153
선 겨루기[廝禪] 203
선근(善根) 206
선도(禪道) 135, 161
선문(禪門) 291
선법(善法) 145
선법(禪法) 357
선병(禪病) 247
선사유삼매(善思惟三昧) 360
선신(善神) 188
선어(禪語) 407
선열(禪悅) 185
선재동자(善財童子) 49, 51, 54
선정(禪定) 177, 311, 359
선주(宣州) 21, 33
선지식(善知識) 28, 42, 48, 56, 148,

202, 297, 340, 354, 357, 410, 416
선화(宣和) 34
설두 79
설봉(雪峰) 92
설봉공선사(雪峰空禪師) 417
설봉진각(雪峰眞覺) 209
성색(聲色) 152
성성(惺惺) 43, 57, 66
성어해탈(誠語解脫) 53
성현(聖賢) 46, 159
세간(世間) 30, 46, 72, 82, 102, 151,
155, 178, 185, 201, 202, 210, 220,
249, 259, 262, 294, 348, 349, 365,
396, 403
세간법 220
세간상(世間相) 73
세금 166
소 104
소능(所能) 266
소명태자(昭明太子) 384, 386
소뿔 235
소흥(紹興) 36
수교전심(受敎傳心) 131
『수능엄(首楞嚴)』 382
수레 104
수료 92
수미산 125, 264
수보리 79, 384

수작(酬酌) 352
순경(順境) 27, 206, 217
순경계(順境界) 282, 348
순숙(純熟) 233
순일(純一) 42, 70
습기(習氣) 52
승조 266
시기(時機) 90, 94, 95, 117, 217
시비곡직(是非曲直) 363
시절 인연 70
식견(識見) 306
식심(識心) 143, 330
식정(識情) 61, 65
신(信) 265
신도인(信道人) 319
신명(身命) 288
신위(信位) 216, 217
신통유희문(神通遊戲門) 117
실법(實法) 56, 76, 166, 328
실상(實相) 73, 130, 178
실제 52, 69, 91, 95, 131, 155, 159, 234, 237, 274, 312, 315, 340, 395
실천(實踐) 50
심식(心識) 82
심의식(心意識) 202
십이분교(十二分敎) 159, 419
십이처(十二處) 363
십지보살 151

십팔계(十八界) 363
쌍경(雙徑) 306
쌍경사(雙徑寺) 36

(ㅇ)

아뇩다라삼먁삼보리(阿耨多羅三藐三菩提) 137
아뇩보리(阿耨菩提) 53, 54, 383, 384
아비지옥 37
아육왕사(阿育王寺) 26, 37
악비(岳飛) 26
악업(惡業) 52, 82, 252
악장로(岳長老) 412
악차취(惡叉聚) 풀 317
악취(惡趣) 404
안국사(晏國師) 413
안락처(安樂處) 291
안립해(安立海) 311
알음알이〔知解〕 59, 67, 107, 108, 110, 131, 183, 196, 226, 235, 243, 264, 274, 283, 367
암두(巖頭) 337, 392, 413
앙굴마라(央掘摩羅) 36
앙산(仰山) 215, 216, 367, 414
약관(弱冠) 42
약산 326
양기종파(楊岐宗派) 412

양기파 22
양나라 384, 386
양대년(楊大年) 262
양변 116, 179, 242
양사(讓師) 268
양자(楊子) 264, 266
양주 370
양화상(讓和尙) 104
어묵동정(語黙動靜) 155, 194
언충(彦沖) 161, 165, 167, 169-171
엄양존자(嚴陽尊者) 354
업력(業力) 91
업식(業識) 74, 161, 301, 327, 404
여거인(呂居仁) 58, 211, 229, 258
여래 137, 145, 151, 169, 196, 260, 384
여래선(如來禪) 104, 376
여래원각(如來圓覺) 264
여순도(呂舜徒) 25
여여(如如) 159
여우 울음소리 360, 402
여우 의심 70
여의해탈문(如意解脫門) 117
역경(逆境) 27, 206, 217
역경계(逆境界) 282, 348
역력(歷歷) 66
역순 경계 168, 203, 223, 349, 372
연기(緣起) 384

연평(延平) 223
열반 240, 253, 294, 404
『열반경(涅槃經)』 238
열반화상 120, 273
염라대왕 22, 81, 167, 190, 209, 236, 284
염불 81
영가(永嘉) 194, 199, 221, 260, 289
영겁 151
영국현(寧國縣) 21, 33
영운(靈運) 163
영원화상(靈源和尙) 416
예(禮) 265
오고(五鼓) 38
오구(烏臼) 337
53선지식 49
오온(五蘊) 240, 242
오위편정(五位偏正) 22
오음(五陰) 363
오음계(五陰界) 131
오조(五祖) 24, 35, 416
오탁(五濁) 322
오탁악세(五濁惡世) 219
왕노(王老) 70
왕응진(王應辰) 26
외도 육사(外道六師) 201
외도 이승(外道二乘) 135, 136
외도(外道) 48, 65, 83, 188, 275, 285

외주부(外州府) 388
요(遼) 21
요순 118, 193
요현(了賢) 38
우담발화(優曇鉢花) 258
우언(寓言) 283
운거산(雲居山) 417
운문(雲門) 24, 34, 54, 56, 63, 66, 79, 231, 327, 342, 394
운문암(雲門庵) 319, 417
운봉열(雲峰悅) 33, 338
운암진정(雲庵眞淨) 134
원각(圓覺) 387
『원각경(圓覺經)』 319, 387
『원각경론소(圓覺經論疏)』 387
『원각경소(圓覺經疏)』 387
원력(願力) 50
원류(源流) 352
원숭이 340, 341
원오(圓悟) 22-24, 28, 34-36, 41, 42, 312
원우(元祐) 33
원형이정(元亨利貞) 171
월나라 223
위부(魏府) 141
위산(潙山) 367, 414
위선(暐禪) 164
위없는 보리 112, 153, 322

위음왕 부처님 396
위음왕불〔威音那畔〕 359
위의(威儀) 148, 188
유교 171, 259
유순(由旬) 49
유식(唯識) 396
유언례(劉彥禮) 211
유언수(劉彥脩) 25
유위(有爲) 89
유위법 135
유정(有情) 186, 404
유주인 216
유취(有趣) 110
육경(六境) 407
육근(六根) 242, 301, 407
육바라밀 79
육식(六識) 51, 301
육신통(六神通) 51
62견 241
육입(六入) 363
육조(六朝) 379, 382
육조(六祖) 93, 238
융례(隆禮) 247, 251, 258
은산철벽 30
은적암(隱寂庵) 33
은택(恩澤) 268
음덕 317
음마(陰魔) 174

의(義) 265
의노(疑怒) 88
의론(議論) 196, 198, 201
의리(義理) 265
의리선 334
의발(衣鉢) 93
의왕 299
의정(疑情) 132, 232
이문화(李文和) 153
이색(李穡) 29
이승(二乘) 241
이십오유(二十五有) 363
이조(二祖) 164, 165
이참정 122, 149
이취(理趣) 50
인(仁) 265
인습(因習) 192
인아(人我) 231, 388
인연법 410
인위(人位) 216
인의예지신(仁義禮智信) 264, 266, 269
인정(人情) 89, 151, 374, 389, 397, 417
일기일경(一機一境) 128
일단대사인연(一段大事因緣) 357, 363
일대사인연(一大事因緣) 46, 116, 128, 203, 322, 400
일이관지(一以貫之) 264, 266
일착자(一着子) 149
일체법 327
임제 61, 239, 302, 329, 334
『임제정종기(臨濟正宗記)』 25, 35
임제종(臨濟宗) 21, 418
임종게(臨終偈) 27

(ㅈ)

자기면목 93
자명노인(玆明老人) 353
자성(自性) 73, 129, 272
자암노자(紫巖老子) 164
자연의 체 69
자육(子育) 251
자조 153
잠대충(岑大蟲) 335
장경 129
장구성(張九成) 26
장덕원(張德遠) 25
장로(長老) 180, 202, 290
장사(長沙) 36, 41, 188, 307, 335, 344
장산(蔣山) 34
장상영(張商英) 23
장수(長水) 379, 382, 383
장자 229

장준(張浚) 25, 26
적멸(寂滅) 74, 109, 116, 117, 155, 169, 198, 238, 240, 243
적멸대해탈광명해(寂滅大解脫光明海) 249
적정바라문(寂靜婆羅門) 53
적정바라밀약(寂靜波羅蜜藥) 178
전단향(栴檀香) 156, 100
전도(顚倒) 107, 176, 191, 272, 282, 311, 312
전승처(傳承處) 412
절목(節目) 386
절차탁마(切磋琢磨) 320
정각(正覺) 151, 155
정견(情見) 85
정공(鄭公) 414
정관(正觀) 221, 295
정념(情念) 66
정량(情量) 67
정량처(情量處) 67
정명(淨名) 73, 110, 162, 201, 349
『정법안장(正法眼藏)』 334, 336, 337
정상좌(定上座) 337
정성(正性) 99, 100
정식(情識) 67
정안(正眼) 99
정좌(靜坐) 132, 143
정화(精華) 82

제2구 367
제2두(第二頭) 276
제7지 보살 36
제8식 191, 365
제자백가 230
제접(提接) 67, 412, 419
조경명(趙景明) 234
조공(趙公) 414
조대가(措大家) 229, 251
조도부(趙道夫) 26
조동종(曹洞宗) 22, 34, 302
조물(造物) 357
조사선(祖師禪) 104, 376
조주 42, 56, 63, 113, 132, 137, 183, 207, 263, 266, 269, 290, 331, 350, 354, 365, 397, 419
조칙(詔勅) 36
조합사(曹閤使) 368
종고(宗杲) 33
종사(宗師) 76, 336, 366, 415
종종지(種種知) 50
종지(種智) 56
종지(宗旨) 57, 335
좌주(座主) 383
주관 192
주변지(周徧知) 50
주봉(舟峯) 104
주상(主上) 374

주세영 134
주실(籌室) 85
『주역(周易)』 167, 169, 171, 230
주인공 215, 306, 313
주작(走作) 99
주재(主宰) 91, 313, 404
주전파(主戰派) 26
주해(註解) 104, 232
주화파(主和派) 26
중생견(衆生見) 233
증상만(增上慢) 349
증상만인(增上慢人) 257, 349
증숙하(曾叔夏) 211
증시제 79
증지(證知) 50
지(智) 265
지견(知見) 34, 394
지눌(知訥) 29
지도(志道) 238, 243
지말(枝末) 161
지수화풍(地水火風) 284, 313
지엽 70
지혜(智慧) 46, 62, 148, 163, 177, 192, 196, 281, 348, 357, 397
직각공(直閣公) 116
진겁(塵劫) 176
진계임(陳季任) 25
진공묘지(眞空妙智) 62, 63

진여(眞如) 73
진여불성(眞如佛性) 109, 364
진정극문(眞淨克文) 22
진정노인(眞淨老人) 344
진주보화(鎭州普化) 337
진회(秦檜) 26, 37

(ㅊ)
참구(參究) 22, 29, 46, 59, 81, 114, 120, 121, 133, 153, 175
참례(參禮) 34, 42, 153
참선 60
천남(泉南) 122
천녕(天寧) 23, 34
천녕사(天寧寺) 24, 27, 34
천동산(天童山) 26
천명(天命) 357
천착(穿鑿) 104
천친(天親) 378
철종 33
청량국사(清涼國師) 380, 381
청량산(清涼散) 74
『청량화엄소초(清涼華嚴疏鈔)』 23
청요직(清要職) 102
초나라 223
초탕(草湯) 298
촉루(髑髏) 69
총림(叢林) 152, 340, 359, 366

최정적바라문(最靜寂婆羅門) 54
출세간(出世間) 21, 30, 83, 102, 151, 155, 259, 262
출세간법 349
충국사(忠國師) 334, 336, 337
충밀(冲密) 302, 320
충서(忠恕) 264, 266
취입(趣入) 50
치정사업(致政司業) 414
칠지보살(七地菩薩) 329
칠통(漆桶) 350, 389, 397

(ㅋ)
칼자루 77, 83, 133
쾌연거사(快然居士) 344
큰 의심 234

(ㅌ)
태재(太宰) 왕대관 23
태평사(太平寺) 34
태허공(太虛空) 63, 88
택목당(擇木堂) 35

(ㅍ)
파도(波濤) 114
패궐(敗闕) 304, 397
패궐처 331
편행두타(徧行頭陀) 176

평보융(平普融) 34, 291
평전화상(平田和尙) 59
포대 269
피안 188

(ㅎ)
한료(閑鬧) 30
한퇴지(韓退之) 387
할(喝) 58
함원전(含元殿) 214
함평 23
해공거사(解空居士) 294, 295
해씨(奚氏) 21, 33
해탈(解說) 50
해탈인(解脫人) 223
행각 63
행주좌와(行住坐臥) 74, 91, 132, 141, 155, 269
향교 21
허거사 330
허공꽃 130, 242
허깨비 130
허위(虛僞) 52
현사 스님 275
현사대부(賢士大夫) 56
현성공안(現成公案) 413
현업 99
형주(衡州) 26, 37

혜가 392
혜제대사(惠齊大師) 33
호구사(虎丘寺) 36
호법선신(護法善神) 373
혼침(昏沈) 122, 249, 353
화두(話頭) 29, 30, 113, 121, 125,
    148, 161, 168, 175, 207, 214, 217,
    226, 231, 234, 251, 257, 269, 272,
    273, 276, 277, 285, 290, 303, 323,
    400, 416
『화엄경(華嚴經)』 23, 36
『화엄경소(華嚴經疏)』 380
화엄중중법계(華嚴重重法界) 281,
    282

확철대오(廓徹大悟) 28, 30, 118
환상 47
환희지(歡喜地) 151
활발발(活鱍鱍) 223, 365, 376
활연대오(豁然大悟) 24
황룡파 22
황면노자(黃面老子) 89, 162
황문창(黃文昌) 28, 29
황벽 67, 329
회광반조 30, 31, 204
획득(獲得) 50
효광사(孝光寺) 26

● 감수 | 고우古愚 큰스님

문수산 금봉암 주석. (2021년 열반)

● 역주 | 전재강

경북대학교 국어국문학과를 졸업하고, 동 대학원 국문학과에서 석사 및 박사학위를 취득하였다.

동양대학교 교수를 역임하였으며, 현재 안동대학교 사범대학 국어교육과 교수로 있다.

저서로 『상촌신흠문학연구』, 『한문의 이해』, 『시조문학의 이념과 풍류』, 『선비문학과 소수서원』, 『남명과 한강의 만남』, 『불교가사의 유형적 존재양상』, 『한국시가의 유형적 성격과 작품 전개구도』 등이, 역서로 『금강경삼가해』, 『선요』 등이, 논문으로 「어부가계 시조 연구」, 「신흠 시의 구조와 비평 연구」, 「불교 관련 시조의 사적 전개와 유형적 연구」, 「침굉 가사에 나타난 선의 성격과 진술 방식」 등 다수가 있다.

서장

초판 1쇄 발행 2004년 9월 10일 | **초판 8쇄 발행** 2025년 2월 26일
감수 고우 큰스님 | 역주 전재강 | 펴낸이 김시열
펴낸곳 도서출판 운주사

   (02832) 서울시 성북구 동소문로 67-1 성심빌딩 3층
   전화 (02) 926-8361 | 팩스 0505-115-8361
ISBN 978-89-5746-127-3 03220 값 25,000원
http://cafe.daum.net/unjubooks 〈다음카페: 도서출판 운주사〉